广东省深化教育领域综合改革试点项目（编号A1-37MIN）研究成果

以德育人 以文化人

YI DE YU REN YI WEN HUA REN
MINBAN GAOXIAO LIDE SHUREN
CHUANGXIN YU SHIJIAN

民办高校立德树人
创新与实践 ▶

主　编　陈优生　李引枝
副主编　宋素琴　戴礼祥　皮建彬
　　　　游建雄　郑辉华

暨南大学出版社
JINAN UNIVERSITY PRESS

中国·广州

图书在版编目（CIP）数据

以德育人 以文化人：民办高校立德树人创新与实践／陈优生，李引枝主编；宋素琴，戴礼祥，皮建彬，游建雄，郑辉华副主编 .—广州：暨南大学出版社，2015.12

ISBN 978 - 7 - 5668 - 1708 - 2

Ⅰ.①以…　Ⅱ.①陈…②李…③宋…④戴…⑤皮…⑥游…⑦郑…　Ⅲ.①民办高校—德育工作—研究—中国　Ⅳ.①G641

中国版本图书馆 CIP 数据核字（2015）第 301358 号

出版发行：暨南大学出版社

地　　址：	中国广州暨南大学
电　　话：	总编室（8620）85221601
	营销部（8620）85225284　85228291　85228292（邮购）
传　　真：	（8620）85221583（办公室）　　85223774（营销部）
邮　　编：	510630
网　　址：	http：//www. jnupress. com　http：//press. jnu. edu. cn

排　　版：	广州良弓广告有限公司
印　　刷：	湛江日报社印刷厂

开　　本：	787mm×960mm　1/16
印　　张：	20.5
字　　数：	400 千
版　　次：	2015 年 12 月第 1 版
印　　次：	2015 年 12 月第 1 次

定　　价：	68.00 元

序

　　教育是国计，亦是民生。作为占中国高等教育半壁江山的民办高等教育，其快速发展有效推进了大众化进程，满足了广大人民群众多样化的教育需求，培养了一大批实用型技术技能人才。"青年有了期待，国家才有未来"。深入落实十八大精神，把立德树人作为教育的根本任务，创新民办高等教育办学机制，深化教育领域综合改革，促进其可持续健康发展，必将助力教育强国的建设和实现。在新形势下，民办高校要坚持社会主义办学方向，以办人民满意的教育作为根本目标和历史使命，坚持走内涵式特色化发展的路子，不断提高人才培养的质量，落实立德树人的根本任务，培育自己的大学文化精神，面向地方经济，服务于创新型国家的建设，不负学子、家长、社会和国家的重托。

　　作为广东省的一所民办高职院校，惠州经济职业技术学院历经 11 年的快速发展，实现了历史性跨越。在校学生规模由最初的 504 人发展到今天一万余人。办学水平不断跃升，社会声誉与日俱增，至今已连续三年荣获"广东高等教育院校（民办）竞争力十强单位"称号，入围"2015 年中国职业技术学院 50 强"。在立德树人工作中，学院提出"以生为本、以德育人、以文化人"育人理念，不断更新育人观念，创新育人机制，努力实现让每一名学生都能成长、成才、成人的培养目标。2015 年 3 月，李引枝书记主持申报的广东省教育体制专项资金项目——"民办高校'一体五化'立德树人工作长效机制构建和实践"通过专家评审获得立项。本书既是学院近年来德育工作的一大总结，又是开展这一省教育体制项目建设的重要研究成果。

　　民办高校应该如何针对生源特点，从实际出发做好当下大学生思想政治教育工作，引导他们树立正确的世界观、人生观和价值观？如何建设能够满足素质教育实施和学生创新能力培养的大学文化，能够向校内外传播社会主义核心价值体系的大学文化？本书从理论和实践两个层面来回答这些民办高校共同面临的重要问题，并通过理念创新、机制构建、细节服务及案例解剖等方式，提供解决这些问题的新思路、新举措和新途径。在理念创新方面，本书提出了民办高校必须树立"一切要服务于学生成长成才"的服务意识，以"与信仰对话、与专业成长、与艺术同行、与工作对面"为德育工作宗旨，推行"爱、真、善、美"的民办高校大德育理念；要让学生管理从单一走向多元，从以管理为中心走向"服务"

和"疏导",从"物"的管理走向人本管理,做到人性思维、人文关怀、人本管理三者相结合;深入做好党建、学工和思政一盘棋育人工作,要让三者在"融"字上下功夫,即融入组织、融入管理、融入师生、融入活动,做到教育主题化、活动系列化、实践项目化、运行团队化。在机制构建方面,本书全面系统地阐述了惠州经济职业技术学院构建"一体五化"立德树人工作长效机制的独特背景、具体内涵和实施路径。在细节服务上,本书明确了民办高职学生的培养目标定位,即把他们培养成社会主义事业的合格建设者;不是培养明星而是培养"凡星",不是培养高学历、高层次人才,而是培养生产、经营、管理、服务一线所需的高素质技术技能型工作者。同时,指出民办高校需着重关注四类重点学生群体,发挥网络新媒介的作用,采取面对面帮扶学生的举措,在宿舍开展书院化升级管理,建立皮建彬工作室、体育休闲中心、新媒体中心和学生服务中心等机构,打造"互联网+"个性化思想教育模式,实施志愿者服务和社会实践育人方案,为学生提供细致入微的服务和教育,实现"学生的诉求就是我们的追求",在潜移默化之中引领大学生践行社会主义核心价值观和中国梦。本书还从我院的育人实践和项目实施中遴选了许多真实丰富的案例,进行深入剖析,从而既印证了德育工作的效果,又增强了本书的可读性、感染力和科学性。

十年树木,百年树人。从总体上看,本书能始终围绕立德树人的教育根本任务和社会主义核心价值观的基本内容,以德育人,以文化人,彰显了爱的教育功能和独特价值。虽然书中还有一些需要不断完善的地方,一些理论和做法尚需实践来检验,但本书作为我院德育工作的阶段性成果,在一定程度上能够为民办高校做好立德树人工作提供可资借鉴的鲜活范本,具有一定的推广价值。另外,本书对于每一位教育者而言,不啻是一种鞭策和激励,时刻提醒着每一位教育者应当牢记肩上的使命与责任,学子的梦想应当镌刻在我们的心中。

是为序。

陈优生

2015 年 11 月 12 日

Contents 目录

上编 理论研究

下编 实践探索

上编

理论研究

引言

　　党的十八届三中全会吹响了我国全面深化改革的进军号，也对深化我国高等教育改革提出了明确要求。习近平总书记高度重视高等院校在国家经济社会发展全局中的重要地位，强调高校是汇聚人才的高地，是培养人才的基地。2014 年 5 月 4 日在北京大学考察时，习近平总书记发出号召：全国高等院校要走在教育改革前列，紧紧围绕立德树人的根本任务，当好教育改革排头兵。高校教师要时刻铭记教书育人的使命，甘当人梯，甘当铺路石，以人格魅力引导学生心灵，以学术造诣开启学生的智慧之门。

　　高职教育作为国民教育发展过程中的一种新类型，近年来出现迅猛发展的趋势，占据我国高等教育的半壁江山。其中，民办高职教育亦成为改革开放后我国高等教育面临的崭新课题。面对"办怎样的民办高职院校"和"怎样才能办好民办高职院校"的问题，我们的回答是：与时俱进是时代发展的要求，教育改革是教育发展的动力，立德树人是学校教育的根本任务。而民办高校立德树人工作实务的核心是以生为本。

一、以生为本：点燃学生无限创造力的火炬

　　《国家中长期教育改革和发展规划纲要》（2010—2020 年）指出："坚持以人为本，全面实施素质教育是教育改革发展的战略主题，是贯彻党的教育方针的时代要求，其核心是解决好培养什么人、怎么培养人的重大问题"，把以人为本作为教育工作的根本要求，"要以学生为主体，以教师为主导，充分发挥学生的主动性，把促进学生健康成长作为学校一切工作的出发点和落脚点"，"努力培养造就数以亿计的高素质劳动者、数以千万计的专门人才和一大批拔尖创新人才"。

　　大学的一切办学活动归根结底都是为了使学生成人、成才、成功。"以生为本"的学校发展观从两个方面揭示教育发展的本质。其一，"生"是学校发展的根本动力。学校的发展必须立足于"生"的能力发展，要确信每一个学生都有发展的动机和无限潜能，尽最大可能释放学生的创造力，使一切有利社会进步的创造愿望得到尊重，创造活动得到支持，创造才能得到发挥，创造成就得到肯

定。其二，"生"是学校发展的根本目的。发展必须以实现全面发展为目标，为学生终身学习、自主和谐持续发展打下坚实基础。在学校中将"以人为本"归结为"以生为本"，办学以"生"为动力、以"生"为目的、从学生根本利益出发谋发展、促发展，诠释了贯彻落实科学发展观的最本质含义。

近年来，惠州经济职业技术学院作为一所民办高职院校，始终坚持正确的社会主义办学方向，把握时代发展的脉搏，以教育改革为动力，以立德树人为根本任务，以"与信仰对话、与专业成长、与艺术同行"为德育工作宗旨，以"注入红色基因、激活创新激情、交出满意答卷"为工作思路，推广"爱、真、善、美"的民办高校大德育理念，即用"爱"的浪花推动学生前进的帆船，用"真"的阳光照耀学生成长的道路，用"善"的力量推动学生前进的车轮，用"美"的春雨滋润学生的心灵，与时俱进，奋发进取，把社会主义核心价值观有机融入学院教育全过程。在强化大学生理想信念教育、诚信教育和实践教育，促进志愿者服务制度化、常态化，积极开展"三爱"教育活动，引导大学生践行中国梦、促进学生全面发展以及开拓中华优秀传统文化教育新平台、推进网络德育创新等方面进行了富有成效的探索和实践，逐步构建起"一体五化"民办高校立德树人工作长效机制，构筑"学校＋家庭＋社区"立体型德育工作平台，确立德育工作系统化、德育工作信息化、德育工作队伍专业化、学生宿舍书院化、实践教育社会化等"五化"立德树人工作长效机制，以实现让每个学生都成长、成才、成人的培养目标。

（一）培养目标：每个学生都成长、成才、成人

习近平总书记在 2014 年 6 月召开的全国职业教育工作会议上发出号召，要把加快发展现代职业教育摆在更加突出的位置，更好支持和帮助职业教育发展，为实现"两个一百年"奋斗目标和中华民族伟大复兴的中国梦提供坚实人才保障。习近平总书记指出，要树立正确的人才观，培育和践行社会主义核心价值观，着力提高人才培养质量，弘扬劳动光荣、技能宝贵、创造伟大的时代风尚，营造人人皆可成才、人人尽展其才的良好环境，努力培养数以亿计的高素质劳动者和技术技能人才，努力让每个人都有出彩的机会。

1. 使每个学生都健康成长

基于"以生为本、以质立校、学工并举、崇尚实用"的办学理念，我们提出了"使每个学生都能健康成长，多方面发展并适应未来"的办学宗旨。"使每个学生都能健康成长"体现了学院办学的价值取向和理想追求，是一种宏观层面的普遍性要求；"多方面发展并适应未来"体现了学院自身的特点。如何切实践行这一办学宗旨，并将其外化为课程体系、办学模式、实践能力和综合素质，真

正让每个学生都能健康成长，多方面发展并适应未来，实现办学以"生"为动力、以"生"为目的、从学生根本利益出发谋发展、促发展。我们一直强调建设"一种精神、二个原则、三个无愧"、"四个浓厚"和"五个主流意识"的校园气氛，以"明德、博学、求真、致用"的校训激励学生奋发向上，形成"勤奋学习、诚实守信、遵纪明德、勇于创新"的学风。在广大的教职工中则提倡"一种精神"——无私奉献；把握"两个原则"：以身作责、处事公正；牢记"三个无愧"：无愧于学生及家长的殷切期望、无愧于教师的光荣称号、无愧于投资方的信任；培育"四个浓厚"：浓厚的政治气氛、浓厚的学习研究气氛、浓厚的文娱体育气氛、浓厚的文明气氛；发扬"五个主流意识"：敬业意识、诚信意识、团队意识、创新意识和和谐意识。通过组织学生参与校园文化活动，为每个学生的健康成长提供一个进取的空间，开辟一片成长的土地，营造一种向上的氛围。

2. 为每个学生的成才奠基

高职教育是一种人人成功的教育，而不是选拔淘汰的教育。面对就业形势的巨大压力，如何培养优秀的高技能应用型人才成了学校一个重大课题。因此，我们要树立正确的人才培养观，要在学校中树立尊重人才、尊重知识、尊重劳动的观念。一方面，要培养学生的专业知识和素养；另一方面要培养学生的专业技能。我们不是制造机器的工厂，而是育人的农场；我们不是在寻找适合教育的学生，而是在探索适应学生的教育；我们重视的是合格，而不是选优；我们倡导的是"全民健身运动"，而不是"竞技体育"。民办高职院校教学改革首先是教育思想、教学理念的重新确立。这种改革以创新思维为起点，做到时任总理温家宝在国家科教领导小组会议和第24个教师节中小学教师代表座谈会上提出的：让学生"学会知识、学会动手、学会动脑、学会做事、学会生存、学会和别人共同生活"。其中，学会知识提升的是认知文化，学会动手提升的是实践文化，学会动脑提升的是探究文化，学会做事提升的是道德文化，学会生存提升的是社会文化，学会和别人相处提升的是和合文化。这六种文化的融合，不仅要求我们提升质量意识，还体现出文化育人在教育教学工作的思辨性和重要性。为此，我们注重将大学生职业道德、职业素养教育与就业创业相结合。学院以"学习、实践、创新、成长"为宗旨，以技能、艺术、文化、体育等文化素养教育为主要内容，以实践教学为主要渠道，以第二课堂和社会实践为载体，加强对学生的职业道德与职业素养教育，提升学生创新能力，为每个学生的成才奠定坚实的基础。

3. 让每个学生走上成人之路

这个"成人"中的"成"，其含义不是名词"成年"，也不是形容词"成熟"，而是动词"成长"的"成"，即"成长为人"。一个人并非生来就能成为真正的"人"。恰如费尔巴哈所说，一个婴儿，严格地说，他还不算是人，而只是动物。因为他还不具备做人的价值根基，他还不懂人之所以为人的基本道理。每个人都要经历千万次摇摆才能长大成人，成长为能正确认识自身、拥有自我意识、能够自主学习、能够主动接触客观世界和信息，并通过交流、自学、自悟、反思等方式内化为自己的思维和行动，在逐步提升自己改造主观世界和客观世界的能力中不断成长为身体上、心理上和社会适应方面良好的人。在这种状态下，人的生命才能具有活力，人的潜能才能得到开发，人的价值才能得以实现。可见，学生的成人教育和素质的最终形成是多种因素、多个阶段综合影响的结果。

没有高尚的道德情操，不可能成为一名真正能推动社会进步的人。在社会主义核心价值观的引导下，大学生应该努力成为爱国守法、明礼诚信、团结友善、勤劳勇敢、自强不息的人，自觉提高道德修养，践行社会主义荣辱观，要有宽容忍让、仁厚待人的高尚道德情操，为构建和谐校园、和谐社会而努力。优秀的大学生，还要有良好的心理素质，要有不屈不挠、直面挫折的品德。在学习、工作和生活中，勇敢面对每一次挫折和失败，从挫折和失败中寻求新的支撑点，开始新的跋涉。诺贝尔曾说过："坚忍不拔的勇气是实现目标过程中不可缺少的条件。"面对大学生活的各种挑战，只有不断磨炼学生的心志，增强学生的心理承受能力，积极参与竞争，战胜征途上的种种挫折，才能把每一个学生都培养成优秀的大学生。

德育心理学研究表明，学生思想品德的形成，受学生年龄、智力、心理、生理、环境等因素的影响，在不同时期呈现出不同特点。一般而言，学生思想品德形成的时期分四个阶段：儿童期（小学段）、少年期（初中段）、青年初期（高中段）、青年中期（大学段）。把这几个阶段联系起来看，可知学生思想品质的形成具有阶段性、有序性、长期性、差异性。因此，德育过程就是教育者根据一定社会的品德规范要求和受教育者思想品德形成的规律，对受教育者的知、情、意、行方面进行有目的、有计划的影响，使之形成一定德育任务所要求的思想品德的过程。

大中学德育衔接是我国德育改革发展到现阶段出现的新课题。《中国普通高等学校德育大纲》（教政〔1995〕11号）提出了大中学校德育衔接的观点，总则部分明确指出："本大纲……立足当前，面向未来，与中学德育相衔接，注意系统性和可操作性，并在实践中不断充实和完善。"2002年国家提出建立职业教育与其他教育相互沟通和衔接的"立交桥"，2005年国务院强调使职业教育成为终身教育体系的重要环节。2014年国家首次提出"系统培养、多样成才"的发展原则，并对具体路径、方式作出一系列规定，也就是要建立现代职业教育体系，逐步构建中职与高职、高职与本科的互通桥梁。这就要求我们做好大中学校德育衔接，加强学校、家庭、社会德育工作的相互配合，努力把政治道德思想观点转化为学生相应的行为习惯，完善学生人生目标的永恒追求，实现让每个学生都成长成才成人的培养目标。

（二）从堵到导：不放弃任何一个学生

党的十七大报告第一次提出"加强和改进思想政治工作，注重人文关怀和心理疏导"。人文关怀和心理疏导这两个新名词凸显了思想政治教育工作方式、方法的新变化。学生一踏进大学校门，都有提升自己素质的强烈愿望，同时也在思考着一些问题：社会及其文化是怎么通过学校教育而产生的？为什么专科毕业生容易成为父母的包袱？为什么学校无法冲破阶级再生的循环？学校中的这些问题在学生成长成才的过程中处在非常重要的中心地位。

从中学进入大学校园的莘莘学子，面临的是一个全新的世界，无论是生活环境、学习方法、交往方式，还是个人角色都发生了很大的变化。对民办高职院校的学生而言，要解决的学生思想问题，有着不同于公办院校的特点。有的同学怀着对大学美好生活的憧憬和对知识的渴望活跃在校园文化氛围中，但有的同学会因为来到民办高职院校而产生一种失落感，怨天尤人，产生焦虑心理和消极情绪，甚或沉沦不起。而过去思想政治工作关注的是教育人，学生工作堵的方面多，导的方面少；学生思政教育队伍管的多，多元综合的整合管理少。现在我们党提出进行思想政治工作要注重人文关怀和心理疏导，体现了党对人的人性关怀、社会对人的集体关爱，使严肃的思想政治工作开始转向对人内心感受的关心。因此，我们要用另一种思维，采用文学的模式，让我们的学生进一步拓宽眼界，用不同的方式，转换不同的视角来思考学生管理工作。从而使学生管理从单一走向多元，从以"管"为中心走向"管"和"理"并重，从"物"的管理走向人本管理，从描述解释到描述解释与批判反思并存，从追求效率走向追求效率理性与价值理性并重，实行从堵到导的治理方略，做到人性思维、人文关怀、人本管理三者的结合。

1. 人性思维

人性思维源于人性价值，又服务于人性的价值，追求人性价值的实现。人性思维就是要求一切工作的主体都要依靠人，一切工作的目的都是为了人，一切工作都是以尊重人为尺度。科学发展观的核心是以人为本，以人为本是一种哲学思维，也是我们民办高职院校教育教学工作的一种思维方法。高等院校的一切工作都是以生为本，学生的需要就是我们工作的动力，学生的诉求就是我们工作的追求。我们教育的最圣洁、最具灵魂的价值和目的就是让每个学生都具有鲜活和谐的独立人格。而具备了这种教育理念的教师就一定不会忘记，无论在何种情况下，学生最重要的角色首先就是人，而不是机器。学生成长成才是人格全面发展的过程。我们要"全人格"地投入工作，"全人格"地培养学生，培养学生全面发展的人格。人格需要人格的教育，感情需要感情的投入。高职院校作为高等教育的一种类型，拥有的特定群体、价值认同和物质载体，与其他类型高等学校或中等学校有所不同。高职校园人要在特定的高职教育理念文化引领下，凝聚人心，提高价值认同度与价值导向力，在教育教学过程中以生为本，以育人为中心，尊重学生的合理诉求，尊重每个学生的个性发展，满足学生的合理需要，充分发挥学生的主观能动性，营造和谐的校园人际关系氛围，用良好的言行举止教育、影响、感化学生，用真心、爱心、诚心来关心学生。在面对成绩不好、调皮好动、不听从教诲的孩子时，保持一种坦然、宽容、关注、爱惜的情怀，而不应讥讽、冷落，甚至放弃；尽可能给予他们道德关怀，而非价值否定。

思维方式决定工作的效率和效果。时代的发展与高等教育的改革，是引发变革最为直接的动力和参照。近年来，我们注重人性思维方式理念引领，不断强调知识时代对人才素质在创新意识、创造能力、人文关怀、科学精神、团队协作、社会责任、自我发展等方面的要求，都在致力于寻求一条素质全方位提升之道，都渴望学生生命本体的迸发、成就动机的激发、创造活力的焕发。一套新的、具有活力的"六个五"育人体系，即五说、五对接、五共同、五个度、五峰战略、五个化，已经成为我院人才素质提升的重要保障和理论引领。对于"六个五"育人体系，我们是从理论上认知，在实践中深化；在系统上思考，在体系中使劲；从创新上用功，在开拓中作为；在底线上坚守，从根基上浇灌。实践证明，"六个五"育人体系符合校情和高职教育规律，是对我院"43334"治校方略的继承、发展和超越，已经成为我们制胜的重要法宝。

2．人文关怀

人文关怀就是关注人的生存状况与发展，其核心在于肯定人性和人的价值。人文关怀注重于对人的关心、爱护和尊重；着眼于对人的尊严、人的独立人格、人的个性、人的理想和人的命运等的理性思考，对个性解放和自由平等的追求；体现在对人的存在、人的价值、人的意义以及人的心灵、精神、人的情感产生的认同和肯定。大学承担着民族文化和人类文明的积淀与传承的任务，这包含知识的传授和精神的传递两个方面。高等职业教育是高等教育的重要组成部分，大学精神对其发展应该起到引领作用。"人文关怀，理性追求，自由独立"是大学精神的基本内涵，也是影响和引领大学发展的最基本思想。

目前，我国职业教育呈现出三大转变趋势，一是从规模发展转向内涵发展；二是从模式选择转向制度创新；三是"供给导向"转向"需求导向"。从高等职业教育看，高职教育整体上已进入深化内涵、提升质量的发展阶段。如何进一步提高教育教学质量、强化办学特色、实现人才培养、科学研究和社会服务水平的全面提升成为学院立足的关键。面对这种趋势，我们必须在文化层面上有所创新，有所建树，在大学精神、职教规律、经济理念之间建立一条主线，即以大学精神引领、按职教规律办学、用经济理念管理。由此出发，我们就可以发现一些共性的、规律的东西，即：高职教育相对于普通大学教育而言，更强调开放性（即面向行业、企业和社会开放），更强调合作性（即与行业、企业和用人单位的合作）；与社会教育机构相比，则更强调学生综合素质的养成，尤其是爱党爱国思想、社会公德操守、职业理想道德情结等；更强调学生的能力培养，如从事业务工作的动手能力、团队合作能力、人际沟通能力等。作为高职院校工作者，我们理所当然应该推崇以生为本的办学理念，重视学生的理性追求和社会责任感。所以，我们必须将开放办学、校企合作、工学结合、以生为本的高职文化发扬光大，探索具有学院特色的高职文化，抓好学生的素质培养，以过硬的毕业生素质来争取自己的发展，拓展自己的有效市场，形成自身的特色发展。坚持办学的开放性、职业性和社会性，以真诚的心态、开放的胸怀、合作的愿望来建立、拓展自己的服务市场和学生的就业市场。更重要的是，还必须注重人文精神的培育，坚定不移地贯彻"以生为本、以质立校、学工并举、崇尚实用"的办学理念，弘扬大爱的校园精神，以此推动学校良性发展。必须彰显人本主义，注重提倡和讲究人文关怀、注重培育学生的人文精神。同时，必须注重学生的职业情怀和创业心怀，注重教师和学生职业道德、职业理想、职业纪律、职业责任，培养学生的就业和创业能力，形成人文、职业、创业三者融合的文化氛围。

　　3. 人本管理

　　人本管理就是"以人为本"的管理模式。人本管理模式坚持在管理中以人为中心，突出人在管理中的地位和作用，肯定在一切资源中人才是最重要的资源，尊重人在社会经济活动中的主体地位；倡导依靠人进行管理的全新理念，最大限度地调动人们的积极性，开发人的潜能，释放其潜藏的能量；维护每个人的独立人格、做人的尊严和应有的权利；激发人的无限创造力，凝聚人的合力与向心力，实现人的全面发展。

　　2005年国务院召开的全国职教工作会议对职业教育提出"深化内部管理体制改革"，明确了管理关系、组织形式和运行机制。2014年国务院提出，职业院校要完善治理结构，提升治理能力。这表明职业教育也必须进行从"管理"到"治理"的变革。学校管理工作是一门科学，学生管理是学校管理的三大支柱之一。它是由经验的、诠释的和批判的三个向度构成一个整体。学校管理的升级需要建立一种新的三层模式：一是党建升级，学生的理想、志愿、价值、习惯和信念是构成升级的重要因素；二是学生管理升级，以生为本要理解学生个性，理解个体建构以及对现实学生工作的解释；三是思政工作的升级，将学生工作放到教育哲学的层面上，对学生管理工作、学生思政工作进行批判性的探究，强调学生管理工作是一种不断学习和反思的过程。同时，营造学生自主管理文化氛围，构建"自主、自管、自觉"三自管理体系。对新生进行"四个三"教育，即引导学生树立正确的世界观、人生观和价值观的"三观教育"；教育学生珍惜时间、珍惜友谊、珍惜生命的"三珍教育"；使学生具备健全的人格、健康的心理和健硕的体魄的"三健教育"。建设美好寝室、美好教室和美好校园的"三美教育"。成立文化强校学生先锋队，评选感动校园人物，增强大学生参与文化建设的使命感和责任感。每年自10月份开始在全院范围内开展"特色班级""特色宿舍"评选活动，12月份举行一次特色班级和特色宿舍成果展。

（三）引入预警干预机制

为促进学风的进一步好转，我院在学生事务管理工作中，引入一种新的管理机制，即预警干预机制，以增强学生管理工作的主动性、科学性和实效性，实践以生为本，鼓励学生个性发展，提高管理水平。在学院统一领导下，由负责学生事务管理、教务管理、财务管理、资助管理、招生就业、安全保卫等职能部门和各系部门共同对预警对象的确定和预警帮扶的时间、方式、实施程序以及责任主体等作出规定，组织实施，尤其是对学习有压力、经济有困难、心理有障碍、行为有过错的四类特殊学生群体的关注。预警分为口头预警、信息管理系统提示、寄发"预警通知书"、家长约访等多种形式。具体而言，主要包括以下五个方面：

1. 学业预警与干预

由教务处牵头，对学生在专业学习中可能遇到的问题和困难进行紧急提示或预先告知，督促学生完成学业。关键是按照学生在学习过程中学分获得情况与学业要求的差距，适时发布程度不同的警示，并且要帮助学生分析查找成绩落后的原因，制订和调整学业计划，适时加强辅导，增强其信心和学习主动性。

2. 心理健康预警和干预

由心理健康教育指导中心牵头，开展日常心理咨询，定期对在校学生进行心理健康普查，建立和健全学生心理档案，通过完善心理咨询档案管理、坚持大学生心理异常情况报告制度、建立心理异常学生跟踪随访制度，开展辅导员（班主任）心理辅导培训等措施，解决学生的一般心理问题。进一步巩固心理健康工作的四级防护体系，调动大学生自我教育、自律教育的能动性。

3. 就业预警和干预

由创业就业办化公室牵头，鼓励和引导大学生从低年级开始对学业和职业生涯进行科学规划，采取教育、警示、指导等措施帮助学生转变就业观念、提升就业能力、提高就业技能，促成学生尽早就业、提高学生就业率和就业满意度。

4. 家庭困难学生预警和干预

由学生处学生资助管理部门牵头，建立家庭困难学生信息档案，对学生因家庭困难可能产生的系列问题进行预警，在经济上帮助学生、精神上培育学生、能力上锻炼学生，促进学生全面发展。辅导员要特别关注那些由于生活态度不积极或有违纪行为而受警示的学生，以及其他不符合资助条件的困难学生，时刻关心其思想动态，动员学生骨干协同帮助这些学生转变思想观念和不良行为意识，使其逐步达到资助对象的条件和要求。

5. 违纪学生预警和干预

由学生处、团委牵头，主要包括对因违纪而受处分的学生的警示和对少数行为轻微违纪、尚未达到相关规定给予纪律处分的学生的警示。对这类学生的警示，旨在引导学生正确认识自己行为的不当之处，正确看待处分和警示，调整心态，加强品德修养，促进其健康成长。

（四）价值引领：培育和践行社会主义核心价值观

习近平在省部级主要领导干部学习贯彻十八届三中全会精神，全面深化改革专题研讨班开班式上发表重要讲话强调："推进国家治理体系和治理能力现代化，要大力培育和弘扬社会主义核心价值体系和核心价值观，加快构建充分反映中国特色、民族特性、时代特征的价值体系。"社会主义核心价值体系是社会主义先进文化的精髓，决定着中国特色社会主义的发展方向。

坚持不懈地推进学校的核心价值体系建设，要求大学当好社会主义核心价值体系的引领者、践行者和宣传者。大学作为国家人才培养的前沿阵地，要以马克思主义中国化的最新成果武装师生头脑，通过舆论宣传、教育感化、继承传统等方式，让师生亲自实践，领略精髓要义，从而修养自身。除此之外，我们还要利用自身的优势，拓展社会主义核心价值体系宣传教育的空间。

坚持不懈地推进学校的核心价值体系建设，要关注师生日常行为的规范和校园文化潜移默化的作用。要把马克思主义指导，中国特色社会主义共同理想、民族精神、时代精神、社会主义荣辱观，具体转化在价值认同、弘扬主旋律、兼容并包、提高审美情趣等方面，启发并激励广大师生，为培养社会主义事业的"四有"新人奠定坚实的价值基础。

坚持不懈地推进学校核心价值体系建设，要不断推进制度建设和制度创新。通过加强领导、精心部署、顶层设计、整体联动、重视细节等方式，以实事求是的态度，在专业发展、教学管理、科学研究、后勤服务、党的建设等方面，不断推进学校制度建设和机制创新。只有建立起运转有序、民主高效的制度和机制，才能切实将具有广泛号召力的社会主义核心价值观落到实处。

在建设社会主义核心价值体系的基础上，党的十八大首次提出，要倡导富强、民主、文明、和谐，倡导自由、平等、公正、法治，倡导爱国、敬业、诚信、友善，积极培育和践行社会主义核心价值观。党的十八大报告从国家、社会和人民三个层面对社会主义核心价值观进行了高度凝练，将"富强、民主、文明、和谐"作为社会主义国家的核心价值观，将"自由、平等、公正、法治"作为社会主义社会的核心价值观，将"爱国、敬业、诚信、友善"作为社会主义社会个人的核心价值观。社会主义核心价值观是社会主义核心价值体系的最凝练体现，是中国特色社会主义在思想文化上最鲜明的标记，更是构成中国梦不可或缺的价值内核。培育和践行社会主义核心价值观，是深入推进社会主义核心价值体系建设的新要求，和实现中华民族伟大复兴的根本要求是完全一致的。

二、过程思维：学生的诉求就是学院工作的追求

习近平总书记指出，职业教育是国民教育体系和人力资源开发的重要组成部分，是广大青年打开通往成功成才大门的重要途径，肩负着培养多样化人才、传承技术技能、促进就业的重要职责，必须高度重视、加快发展。2002年国家对职业技术教育提出的培养目标为"高素质劳动者（中职）和实用人才（高职）"，2014年国务院《关于加快发展现代职业教育的决定》提出，加快现代职业教育体系建设，"培养数以亿计的高素质劳动者和技术技能人才"。职业教育从培养"高素质劳动者和实用人才"到培养"高素质劳动者和技术技能人才"的基本定位，顺应了国家产业升级与转型对人才需求的变化。

办学理念是一所大学制度的根基。确立什么样的办学理念，对一所民办高职院校来说，实际上也是思考办学定位、明确办学思路的过程。办学理念并不是追求文字上的标新立异，关键是要反映一种办学思想，符合学校实际，成为广大教职员工的共识。在深入学习实践科学发展观活动中，我们学校领导班子通过深入调查研究，结合落实广东教育发展规划纲要，根据高职院校的培养目标及惠州经济发展需要，在总结思考学院创办以来正反两个方面经验与教训基础上，秉承学生的诉求就是学院工作的追求的过程思维，确立了"以生为本、以质立校、学工并举、崇尚实用"的办学理念，"立足惠州、辐射广东、面向全国"的办学定位和"培养下得去、用得上、留得住"的技能型应用型人才的培养目标，并形成了"明德、博学、求真、致用"的校训，做到全员育人、全过程育人、全方位育人，把工作融入组织系统、学科专业、管理部门、全体师生，将学生的成长成才作为学校全部工作的出发点和归宿。

（一）铸魂工程：灵活的思想政治教育工作机制

学生工作既是一个过程，也是一个系统。多年来，我们从学校的实际出发，在学生党建工作方面积极探索、努力创新，遵循"立足现实、系统规划、整体推进、分步实施、定期更新、体现特色"的校园文化建设原则，在指导思想上从"三个高度"重视学生工作，基本理念上真正落实"三育人"，基本思路上突出"三个为主"，工作上重点把握"三个结合"，在工作手段上努力做到个性化、多样化、现代化，在工作方法和途径上不断探索、不断创新，紧跟时代步伐，努力促进学生工作的转型。

1．构建学生党建铸魂工程

为了使学生党建工作真正成为人才培养中的"铸魂工程"，院党委充分发挥政治核心作用、基层党组织战斗堡垒作用和党员先锋模范作用，把党建和思想政治教育工作融入教育教学活动，创新工作方法，扩大服务师生的效果，形成了以发展学生党员为龙头，以培养入党积极分子为基础，以热爱党的教育全覆盖的学生党建模式，使学生党建成为高素质技能型人才培养的铸魂工程。

（1）着力做好三个结合。一是把学生党建工作与学生成长教育紧密结合起来，提高人才培养质量；二是把学生党建工作与学风校风建设紧密结合起来，营造良好的育人环境；三是把学生党建工作与创先争优活动紧密结合起来，培育勇于争先、争作贡献的精神和作风。

（2）实施以师德教育为中心的铸魂工程。开展"广东省扶贫济困日活动捐款""面对面帮扶贫困学生"活动、"师德标兵"评选活动以及"三严三实""迎七一·践行中国梦"等主题教育活动。通过实施党建铸魂工程，以党建促共青团、工会建设，将党建文化基因融入教育教学工作，激发了师生员工改革创新激情。成立了宣讲"四个全面"战略布局的讲师团，组织开展了党委书记、院长上第一堂思想政治理论课活动。加强"皮建彬工作室"建设，推广班级"企业化"管理模式和宿舍民主生活会制度模式。

（3）在学生党建工作方面积极探索努力创新。学校党委要求加强学生公寓党支部建设。品雅女子书院党支部和汇雅女子书院党支部建立党员示范岗，学生党员充分发挥先锋模范作用，自告奋勇当"导生"，党员做到"五带头、五争先"，即"带头学好专业知识，技能本领，争当学习标兵；带头参加各项公益活动，争做志愿者表率；带头遵守纪律，争当守纪模范；带头为同学办实事，提供学习、生活指导，争当优秀'导生'；带头创新管理观念，调节同学矛盾，争当和谐先锋。"以模范先锋作用感染同学、服务同学、引导同学。党支部聘用专家学者为导师，设立心理工作室、文体活动室，开设"以文化人"系列讲座，定期邀请专家学者来书院进行讲座和讲学，把生动有趣的讲座融入学生的生活社区，定期组织特色文化活动与能力拓展训练，在书院营造"以文化人"的学习生活环境，让大学生在"食息起居""举手投足"之间自然接受思想政治教育和文化熏陶，成为学生的生活空间、学习的第二课堂和社交网络的社区，又是心理调适、人格养成、素质提升的重要场所。品雅女子书院党支部和汇雅女子书院党支部的经验做法，促进了学生管理工作"三升级"，即党建升级、管理升级、文化升级。目前，已有4个学生公寓成立了党支部。

2．推进班导师制，护航学生成长

我们通过调查发现，学生中存在着为数不少的问题，且有增加的趋势。如何及时发现并帮助这些学生走出困境，成为学生工作的一个难题。目前，学校按照教育部规定，每200名学生配一名辅导员，仍无法及时了解每个学生的思想和情感状况。面对新情况、新问题，经认真研究，决定为每个班级配备一名导师，从大一一直指导到大三，全程陪同，跟踪管理，把学生工作做到最前沿，落到最基层。班导师的任务就是对学生进行专业学习指导、思想政治教导、行为规范引导、身心健康辅导，配合辅导员做好日常管理工作。班导师的主要任务是指导学生学好专业课，同时通过组织读书会、举办学术论坛、召开师生联谊会等形式，让学生与老师建立紧密的联系与交流。班导师从机关干部和任课老师中挑选，一般每星期指导一次。

3．着力弘扬校园文化特色，推进特色班级、平安宿舍建设工程

随着社会的快速发展和新课程改革的推进，现有的班级宿舍管理制度和方法明显滞后和低效。解放思想、转变观念、更新思维、改革创新，实施班级和宿舍由被动随从到主动建构，由约束规范到自主发展，由价值多元到主流引领，由个体教育到集体教育，由解决问题到超前教育，由集权管理到分权自治，由人治管理到制度管理，让特色班级和平安宿舍的建设成为我们校园文化建设的一道亮丽风景线。

4．加快推进强师工程

确立强师总体目标。按照国家教育改革发展规划纲要的要求和省强师工程实施方案的目标，遵照"系统设计、多措并举、创新机制、加大投入"的思路，采取有效措施推进实施强师工程，加强师资队伍建设，优化教师队伍的专业结构、年龄结构、职称结构，加大教师队伍培训力度，提高教师队伍整体素质，使教师队伍规模满足教学需要，培养良好的师德品行、先进的职业教育理念、较高的职业教育能力和水平、较强的科研教改创新能力和服务社会能力，围绕"争当民办高校排头兵"的整体工作目标，秉承"明德、博学、求真、致用"的校训，保持一种良好的精神状态、谋求发展的意识、以生为本的宗旨、围绕全局的合

力、务实求真的运作、攻坚克难的精神、忠诚履职的责任，努力做到学生喜爱、同行认可、社会满意、自身幸福，做一个以思想内涵和人格魅力熏陶学生的引领者，以专业素养和科学眼光帮助学生、谋划学生成长的改革者，以适应教育改革发展和现代职业教育的需要，为学院发展提供保障。

5. 管理决定质量

提高高等教育质量靠的是管理，管理是提升高等教育质量的永恒主题。

（1）高校的学生工作就其性质而言，是一门管理科学。具体而言，是大学管理者根据本校的办学目标，按照预先设计好的一套管理程序来实施的管理活动。正因为高校学生管理工作源于管理科学，所以要求我们在遵循高等教育规律和大学生成长成才规律的同时，还要符合管理工作的规律。基于这个理由，不管是静态的管理工作还是动态的管理活动，我们的管理干部、学生干部，都必须深入研究其涉及的科学规律，对管理工作进行理论思考。没有对各种规律的实践和探索，没有对学生工作规律的把握和运用，而仅仅依靠特殊的经验和习惯来开展学生工作，学生工作就缺失了科学性。我们通过整合教育资源，加强教学建设、充实教学体系、优化教学队伍、完善教学制度、规范教学管理、改革教学模式、引导教学风气，群策群力，多管齐下，不断提高教学质量，着力培育办学特色，进一步增强我校的竞争力，促进办学规模、结构、质量、效益协调发展。学院在总结前几年行之有效的规章制度、加强严格管理的同时，陆续出台了学院的发展战略规划、加强师资队伍建设规划、质量保障体系意见、督导工作条例、科研奖励条例、教学工作奖励条例等，保障了学院健康持续发展。

（2）高校学生工作就其内容而言，是要维系一种行为规范。具体地说，是学校在要求学生执行特定规则的同时，培养学生自觉服从和遵守规则的意识。规定学生执行特定的行为规则，是维护学校整体秩序以及每个学生个体利益的必然要求。而培养学生的规则意识，是让学生为日后更好地适应社会、融入社会做好思想准备。与此相对应的是，在要求学生执行规则和培养规则意识的过程中，我们不能埋没学生超常规的想法，也不能扼杀学生打破陈条的热情。所以，我们在维系学生行为规范的同时，应该有辩证的思维和眼光。

（3）高校学生工作就其目的而言，是要滋养一块学生喜欢的学习园地。除学习专业知识外，我们自建校以来一直强调建设"一种精神、二个原则、三个无愧"和"四个浓厚"的校园气氛，就是要求通过组织学生参与校园文化活动，为学生提供一个进取的空间，开辟一片成长的土地，营造一种向上的氛围。在我们大学的校园里，那些智慧闪耀的专业说课和实践行为，那些激情洋溢的文艺表演和体育活动，还有其他各种带有显著文化特征的校园活动，都是为提高学生的专业水平和综合素质在作铺垫，也都是在为端正学生价值取向和精神坐标构筑理想平台，为学生的健康成长和全面发展提供肥沃的土壤，这些对于学生的成长十分重要，意义也非常重大。按照这个逻辑，学生工作自然成为促进学生学习和进步的重要活动。

（4）高校学生工作就其方式而言，是要形成一种长效机制。具体来说，就是以科学发展观为指导，始终围绕学生成长成才这一中心目标，积极构建特色鲜明、科学有序的学生工作管理体系。作为贯穿学校整个办学过程的管理活动，学生工作是学校整体工作的一个重要部分，是这个育人系统中的子系统，建立起一个规范、配套、稳定、机动的长效机制来使其正常运行，并促进其科学发展。在建设这种长效机制的时候，要特别注重培养提高的机制、晋升发展的机制。我们各个部门都要根据自身的职能，发挥作用，协调联动，形成合力，使学生工作按照全员育人、全过程育人的思想展开，有效地提高学生的素质，促进学生的成长。

（二）模式引领发展：用明天的科技培养今天的学生

2014 年国务院提出我国职业教育改革发展的总体目标："到 2020 年，形成适应发展需求、产教深度融合、中职高职衔接、职业教育与普通教育相互沟通、体现终身教育理念，具有中国特色、世界水平的现代职业教育体系。"这一目标进一步丰富了现代职业教育体系的内涵，在强调中国特色的同时，也强调中国职业教育要与世界职业教育发展接轨，体现了更强的全球性和现代性的价值取向。

这种趋势是我们教育教学改革的动力，在这种趋势中，大学的目标不再是一个，大学的权力中心也不再是一个，大学的服务对象也不再是一种，对高职教育的定义也变得多元化——古典的、现代的、后现代的同时并存。

2014 年以来，国家颁布了《国务院关于加快发展现代职业教育的决定》，教育部等部委制定了《现代职业教育体系建设规划（2014—2020 年）》，对新一轮职业教育改革的指导思想、原则、目标及试行办法作出规划，设定了我国职业教育未来 6 年的整体体系。习近平总书记在 2014 年的全国职业教育工作会议作出批示，明确指出，职业教育是国民教育体系和人力资源开发的主要部分，必须高度重视、加快发展。这标志着，随着我国经济进入新常态，职业教育也进入了发展新阶段。教育部颁发的《关于全面提高高等职业教育教学质量的若干意见》（教高［2006］16 号）提出"以工学结合为重要切入点，推进人才培养模式改革"的要求，从政策层面对高等职业院校教育教学工作提出了新要求。

1. 着力精神引领，激发师生工作持久力

起飞不仅仅在起点。高职教育是一项长期的系统工程，需要凝聚力和向心力，更需要师生的齐心协力和工作的持久力。每一位老师和学生都是高职教育大机器上的"零部件"，要保证众多"零部件"协调运作，电能至关重要。促使高职教育大机器运转的"电能"，正是统帅高职人行为、凝聚人心人力的大学精神。这种精神在我们学院就是将社会主义核心价值观、区域文化精神以及先进的高职教育思想、办学理念、校训观念融为一体的文化精神综合体。我们通过对社会主义核心价值体系的全面把握，对惠州精神、广东精神的学习理解，通过广泛深入开展"三爱一奉献"创先争优主题实践，以及贯彻十八大以来的历次会议精神、创新基层党组织建设和庆祝建党纪念日等系列活动，充分发挥大学精神的引领作用，从而激发师生的工作热情和持久力。

2. 强化就业引领：激发学生成功之理想

高等职业教育是面向职业岗位的职业性高等教育，是一种就业教育。就业导向是高等职业教育内涵的基本要义之一。国际化为人才的培养目标注入新内涵。对于教育国际化视野的人才培养目标来说，培养学生的国际视野，让学生具备国际交流、理解、合作、竞争的能力固然重要，但更重要的是要能适应未来社会发展的需要。随着经济的全球化，劳动力跨行业的流动将会大大增加。为此，我们要建立融知识、能力、素质为一体的创新人才培养体系，为学生终身教育打下扎实基础。

（1）树立创新创业意识。高职教育作为一种类型的合理存在，关键是特色和创新。有创新创业意识，才能奋发有为，一个国家是这样，一个政党是这样，一个学校也是这样。成功始于心态和理想，成功要有明确的目标。教育部颁发的《关于大力推进高等学校创新创业教育和大学生自主创业工作的意见》（教办〔2010〕3号），是我国当前推进创新创业教育的纲领性文件，对于深化素质教育、提升人才培养质量、促进大学生就业、加强知识创新体系的建设，均有着重要的意义。全国工商联、共青团中央、劳动人事部等七个部委也联合发文要求加强大学生创新创业教育。我们在学校的教育中必须充分地认识到大学生创新创业教育的重要性，以转变教育思想、更新教育理念为先导，以提升学生的社会责任感、创新精神、创业意识和创业能力为核心，以改革人才培养模式和课程体系为重点，不断地注入创新、创业的元素，着力培养学生适应知识经济时代发展需要的创新意识、创业素质和创业文化，塑造学生的创新精神和创业人格，回应知识经济时代的历史召唤。作为一所民办高职院校，我们深深认识到只有不断探索与创新才有不竭的动力，才能保持旺盛的生命力。高等职业技术院校的性质决定了我们不仅要注重创新教育教学的思想、理念、手段、方法，更要立足于与社会和企业的协同创新。这几年，正因为我们立足于协同创新，才形成了与博罗县人民政府合作进行的"罗浮山百草精灵"动漫创作项目，与飞宇机械设备科技有限公司合作建立的飞虎电脑横机人才培养基地，以及与长青汽修车行合作建立校内实训基地等体现学院创新发展的成果。今后，我们要牢记"探索永不止步，创新终无止境"，面对飞速发展的形势，停滞、僵化、故步自封，只能是死路一条。

（2）激发创新创业激情。成功需要观念引领，水平依靠实干提升。有人说"脑和手的距离，是全世界最远的距离"，这句话蕴含了深刻道理：如果我们仅有心动而缺乏行动，我们只能与成功擦肩而过。好的思路只有落实在行动上才能取得实效。树立正确的择业观，理智地对待实训和就业；以勤奋的态度对待工作，不怕苦、不怕累；以敬业的精神对待岗位，干好每一项工作；以忠诚的态度对待企业，诚信做人；以自信的面貌对待自己，战胜困难，从艰苦的基层岗位做起，树立吃苦精神、磨砺能吃苦的本领，在实践中磨炼成长。战国时代的著名哲学家、法家思想集大成者韩非子曾说过："宰相必起于州部，猛将必发于卒伍。"意思是，那些最后干成大事的人，往往都是从基层做起的。天高任鸟飞，海阔凭鱼跃。基层的舞台广大，从基层做起，定能从基层走向卓越。

（3）提高创新创业素质。《国家中长期教育改革和发展规划纲要（2010—2020年）》中指出："坚持能力为重。优化知识结构，丰富社会实践，强化能力培养。着力提高学生的学习能力、实践能力、创新能力，教会学生学会知识技能、学会动手动脑、学会生活、学会做事做人，促进学生主动适应社会，开创美好未来。"作为高等职业技术教育院校，我们的办学宗旨是以企业为主体，以市场为导向，为企业提高自主创新能力，加快发展培养实用型专门人才。应用型技能型人才是人才培养的一种类型，培养这种人才的成功与否取决于其所具有的素质、能力和知识结构。应用型人才与其他类型人才的不同，主要是通过人才培养过程来体现。应用型技能型人才培养虽然以理论够用为度，但也要确保应用型人才具有可持续发展的潜力。只强调基础理论教学或者只强调操作动手能力的训练都是片面的，高素质、技能型、应用型管理人才是我们高职高专的培养目标。

3. 重点解决三个问题，将创新创业教育推上一个快车道

（1）处理好创新创业教育与专业教育的关系。专业教育与创新创业教育都是大学生成长成才的重要课程，我们要努力做到互相贯通。创新创业教育的总体目标指向培养高级合格人才的根本任务。各系各专业要深入探索创新创业教育与专业教育的高度融合，特别是要注意将创新意识贯穿于每个具体教学环节中的有效途径。要在办学理念、培养方案，课程设置、管理制度等教育教学思想中体现创新创业精神，并融入总体教学、实习、实践等教学环节中，形成富有特色的创新创业体系。

（2）处理好创新创业教育与促进就业的关系。创业园和创新创业讲坛的任务就是着力将学生从一般的求职者培养为具有创新素质的工作岗位创造者，通过课程教学和实践帮助学生规划职业生涯，选择人生成功道路，让学生学会与他人

相处，与集体和社会相处，从而升华和完善自身人格、创业性格和创新品格，为未来的就业奠定良好基础。

（3）处理好创新创业教育的师资队伍建设问题。作为大学，我们不能把教育学生的责任推给政府和企业，我们必须改变自己，突破自己，通过创新创业教育，造就一支具有崇高的职业理想、积极的探索精神、开阔的人生视野、扎实的创业教育能力的教师队伍。老师们要充分利用并发挥创业讲坛和创业园的功用与平台，带头引导各专业教师、就业指导课教师开展创新创业教育的理论和案例研究，不断提高在专业教育、就业指导课中进行创新创业教育的意识和能力，逐步提高教师的创业经验。

（三）在改造传统的基础上创新

高职教育作为一个类型的合理存在，关键是特色和创新。高职院校要认真开展学习贯彻全国教育工作会议精神和国家教育规划纲要活动，积极推进改革创新，有序开展工作，在师资建设、专业建设、学生顶岗实习、实训基地建设和专业教学资源建设等多方面实现新突破、新跨越。

1. 更新人才培养观念

人才培养观念是人们对于人才培养及其发展规律的总看法或根本观点。人才培养观念是一切教育行为的先导，更新人才培养观念是深化教育改革的前提。由于传统观念的影响根深蒂固，要真正转变高职高专的人才培养观念将是一个长期的过程，不可能一蹴而就。按照《国家中长期教育改革和发展规划纲要（2010—2020 年）》的精神，我们要树立人才培养的五个观念：一是要树立全面发展的观念，努力培养德智体美全面发展的高素质人才；二是要树立人人成才的观念，面向全体学生，促进学生成长成才；三是要树立多样化人才的观念，尊重个人选择，鼓励个性发展，不拘一格培养人才；四是要树立终身学习观念，为可持续发展奠定基础；五是要树立系统培养观念，推进大中小学有机衔接，教学、科研、实践紧密结合。学校、家庭、社会密切配合，加强学校之间、校企之间，学校与科研机构之间合作以及中外合作办学等多种联合培养方式，形成体系开放、机制灵活、渠道互通、选择多样的人才培养体制。以上五个观念，第一个是新中国成立以来一贯倡导的核心教育观念；第一、第二、第四个是多年来我国素质教育重点倡导的观念；第三、第五个是近年来我国教育研究的新成果、新思想，旨在形成体系开放、机制灵活、渠道互通、选择多样的人才培养体制。

2. 创新人才培养模式

人才培养模式是在一定教育思想指导下为实现一定的教育目标而形成的相对稳定的教育教学组织形式的简称，主要是指人才培养教育结构特征及其运行机制。目前，在我国高等教育人才培养模式中存在的突出问题主要有：第一，人才培养模式单一，对学生创新精神与实践能力的培养力度不够；第二，课程设置缺乏多样性和选择性；第三，教育教学方法和组织缺乏灵活性，教育教学过程基本上还是以教师、教材、课堂为中心，学生的自主学习与合作学习未受到应有的重视。因此，创新人才培养模式，要求我们必须遵循教育规律和人才成长规律，深化教育教学改革，创新教育教学方法，探索多种培养方式，形成各类人才辈出、拔尖人才不断涌现的局面。在教育规划纲要中，创新人才培养模式的具体思路：一是注重学思结合，倡导启发式、探究式、讨论式、参与式教学，帮助学生学会学习；二是注重知行统一，坚持教育教学与生产互动、社会实践相结合。开设实践课程和活动课程，增强学生科学实验、生产实习和技能实训的成效；三是注重因材施教，关注学生不同特点和个性差异，发展每一位学生的优势和潜能，在整改的过程中，我们要遵循规划纲要提出的创新人才培养模式的新要求，不断创新人才培养模式的新内容，实现创新人才培养模式的新途径。

3. 突出特色，提升办学内涵

特色就是名片，特色就是质量。特色办学本质上是一种以人为本的教育，为学生成长发展提供高质量的服务，是以生为本的服务。只有特色办学才能实现教育功能价值的最大化，人的功能价值的最大化。教育具有其自身的特殊性，即是人的系统。人是教育的起点，也是教育的终点。教育者是人，受教育者是人，在教育教学活动中，教师是"教"的主体，学生是"学"的主体，相互之间是主体间的关系。特色办学能真正体现"以生为本"的教育状态，有机地处理人与人之间的问题，科学、合理、有效地激发、调动所有人的积极性、主动性、协调性，建立人与人之间的健康关系，产生最强的"个体力"和"团队力"。因而，特色办学是创造从起点到终点整个人的发展过程的辉煌，让学生个个都能成长成才。

（四）在更高起点上构筑高职育人新体系

高职院校要以科学发展的新观念，引领学院发展的新思路，实现学校发展战略的转型升级，即从机遇发展走向彰显实力、从规模扩张迈向内涵建设、从同质竞争驶向个性特色的转变。近年来，惠州经济职业技术学院在这一战略转型过程中，系统总结办学经验，以内涵建设推动学院教育教学全面改革，构建起了符合高职教育规律的"43334"治校方略，即"以生为本、以质立校、学工并举、崇尚实用"的办学理念四句话，"学院总体发展规划、校园建设规划、专业建设与师资队伍发展规划"三个战略规划，"以模式引领发展、以管理促进质量、以软实力提升硬实力"的三大办学方针，"班有先进党员，系有战斗堡垒；系有精品课程，校有特色专业；系有教学名师，校有创新团队"的三大实施路径和"学生喜爱、教师留恋、同行认可、社会满意"具有一定特色的高职院校的发展目标四句话。这一治校方略，是学院办学实践与办学思想的一次生动的科学总结，也是校园文化精神的最集中体现和文化建设的最大成果。它既具有高屋建瓴的统帅指导作用，又有易于操作的实践特点；既包罗办学理念、规划、方针、路径、目标等多层面的高端设计，又涵盖教师、学生、专业、课程、学校、社会等众多教育组成因素的全盘考量；既有很强的教育系统性和严密性，又有良好的包容性与开放性。这一方略，促进了学校从机遇发展走向彰显实力、从规模扩张迈向内涵建设、从同质竞争驶向个性特色的转变，极大地推动了我院校园文化建设，形成了拼搏进取、团结和谐的良好校风。

在"43334"治校方略的引领下，我院在育人实践中又逐渐形成了一套新的、具有活力的"六个五"育人体系，即五说、五对接、五共同、五个度、五峰战略、五个化，已经成功成为人才素质提升的重要保障和理论引领。各单位都在不断探索知识管理及其实施机制，努力为政策目标的执行制定具有操作性的规则，使学校从要素驱动模式，逐步向创新驱动模式转型，从而实现学校的跨越，为学校的健康发展找到一条符合自身情况的可行路径，为惠州经济及社会发展找到切入点和支撑点，并确定了"做在起点、落在规格、兴在课堂、融在校园，以建设上水平，以水平立标志，以标志促建设"的发展思路。

由此，学校发展有了明确的指导思想和奋斗方向，潜力得到挖掘，活力得以激活，学校呈现蒸蒸日上的良好发展势头。在人才培养体系的构建和实践过程中，学院进一步明晰了学院的办学定位、发展方向和人才培养目标，并为学生学习能力、实践能力、创新能力、综合素质的养成取到了很大推动作用，学院的改革和发展进入了快车道。随着校企合作、工学结合的教学改革深入开展，学院内涵建设成效显著。《中国教育报》等多家主流媒体先后刊登或转载学院教育教学改革的内容。

三、实践路径：学生的需要就是学院工作的动力

目前，我国职业教育呈现出从规模发展转向内涵发展、从模式选择转向制度创新、从"供给导向"转向"需求导向"三大转变趋势。面对这种趋势，作为一所高职院校，我们必须推崇以生为本的办学理念，重视学生的理性追求和社会责任感的培养，走出一条开放办学、校企合作、工学结合的道路。

（一）创建开放办学、校企合作、工学结合、以生为本的高职文化

探索形成具有学院特色的高职文化，是全体教职工的追求，学生的需要是我

们工作的动力，而具有学院特色高职文化的弘扬和创新，更需要全体教职员工和学生们共同不懈的努力。

1. 从学校发展看，外部市场、特色定位、学生素质三者同样重要

一个高职院校的干部、教师必须以真诚的心态、开放的胸怀、合作的愿望来建立、拓展自己的服务市场和学生的就业市场，即建成一大批合作企业和一大批实习、实训基地。当然，这个市场不应该是漫无边际的市场，而是跟学校愿景和企业需求相匹配的市场，即特色市场定位。在这个过程中，就要抓好学生的素质培养，以过硬的毕业生素质来争取自己的发展，拓展自己的有效市场，形成自身的特色发展。也就是说，必须坚持办学的开放性、职业性和社会性。

2. 从学校建设看，大楼建造、大师培育、大爱文化三者缺一不可

一所高校必须有现代化的办学条件、现代化的教育设施，必须有大楼林立。与此同时，还必须有一批满腹经纶而又拥有真知灼见，重视知行合一，既了解社会又懂得实践的大师，以引领专业建设、课程改革和教书育人。更重要的是，还必须注重人文精神的培育，坚定不移地贯彻"以生为本、以质立校、学工并举、崇尚实用"的办学理念，弘扬大爱的校园精神，以此推动学校良性发展。

3. 从学校文化培育看，人文关怀、职业情怀、创业心怀三者有机融合

作为高职院校，必须彰显人本主义，注重提倡人文关怀，注重培育学生的人文精神。必须注重学生的职业情怀和创业情怀，注重教师和学生职业道德、职业理想、职业纪律、职业责任，培养学生的就业和创业能力，形成人文、职业、创业三者融合的文化氛围。

4. 从学校对教师的要求看，高等学历、教学履历、企业经验三者不可偏废

高职院校的教师队伍，一般而言，必须接受过高等教育，并且逐步提高硕士生和博士生在教师队伍中的比例，以体现高校教师团队的知识水准。与此同时，教师应该具有一定的教学经历，熟谙教育学、心理学、教师职业道德和法律法规。作为高职院校的教师，还应该具有企业的工作经历，具有企业工作经验和相关技术技能，以真正成为双师素质教师。忽视了前者，学校的特征必然被淡化；忽视了后者，则不能体现出职业教育的要求。

5. 从对教师的考核看，教师素质、职教能力、科研水平三者兼收并蓄

作为一个教师，必须具备教师的品德和素质，能静下心来备好每一节课、批好每本作业，总结规律，研究学问，反思教学成败，据此来实现人类灵魂工程师的目标；作为职教工作者，必须强调其职业教育教学能力，了解职业、懂得职业、掌握职业、跟踪职业、研究职业、发现职业是其重要能力，必须切实重视；作为一个高等学校的教师，其科研能力和服务社会的能力更应当是一个重要的因素，这也是提高教育教学质量、提升服务行业（企业）和社会能力的需要。

6. 从学校对学生的教育看，人生理想、职业素养、社会规范三者综合培养

我们的毕业生将来都是社会主义现代化生产、建设、管理、服务第一线的建设者和接班人。因此，崇高的人生理想、严格的社会规范的培养是我们育人的根本任务，也是高等学校的基本职责，它首先要解决培养什么样的人，怎样培养人的问题，也就是我们校训中提到的"明德、求真"，教育学生懂得做人。与此同时，我们要把学生的职业素养和职业能力放在突出位置，培养"博学、致用"的人才，注重学生德和能的统一。

7. 从学校对学生的培养看，初岗能力、转岗能力、发展潜力三者有机衔接

我们既要按照生产、建设、管理、服务第一线劳动者的要求培养学生的初岗能力，使学生的初次就业有敲门砖，还要特别强调学生的可持续发展能力，即良好的转岗能力和岗位迁移能力，学会做事的技能和创新的办法，学会抓住机遇提高自己、发展自己，真正把自己的能力建立在适应市场、与时俱进的平台上。

8. 从国家高职发展政策看，政府支持、企业（行业）参与、学校自觉三者必须协调

高职教育不是低层次、低水平、低投入的教育，必须有政府的支持。与此同时，作为以就业为导向、以服务为宗旨的职业教育，高职教育必须依托国家的有关法律和法规，推进和企业（行业）的广泛、深度合作。只有这样，广大教职工才能在合作办学、合作育人、合作就业、合作发展的氛围中健康发展，学生才能在合作办学、合作育人、合作就业、合作发展的过程中受益。

（二）推动学校与企业联合办学，实行校企深度合作

习近平就加快发展职业教育作出重要指示，要牢牢把握服务发展、促进就业的办学方向，深化体制机制改革，创新各层次各类型职业教育模式，坚持产教融合、校企合作，坚持工学结合、知行合一，引导社会各界特别是行业企业积极支持职业教育，努力建设中国特色职业教育体系。职业教育作为一种类别教育，和普通教育的根本区别就在于它有明显的职业性、技能性特征。它的本质特征决定了衡量职业教育质量的唯一标准就是学生的就业和创业能力。因此，整合教育资源、改进教学方式，是当前职业教育改革的着眼点和着力点，其中关键就是推动学校与企业联合办学，实行校企深度合作。

1. 校企深度合作要找准共赢的契合点

"校企合作、工学结合"是高职教育类型特色的灵魂和精髓，是高职人才培养的基石，也是学院一直在寻求破解的一个难题。近年来，通过安东尼实训工厂、金融实训中心、大学生创业园的建设学院认识到，虽然在学校中看不到企业的身影，却处处能感受到企业对学校的支持。校企要深度融合，一定要找准校企

共赢的契合点，关注企业的利益点，把学校培养高技能型人才的崇高使命和企业对高校技能人才的强烈需求转化成全体教职员工培养高技能人才的强大执行力。如此，校企深度合作终会成为一种办学习惯。

从安东尼实训工厂和金融实训中心的建设实践来看，我们发现，校企深度合作的难点其实来自高职院校自身，因此，高职院校要从学校自己内部找问题。在市场经济条件下，利益驱动是合作的前提，学校、学生、企业、社会多方共赢是合作的基础。任何一个希望进步和发展的企业都希望与高校合作，寻求人力资源的有力支撑和技术合作，而这种合作的关键在于学校服务企业的意识是否到位，与企业合作的思想、方法、途径、措施是否具有与时俱进的时代意识。在这一方面，学院取得了不少进展。2010 年，中嘉保险经纪有限公司等公司在同学院共建校内实训基地建设——金融实训中心的同时，还主动提出与学院在人才培养、专业建设、课程教材开发、实习就业等各个领域进行全方位的深度合作，实现共建互赢。因此，高职院校要逐步完善和深化校企合作：一是扩展长期稳定的学生实训和就业基地，完善实习就业一体化；二是努力探索校企共同制订人才培养方案的合作路径，逐步实现人才供求关系对应化；三是强化校企紧密联系的校内教学实训基地建设，实现仿真实训环境与参与真实生产过程的常态化；四是切实抓好校企合作的技能培训，深化专业技能教育的社会化；五是进一步探索校企合作方式，促进校企合作形式多样化，全方位拓展校企合作的平台。

2. 走开放办学道路

开放、合作是办好职业教育的又一关键。高职院校要以开放的姿态，加强与社会、兄弟院校、媒体的接触和交流，突破以往封闭办学的局限，搭建一个视野宽阔的开放平台。高职教育要持续发展，需要一个集政府、行业、企业、媒体和学生家长等要素组成的开放环境。高职院校在办学的过程中，应该进一步总结提升"三个应对"的经验，即应对行业、企业开放，关注行业的发展需求和行业标准与动向，融入企业文化，积极响应行业、企业对高技能人才的需求；应对政府部门开放，积极争取政府部门的政策和资金支持，主动接受主管部门的指导；应对媒体开放，通过媒体的视角，传达高职的信息及热点。同时，还要进一步对家长开放，对社会开放，特别是在为社会培训方面要有所建树，因为服务社会是学校的基本职能之一。总之，要通过开放建立一个无障碍的沟通机制和合作平台。

3. 专业建设和课程改革应从顶层设计入手

开展专业剖析，是专业建设的逻辑起点。课程改革须确定不同课程教学目标。不管是逻辑起点，还是教学目标，这些都是顶层设计的问题，是专业建设和课程改革的关键内容。如果在顶层设计上有缺失，逻辑起点不对，专业建设和课程改革就如盲人摸象误入歧途。在校企合作、工学结合的框架下，专业定位和人才培养规格以及课程的教学目标确定后，选用何种技术路线和何种方法来构建课程体系以及采用什么样的教学方法来实施课程教学，应该视专业、课程及其他约束条件的不同而不尽相同，没有统一的模式和固定的套路。例如，我们学院的安东尼模式、金融实训中心模式、说课、专业剖析、创业园等不尽相同的模式，都是要让广大师生员工体验高职的核心理念、教学设计思路、校企运作机制，充分突出内涵、突出导向，明确基本路径，而不应千篇一律。

4. 重点专业、特色专业要发挥引领与辅助作用

目前，我国高职院校的教育教学改革进入了"深水区"，所遇到的困难、难题都会是前所未有的。高职院校应该要有解决这些问题的新思维、新体制、新办法。重点专业、特色专业要在改革的进程中进一步解放思想，加快改革创新步伐，出经验、出成果，发挥模式引领发展的作用。例如，学院有了建设安东尼实训工厂、金融实训中心的教育教学模式改革的实践，确立了校企合作、工学结合的改革方向，职业道德教育、职业能力培养、人才培养模式打破了传统教学体系的禁锢，初步探索出一条符合我校实际的改革发展之路。

5. 加强精细化管理，提升管理水平

随着校企合作和内涵建设的深入推进，高职院校深刻认识到，创示范、争一流，关键在于管理。高职院校要努力实现从粗放管理向精细管理转变，从重视量的管理向重视质的管理转变，从经验管理向科学管理转变，牢固树立起"管理出质量，管理出效益"的理念。要将各项管理制度进行修订，并不断进行完善。精细化管理是学校管理的核心工程，它可以规范学校日常管理，明确管理目标，细化管理单元，改进管理方式，确保管理高效准确到位，提升学校开展工作的效率和管理水平，形成带动学校良性发展的健康机制。

（三）因材施教让学生找到成功之引擎

培养什么人，怎么培养人，始终是我们面临的首要问题。当"有教无类""教学相长"的观念从两千多年前延续至今，当破解"钱学森之问"从梦想变为实践，科学的人才培养观便成为教育工作者的期许。在多年的办学实践中，我们始终立足于转变观念、解放思想；鼓励学生对知识保持好奇心与求异思维；因材施教、发展特长、尊重学生的差异与个性；科学评价、激发创新，建立更为科学灵活的评价体系。我们正是从这样的出发点起步，紧紧围绕推进教育教学内容、课程、方法创新人才培养模式，努力构建人才成才的"立交桥"。就教师而言，"有教无类、因材施教"是每个教师必备的基本职业道德。"有教无类"是生本思想付诸教学实践行为规范，要做到"有教无类"，教师必须具有高度的职业责

任感，即用仁爱之心对待每一个学生，全身心地投入教学本职工作中去，为人人成才坚持不懈地努力工作。对学生而言，要做到"因材施教"，就必须"守礼知义"，遵循教育教学规律，勇于改革创新，根据教育对象的基础和特点研究探索适于教育对象的教学内容和教学方法，把握"校企合作、工学结合"的总要求，把握"有教无类、因材施教"的总规律，把握"抓住重点、突破难点、关注热点、创新亮点"的总方法，把握"办好人民满意教育"这个总目标，实施校企合作"三业对接、双轨并行"人才培养方案，倡导"做中教、做中学"面对有差异学生，实现有差异的发展，让学生找到成功的引擎。

1. 着力教学改革，开展项目一体化课程改革工程

高职教育在人才培养上要重视两个系统，一个是基础课程系统，一个是实验、实习、实训系统，并使两个系统在专业人才培养课程体系中相互交融。其中，实习、实训是我校专业教学改革的重点和难点，如何围绕专业培养目标系统设计符合本专业需求的实习实训，统筹安排实践教学手段、方法、安全和管理是亟待解决的问题。我们通过推行项目一体化课程改革工程，以项目为载体、以行动为导向、以任务来驱动、引领教学改革，为学生创设适宜、有用、有趣的课堂教学，让学生听得懂、学得会、有价值、有活力，让学生求职有技能、发展有基础、创业有潜质。优化课程结构，让课堂"活"起来。要让学生听得懂、学得会，关键是要对教学内容进行"过滤"和"还原"的精细化处理，将教学与生产实际结合起来，增大实践教学的比例，使课堂回归职业教育的本质，满足学生学得会的内在需求。

2. 搭建"引、领、研、建、评"多种平台，让项目一体化教学改革落到实处

"引"，即要求系领导、专业带头人冲在一线，示范指引。

"领"，即构建系领导、教研室负责人、骨干教师多层次培训网络体系，提高新认识，掌握新理念、新技术，发挥领头羊作用。

"研"，即进行项目一体化教学模式的专题研究，探索与教学模式相匹配的教学流程，形成各具特色的先进教学模式。

"建"，即建章立制，规范管理。建立项目一体化教学达标制度，实行学院领导、系部领导蹲点挂钩到系到班制度，将项目一体化教学模式的改革进程、教学效果与绩效考核结合起来。

"评"，即过关考核、严格验收。全体教师都要参加项目一体化教学达标活动，列入课时绩效考核重点指标和年终评先考核重要指标。在各专业自查自验，主动申报基础上，学院启动项目一体化达标评建活动，对取得显著成绩的予以表彰和奖励。

3．开展项目一体化课程改革活动，分四个阶段进行

（1）培训阶段。聘请专家教授开办培训班，传授"行动导向教学法"。结合项目一体化课程改革，开展大学习、大讨论，让全体教师"动"起来。

（2）实施阶段。精心制定项目一体化课程改革实施方案，让广大教师结合各自授课项目"用"起来。

（3）研案阶段。通过自查自验、考核互评，扬长避短，让课改效率"优"起来。

（4）规范阶段。通过开展评建活动，树立典型，构建多样化的项目一体化教学模式，让学生受益"实"起来。

在项目一体化教学模式的实践和推广活动中，我们把求真作为首要的价值取向、大胆实践、勤于反思，不断增强教育内涵发展的持续动力，和课程改革活动共同成长。

（四）多姿多彩：让每一个学生都成长成才

作为惠州第一所民办高职院校，近年来惠州经济职业技术学院积极践行"让每一个学生都成长成才"理念，教育发展取得了累累硕果。学院先后获"全国创建和谐校园先进单位""广东省高校治安综合治理优秀学院""广东省高等院校（民办）十强单位"以及"2015年中国职业技术学院50强"等荣誉。

大学生活多姿多彩，拼搏创造出彩机会。惠州经济职业技术学院的历届学生在学校锤炼技能，自强不息，所取得的成绩也一直非常骄人。例如，2006级原计算机系毕业生詹居灵同学在第三届粤港澳台大学生诗词大赛中荣获"诗词双冠军"，在广东省乃至全国引起了不小的轰动；2007级服装系学生王映如同学在全国服装设计技能大赛中摘得铜奖；2010级机电信息学院蓝新许、张志良、张鹏等同学代表学院参加2011年全国大学生电子设计竞赛，荣获二等奖，而在当时获得二等奖的同类院校在广东只有两所；第八届广东省大中专学生校园文化艺术节上2011级动漫专业刘志金等几位学生和中山大学、华南理工等名校的学生同台竞技，结果与中山大学、华南理工大学、华南师范大学的学生并列获得"新媒体大赛"视频类高校组一等奖；2012级钟岸萍、马志鑫等同学参加由省教育厅、人社厅、团省委举办的2015"挑战杯·创青春"大学生创业大赛获银奖。2014年，学院组织大学生志愿者参加"善行100·温暖行动"，在全国120所参与高校中排名十九，在全国高职高专院校中排名第一。我校组织参加省教育厅举办的"2015年广东省普通高等学校大学生计算机设计大赛"，获得1个二等奖，3个三等奖；参加"加博汇杯"广东省大学生电商创业大赛总决赛，"五湖四海"队荣获全省第九名、销售业绩银奖、综合成绩三等奖，"奔跑在青春"和"海纳百

川"队获得销售业绩铜奖，我校获得"优秀校园就业服务团队"称号；参加第六届全国高等院校学生"斯维尔杯"建筑信息模型（BIM）应用技能大赛，获得"全能三等奖""建筑设计专项三等奖"和"三维算量与清单计价二等奖"三个奖项；参加"绚丽年华第七届全国美育成果展评"活动，获一、二、三等奖各一项；参加广东省第七届大学生广告设计大赛，获2个一等奖，1个二等奖，2个优秀奖；学生创作的微电影《爱》获得"奔跑吧 YOUNG MAN 惠州市第三届青春正能量微电影节"院校组三等奖；我校运动健儿在广东省第九届大学生运动会上，摘得3金3银的优异成绩，其中王凤珠同学夺得女子丙组100米和200米第一名，黄志华同学夺得女子丙组跳高第一名，林敏芳同学夺得女子丙组跳高第二名，黎健恒同学夺得男子丙组跳高第二名，王凤珠等同学夺得女子丙组4×100米接力第二名，学校也收获女子团体总分第四名、团体总分第六名以及"体育道德风尚奖"等多项荣誉。在我们学校，这些在全国、全省大赛中取得好成绩的同学不胜枚举。学校组织教师指导学生参加各类专业技能大赛，并取得了辉煌战绩，这凸显了"一体五化"立德树人工作机制对学校软硬实力提升的巨大推动作用。

第一章

与时俱进： 立德树人工作的关键

与时俱进是时代发展的要求，教育改革是教育发展的动力，立德树人是学校教育的根本任务。高校要落实"德育为先、能力为重、全面发展"的理念，尤其要将"立德树人"这一核心理念贯通高等教育全过程、融入大学工作各个方面。立德树人，关键在机制。

近年来，惠州经济职业技术学院作为一所民办高校，始终坚持正确的社会主义办学方向，以立德树人为根本任务，以"与信仰对话、与专业成长、与艺术同行、与工作对面"为德育工作宗旨，以教育改革为动力，以"注入红色基因、激活创新激情、交出满意答卷"为工作思路，与时俱进，奋发进取，把社会主义核心价值观有机融入学院教育全过程，在强化大学生理想信念教育、诚信教育和实践教育，促进志愿者服务制度化、常态化，积极开展"三爱"教育活动、引导大学生践行中国梦、促进学生全面发展以及开拓中华优秀传统文化教育新平台，推进网络德育创新等方面进行了富有成效的探索和实践，逐步构建起"一体五化"民办高校立德树人工作长效机制。

一、立德树人工作机制的背景和现状分析

十八届三中全会通过的《中共中央关于全面深化改革若干重大问题的决定》提出："坚持立德树人，加强社会主义核心价值体系教育，完善中华优秀传统文化教育，形成爱学习、爱劳动、爱祖国活动的有效形式和长效机制，增强学生社会责任感、创新精神、实践能力。"这是深化教育领域改革的目的性要求和基本导向，进一步强化了"培养什么人""用什么培养人"和"怎样培养人"的问题。

在人才教育的培养过程中，学校教育作为学生成才教育的"第一战线"，承担着学生专业知识的授予、思想品德的培养、行为举止的纠正等工作。近年来，

家庭和社区对学生的影响日益突出，特别是大学生心理健康问题的爆发，究其深层原因主要是家庭教育的缺失，还有社区环境的影响。家庭和社区教育作为学生成长成才的"第二战线"，其影响越发凸显。如果说学校教育是学生成才教育的有形的手，家庭社区教育则是无形的手，两手共同作用，才能帮助学生健康、快乐地成长。然而，许多高校都把工作中心放在学校的德育工作中，往往忽视了家庭和社区教育这只无形的手的作用，甚至认为家庭和社区是学生父母的事情，与学校无关，从而出现问题只能"头痛医头，脚疼医脚"，无法做到标本兼治、多方联动、促进学生的健康全面发展。

鉴于以上理论依据和现实背景，学院积极构建"一体五化"立德树人工作的长效机制，具有一定的现实意义和实践价值。

二、"一体五化"立德树人工作实务的内涵和基础

近年来，惠州经济职业技术学院始终坚持正确的社会主义办学方向，把社会主义核心价值观有机融入学院教育全过程，在强化大学生理想信念教育、诚信教育和实践教育，促进志愿者服务制度化、常态化，积极开展"三爱"教育活动、引导大学生践行中国梦、促进学生全面发展以及开拓中华优秀传统文化教育新平台，推进网络德育创新等方面进行了富有成效的探索和实践，逐步构建起"一体五化"民办高校立德树人工作长效机制，即构筑一个"学校＋家庭＋社区"立体型德育工作平台，实现德育工作系统化、德育工作信息化、德育工作队伍专业化、学生宿舍书院化、实践教育社会化等"五化"立德树人工作长效机制。

由于学院德育工作力度大，实现常态化、长效化，育人成果喜人。"一体五化"立德树人工作长效机制，很好地整合校内外德育资源，充分利用学校、家长、社区教育、党团组织的各自优势，打造出一系列教育新载体，提高了大学生的综合素质和专科学生的自信心，增强了他们的社会责任感、使命感和实践能力，提升了学生的创新创业能力和就业竞争力，大大地促进了学院内涵建设水平，办学实力和社会声誉的全面提升。据广东省省情调查研究中心及广东省社会科学院区域与企业竞争力研究中心联合开展的2012年度至2014年度广东省高等教育院校（民办）竞争力评估，学院连续三年荣列"广东省高等教育院校（民办）十强单位"。又据2013年广东省教育厅和麦可思第三方评价机构对全省54所高职院校毕业生培养质量分析报告主要指标排名显示：学院毕业生基本工作能力水平名列第三、核心知识水平名列第三、就业现状满意度名列第十三。学院毕业生深受企业欢迎，近三年就业率均超过98％，名列全省同类院校前茅。学院先后被中国教育学会授予"全国创建和谐校园先进单位"，被省教育厅、公安厅

等四个部门联合评定为"广东省高校治安综合治理优秀学校";学院党委被惠州市委授予"创先争优'五好'红旗基层党组织"和"惠州市基层党建工作示范单位",连续四年被授予"惠州市直属非公有制经济组织先进基层党组织"。2014 年学生规模首次突破万人大关,达到11 000 余人。2014 年 5 月,学院团委首次获"广东省五四红旗团委"荣誉称号,并被惠州市授予"五四红旗团委标兵"荣誉称号;学院组织学生参加的"2014 全国职业院校技能大赛"高职组广东赛区选拔赛,获得 1 项一等奖、7 项二等奖和 7 项三等奖,其中外语系夺得非专业组一等奖。2015 年 6 月,荣获"2015 年中国职业技术学院 50 强"。8 月,广东教育学会公布了首届"2015 广东当代民办教育优秀办学人"评选活动获奖名单,姚梅发董事长荣获"广东当代民办教育举办人突出贡献奖",陈优生院长荣获"广东当代民办教育校长突出贡献奖"(全省民办高等学校唯一一位)。

三、创新民办高校"一体五化"立德树人工作长效机制

惠州经济职业技术学院"一体五化"立德树人工作长效机制是在学院近年来工作实践总结的基础上逐步构建起来的,并在实践中不断完善。

学院把社会主义核心价值体系融入教育全过程,把理想信念教育作为教育核心价值观的重中之重,把弘扬以爱国主义为核心的民族精神和以改革创新为核心的时代精神作为重要内容,引导和教育学生自觉践行社会主义核心价值体系。学校德育从课程教学、社会实践和学校文化三方面进行建构,把德育渗透于教育教学的各个环节,贯穿于学校教育、家庭教育和社会教育的各个方面。

(一)"学校+家庭+社区"立体型德育工作平台建构有新突破

市场经济社会文化对大学生影响是全方位的,学校德育也应由单一、静态、平面教育向多样、动态、立体教育转变。学院不断创新学生德育教育的途径、内容、方法,协同创新,逐步建立"学校+家庭+社区"三位一体的教育网络,主要做法为:

一是在具体形式上变单一的灌输型为多样的渗透型,以保证德育方法向着个性化、民主化、多样化、综合化的趋势发展。具体措施包括情景陶冶法、榜样示范法、行为训练法等。

二是着力创造课程化模式,把德育教学、德育研究、德育活动课程化,成立专门的德育教研机构,定时、定量地组织德育活动,增强德育的学术性、实践性、权威性,使德育真正位居首位。我校严格按照上级要求认真开设思想政治课,要求各科教师都要紧扣"教学大纲"和"德育大纲",树立"双纲"意识,

依据各学科的特点，努力挖掘德育渗透的内容，研讨德育渗透的方法，使德育渗透成为课堂教学中一个不可缺少的环节。

三是活化德育主体，注重寓德育于教师的表率之中。大力推进以师德教育为中心的铸魂工程，开展教学名师、"我心目中的好老师"、教坛新秀等评选活动，调动和激发教职工育人的积极性和责任心，使广大教职工认真做到甘于奉献、为人师表、精心施教，以良好的形象潜移默化地影响学生。

四是成立了社区德育工作委员会和预警学生家长联席会，让社会各界特别是工作和生活在社会各界的家长参与学校德育工作。新网络信息媒体发展，为打造网络一体化的"立体德育"提供有利条件。学院通过学校、家庭、社区的协同创新，共同努力，逐步建立起以学校德育为主体，以家庭德育为导体，以社会德育为共同体的"三体并立"的立体型架构。例如，在居委会的支持下，学院组织学生到周边社区开展志愿者服务、义修、义补等活动，深受社区居民欢迎，学生的专业技能和服务意识均得到提高。

（二）德育工作系统化有新进展

学院德育从影响学生思想的社会因素和社会提供给学生思想发展的客观条件，设计自身的目标、内容、途径和方法，充分利用学校教育的整体机制，并促进其整体机制的发挥。德育作为全面发展教育的一个子系统，有自身的整体性。不同阶段的德育目标、内容、途径、评价等，既自成体系，又相互联系、相互衔接，形成德育的整体性和科学性。整体的观点也可以说是系统的大德育观，例如，学院近年来提出了"43334"治校方略，就是建设系统的大德育观的重要理论成果。这一方略把立德树人工作中的实施大学生党建铸魂工程、推进班导师制、师德建设等各子系统融合为一个完整的系统，成为育人工作的总指引和方向。

（三）德育工作信息化有新提高

教育信息化是教育理念和教学模式的深刻变革，是促进教育公平、提高教育质量的有效手段，是实现终身教育、构建学习型社会的必由之路。学院以思政部为基地，以学工处工作队伍为依托，大力推进"宽带网络校校通、优质资源班班通、网络学习空间人人通"，加快信息化教学资源建设，转变德育课教学方式，使之更符合学生健康成长的需要。

（四）德育工作队伍专业化有新举措

为了促进学院辅导员专业化、职业化的发展，学院一方面注重培养辅导员的领军人物和专家型骨干辅导员，提升学工队伍的管理能力和水平；同时，设置岗位提拔优秀辅导员任总支副书记，还拟实行辅导员等级制以稳定队伍。另一方面，创新学生管理工作新模式，建立学生工作"工作室"制度。2014 年 4 月，学院正式成立了"皮建彬工作室"。工作室下设六个小组：大学生思想教育工作组、心理健康咨询工作组、家庭及社区工作组、大学生就业创业与助学工作组、大学生党团活动工作组、大学生社团活动指导工作组。该工作室专门为"心理有障碍、行为有过错、生活有困难、学习有问题"的学生开展个性化服务，并对班级实行企业化管理试点，以培养学生职业习惯与职业能力、增强竞争与团队意识、提高学生就业竞争力为目标，突出学生自我管理理念，创新班级管理模式，促进校风学风班风建设。工商学院、机电信息学院设立了两个试点班级，如果这两个试点班级的实践效果理想，则在全院逐步推广，2014 年 5 月份起，每个系至少成立 1~2 个"班级企业化"管理模式的班级。目前，工作室的各个小组针对学生中的不同问题开展专项探索研究和实践。

（五）学生宿舍化有创新

根据大学德育工作创新要求，自 2010 年起学院实施"品雅女子书院"建设项目，该项目注重打造融党建与思想政治教育、学生宿舍管理、文化建设活动为一体的"三位一体"学生社区书院化党建工作新载体，把党建先进文化基因注入其中，通过"以德育人、以文化人"实现党建与思想政治教育升级、学生管理升级、文化活动升级，进而培育"德知行合一"的社会主义建设者和接班人。该项目于 2012 年和 2013 年均被省教育工委列为省高校书记项目进行立项建设，取得很好的成效。目前，学院已经建成品雅和汇雅两个女子书院。在占学院在校生半壁江山的女生群体中推广品雅女子书院项目建设成果和经验，辐射全体学生，带动全院建设良好的校风学风，构建和谐稳定健康的校园文化。

随着学院生源更加多元化，学生之间的矛盾、危机事件越来越多的来源于学生宿舍。从 2015 年 9 月份开始，我们结合党员蹲点宿舍制度，在新生宿舍中推行"宿舍民主生活会"制度，促使学生自觉遵守学校的宿舍管理制度、学会生活、学会处理人际关系和自理能力，力争从根源上减少学生矛盾。"宿舍民主生活会"的总体目标为：一个目的（预防为主，从根源上减少学生矛盾）、两个管理（制度管理、自我管理）、三个提高（提高学生党员、预备党员、学生干部工作能力）、四个学会（使学生学会学习、学会做人、学会做事、学会相处）。在学生宿舍内部及宿舍间每两周开展一次"宿舍民主生活会"，经过一个多月的实践，"宿舍民主生活会"制度取得了初步的成效，以往许多学生入学一个月内因性格差异、生活习惯差异或心理问题等因素而提出调换宿舍的现象得到改善，迄今为止仅出现两起因心理因素调换宿舍的情况，"宿舍民主生活会"制度也得到了学生的认可和积极参与。

（六）实践教育社会化有新成绩

近年来，学院在推进"科技、文化、卫生"三下乡、志愿者服务活动、社会调查等实践教育社会化和体系化工作方面取得了不少成绩。学院注重把学生参加社会实践作为大学生现行课堂教学活动的补充和延伸、实施素质拓展的主要途径，让青年学生走出校园，了解和服务社会，在社会实践中"受教育、长才干、作贡献"。实践教育社会化，有利于大学生了解社会、适应社会、增强服务社会的责任感，促进各方面素质的飞跃发展和各种能力大幅度提高，逐步让大学生从单纯的"学生角色"变为复合型的"社会角色"。不断创新举措实现大学生志愿者服务专业化、常态化、制度化。例如，2014年上半年，学院组织大学生志愿者参加全国性的"善行100·温暖行动"，筹集善款，在全国120所参与高校中排名十九，在全国高职高专院校中排名第一，学院被中国扶贫基金会授予"小包裹 大爱心——2013年善行100优秀组织单位"荣誉称号。

学院"皮建彬工作室"的家庭及社区工作组，针对社区德育和家庭教育方面开展相关工作，努力探寻家庭—社区—校园"三位一体"的德育平台。家庭及社区工作项目组围绕社区德育教育，开展了"专业进社区"系列活动，譬如机电信息学院学生免费为社区居民维修电脑，服装系学生为社区居民免费当裁缝等。各系以专业为依托、以服务为理念，深入社区中，帮助社区居民解决日常生活小难题。从前期开展的各项工作来看，社区教育给学生提供了一个新的服务平台，学生从校园走到社会，并结合自身所学专业去帮助别人，在服务中感受到助人的快乐，从而促进他们对专业学习的兴趣。与此同时，家庭及社区工作组围绕家庭德育教育，对在校成绩及表现十分优异且家庭经济十分困难的学生进行走访，在2014年8月份走访了2012级物业管理1班王美珍同学的家庭，深入了解学院品学兼优的学生的家庭情况，并与学生家长进行深入的沟通和交流。家访的开展填补了德育教育的一块空白，通过家访辅导员与学生家庭建立了更深的联系，走入家庭，辅导员深深感受到贫困学子学习的困难所在，更深地理解学生的成长环境和心理困惑；通过家访学生家长感受到学院对家庭的关心；通过家访我们的学生学会了感恩，学会以更努力更积极的心态来面对大学生活，回馈家庭与学校的期望和寄托。

总之，学院通过本项目的实施，进一步完善"学校＋家庭＋社区"三位一体德育教育平台，实现学校、家庭、社区德育工作一盘棋，健全学校、家庭、社区共同参与的德育协同创新体系，不断完善"一体五化"立德树人工作长效机制，不断提升德育教育的质量，实现立德树人的根本目标。

第二章

信仰对话：　立德树人工作的灵魂

惠州经济职业技术学院以立德树人为根本任务，以教育改革为动力，以"与信仰对话、与专业成长、与艺术同行"为德育工作宗旨，以"注入红色基因、激活创新激情、交出满意答卷"为工作思路，与时俱进，奋发进取，把社会主义核心价值观有机融入学院教育全过程，利用课堂这个主阵地，准确地把握广大师生对建设社会主义核心价值体系的心理特征和接受意趣，努力将社会主义核心价值体系的内容转化为生动贴切的生活话语，通过对社会主义核心价值体系基本理念的凝练，引导和教育学生自觉践行社会主义核心价值观，让广大师生真情投入并在实施中受益。

一、社会主义核心价值观，中华优秀传统文化的传承

我院陈优生院长在《社会主义核心价值体系建设在基层的实施要注重话语转换》一文中指出："社会主义核心价值体系的提出，对社会主义大学来说，既是一个明确的导向，也是一项极为重要的任务。大学主要担负着两个相关联的任务，一是宣传教育，即社会主义核心价值体系在广大师生中的思想普及；二是引导实践，即引导广大教师学生践行社会主义核心价值体系的内在要求。但总体说来，社会主义核心价值体系进教材、进课堂、进脑袋的工作，仍然处在一个探索阶段。作为社会主义意识形态建设的主阵地，我们要进一步增强责任意识、大局意识和政治意识，深刻认识建设社会主义核心价值体系的重要意义，对社会主义核心价值体系进行贴切的解读，把它融入学校的日常教育教学和生活之中，使之成为广大师生的价值共识，成为乐于践行的道德准则、行动指南。"

社会主义核心价值观是社会主义核心价值体系最深层的精神内核，是现阶段全国人民对社会主义核心价值观具体内容的最大公约数的表述，具有强大的感召力、凝聚力和引导力。中华民族历史悠久，中国传统文化中的思想瑰宝历经磨

洗，很多在今天仍然熠熠生辉。构建当代中国社会主义核心价值观离不开中国传统文化思想的殿堂，只有扎根于中国传统文化，才能绽放出民族的芬芳，才能彰显民族的个性，才更容易被广大人民群众特别是青年大学生们所接受。

（一）社会主义核心价值观的科学内涵

党的十八大报告强调指出："倡导富强、民主、文明、和谐，倡导自由、平等、公正、法治，倡导爱国、敬业、诚信、友善，积极培育和践行社会主义核心价值观。"这一论述明确了社会主义核心价值观的基本理念和具体内容，指出了社会主义核心价值体系建设的现实着力点，是对社会主义核心价值体系建设的新部署、新要求。正确理解社会主义核心价值观的内涵，深刻把握积极培育和践行社会主义核心价值观的重要性，对于推进社会主义核心价值体系建设，以及用社会主义核心价值体系引领社会思潮、凝聚社会共识，都具有重要的意义。

1. 社会主义核心价值观的丰富内涵

核心价值观是社会核心价值体系基本理念的统一体，直接反映核心价值体系的本质规定性，贯穿于社会核心价值体系基本内容的各个方面。社会主义核心价值观分别从国家、社会和个人三个层面全方位为社会主义核心价值观提供传统与现代的沟通方式。

"富强、民主、文明、和谐"是我国社会主义现代化国家的建设目标，也是从价值目标层面对社会主义核心价值观基本理念的凝练，在社会主义核心价值观中居于最高层次，对其他层次的价值理念具有统领作用。富强即国富民强，是社会主义现代化国家经济建设的应然状态，是中华民族梦寐以求的美好夙愿，也是国家繁荣昌盛、人民幸福安康的物质基础。民主是人类社会的美好诉求。我们追求的民主是人民民主，其实质和核心是人民当家作主。它是社会主义的生命，也是创造人民美好幸福生活的政治保障。文明是社会进步的重要标志，也是社会主义现代化国家的重要特征。它是社会主义现代化国家文化建设的应有状态，是对面向现代化、面向世界、面向未来的、民族的、科学的、大众的社会主义文化的概括，是实现中华民族伟大复兴的重要支撑。和谐是中国传统文化的基本理念，集中体现了学有所教、劳有所得、病有所医、老有所养、住有所居的生动局面。它是社会主义现代化国家在社会建设领域的价值诉求，是经济社会和谐稳定、持续健康发展的重要保证。

"自由、平等、公正、法治"是对美好社会的生动表述，也是从社会层面对社会主义核心价值观基本理念的凝练。它反映了中国特色社会主义的基本属性，是我们党矢志不渝、长期实践的核心价值理念。自由是指人的意志自由、存在和发展的自由，是人类社会的美好向往，也是马克思主义追求的社会价值目标。平等指的是公民在法律面前一律平等，其价值取向是不断实现实质平等。它要求尊重和保障人权，人人依法享有平等参与、平等发展的权利。公正即社会公平和正义，它以人的解放、人的自由平等权利的获得为前提，是国家、社会的根本价值理念。法治是治国理政的基本方式，依法治国是社会主义民主政治的基本要求。它通过法制建设来维护和保障公民的根本利益，是实现自由平等、公平正义的制度保证。

"爱国、敬业、诚信、友善"是公民基本道德规范，是从个人行为层面对社会主义核心价值观基本理念的凝练。它覆盖社会道德生活的各个领域，是公民必须恪守的基本道德准则，也是评价公民道德行为选择的基本价值标准。爱国是基于个人对自己祖国依赖关系的深厚情感，也是调节个人与祖国关系的行为准则。它同社会主义紧密结合在一起，要求人们以振兴中华为己任，促进民族团结、维护祖国统一、自觉报效祖国。敬业是对公民职业行为准则的价值评价，要求公民忠于职守，克己奉公，服务人民，服务社会，充分体现了社会主义职业精神。诚信即诚实守信，是人类社会千百年传承下来的道德传统，也是社会主义道德建设的重点内容，它强调诚实劳动、信守承诺、诚恳待人。友善强调公民之间应互相尊重、互相关心、互相帮助、和睦友好，努力形成社会主义的新型人际关系。

　2. 社会主义核心价值体系与社会主义核心价值观的关系

社会主义核心价值体系与社会主义核心价值观既有内在联系，又各有侧重，相互区别。从一定意义上说，二者是形式和内容、外延和内涵的关系。一方面，社会主义核心价值体系是社会主义核心价值观的基础和前提，是社会主义核心价值观形成和发展的必要条件。从某种程度上说，没有社会主义核心价值体系就不会产生社会主义核心价值观，就不会有社会主义核心价值观的发展演进。另一方面，社会主义核心价值观是社会主义核心价值体系的内核和最高抽象，是社会主义核心价值体系的精神和灵魂，决定社会主义核心价值体系的基本特征和基本方向，引领社会主义核心价值体系的建构。社会主义核心价值观渗透于社会主义核心价值体系之中，通过社会主义核心价值体系表现出来。

确立社会主义核心价值观与构建社会主义核心价值体系，是相辅相成、有机统一的，是一枚硬币的两面。如果说社会主义核心价值观侧重经济、政治、文化、社会等领域和内容，更侧重横向分析的话，那么社会主义核心价值体系则侧重理论、理想、精神、道德等层面，更侧重纵向分析。只有将确立社会主义核心价值观与构建社会主义核心价值体系有机统一起来，才能为科学社会主义的理论与实践提供价值合理性依据，指导社会主义价值观的科学建构。

（1）社会主义核心价值观是科学社会主义的价值旨归和价值指向。工人阶级和所有劳动者通过自觉的奋斗，在消灭阶级、消灭剥削的过程中实现共同富裕、平等民主、文明先进、人与自然和谐，构筑全面发展的自由人的联合体，是社会主义高级阶段价值观的基本内容。这一最高价值观本身就内含着富强、民主、文明、和谐、自由的核心价值理念，可以说，对经济富强、政治民主、文化先进、社会与生态和谐、人的自由全面发展的追求，正是马克思主义指导思想的根本价值立场和始终一贯的价值选择。

（2）社会主义核心价值观是中国特色社会主义共同理想的价值内核。在中国共产党领导下，走中国特色社会主义道路，实现中华民族的伟大复兴，是现阶段我国各族人民的共同理想。我们要建设的社会主义，是中国特色社会主义，是解放生产力、发展生产力、消灭剥削、消除两极分化、最终达到共同富裕的社会主义，是民主法治、公平正义、诚信友爱、充满活力、安定有序、人与自然和谐相处的社会主义，是富强民主文明和谐自由的社会主义，是社会主义物质文明、政治文明、精神文明、社会文明与生态文明高度统一的社会主义。我们为社会主义奋斗，"不但是因为社会主义有条件比资本主义更快地发展生产力，而且因为只有社会主义才能消除资本主义和其他剥削制度所必然产生的种种贪婪、腐败和不公正现象"①。这一核心价值观体现了中国特色社会主义共同理想的基本内核，规定了中国特色社会主义的价值本质和奋斗目标，引领着中国特色社会主义的伟大实践。

（3）社会主义核心价值观是对以爱国主义为核心的民族精神、以改革创新为核心的时代精神和社会主义荣辱观的价值升华和高度概括。一方面，弘扬以爱国主义为核心的民族精神和以改革创新为核心的时代精神，是建设"富强民主文明和谐"与"人的自由全面发展"的社会主义的内在需要和必然要求。在当代中国，爱国主义同社会主义、集体主义是紧密结合的。爱国主义本质上属于集体主义，是一种特殊的或者说是最高形式的集体主义。高扬爱国主义旗帜，就是高扬社会主义和集体主义旗帜。与时俱进的改革和创新，是民族进步的灵魂，是国家兴旺发达的不竭动力。这些民族精神和时代精神已经成为中国特色社会主义最重要的品格，是凝聚和动员全民族力量、推动社会进步、振兴中华的重要保证，是社会主义核心价值观的重要表征。另一方面，践行社会主义荣辱观，也是建设"富强民主文明和谐"与"人的自由全面发展"的社会主义的内在需要和必然要求。倡导爱国、敬业、诚信、友善等道德规范，培育社会公德、职业道德、家庭美德，树立知荣辱、讲正气、促和谐的社会风尚，形成男女平等、尊老爱幼、扶贫济困、礼让宽容的人际关系，塑造自尊自信、理性平和、积极向上的社会心态，是构建社会主义核心价值观的基本内容。总之，社会主义核心价值体系与社

---

①　邓小平. 邓小平文选（第3卷）[M]. 北京：人民出版社，1993.143.

会主义核心价值观是统一的，都是建设中国特色社会主义不可或缺的组成部分。

（二）中华优秀传统文化的传承

社会主义核心价值观旨在协调人与人、人与物之间的关系，从而实现社会平稳、有序的发展。在这方面，我国传统文化有着丰富的思想资源。在社会主义核心价值观的凝练过程中，中国传统文化提供了丰厚的文化基础。吸收了传统文化精髓的社会主义核心价值观也更能适应中国人的思维方式和价值取向，更容易被中国人理解和接受。

1. 中国传统文化为社会主义核心价值观的形成提供了文化基础

中国传统文化是中华民族语言习惯、文化传统、思想观念、感情认同的集中体现，凝聚着中华民族普遍认同和广泛接受的道德规范、思想品格和价值取向。中国传统文化是当代中国社会建设的现实基础，是中华民族屹立于世界民族之林的根基。在社会主义核心价值观的形成过程中，中国传统文化的意义体现在：

（1）中国传统文化是中华民族凝聚力和向心力的根源，是社会主义核心价值观形成的文化背景。中华民族是培育和践行社会主义核心价值观的现实主体，也是我们社会主义文化建设的主体，中华民族的团结统一，是我们一切社会建设和文化建设的前提与基础。中华民族的团结统一，来自中华儿女对自己身份的认同，以及对自己民族文化的自豪与自信。中华民族在长期的社会历史实践中，形成了独特的看待世界的视角与解决问题的思路，这一切都集中体现在中国传统文化中。因而，对中国传统文化的认同与继承，是中华民族区别于其他民族国家的身份标识。

《唐律疏议释文》认为，中国人之所以是中国人，绝不在于血统的缘故，而是对于中国文化的传习，认同中国文化和中国人身份的都是中国人。近代有学者认为，"中华"这一名词，超越地域与血统的限制，是所有接受中国传统文化滋养约束的人的"族名"，而不接受中国文化的人就可不再认同其为中国人。纵观中国五千年历史，中国经历了数次民族大融合，中国传统文化的独特魅力，成功的对入侵中原的少数民族实行了汉化，"混杂数千百人种，而称中华如故"。① 梁启超也曾说，遇到其他民族的人，立即想到"我是中国人"的，都是中华民族的一员。

可见，文化是一个民族区别于他民族的标志，也是民族向心力与凝聚力的来源。中国传统文化所展现的巨大思想统摄力，将跨越地域、阶级、种族、时代界限的中华儿女凝为一体，并自觉认同自己的民族身份，保护自己的民族利益。这

---

① 张岱年，方克立. 中国文化概论［M］. 北京：北京师范大学出版社，2004. 270.

种文化背景和文化滋养下的中国人，是践行社会主义核心价值观的主体，因而社会主义核心价值观必须与中国人的思维方式和文化传统相承接才会得到广泛的认同。

（2）中国传统文化是一种德性文化，为社会主义核心价值观的形成提供丰富的道德教育资源。中国传统文化具有道德主义的性质，强调对人的教化，伦理道德被看作人的本质。在数千年的文明进程中，中国的伦理文化长盛不衰，形成了世界上最发达的伦理学说和人生哲学。这些伦理学说和人生哲学中包含着丰富的美德，我们对于这些美德给予创造性转化和科学解释，便能使之为社会主义核心价值观的形成提供丰富的文化资源。

中华民族经历千年的劳动、生息、创造、积累，形成丰富的、有生命力的、有价值的伦理美德，概括起来即是儒家强调的仁、义、礼、智、信。孔子认为"仁"是人类最高的美德，它的内涵无限丰富，"爱人""推己及人""忠恕之道"都是其应有之意。对于价值取向的"义"，儒家往往将其与"利"对立起来。义即正义，儒家主张"见利思义"，主张"见义勇为"，甚至"舍生取义"，孔子"不义而富且贵，于我如浮云"，体现了儒家对于正义的渴求。"礼"从大的方面说是社会行为的规矩和礼法，从小的方面说是礼仪、礼节、礼貌。在儒家看来，"礼"的作用在于讲究以和为贵，即"礼之用，和为贵"。讲究"礼"，对于弘扬社会主义核心价值观中的"和谐"要求有着重要的作用。儒家所提倡的"智"是发自内在的智慧，即德智，有别于"见闻之智"，追求达到"明心见性"的境界。因此，智既是一种美德，更是一种境界。"信"即诚信、信义，儒家认为"信"是人人都应该遵循的最基本的道德规范，诚信是比"学文"更加重要的道德要求，而孔子的弟子曾参更把"信""忠""习"三者联系起来，希望人们以此作为每日生活、交往、学习的座右铭或者自律性的道德修养信条。

（3）中国传统文化还特别强调威武不屈的爱国精神、修齐治平的责任精神、孝悌友爱的伦理精神和笃学致用的求真精神。这些中华民族在几千年的生活、繁衍过程中所形成的传统美德，是中华民族智慧的结晶，它已被整个中华民族所认同和接受，并且在现代乃至未来都具有指导性的意义。对中华传统美德进行正本清源、返本开新，使古老智慧在现代社会重新焕发生机，是社会主义核心价值观建设的题中应有之意，例如，社会主义核心价值观中的和谐、公正、爱国、敬业、诚信、友善等内容，无疑是中国传统文化在现代的价值体现。

2. 中国传统文化为社会主义核心价值观的培育提供了思想传统

中国传统文化的德性本质和中国传统文化赋予中国人的责任意识，为社会主义核心价值观的培育提供思想传统。

（1）中国传统文化的德性本质，使中国人树立了"道德至上"的思想传统，

"从善如流"是中国人的重要心理特征。《关于培育和践行社会主义核心价值观的意见》要求将社会主义核心价值观融入国民教育全过程，实现教育"立德树人"的根本目的。社会主义核心价值观是新时期道德建设的重要组成部分，含有多方面道德建设的内容，如爱国、敬业、诚信、友善等。在数千年的历史中，中国传统文化中丰富的道德教育资源逐渐渗透到中国人生活的方方面面，中国人经历了数千年的道德教化，道德理性根深蒂固，这种"道德至上"的思维方式，为社会主义核心价值观的培育奠定了良好的思想传统。

中国人"道德至上"的思想传统体现在：首先，知识分子以德性修养为立命之本。《大学》将"修身"作为"平天下"的基础，其言曰："大学之道，在明明德，在亲民，在止于至善。"孔子也说："德之不修，学之不讲，闻义不能徙，不善不能改，是吾忧也。"（《论语·述而》）孟子将道德视为人与禽兽的差别，认为"人之有道也，饱食暖衣，逸居而无教，则近于禽兽"（《孟子·滕文公章句上》）。其次，政治统治以"道之以德"为最佳状态。儒家认为"德"是立国之基，"德治"的内容包括两方面：一是统治阶级要"为政以德"；二是要注重对劳动人民的教化，认为"教则易为善，善而从正，国之所以治也；不教则易为恶，恶而得位，民之所以殃也"（《李觏集·安民策三》）。最后，中国人"道德至上"的思想传统表现为，在中国人的价值观念中，道德评价已经成为事实评价的最高标准。宋襄公情愿贻误战机也不愿乘人之危被奉为仁义之举，"盗亦有道"的窃贼也可以被原谅，无不表明道德在中国人的意识中的极端重要性。

在中国传统文化中，伦理道德弥漫在社会的一切领域，中国人的政治目标是"德治"，文学追求是"文以载道"，经济理想是"不患寡而患不均"，即便练武之人都讲究"武德第一，武功第二"。中国传统文化对伦理道德的重视，以及对人循循善诱的道德教化，在中国人的心理田园中积淀了一层厚厚的道德沃土。道德主义驱使人们本能地以道德尺度去要求自己，衡量身边的人与事。社会主义核心价值观是道德建设的一部分，中国人本能地愿意接受社会主义核心价值观所内含的道德要求，这也是中国传统文化为现代文化建设提供思想传统的最重要的表现。

（2）中国传统文化的责任精神，使中国人养成了"身任天下"的思想传统。在中国传统文化中占主导地位的儒家文化，一直以"修身、齐家、治国、平天下"为己任。这种"修己安人"的高尚情怀通过一代代的言传身教，深深印刻在中国人的内心深处。在现代社会，这种精神同样发挥着巨大的作用。我们构建社会主义核心价值观，一个重要的目的就是推动社会政治、经济、文化的全面发展，增进人民福祉，保障人民群众的物质文化需要。在这一点上，与中国传统文化赋予中国人的"以天下为己任"的责任精神不谋而合。

中国古代知识分子"经世济民"的责任精神，贯穿于历史发展的各个阶段，散存于《论语》《周易》《礼记》《孟子》等经典著作。如"君子以致命遂志"（《周易·困》），君子"养贤以及万民"（《易传·象传上·颐》），"君子以辩上下，定民志"（《易传·象传上·履》），"君子以教思无穷，容保民无疆"（《周易·临》），"苟利国家，不求富贵"（《礼记·儒行》）等，先贤圣哲的经典思想影响了整个古代士人的思想意识，成为"忧乐以民"责任意识的集中反映。陆游、范仲淹、张载等一大批仁人志士都对这种"身任天下"的人生理念作出了绝好注释，中国儒家知识分子所醉心的"内圣外王之道"，更是这种自觉社会责任感的折射。这种将个体的价值体现在对他人和社会群体的价值之中的认识，集中反映了中国传统文化所赋予中国人的高度社会责任感。

建设社会主义核心价值观，是为全民族创造物质繁荣、文化发达的美好生活家园的重要举措，强调了个人对社会进步的作用与责任，与中国人"身任天下"的高尚情怀高度契合，在这种文化传统的熏陶下，社会主义核心价值观很容易得到中国人的认同与支持，为更快更好地建设社会主义核心价值观打下良好的思想基础。

（三）践行和培育社会主义核心价值观的重要意义

国无德不兴，人无德不立。习近平说："世界上没有两片完全相同的树叶。一个民族、一个国家，必须知道自己是谁，是从哪里来的，要到哪里去，想明白了、想对了，就要坚定不移地朝着目标前进。"[①] 社会主义核心价值观，既是个人的德，也是国家、社会的大德。大学生积极培育和践行社会主义核心价值观，对于推动国家发展、社会进步和自身的成长成才，具有重要而深远的意义。

1. 实现中华民族伟大复兴的中国梦的价值支撑

人民有信仰，民族才有希望，国家才有力量。对一个民族、一个国家来说，最持久、最深层的力量是全社会共同认可的核心价值观。党的十八大以来，习近平提出了实现民族复兴的中国梦的伟大号召。实现中国梦，必须有广泛的价值共识和共同的价值追求。面对世界范围思想文化交流交锋形势下价值观较量的新态势，面对改革开放和发展社会主义市场经济条件下思想意识多元、多样、多变的新特点，积极培育和践行社会主义核心价值观，对于巩固马克思主义在意识形态领域的指导地位、巩固全党全国人民团结奋斗的共同思想基础，对于振奋人们的精气神、凝聚实现中华民族伟大复兴的强大正能量，具有重要意义。

---

① 习近平. 习近平谈治国理政 [M]. 北京：外文出版社，2014. 171.

2. 协调推进"四个全面"战略布局的精神动力

构建具有强大凝聚力和感召力的核心价值观，关系到社会发展进步和国家长治久安。党的十八大以来，习近平从坚持和发展中国特色社会主义全局出发，提出了一系列治国理政的重大思想观点，特别是形成了全面建成小康社会、全面深化改革、全面依法治国、全面从严治党的战略布局。"四个全面"战略布局是党坚持和发展中国特色社会主义的新实践新成果，是对党治国理政经验的科学总结和丰富发展，集中体现了时代和实践发展对党和国家工作的新要求，是实现中华民族伟大复兴的中国梦、书写中国特色社会主义新篇章的行动纲领。当前，全面建成小康社会进入决定性阶段，全面深化改革进入攻坚期和深水区，全面依法治国正大力推进，全面从严治党面临许多亟待解决的重大课题。协调推进"四个全面"战略布局，需要在全社会大力培育和弘扬社会主义核心价值观，更好地整合社会思想文化和价值观念，为促进经济社会全面发展提供有力的思想保证和精神动力。

3. 引导大学生进德修业、成长成才的根本指针

青年处在价值观形成和确立的关键时期。习近平说，为什么要对青年讲社会主义核心价值观这个问题，"是因为青年的价值取向决定了未来整个社会的价值取向，而青年又处在价值观形成和确立的时期，抓好这一时期的价值观养成十分重要。这就像穿衣服扣扣子一样，如果第一粒扣子扣错了，剩余的扣子都会扣错。人生的扣子从一开始要扣好。'凿井者，起于三寸之坎，以就万仞之深'"①。大学生作为青年中的优秀代表，要从现在做起，从自己做起，使社会主义核心价值观成为自己的基本遵循，形成自觉奉行的信念理念，在时代大潮中建功立业，成就自己的宝贵人生。

培育和践行社会主义核心价值观是一项人心工程、灵魂工程。大学生在学习生活中应深化理性认知，准确把握其基本内容、精神实质、重大意义和实践要求，增强价值判断力；增进情感认同，自觉用中华优秀传统文化滋养心灵，明确时代和人民赋予的责任；注重实践履行，从身边的小事做起，从一点一滴做起，真正把社会主义核心价值观内化于心，外化于行。

二、当代高职大学生对社会主义核心价值观的认同

高校作为培育核心价值观的主要阵地，应该加强和重视宣传社会主义核心价值观的工作，科学而有效率地提高大学生对社会主义核心价值观的认同。只有掌

---

① 习近平. 习近平谈治国理政［M］. 北京：外文出版社，2014.172.

握了大学生对社会主义核心价值观的认知情况之后，才能够有针对性地开展对大学生社会主义核心价值观的认同培育工作。从走访调查中可以看出，大学生对于社会主义核心价值观整体上是认可和赞成的，但是也存在一些问题。

（一）大学生社会主义核心价值观认同现状

为了能够准确地了解把握大学生对核心价值观的认识现状，惠州经济职业技术学院组织了一些高职大学生进行座谈，了解他们对核心价值观的认识状况，同时走访了与学生工作相关的部门。本次调查内容主要从国家、社会和个人三个层面上，对高职大学生对于社会主义核心价值观的认同状况得到了比较清晰而直观的认识，具体结果如下：

1. 高职大学生对社会主义核心价值观国家层面的认同情况

国家层面的中国特色社会主义共同理想，目标是把我们国家建设成为富强、民主、文明、和谐的现代化国家。同时，这也是国家层面的核心价值观。当前大部分高职大学生把中国特色共同理想作为必定能实现的坚定信仰。调研结果显示，67.6%的学生认为走中国特色社会主义道路可以实现中国的富强愿望，只有3.2%的学生对走中国特色社会主义道路的前途不看好。说明大部分高职大学生对于我国走中国特色社会主义道路持有正确的态度，抱有坚定的信念。

另外，33.5%的学生认为中国必须坚持中国共产党的领导，只有在中国共产党领导下，我国才能进行好现代化建设。同时，有86.4%的学生认为中国特色社会主义经济市场模式是我国最优的道路选择，能够加快实现我国繁荣富强的愿望。64.4%的学生都拥护中国共产党的领导，拥护中国共产党出台的政策和方针，积极将国家的发展与个人的发展密切关联。59.9%的学生认为，社会主义共同理想是符合客观规律的，是科学的。同时，通过访谈得知，部分学生认为社会主义和资本主义正在逐渐融合，有很多相似目标。调查结果显示，有8.5%的学生认为，中国只要国力强盛，人民安居乐业就行，意识形态不重要。说明这部分学生对我国发展的道路没有清楚的认知，只看重自己的理想，轻视了国家和民族的理想。还有部分学生认为"理想不能当饭吃，金钱才是万能的"，甚至有2.9%的学生抱着"理想理想，有利便想，前途前途，有钱就图"的消极态度。可知，中国特色社会主义共同理想已经被大部分高职大学生认可，只有一小部分学生不清楚自己的人生理想，对我国初级阶段的奋斗目标没有坚定的信心。

2. 高职大学生对社会主义核心价值观社会层面的认同情况

关于"如何看待公民和法律的关系"这个问题，调研问卷结果显示：61.3%的高职大学生选择了"公民应服从法律制度"，但是我们仍不能忽视的是分别有17.9%和11.4%的学生选择"说不清"和"拥有权力比法律更重要"。有9.4%

的学生选择"为了实现个人利益违背法律和制度"，这说明"人治""官本位"等不良的价值观对学生仍有一定影响，利欲熏心、违法乱纪的少数人仍然存在，应该引起我们的重视。

调研中，43.2%的学生认为"在法律和制度允许范围内追求个人自由"，还有27.9%的学生选择了"以社会利益为重，甘愿牺牲个人自由"，可以欣慰地看到：随着社会主义市场经济的发展和法制建设的不断深入，绝大部分学生能正确看待自由和法律的关系，一部分优秀的高职大学生更能以社会利益为重，不惜牺牲个人自由，这是十分可贵的。同时，10.4%的学生选择"为追求个人自由不惜牺牲社会利益"，这表明小部分高职大学生陷入极端自由主义的泥潭，为实现自由宁愿甚至违法犯罪。

调研中有这样一个问题："当你在教室里看到有人乱刻乱写、损坏桌椅等行为时，你会怎样？"近六成的学生选择了"不制止但是会鄙视"，表明他（她）们有正确的是非观，有19.9%和12.6%的学生选择"上前制止"和"报告管理员"，表明超三成的高职大学生不仅富有正义感更能付诸行动，这是值得提倡的。不容忽视的是有57.8%的学生选择了"在心里鄙视这种行为，但不会制止"，甚至选择"别人破坏，我也破坏"，这表明依然存在一部分高职大学生没有公共责任感，不爱护公共财物，他们的个人素质尚待提高。

3. 高职大学生对社会主义核心价值观个人层面的认同情况

大部分学生能积极了解和正确理解社会主义核心价值观。在问卷调查中，65.8%的学生认为比较了解核心价值观，这说明了很多学生是比较关注核心价值观的。同时，79.3%的学生认为有必要加强对大学生核心价值观的培育。由此看出，传统美德依旧在学生内心有深厚基础，绝大部分高职大学生有了解核心价值观的需求。

关于个人利益与国家利益之间的关系，62.4%的学生选择"有了国家和集体的利益才会有个人利益"，该结果说明，大部分高职大学生可以正确地认知和解决个人、集体与国家三方面利益的关系。在市场经济浪潮的推动下，学生中现实主义思想比较流行，他们将自己的小利益摆在第一位，不会帮助他人，喜欢独自活动，不喜欢集体生活，本位主义思想比较突出。

在学校，有部分学生学习不够认真，有投机取巧的思想，以抄袭他人劳动成果为荣。关于面对他人考试作弊问题，56.8%的学生选择了"视而不见，保持沉默"，只有27.4%的学生不怕得罪同学，选择了报告老师的正义做法。调查结果显示，很多高职大学生的意志力不够坚强，他们在遇到人生困境和挫折时，容易退缩，不能积极面对困难，一小部分高职大学生不诚实守信，不懂得责任，存在享乐主义的倾向。

（二）当代高职大学生对社会主义核心价值观认同存在的问题

1. 对我国初级阶段的奋斗目标认识模糊

纵观中华民族数千年的文明史，富强、民主、文明、和谐，这一中国国家层面的价值目标，是中华民族仁人志士们矢志追求的终极理想。但不可否认的是，在核心价值观的宣传推广上，我们国家的特点是将个人的发展需求统一在国家的民主富强中，为了维护国家机器运行，这种意识形态无可厚非，而由于某些大学生对于我国的国情认识不清，对于意识形态边界模糊，导致对于富强、民主、文明、和谐的国家理想产生动摇。

苏联解体、东欧剧变后，国际共产主义运动处于低潮。与此同时，资本主义国家处于虚假繁荣和相对稳定的经济发展状态，使得部分大学生陷入了迷茫。尤其是因为我们国家目前还处于社会主义的初级阶段，生产力水平相对同时期的资本主义国家比较低，我国建设有中国特色社会主义市场经济也仅仅只有三十多年的时间，许多制度还不健全，由此积累的社会问题不少。例如，贫富差距进一步扩大、社会保障薄弱、社会资源分配不合理等。以上因素使得部分学生对"资本主义必然灭亡，社会主义必然胜利"的信念和共产主义理想产生了动摇。某些学生并不认为社会主义比资本主义优越，在他们的眼中，社会主义有些方面还赶不上资本主义。改革开放以后，因为受到社会改革的负面影响，标榜"有用即真理"的实用主义思想在大学生中比较盛行，他们的人生观、价值观也随之出现了功利性倾向。一方面，他们对于社会主义改革和资产阶级改良的区别界限模糊，认识错误，他们认为改革和改良一样，都是渐进式的对社会制度影响甚微的变动。座谈中，17.3%的学生认为社会主义和资本主义正在逐渐融合，有很多相似目标。另一方面，市场经济的发展和改革开放的进行，给人们思想带来了一些"负效应"，实用主义趁机宣扬他们错误的思想，助长了一些人只看重经济效益而不管政治形态的错误思想和价值取向。在高职大学生中表现为重实惠而轻理想，从而对社会主义核心价值观所倡导的富强、民主、文明、和谐理想产生了动摇。

2. 对自由、平等、公正、法治认识片面

自由、平等、公正、法治作为我国社会层面提倡的一种价值取向，在价值本身上并没有理论上的缺陷，这种价值取向连同我们的共同理想一起，在构建社会主义和谐社会的过程中发挥着不可替代的作用。然而问题的关键是，对于广大大学生所理解认同的自由、平等、公正、法治以及社会主义核心价值观中所倡导的理念存在片面的认识和一些偏差。比如，胡洪教授认为就我国和西方的比较而言，同样宣称自由、民主，却是两种不完全相同的自由、民主。他认为西方是自

由民主式的，它的基本目标是保护私人财产，增进个人发展；而我国则是集中民主式的，它的首要目标是建立社会平等，实现公民的全面解放。这两种自由，或者自由本身的主张，站在马克思主义的视角上看，后者是前者的扬弃，集中民主制在历史的形态上比自由民主制更高级。那么，就我们的调查数据来看，为什么高职大学生更向往西方的自由民主，更有甚者认为我国宣称的自由、平等、公正、法治只是莫须有而已。尽管如此，我们也不得不承认在这些价值取向的实践推广中，仅从个体的主观体验来看，我国的自由、平等、公正、法制确实和西方所倡导的有一定差距，但我们不能忽视的现实是：即便是国家政权的力量也不能超越发展的阶段，自由、平等、公正、法治只能在现实中而不是梦幻中实现才有价值，而在现实中去实现这些内容需要物质的积累，以及作为主体的公民素质的提升。即便有人认为社会主义初级阶段只是国家政权为了转移矛盾的一个说辞，但真正的理性的、自由的人，绝不能因为存在差距而一味地否定，进而失去改革和发展的机遇。

3. 爱国、敬业、诚信、友善的意识淡薄

社会主义核心价值观在个人层面上对社会个体的价值取向和行为准则作了最基本的说明，指出了在当前社会经济条件下，应该坚持和提倡的美德，对全体社会成员提出了行为得失、价值判断的基本要求。然而，在现实生活中，爱国、敬业、诚信、友善作为我国在个人层面要求的价值准则，不可避免地在实践中遭受到来自众多思想流派的冲击。随着生活物质水平的不断提高，经济发展速度的加快，市场经济对于物质利益最大化的追求，使得社会出现了一些个人主义、功利主义、拜金主义思想。这些思想腐蚀了大学生的灵魂，他们开始盲目地追求物质、金钱和享受，忘记了自己应该履行的责任，这些错误的思想逐渐使得大学生精神疲软，诚信意识淡化，责任感缺失。与此同时，学校教育中宣传的传统美德教育和现实生活中负面事例形成了一些对比，使得一部分高职大学生对于该不该坚守诚信和责任感产生了迷茫和矛盾心理。调查显示，56.8%的学生在发现他人考试作弊时不会报告老师，15.8%的学生在集体利益和个人利益发生矛盾时选择了以个人利益为重。同时，部分高职大学生有极端个人主义的自我倾向，在不知不觉中这种完全的自我意识贯穿了其认识世界的各个方面，反映在生活中，尤其是在职业的选择上就是"自我中心化""价值功利化"。问卷调查显示，在职业选择上，55.9%的学生会以待遇的高低和环境的好坏作为择业的标准。另外，一些大学生拖欠助学贷款、迟迟不还的情况也频频曝光。新华网记者调查发现，除了就业难、工资低等多重原因导致一些毕业生无力还款，同时也存在恶意欠款的现象，凸显了部分大学生"诚信"缺失的困境。如贵州大学法学院研究生罗某，读研期间申请了7 600多元的高校助学贷款。毕业后，学校工作人员多次通过电话提醒他按时还款，但他一直找理由推脱后来干脆不还。但据其同学提供的情况，罗某已在深圳工作，并已购房。

以上种种现象反映了部分高职大学生对于爱国、敬业、诚信、友善这些社会主义核心价值观所倡导的个人准则意识淡薄。

（三）培育当代高职大学生进行社会主义核心价值观的紧迫性

当前，在发达资本主义国家"西潮"和社会主义"低潮"的大背景下，党与政府必须在社会主义核心价值观问题上进行有效应对，以在国际上树立良好的国家形象、政党形象。培育与践行社会主义核心价值观，决非权宜之计或陪衬标榜，而是奠定中国共产党执政的价值合法性基础，应对西方价值观的挑战，凝聚中华民族精、气、神，强化全体国民的国家认同，增强主流意识形态，巩固中华民族安身立命之本，实现中华民族振兴的中国梦的一项战略性任务。无论是从国际环境、国内背景，还是从党的建设来看，在当代中国培育和践行社会主义核心价值观都显得十分重要而紧迫。

1. 从国际环境来看，是应对西方价值观挑战的需要

当今的国际环境正在发生深刻而复杂的变化。经济全球化、政治多极化、文化多元化进程加快，科技的突飞猛进为文化的广泛传播提供了载体与渠道，这就造成了各种思想文化在更大范围内的相互交流和碰撞，使得人们对合乎时代发展的、正确的价值观的选择与认同变得越来越困难。

同时，我们也应该客观地看到，以美国为首的西方发达资本主义国家凭借其经济、军事与科技优势，在全球范围内推销其价值理念，它们把所谓的自由、民主、人权等冠以"普世价值"之名，以文化商品为载体，向社会大众渗透西方的各种价值观，给当代中国社会主义核心价值观带来了巨大挑战。美国的国家战略，实质上就是一种推销核心价值观的战略。有学者指出美国对华战略的第一步，就是"西化、分化中国，使中国的意识形态西方化，从而失去与美国对抗的可能性"。由此可知，美国这种咄咄逼人的攻击性文化输出战略，给我国维护文化安全与意识形态安全造成了巨大压力。如果我们不构建起中华民族自己特色的社会主义核心价值观，就难以有效应对和抵御西方"西化""分化"中国的图谋。

美国学者丹尼尔·贝尔（Daniel Bell，1919—2011）指出，思想与文化风格并不改变历史，但它们是变革的必然序幕，因为价值观与道德伦理上的变革，会推进人们改变他们的体制和社会安排。① 邓小平也认为，"无论哪一种势力或哪

---

① ［美］丹尼尔·贝尔. 后工业社会的来临［M］. 高峰译. 北京：商务印书馆，1984.527.

一种派别的文化工作，都是服从其政治任务的"①。由此可见，文化所发挥的反作用是巨大的。从本质上说，西方发达资本主义国家的全球文化战略就是意识形态战略。西方所极力宣扬的价值观对我们的价值观具有强大的渗透与同化作用。在西方反华势力利用其核心价值观向我们挑战的时候，我们不能怯懦。这种形势与挑战要求我们大力弘扬和倡导自己的核心价值观，自觉、主动地建设社会主义的"强势"文化，以有效地应对西方文化的挑战。

核心价值观是兴国之本，也是强国之魂。它直接反映着国家的核心竞争力、民族的凝聚力。因此，作为一个发展中国家，从文化安全的战略出发，自觉培育和践行社会主义核心价值观已显得至关重要。这是站在国家战略的高度作出的重大战略选择，既是社会主义意识形态建设的内在要求，也是我们积极应对与回应西方价值观挑战的基本需要。这样，不仅有助于保护本民族的核心价值以及优秀文化传统免受异质文化的渗透、同化与侵略，而且有助于不断提高我国的文化软实力，积极营造我国和平发展的良好国际环境。

2. 从国内背景来看，是强化主流意识形态的需要

社会主义核心价值观建设是在思想观念大碰撞背景下提出的，是同我们当前价值观方面存在的问题以及价值观在整个文化与思想道德建设中的重要地位相联系的。当前，我国社会正处于急剧转型时期，各个领域都发生了巨变，传统价值观依存的社会基础渐渐消失。与此同时，人们的价值观念、生活方式以及行为方式也随之受到了极大的冲击。在此种社会环境下，就出现了价值观失范问题。

在价值领域存在一些不容忽视的问题，主要表现在：各种非马克思主义的思想观念不断滋长，不同的社会思潮也竞相登场。尤其是在市场经济与全球化浪潮的冲击下，很多人感到无所适从，一些人在精神上失去了信仰，内在心灵世界没有依归，丧失了判断是非、善恶的价值标准，一味地追求物质享受与经济利益，这就导致我国社会出现了价值迷失、价值混乱、道德滑坡、信仰缺失以及理想失落等现象。例如，在一些领域道德失范，拜金主义、享乐主义、功利主义与个人主义滋长；假冒伪劣、欺诈活动猖獗；官僚主义、奢靡之风与腐败问题日益严重；黄、赌、毒与封建迷信活动等现象沉渣泛起；还有些行为严重地触及了人们的道德底线，如近年发生的一系列事件，如"三鹿奶粉事件""小悦悦事件"与"毒胶囊事件"等。这些问题的出现对社会主义道德建设造成了严重冲击，不断地袭击人们的思想堤坝，严重地败坏了社会风气，阻碍了和谐社会的健康发展，造成了不良的影响与后果。

上述情况也充分说明，处于社会转型期的中国正在出现道德失范现象，处于

---

① 邓小平文选（第1卷）[M]. 北京：人民出版社，1994. 22.

传统与现代夹缝中的中国人民正在经历价值观念的相互碰撞与剧烈冲突，当代中国社会正在经历一次深刻的文化转型与价值重建。意识形态领域越复杂，越需要有主心骨；社会越是多样化，越需要有核心价值观的引领。正如有学者指出，一种正确的价值观念，既为一个健全社会的建设提供思想基础，又为一个民族的和谐团结提供凝聚力。因此，当前我国社会亟须社会主义核心价值观的正确引领与积极引导。这就要求我们坚持重在建设、尊重差异、包容多样的方针，着力培育和践行社会主义核心价值观。在社会主流价值观的指导下，取得全社会广泛而深刻的价值认同，增强社会成员的归属感与向心力；同时也为人们判断是非得失，进行价值选择，提供一个可靠的价值准则，以更好地塑造与凝聚社会共识，提升其在精神境界中的特殊作用，这对处于社会主义现代化建设进程中的当代中国具有更为迫切的现实意义。

3. 从党的建设来看，是党执政的价值合法性基础

改革开放以来，我们党带领全国各族人民取得了巨大成功，其重要原因之一就在于坚持中国特色社会主义道路、制度以及理论体系，不断推进中华民族以崭新的姿态屹立于世界民族之林。当前，我们党是一个拥有八千多万党员的大党，他们正率领人民从事着建设中国特色社会主义的宏伟事业。这样的大党，这样的伟大事业，亟须用社会主义核心价值观来指导工作。同时，建构社会主义核心价值观也是加强党的执政能力、提高党的执政水平的重要内容。

再从党执政的条件来看，我们党虽然已从一个革命党转变为执政党，但随着经济市场化变革的不断深入，也给我们党的执政与建设提出一系列新的考验，我们党现有的执政合法性基础也面临着巨大的挑战。比如，社会的贫富差距在持续拉大、党内的腐败现象愈加普遍与严重等。这些既阻碍着我国社会转型的顺利实现，也破坏着我们党政权合法性的传统基础。正如燕继荣所言："在从传统社会向现代社会的变迁过程中，传统政治系统的合法性将面临挑战，并出现不同程度的合法性危机。"[①]

此外，我们也应该客观地注意到，社会主义核心价值观具有降低执政风险、优化执政环境的积极作用，并可促进党的执政能力、拒腐防变能力以及抵御风险能力的不断提升。反之，如果一些与主流价值观和共产党的意识形态互不相容的价值观被广大党员与民众所认可接受，将会极大地削弱执政党的意识形态基础。诚见，建构社会主义核心价值观是鉴别党执政风险的重要依据，是化解党执政风险的重要途径，是党执政的价值合法性基础和党执政力量的重要来源。为此，我

---

① 燕继荣. 21 世纪政治学系列教材发展政治学：政治发展研究的概念与理论［M］. 北京：北京大学出版社，2006.163.

们党要结合时代变迁和新形势，对社会主义核心价值观进行积极培育和自觉践行，不断增强对主流意识形态的正面引导，努力消除各种错误思潮的不良影响，以增强自身的执政合法性。

总之，在当下中国，世情、国情与党情所发生的深刻变化迫切要求我国对社会主义核心价值给予深入、系统、全面的阐释与研究，大力弘扬与培育一种具有时代精神、民族特点以及与我国基本国情相符合的社会主义核心价值观，切实加强广大党员干部与民众对社会主义核心价值观的宣传与教育，使大家逐渐认同接受并自觉自愿地践行。

三、信仰对话：高职大学生社会主义核心价值观的培育

高职大学生社会主义核心价值观培育是一个持续不断的实践过程，培育的路径和载体尤为重要。在培育的实践过程中，思想政治教育工作者要紧密结合工作和实践中的新情况、新问题、新矛盾，实事求是地探索高职大学生社会主义核心价值观培育的新路径、新载体，将培育的内容春风化雨、润物细无声地渗透进去，而不是高高在上、高压灌输。近年来，心理健康教育被纳入了大学生思想政治教育的工作体系，心理疏导和人文关怀在思想政治教育工作中的作用日益明显，丰富的团学活动蓬勃开展。我们要充分借助这些有利的载体，以培育和践行社会主义核心价值观为重点，以开展主题活动为依托，使大学生在学习、生活、实践中不知不觉地受到教育和启发，并将社会主义核心价值观融入血液和生命中，成为自己价值观的有机组成部分。

（一）拓宽大学生社会主义核心价值观培育的载体

拓宽大学生社会主义核心价值观培育的载体是培育社会主义核心价值观的中间环节，是高校思想政治教育的重要组成部分。载体的设计受实施主体、承接客体、活动方式、活动内容等因素的共同影响，是切实将抽象的教育表达为具体内涵的形式选择。培育载体的拓宽有助于使培育的过程覆盖学生学习生活的方方面面，切实增强培育的针对性和有效性。

1. 主渠道——思想政治理论课

思想政治理论课是高校大学生社会主义核心价值观培育的主渠道，为了保证主渠道对学生思想政治素质教育的有效性，国家以制度安排规定了专科阶段、本科阶段、研究生阶段的思想政治理论课课程设置和学分设置。我院严格按照相关规定设置了三门思想政治理论课，分别是《思想道德修养与法律基础》《毛泽东思想和中国特色社会主义理论体系概论》以及《形势与政策》，努力提高思想政

治理论课教学的实效性。

一定的思想理论要转化为思想政治理论课的教学体系，其过程一般包括两个阶段：第一阶段表现为特定思想理论如何在课程标准的指导下转化为教材体系，主要解决"教什么"的问题；第二阶段为教材体系转化为教学体系，主要解决"怎么教""怎么学"和将课程目标、内容转化为学生的知识、信念、品德的问题。因此，要积极将社会主义核心价值观的相关问题融入课程改革、课程建设当中。一方面，将现有的三门课程在教学中与社会主义核心价值观相关联的内容进行整合；另一方面，以社会主义核心价值观为纽带，加强各门课程之间的联系，实现教材内容与理论的统一，使社会主义核心价值观更加系统化和理论化。

将社会主义核心价值观融入高校思想政治理论课，至少要坚持以下几个原则：一是坚持理论联系实际的原则。依据事实讲道理，突出案例教学，案例的选材要服从于教学目标的需要，重视引导学生得出结论的过程；二是坚持发展与成效相一致的原则。着眼于思想理论教育，侧重理论提升，以马克思主义基本原理解决学生思想实际问题。不回避现实，突出课程的实践功能，致力于研究大学生群体关注的热点、难点问题。从社会发展规律的高度去分析重大现实问题并探究其规律性；三是坚持精选与实用的选择原则。根据学生的思想实际和现实最突出的问题选择重点的教学内容，对教材进行合理取舍，突出某些问题，注重针对性教学。

2. 主阵地——校园文化和社会实践

校园文化和社会实践是大学生社会主义核心价值观培育的主阵地。将社会主义核心价值观融入大学生的思想政治教育，必须立足于大学生的需求，通过营造良好的校园文化氛围，鼓励学生积极投身社会实践，为大学生社会主义核心价值观培育提供良好的外部环境。

校园文化活动是大学生社会主义核心价值观培育的有效实践载体。刘云山同志在第十五次全国高校党建工作会议上指出："要深刻认识建设社会主义核心价值体系的重大意义，把社会主义核心价值体系融入和谐校园建设的全过程、贯穿高校工作的各个方面，使社会主义核心价值体系的基本要求得到切实的贯彻和充分体现，为高校发展提供坚实的思想基础。"因此，我们必须依托校园文化，引导大学生坚定地培育社会主义核心价值观。首先，将社会主义核心价值观融入高校校园文化的价值导向中，引导大学生成为社会主义核心价值观的坚定信仰者。高校应弘扬爱国主义、集体主义和社会主义主旋律，让马克思主义文化占领校园文化阵地，驱赶非主导文化，努力抵制和消除非主导文化对大学生的负面影响。其次，将社会主义核心价值观融入高校校园文化的环境塑造中，引导大学生成为社会主义核心价值观的自觉追随者。最后，将社会主义核心价值观融入高校校园文化的实践载体中，引导大学生成为社会主义核心价值观的积极践行者。实践活动是高校引领学生践行核心价值观的重要途径和环节，通过社团、文体活动、兴趣俱乐部等培养大学生社交能力和团结协作精神，培养学生的自立、自强的人格品质和乐观向上的人生态度。除了在学校接受正规、系统的价值观教育外，还应该鼓励学生到社会中接受锻炼，参加各种社会活动和社会服务，这有助于学生把书本上学到的价值观念具体化、生活化，并逐渐内化为自己的价值观。

丰富多彩的社会实践活动是大学生社会主义核心价值观培育的实践契机，对大学生正确价值观念的形成起着不可替代的作用。我们一方面，要以"认识国情、增长才干、磨砺品格、回报社会"为价值导向，以社会调研、青年志愿者服务、公益性的劳动、社会见习等为载体，汇集、整合各种社会资源，丰富学生社会实践的内容和形式，不断拓展培育社会主义核心价值观的载体；另一方面，要加大对大学生社会实践活动的调研力度，认真研究新形势下社会实践活动的新内容、新载体、新形势，做到推陈出新、有的放矢。

例如，我院在批判地继承古代书院的自由独立、兼容并包的人文精神和重德育、主"力行"的文化传统的基础上，根据新时期大学文化创新的时代要求，于2010年10月12日正式启动"品雅女子书院"建设工程项目。该项目注重打造文化活动精品，实现文化建设活动的升级，主要包括：开展"以文化人"系列讲座；"五个一工程奖"电影展播；举办时政报告会；开展"星级学子"评选活动；开展品雅女子书院"形象大使"评选；开展女生心理干预和素质拓展工程；建设女子书院品牌文化；举办书院建设交流研讨会。通过这些活动以文化人，力图打造文化活动精品，实现文化建设活动的升级。

3. 关键环节——强化主渠道与主阵地的衔接

知行统一是人类在道德生活中的基本诉求，也是检验社会主义核心价值观的最终指标。培育社会主义核心价值观实质上是一种价值认同教育，培育的终极意义在于实现知行统一。要使社会主义核心价值观真正为学生所认同、所接受，并进而转化为个体的自觉实践，就要求我们在思想政治教育的过程中，努力把传授知识与思想转化结合起来，把理论武装与实践育人结合起来，加强思想政治理论课主渠道与日常思想政治教育主阵地的无缝衔接，实现培育社会主义核心价值观的效益最大化。

（1）时代典型人物奏响时代精神最强音。典型人物是指在特定时代背景下突出反映本时代精神实质的人物。党领导人民在长期革命战争中形成的长征精神、延安精神，社会主义建设时期形成的"大庆精神""雷锋精神""孔繁森精神"和改革开放时期形成的"载人航天精神""郭明义精神"等，都是作为时代典型人物出现的，时代典型人物所反映的时代精神也是社会主义核心价值观的突出体现。在社会主义核心价值观的带领下，时代典型人物是社会主义核心价值观的最佳代言人。我院在核心价值观的宣传教育过程中，开展了一系列富有时代特色的实践活动，如"我心目中的伟人"PPT制作大赛，旨在回顾学生们心中的精神偶像，挖掘这些偶像身上所体现的时代精神气质，给大家提供一些正能量，激励学生们积极向上。

（2）结合资助工作，开展诚信教育和感恩教育。学生的资助工作一方面要满足学生现实生活的物质需求，另一方面要资助育人，促进学生长远深层发展。结合资助工作开展感恩教育、诚信教育，对家庭经济困难的学生进行感恩教育，培养感恩意识、激发感恩之心，并引导其外化为感恩之举，最终实现贫困学生由"他助"到"自助"再到"助人"的精神跨越。在资助中开展诚信教育，可以实现学生的日常诚信教育，学生的互相监督，可以使诚实守信成为学生自觉的行动。通过畅通监督渠道、建立失信惩戒机制，在学生中营造良好的诚实守信氛围。此外，还可以为每位同学建立个人诚信档案，并与关乎学生切实利益的评奖评优、入党、就业等相关联，以制度性的规范来培养大学生的诚信品质。

（3）"多维互动"迎接新媒体时代。新媒体时代的到来给大学生社会主义核心价值观培育提供了完美的契机和动力。挑战与机遇并存。微博、微信、人人网、QQ空间平台的开放向培育社会主义核心价值观提出了新挑战。有了挑战意味着机遇也同时存在。面对新媒体视域下的信息多元化、速度化、公开化，学生工作人员也必须与时俱进，提高自身利用新媒体的能力，加强网络语言培训、完善公文写作等各种交流能力与方式，与学生形成良性互动。

目前，智能手机已经成为时下大学生的必备品之一，智能手机的高度普及使大学生浏览信息、思想交流越来越方便、快捷。我们可以利用移动传媒方便、快捷的特征，充分利用手机终端，研发思想政治教育移动新平台，以学生成长为主题，开发形式、主题多样的APP手机客户端、公共微博、微信公众平台等手机服务，利用手机调研、投票等大学生喜闻乐见的形式，设计开展各种主题教育活动和校园文化活动。例如，开展"微信迎新"活动，将新生入学教育融入其中，实现即时互动。努力做到时时有教育、处处有引导、事事有关怀。

（二）高校开展社会主义核心价值观培育的路径

要切实增强社会主义核心价值观培育的有效性，就必须丰富和拓展社会主义核心价值观培育的路径，创新教学模式，提高社会主义核心价值观培育的内力；拓展心理素质，疏通社会主义核心价值观培育的渠道；丰富团学活动，延展社会主义核心价值观培育的空间；建立长效机制，确保社会主义核心价值观培育的持续进行。

1. 创新教学模式，提高培育的内力

课堂教学是大学生社会主义核心价值观培育的主要载体之一。课堂教学是学校教学中占用时间最多、内容最为丰富、涉及面最广的活动，是其他任何实施路径无法取代的。只有关注课堂教学，才能抓住学生社会主义核心价值观培育的有效性。因此，加强课堂诸要素的分析对高校开展社会主义核心价值观培育有着至关重要的意义。

注重人文关怀是当前高校开展社会主义核心价值观培育的基本要求，将人文关怀与具体的课堂教学结合起来意义深远。首先，坚持以学生为本，加强主体性教育。以学生为本要求尊重学生，这种尊重既包括对学生个性的尊重，也包含对学生自由的尊重，让学生始终保持自主意识和自主能力。其次，注重个体差异，加强课堂的针对性。教育者只有针对不同类型、不同层次的教育对象的特点，在教学实践中重视"因材施教"，结合大学生思想实际进行教学，解决其具体的思想困惑，才能达到最佳的教学效果。最后，注重心理疏导，寻求师生关系和谐发展。爱是教育的前提，教师应该抱着真诚的态度去对待每一位学生，向学生敞开自己最真实的心灵，用爱去呵护学生，采取对话、商讨的方式沟通，使双方的知情意达到和谐；而不是用权威者的眼光和口吻审视学生，使学生内心感到不适，从而产生消极的教育效果。

怎样创新教学模式？这要求我们：一是要创新教学思维，用体现出现代教育的新理念和新思想指导教学活动。围绕着思想政治理论课的特点和教学规律，以社会主义核心价值观为目标，构建全方位、多层次和多元化的教学模式。二是要创新授课模式，可以采取灵活多样的授课方法。比如，采用启发式教学法、问题式教学法、开放式教学法等，最大限度地满足学生的实际所需，让学生在坦诚、良好的氛围中得到启迪，在独立思考中有所提高和进步，在师生的良性互动里实现社会主义核心价值观与大学生的完美融合。三是要创新教学评价。教学评价是课堂教学的必要环节之一，对教学效果的加强有着重要的作用。学生通过教学评价，可以正确地估计自己的价值水平，教师将评价结果以恰当的方式告诉学生，以利于激发学生积极向上的精神。此外，教师还可以依据教学评价的反馈，修改原先的教学计划和方法，促使下一步教学取得更好的实际效果。

2. 拓展心理素质，疏通培育的渠道

大学生有着其他群体没有的特殊性。大学生的生理发育已基本完成，具备了成年人的体格以及各种生理机能。但是，他们在心理上尚未发展成熟，在社会认知、内在情感、自我意识等方面都需要进一步发展。因此，只有将大学生的心理发展渠道疏通，才能更好地为大学生社会主义核心价值观培育提供强大内力。

（1）提高心理素质，为大学生社会主义核心价值观培育提供内心驱动力。

对大学生而言，他们的心理素质不仅关系到他们自身的健康，也关系到全民族素质的提高，更关系到未来人才的培养。有的大学生因为恋爱受挫而产生轻生念头，有的大学生因为考试失败而自暴自弃，有的大学生因宿舍人际关系不和谐而自我封闭，这些不良现象时有发生。为了预防和改善大学生的心理问题，可以采取团队训练的心理素质拓展等活动，建立相互接纳、相互支持、相互信任的团体氛围，让大学生在活动中开放自我、了解自我、超越自我，从而开发自身潜能，肯定自我价值，提高自信心。通过体验式的心理素质教育，为大学生社会主义核心价值观培育提供内心驱动力，培养健康的心理素质，增强抗挫折能力和忍耐能力，避免由种种心理压力造成的心理问题，使大学生在日常行为中表现出积极的生活方式和价值取向。

（2）发挥主动性，调动大学生社会主义核心价值观培育的主体积极性。纵观我们以往的价值观教育，导致效果欠佳的重要原因之一就是忽视了大学生的主体性，忽视了大学生自身的主动接受与自觉感悟。在教育过程中，不少教育者沿袭以往的传统价值教育模式，仅仅把社会主义核心价值观作为一种理念、思想灌输给青年学生，犹如在培养圣人一般，这就使得社会主义核心价值观在大学生心中变成了空中楼阁、海市蜃楼。心理学研究表明，个体的社会性发展包括情感发展、自我了解和社会理解、道德发展等方面。因此，教育工作者需通过大学生心理素质拓展等方式使学生重新认识自己，激发其社会性需求，并根据自身的需要有选择地将社会道德规范、价值观念等内化为个体需要，再外化为个体行为。

（3）挖掘自我教育意识，强化大学生社会主义核心价值观培育的主体接受心理。社会主义核心价值观的培育是从外在教育走向个体自我教育的过程。教育者在活动中应充分尊重学生的主体性和主观能动性，通过团体心理咨询和心理辅导的形式把自身作为认识和改造的对象，帮助大学生认识自我的潜在能力，克服恐惧心理和思想障碍，通过自我修养、自我管理，逐渐达到自我教育、自我发展、自我完善，从而强化践行社会主义核心价值观的主体接受心理。

3. 丰富团学活动，延展培育的空间

团学活动是相对于第一课堂中的思想政治理论课而言的，是指大学生在课堂之外的一切教育活动，主要包括课外实践、课外的文娱活动、大学生青年志愿者活动等。团学活动是高校大学生社会主义核心价值观培育的重要平台之一，充分发挥团学活动内容的丰富性、影响的广泛性等特点，拓展大学生践行社会主义核心价值观的空间。

（1）充分发挥团学活动的影响力，扩大培育的主体范围。团学活动以其丰富的内容、灵活的机制广泛地吸引大学生的主动参与，它因时因地制宜，可以打破宿舍、班级、年级、院系之间的界限，实现文理渗透。由于团学活动灵活多变，活动时间可长可短，地点不局限于校内，可以走进大自然、走进乡村，融入社会，这就使得团学活动在结构、内容和形式等方面能及时同外界进行信息的交换而保持动态性。团学活动的这种灵活性的特点和依靠广大团委、学生会的学生干部的宣传、扩大了培育的主体范围，吸引越来越多的同学来参加。同时，积极参加集体活动，无论对于我们的教育，还是对于大学生的自身成长都有着积极的意义。大学生可以在集体的活动中表现自我、提高自我，养成积极的、上进的心理素质，使得大学生社会主义核心价值观培育的主体素养得到进一步提高。例如，我院学生处举办"团日系列活动之走进叶挺故居"，组织学院志愿者参加惠州市文明交通千人行徒步活动，组织"汉语言文字通识大赛——中华成语知识大赛"、大学生公益广告创意大赛及举办庆祝中国共产党建党94周年暨葫芦丝专场晚会等活动，吸引了越来越多的同学参与进来，既扩大了核心价值观培育的主体范围，也丰富了校园文化的内涵。

（2）坚持人力、物力、制度支持，确保团学活动的良性持续。高校不断加强的人力资源和物力资源保障，为大学生社会主义核心价值观培育提供了坚实的基础。新形势下，面对高校思想政治教育工作中出现的新问题、新情况、新要求，高校要积极发挥主观能动性，加强科研力度、充实教师队伍、提升教师层次，并在经费、图书设备、网络支持、多媒体应用等方面给予支持，为团学活动的良性、健康持续展开提供了强力支持。这些因素和外在条件的支持都是内容丰富而多彩的课外团学活动的必备支撑，也是大学生社会主义核心价值观培育的重要路径。

4. 建立长效机制，确保培育的持续

我院陈优生院长在《社会主义核心价值体系建设在基层的实施要注重话语转换》一文中指出："社会主义核心价值体系群众认同是基础，党的十七大明确提出了推进社会主义核心价值体系建设的两大任务：一是切实把社会主义核心价值体系融入国民教育体系和精神文明的全过程，转化为人民群众的自觉追求；二是积极探索用社会主义核心价值体系引领社会思潮的有效途径，既尊重差异、包容多样，又有力抑制各种错误和腐朽的思想的影响。多元的文化形态对大学生的价值观念影响颇大，只有不断强化社会主义核心价值观建设，才能使大学生的价值观念和行为方式始终在社会主义核心价值观的正确引领下不断进步；只有加强社会主义核心价值观建设，弘扬民族精神和爱国精神，提升国家软实力，才能真正地防止西方消极文化和价值观的渗透和影响，实现中华民族的伟大复兴，实现中国梦的伟大实现。因此，高校教育工作者必须积极探索教育策略，建立大学生社

会主义核心价值观培育的长效机制。"

（1）探寻教育规律，明确培育的长远目标。培育社会主义核心价值观应该遵循教育规律，形成具有明确目标的长效机制。培育社会主义核心价值观归根到底是表现在其主体上，应该本着以人为本的原则，把社会主义核心价值观这种意识范畴转化为个人、集体、国家和社会发展的内在精神支柱和精神动力，使大学生正确认识价值认知、价值认同和价值践行以及与社会主义核心价值观之间的关系。个人价值的形成的首要环节是价值认知，通过认知的方式获得认知评价和认知选择，不断改变自身的价值观结构，在内在接受的基础上，个人会将一定的社会观念、规范和目标等内化为自己的价值判断标准，从而指导自己的实践行为。价值实践是运用已有的认知和新的价值认同来指导和规范自己的行为，并且在日常行为和生活实践中积极主动去检验和纠正。因此，要使大学生逐步将社会主义核心价值观内化到血液之中，践行到生活细微之处。

我院针对民办高职大学生能力不强、自信心不高以及动手能力不强的实际，构建了"一体五化"立德树人工作长效机制，充分整合周边教育资源，创新德育工作载体，涵盖大学生思政、专业、合作等素质，实施各项育人工程，育人效果显著。

（2）结合时代背景，挖掘培育的教育载体。在信息网络极其发达的今天，避开网络这个新兴时代产物来谈大学生的教育是不切实际的。教育者首先应该提高自身的媒介素养，采取有效方式和学生沟通，包括日常的书面通知、短信、微博、微信等。积极挖掘网络核心价值观平台，建立一个政治方向明确、文化品位高、服务功能强的校园核心价值观网络信息平台；把握网络阵地的主动权，充分利用学生社团、团学活动等有效载体，开辟各种网络交流平台；积极利用QQ、人人网、微信朋友圈等网络互动平台，建立师生之间的核心价值观学习互动平台。此外，还需要多多利用校园报纸、校园广播等作为核心价值观的传播载体，积极宣传正面事件、道德行为，发出积极号召；定期或不定期举办丰富多彩的主题活动，如以爱国主义、集体主义为主题的电视宣传片等。

（3）整合教育资源，形成培育的社会合力。党的十八大提出了倡导富强、民主、文明、和谐，倡导自由、平等、公正、法治，倡导爱国、敬业、诚信、友善，积极培育社会主义核心价值观。大学生社会主义核心价值观培育绝不仅仅是高校自身的任务，而应该是全社会共同的责任。高校大学生社会主义核心价值观的培育是整个社会社会主义核心价值观培育的重要组成部分，也是关键环节，因此，需要整个社会形成"齐抓共管"的教育合力，辅助大学生进行社会主义核心价值观的培育。具体地说，必须依靠社会积极的氛围，积极利用整合社会资源，包括政府、社会、学校、家庭和学生自身的积极资源，加强大学生理性爱国主义教育、现代集体主义价值观激励。大学生社会主义核心价值观培育作为一项复杂而艰巨的工程，也是一项细致、长效、务实的任务，必须全社会都行动起来，为学生成长提供坚实的后盾，形成经得起考验的社会主义核心价值观培育的社会合力。例如，我院构建的"一体五化"立德树人工作长效机制，不断完善"学校＋家庭＋社区"立体型德育教育工作平台，建立由"学校、家庭、社区"三方代表组成、并卓有成效的德育教育工作委员会，充分利用当代科技成果，构建德育教育网络平台，实现学校、家庭、社区德育工作一盘棋，健全学校、家庭、社区共同参与的德育教育协同创新体系。

红色基因： 立德树人工作的重要环节

注入红色基因，着力创造课程化模式，把德育教学、德育研究、德育活动课程化。我校严格按照上级要求认真开设思想政治理论课，要求各科教师都要紧扣教学大纲和德育大纲，树立"双纲"意识，依据各学科的特点，努力挖掘德育渗透的内容，研讨德育渗透的方法，提高高职院校思想政治理论课课堂教学实效性，是"一体五化"立德树人工作实务中一个不可缺少的重要环节。

我院思想政治理论课总体呈现良好有序的状态，开设了《思想道德修养与法律基础》《毛泽东思想和中国特色社会主义理论体系概论》及《形势与政策》三门课程，课时安排上依据省厅评估方案严格执行。但是作为思想理论教育，思想政治理论课教学的意义远非简单的理论灌输，它需要教学工作者教会受教育者利用科学合理的态度、方法去认识问题，并学会使用科学的方式处理问题，提高各方面的能力，另外关键的一点是提高受教育者抵抗各种不正确思想的诱惑，促进受教育者养成勤俭、朴实、团结的品质。因此，思想政治理论课教学目的并不是简单地按照上级的要求完成教学任务，而更需要后期及长远的效应，这就要求我们必须深入研究和关注思想政治理论课教学的实效性。

一、增强高职院校思想政治理论课教学实效性的必要性

实效性是思想政治理论课教学的出发点和归宿，甚至有学者认为，"实效性是大学生思想理论教育的生命线"①。可见，没有实效性，对大学生进行马克思主义理论教育的任务就会落空，思想政治理论课的教学也就没有了任何意义。

---

① 何云庵. 大学生思想理论教育实效性研究［M］. 成都：四川大学出版社，2008.1.

（一）对高职院校思想政治理论课教育教学现状的研究

曹士东在《高职院校思想政治教育工作存在的问题及对策》一文中提出，尽管高职在校生认为开设思想政治这个学科是必要的，不过从实际教学活动来看，绝大部分高职生对思想政治理论课不感兴趣。而张国威在《高职院校思想政治教育创新研究》中表示：高职学校的在校生种类繁多，不仅有传统意义上的高中毕业生，还有各种专业的职业高中生，甚至有各种中专以及职业技术学校及其他学校的学生，而且他们其中大部分是独生子女，不一样的学历、不一样的成长背景和教育环境以及各式各样性格的高职生在一起，呈现出的知识水平以及学习能力都不一样，导致思想政治理论课的教学，从整体来看效果不佳，尤其和全日制普通高校相比，高职学校遇到的难题、挑战也更多。华中师范大学李永健教授在《高等职业院校思想政治理论课教育教学改革问题研究》一书中以及荀建忠主编的《高职院校思想政治理论课改革实践与探索》、顾海良和余双好主编的《高校思想政治理论课程教学改革研究》等论著中，也详细论述了当今高职院校开设思想政治理论课遇到的难题、受到的压力以及思想政治理论课的开展并不乐观的现实情况。

当前思想政治理论课教学虽然得到了广大大学生的认可，但在教学的实效性上仍然存在着很多突出的问题。表现为我们所培养的大学生的思想政治面貌的主流虽然是积极健康向上的，但"与党和国家事业发展要求相比，与大学生健康成长的需要相比，与广大人民群众的期望相比，还存在着较大的差距"[①]。他们在思想品德上缺乏系统的理论知识和深刻的政治辨别力，并且正确的世界观、人生观、价值观的根底很不牢固。他们虽然有一定的政治认同感，但在一些重大政治问题上，如在社会主义共产主义理想信念、社会主义道路以及马克思主义指导地位等方面，认识还比较模糊，甚至存在错误观念。思想政治理论课对大学生进行系统的马克思主义理论教育的根本目的和价值，是为了让其能掌握和运用马克思主义的立场观点方法分析问题和解决问题，能把马克思主义理论变成思想的主导、行动的指南，成为认识世界、改造世界的强大思想武器。然而，很大一部分大学生并没有做到这一点，与马克思主义理论真学、真信、真用和真做等方面存在很大差距。而且，不少大学生对思想政治理论课不够重视，学习思想政治理论课的目标模糊，学习的主动性不高。上述问题严重影响着思想政治理论课教学实效性的提高，制约着大学生今后思想品德的健康发展。因此，如何提高当前思想政治理论课教学的实效性不仅是我们所面临的亟待解决的现实问题，更是需要我

---

① 李长春. 全国加强改进大学生思想政治教育工作座谈会上的讲话 [N]. 人民日报，2010 - 05 - 31.

们进行研究的紧迫的理论课题。

（二）对高职院校思想政治理论课教学问题的研究

目前思想政治理论课的教学环境得到了很大的改善，但思想政治理论课的教学实效性还是不太理想。要增强思想政治理论课教学实效性，必须厘清教学过程中存在的问题。

1. 学生方面的问题

由于我国市场经济的发展并不完善，不可否认地存在一些不良现象，并对许多高职生产生一些消极影响，如政治态度不明确、理想迷茫、责任感缺乏、社会公德缺失、价值观错误等，以及学生们在当今紧张的就业形势下，缺乏正确的学习动机，对思想政治理论课程有着不喜欢、学习积极性不高、漠不关心的态度，甚至只关注考试成绩、不关心教学内容的明显抗拒心理，使得许多老师对这门学科的未来有着深深的担忧。

徐光科在《以社会主义核心价值观指引高职院校思想政治教育》中提出，目前十分流行考各种证书，导致大部分同学极为关注专业知识，其中对英语以及计算机的兴趣最浓，严重忽视思想政治理论课。叶琳琳在《高职院校思想政治教育隐性课程的构建》的文章中也明确提出，许多高职生觉得，学校开设的思想政治理论课完全不适合择业，也不符合市场发展需要，根本没有实际价值。刘继峰在他《高职院校思想政治理论课教材体系向教学体系转化的思考》一文中分析，理科生不同于文科生，他们在思想政治理论上缺乏优势，对它的认知也不够全面、客观，加上学习手段不合理，使得学生们对思想政治理论课的学习缺乏兴趣和主动性。

2. 管理层方面的问题

易传英在《行之有效的高职院校思想政治理论课实践育人模式》一文中，详细分析了高职院校在开展思想政治理论课教学管理上所面临的难题：落后的教育理念以及对思想政治理论课缺乏科学、客观的了解。许多院校只关注专业技能知识的传授而缺乏对育人的重视；重视大力投资专业课程的硬件、软件设施，对思想政治学科的发展却漠不关心；忽略思想政治理论课在教学过程中重要的地位和作用，采取教学大班化，淡化实际教学效果；资金短缺，大量教学项目无法展开。也有学者提出：许多高校错误地认识高职教学的目的，对高校需要培育出怎样的人才没有进行深入探索，未找到人才品格中最重要的关键点——思想政治的作用不可替代，在实际教学活动中常常由于重技术、能力而忽略思想政治教育。

3. 教学方面的问题

在思想政治理论课教学方面：落后的教学方法、过于笼统的教授内容、缺乏个性化的教学手段，这些都是教学过程中存在的问题。另外，考查过程太注重书本知识，缺乏对能力的考查；所使用的资料与本科一致，没有针对性，高职院校的学生接受这个程度的知识是有困难的，本科教材知识全面深入，对课时以及老师的教学方式都有一定要求，但是大部分高职院校的老师在教学方式上没有创新，学生都是在被迫接受，虽然部分老师利用现代信息技术进行教学，但是在课堂上老师依然是主角，讲课方法过于呆板、内容过于理论化、形式过于理想化，使得课堂不够活跃，导致学生对这门学科不感兴趣。

二、影响高职院校思想政治理论课教学实效性的因素

当前我国高职院校思想政治理论课教学改革取得了一定的成绩，基本上得到了学生的认可，取得了一定的实效，这是主流。但是，在肯定主流的前提下，我们也不得不承认，高职院校思想政治理论课仍存在着许多不容忽视的问题。

（一）社会大环境变迁的影响

受社会经济转轨和社会转型的影响，社会思想空前活跃，各种思潮此起彼伏，各种观念交相杂陈，不同价值取向同时并存，大学生身上表现出来诸多价值取向与当今社会现实生活的诸多现象是密不可分的，从某种意义上说，大学生身上存在的问题正是转型期我国社会现实的缩影。

1. 市场经济实用主义和功利主义的价值导向

市场经济在为我国经济发展注入了生机和活力的同时，也带来了负面的影响，即追求个人利益最大化的实用主义和功利主义价值取向。从国内环境来看，当前我国正处于体制转轨、社会转型、文化嬗变的时期。随着改革开放的深入，经济全球化中多元文化的冲突，市场经济所固有的趋利性对高职学生的三观产生了重大影响。功利主义、实用主义、物质主义、拜金主义等价值观念冲击着高职学生的思想和心理。市场竞争的压力和利益关系的复杂多变，让他们更加务实，收入差距扩大、就业压力加大，公平与效率失衡等社会问题，深深影响着转型社会中高职学生的思想价值观念，使得他们很早就明白应该把价值取向关注于具体的事情，而不是关注抽象的哲学。这就导致了学生在理论认知和行为取向上的一种扭曲，一种悖反。他们虽然关心国家的前途和命运，但更关注社会现实问题；虽然关注社会主流思想，但价值观却更务实，使得高职学生的价值取向发生偏离。

2. 社会转型中大学生的信仰危机

信仰危机本身是指个体或某个群体信仰体系相对于其生存的社会情境，由于

不适应而表现为缺失的状态。目前我国青年学生所面临的信仰危机，从本质上讲是我国由传统社会向现代社会转型过程中所出现的价值体系断层的现象，如英国社会学家吉登斯所说"现代化所带来的传统社会和文化特质的一种断裂"的表现。思想政治理论课教学是学校教育的知识体系和思想政治教育的主渠道，当前马克思主义对青年一代的影响远比对前辈人的影响要小得多。虽然它还是知识体系的基础，但它的绝对性主导地位和权威性日益被削弱。这种削弱一方面来自整个世界共产主义运动处于低潮，以及特定历史时期造成的我们对马克思主义理论片面理解所导致的不切实际的"理想"构想在现实中的落空所带来的信仰危机。

（二）思想政治教育管理者和教育工作者的局限

教学管理不仅仅是一般的行政管理，而是兼有学术和行政管理双重职能的一门科学。哈佛大学英格尔斯教授曾说过："如果执行和运用这些现代制度的人，自身还没有从心理、思想、态度和行为方式都经历一个向现代化的转变，失败和畸形发展的悲剧结果是不可避免的。最完美的现代化制度和管理方式、最先进的技术工艺，也会在一群传统人手中变成废纸一堆。"从现实来看，有一些高校在思想政治理论课方面的管理制度和机制并不健全。首先在意识形态上就没有提高认识，认为思想政治理论课没有必要提上重要议程，组织领导也只是挂名而已，没能形成完整的管理体制。这会在一定程度上影响思想政治理论课教师的工作热情，同时也降低了思想政治理论课在学校教学中的地位和作用。在教学科研经费上也存在严重不足的现象，投入力度明显低于其他学科，难以满足教师的需求，直接影响到思想政治这门学科的持续性发展。

1. 学校管理者和教育者认识的偏差

一方面，由于高职院校本身以培养适应生产、建设、管理、服务第一线需要的高等技术应用型专门人才为任务，这种办学特色客观上形成了高职院校重技能、轻理论的教育特点，强调知识够用即可。部分高职学校的负责人更重点关注本校的建设、未来发展、专业建设以及学院的招生、毕业生的就业，把这些当作衡量学校发展的标准，对于思想政治理论课往往划分为无须重点建设的学科，在实际的教学中，学校管理者不关注这门学科的建设，那么就难以发挥出思想政治理论课进行教育的重要作用。在这种观念指导下，必然会忽视思想政治理论课的系统性和全面性，降低对学生的要求，反映在教学上也必然会降低教学的针对性和实效性。

另一方面，一些人片面地认为对学生思想政治教育是思想政治工作者和管理者的责任，而与其他专业课教师无关。在这种思想指导下，便形成一面是学校政工队伍对学生进行的教育管理和正确的引导，一面是部分专业课程的教学工作者认为专业课对教学对象的未来才是有帮助的，而思想政治理论课根本起不了作用，可有可无，甚至没有研究的必要性。专业课教师无形中的误导甚至错误的暗示，导致思想政治教育更难提升其实效性。

2. 思想政治理论课教育教学的管理体制不够完善

通过实践调查活动得出，"教学工作者不愿意教授思想政治理论课，教学对象不乐意学习思想政治理论课""思想政治理论课——想说爱你不容易"。究其原因之一，是部分学校负责人或创办者为了确保教学对象有足够的专业课时以及更多的社会实践，帮助他们以后有更多的就业选择，不得不把大量的课程设置为专业课，导致思想政治等公共课的课时大大缩减，进而产生教学内容繁重而课时却不够用的现象，因此也就只有通过上大课的方法来完成教学任务。这种教学模式也就容易导致课堂单向性严重，难以施展创意以增强感染力和吸引力，同学们也只是为了获得学分而学习。

3. 课堂设置上的灰色状态

高职院校通常是通过大课的形式开展这门课程的教学，往往一个课堂的人数从一百到一百五不等，并且有的还是不同院系的学生在一起上课。尽管这样省下了很多经费，不过这个学科是不适合上大课的。原因在于教学对象本身的基础、习惯、关注点不一样，通常需要针对不同类别进行分开引导、传授，并且大班同学们逃课的代价更小，很多学生在课堂上玩手机，或者做与课堂无关的事，而老师根本无暇顾及。老师和班干部的考勤也不到位，因为条件不允许，所以难以落到实处。同时大班课程，教学工作者容易劳累，尤其在时间过长的情况下，更是身心俱疲，教学质量大打折扣。而且，不同院系专业的学生一起上课，分工不明确，课堂纪律与课堂卫生难以保证，教学环境的糟糕难以保证教学质量与学生的学习质量。

（三）思想政治理论课教学方法单一

关于教学方法的理解有很多种说法，可以说是大同小异，总体上来说就是指为完成特定的教学任务，实现既定的教学目标，教育主体（即教师）在对教育客体（即学生）进行教学活动时所采取的一切方式方法和手段的统称。教学方法是否得当直接影响到教学目标的完成与否。毛泽东曾指出："我们不但要提出任务，而且要解决完成任务的方法问题。我们的任务是过河，但是没有桥或没有船就不能过。不解决桥或船的问题，过河就是一句空话。不解决方法问题，任务也只是瞎说一顿。"① 毛泽东将方法形象地比喻为"桥与船"，它是过河的必要条

---

① 毛泽东选集（第1卷）［M］. 北京：人民出版社，1991.134.

件，可见，只有采用适宜的教学方法我们才能完成教学任务，达到教育的目的。

当前，思想政治理论课教学效果不理想，其中一个重要的原因是教学方法单一。在思想政治理论课教学中，教师们迫于现状，大多数时候沿袭传统的"灌输式"教学方式。在教学中所采用的灌输式教学方法形式上比较呆板，不重视创新，没有将学生看成活动的个体，而是当作不变的容器，步入"填鸭式"灌输的误区。而导致这种结果的原因有很多，我们主要归结为以下两个方面：第一是思想上的错误认识，认为思想政治理论课是一门纯理论方面的课程，需要正面的宣传教育，只要我讲你听就可以了，不需要采用什么方式方法，在这种思想的影响下，"填鸭式"灌输教学就成为唯一的教学方式了；第二是采用大班授课的影响，目前大部分高校思想政治理论课都采用合班教学，一是因为这个课属于公共理论课，所有大学生不分专业都要学习，二是受教师数量和课时的限制，导致一个合班要有一百甚至几百大学生一起上课。面对这种局面，教师要想采用一些如讨论、参观考察、社会调研等实效性较高的教学方法显然是比较困难的。只能把精力放在理论知识的讲解上，在联系实际方面比较欠缺，这种灌输式的呆板、单一的教学方法在教学中要求老师为主，学生为辅，使学生长期以来处于消极被动的接受状态，难以激发学习热情，难以使大学生产生"我要学"的愿望。

高职院校思想政治教师教学任务过重，大班上课，导致身心疲惫，没有精力与时间进行"充电"，长此以往，教学内容和教学方法都难以有创新。尽管部分老师在工作之余也会进修，也有一些好的教学方法、补充了一些新的教学内容，但是往往由于教学任务沉重、课时不够、人数太多等原因难以把这些想法付诸实践。

海德格尔曾指出："为什么教难于学？这并不是因为做教师必须腹笥宏富，常备不懈。教难于学，乃因教所要求的是：让学。实际上，称职的教师要求学生去学的东西首先就是学本身，而非别的什么东西。"如果教师不能让大学生从"要我学"变成"我要学"，那么学生的学习兴趣和欲望就得不到增强，思想政治理论课的实效性也就得不到提高。

（四）理论与实际相脱节

1. 思想政治理论课教学内容不能满足教学对象的期望

当今大学生，主要是"90后"的一代，他们具有很强的思维能力，具有较强的自我个性，见多识广，思想开放，可以利用多种媒介接触到各式各样的信息。他们在关注本身时也重视社会以及世界的进步。部分思想政治理论课教学者不能与时俱进，教学过程中使用传统、老旧的资料，没有及时补充最新知识，也不注重提升自己的教学水平，不会定期"充电"，教学内容不能满足教学对象的期望，不符合当代市场经济的发展，不符合高职院校教育的目标，更不符合培养当代全能型大学生的要求，无法回答学生们关注的时代飞速发展中时政、难点问题。

2. 思想政治理论课教材理论性较强，缺少趣味性

思想政治理论课的教材是思想政治理论课教学内容的主要外在表现形式，高质量的教材是提高思想政治理论课教学实效性的重要前提。同时，思想政治理论课教材也是对学生进行思想品质、世界观、人生观、价值观教育的最基本的载体。应该说，以教材为主体的思想政治理论课教学内容在对学生养成良好素质方面的作用是不容抹杀的，是影响思想政治理论课教学实效性的重要因素。然而，部分学生认为思想政治理论课教材缺少趣味性，理论性太强，难以调动学习兴趣。造成这种现象主要有两方面的原因：一方面，高校思想政治理论课教学内容政治性较强，理解难度较大，不像文学作品那样生动有趣，在进行理论论述时理论多实例少，平铺直叙，缺少趣味性。例如，教材在解释某个理论的意义时通常只简单地罗列出数条框框，缺乏生动描述和说服力，甚至有些老师在讲解这些理论时干脆直接告诉学生"这个问题的意义就是书上写的这几条，'老祖宗'就是这么定的，没什么好解释的，背下来就可以了"[①]。如此一来，学生就把思想政治理论课教学内容当成教条，并在一定程度上产生抵制情绪。另一方面，思想政治理论课教材中文字描述过多，图例和数据过少，启发性的内容有些稀缺。致使在教学中部分教师照本宣科，常以原理加典型事例来阐发观点，在很大程度上只重视对学生进行知识的灌输，而忽视学生对复杂问题的判断能力、辨别是非善恶的能力、自我调控和自我教育等能力的培养。导致学生只是记住了知识性的结论，而缺乏政治判断和道德鉴别能力，而一个人思想政治品德的形成恰恰是以一定的知识为基础，以一定的能力为前提，二者缺一不可。不会思考，没有一定处理问题的能力，知识也只能是形同虚设，不能内化为自己的行为，也就无法体现思想政治理论课教学的实效性。

（五）教师自身的原因

高校思想政治理论课教师是马克思主义理论和党的路线、方针、政策的宣讲者，社会主义意识形态和精神文明的传播者。教师在教学中起着主导作用，是提高教学质量和水平，增强说服力、感染力的关键。思想政治理论课教师自身素质、水平的高低直接影响思想政治理论课的教学效果。社科司司长杨光曾经指出："这几年高校思想政治理论课教学的薄弱环节中，教师是关键，又是瓶颈。"

---

① 程志红. 高校思想政治理论课教学实效性探索［D］. 河南理工大学硕士学位论文，2011.

在现阶段部分教学工作者在教学过程中存在的问题主要表现在：

1. 忽视教学对象的主体性，强调单向灌输

思想政治理论课教学是教学工作者与教学对象平等参与、双向互动的过程，教学工作者作为思想政治理论课教学的承担者、组织者、发动者和实施者，在教学过程中起着主导作用。教学对象是教育内容的接受者与学习者，作为认识主体的人，他们通常能自觉能动地以主体视角来体察教学工作者的活动，并对教学内容进行选择、感知和内化，具有一定的主体性与选择性。然而在思想政治理论课的实际教学过程中，有的教学工作者居高临下，习惯于将自己定位于单一的、绝对的"主体"，对教学对象角色的认定表现出一定的偏误，把教学对象看成是纯粹的、被动接受知识的"客体"，将教学过程看成是一种单向的、被动的理论知识传授与流动过程。因而在教学过程中忽视教学对象的主体性需要及选择性发展，一味地采取"填鸭式""满堂灌"的单向灌输方式，限制了教学对象在学习和内化过程中主体性的发挥，扼杀了教学对象的主动性，导致教学过程单调、生硬与空洞，从而不利于教学对象的思想水平和思维能力的提高。

2. 部分教学工作者思想政治素质不高

在国内外政治经济形势巨变大潮的冲击下，少数教学工作者出现了思想政治素质降低和政治信仰不坚定的现象，甚至存在淡化政治的倾向。在教学过程中对马克思主义理论不是真信、真懂、真爱，只是强调课程教学的知识性，忽视了其思想政治教育的功能，甚至为追求知识性而牺牲政治性。受市场经济的负面作用和社会上一些不良风气的影响，部分教学工作者开始对马克思主义和社会主义信仰产生动摇，对建设有中国特色社会主义事业持怀疑或否定态度。然而，缺乏信仰，将会导致他们不热爱思想政治理论课教学岗位。部分思想政治理论课教学工作者对待本职工作缺乏基本的职业责任感和道德感，没有把自己从事的工作当成一种崇高的事业来看待，仅仅把从事政治理论教学工作看作是自己谋生的一个职业。在实际教学中缺乏应有的敬业精神，为了追求物质利益，而忽视了自身的道德修养和思想境界的提高。思想政治理论课教学工作者的思想政治素质进一步下滑，必将损害教学队伍的整体形象，背离社会主义的教育方针和为人师表的师德规范。这将直接影响着思想政治理论课教学的效果。

3. 部分教学工作者理论素质不高和主体性意识不强

思想政治理论课教学工作者是马克思主义理论的宣讲者、传播者，也是理论的研究者，"应该是马克思主义理论素养高、人文社会科学基础知识扎实、学贯中西、功底深厚的队伍"①，应具备较高的理论水平和学术素养。白琳也说过，

---

① 刘延东. 用中国特色社会主义理论体系武装大学生 [N]. 中国青年报, 2008 – 07 – 11.

"学术带头人缺乏，学术氛围不够浓厚，教师普遍缺乏坚实的理论基础，对马克思主义经典著作的深刻理解不够，问题意识不强，缺乏对重大现实问题的理论把握和对重大理论问题的创新研究能力"，致使当前的思想政治理论课教学存在一个关键问题，即教师在吸收中外相关最新理论方面比较欠缺，往往是简单地带有宣传性地讲课，没有从学术角度做独立性讲解，不能从理论高度深入分析热点、难点问题，无法引起学生的学习兴趣和共鸣，马克思主义理论就难以进入学生的头脑。

思想政治理论课教学工作者的主动性不强也不利于教学实效性的提高，在高校教学队伍中，思想政治理论课教学工作者相对于其他专业的教学工作者而言，地位较低，部分教学工作者对自身角色定位不准，主体意识不强，教学热情不高，不能自觉地以主体身份和责任意识展开教学工作，有的甚至对教学工作消极应付，敷衍了事。因此，"从思想政治教育教育者的主体性视角考察，教育者主体性意识不强、能动性作用发挥不恰当是造成思想政治教育有效性缺失的直接原因"。

三、增强高职院校思想政治理论课课堂教学效果的探索和尝试

在 2013 年 12 月 29 日北京召开的"全面深化高校思想政治理论课改革"研讨会上，北京高校中国化马克思主义教学研究会会长陈占安教授提出，高校思想政治理论课改革要抓好教材、教师、教学三个基本环节，用十八届三中全会精神武装大学生头脑，使大学生的认知体系向信仰体系转化。

陈占安教授指出："习近平总书记近日批示'必须办好'高校思想政治理论课。高校中国化马克思主义教学的教师们要认真贯彻总书记的批示精神，认真研究教学工作，切实了解大学生们所关注的热点难点问题，找到既是教材重点又是学生关注点的内容，为大学生提供有说服力和感染力的专题讲座，力争使思想政治理论课成为大学生真心喜爱、终身受益的精品课程。"[①]

通过分析高校思想政治理论课教学中存在的问题及其原因，遵照习近平总书记"必须办好"高校思想政治理论课的批示精神，我院在构建"一体五化"民办高校立德树人工作长效机制，构筑"学校＋家庭＋社区"立体型德育工作平台，确立德育工作系统化、德育工作信息化、德育工作队伍专业化、学生宿舍书院化、实践教育社会化等"五化"立德树人工作长效机制的过程中，始终坚持正确的社会主义办学方向，以立德树人为根本任务，以"与信仰对话、与专业成

---

① 陈占安. 高校思政课改革要抓好三个环节 [N]. 光明日报，2013 – 12 – 31.

长、与艺术同行"为德育工作宗旨，以教育改革为动力，以"注入红色基因、激活创新激情、交出满意答卷"为工作思路，与时俱进，奋发进取，把社会主义核心价值观有机融入学院教育全过程，在强化大学生理想信念教育、诚信教育和实践教育，促进志愿者服务制度化、常态化，积极开展"三爱"教育活动、引导大学生践行中国梦、促进学生全面发展以及开拓中华优秀传统文化教育新平台，推进网络德育创新等方面进行了富有成效的探索和实践，努力探索和尝试，走出一条增强高职院校思想政治理论课课堂教学效果的路径。

（一）注重校园环境建设，发挥环境效应

思想政治理论课教学的环境是指在思想政治理论课教学过程中，受教育者所直接接触到的、影响思想教育活动及影响受教育者思想品德形成的外部条件的总和。思想政治理论课教学环境不是一般的环境，而是专指影响人的思想政治品德形成的外部客观条件。

1. 建设良好的校园环境

苏联著名教育家苏霍姆林斯基曾说过：用环境进行教育是教育过程中最微妙的领域之一。科学合理的物质环境往往会产生意想不到的教育效果，我们要善于抓住机遇，对校园文化建设、校园绿化、教室美化、实验室的装饰等隐性因素的物质载体，遵照德育规律加以科学配置和设计，在实用基础上力求更加艺术化、个性化、风格化，使学生产生积极的情感和道德行为。近年来，国家重视校园环境建设，狠抓危房改造和清洁工程等都是出于对教育单位予以特定的道德和价值取向而为。我们要在原有环境的基础上，不失时机地改革完善、增加现代化设施，扩大运动场所，建设集凉亭、雕塑、花坛、草地、广场于一体的校内园林。尽可能给学生提供繁花似锦、芳草如茵的学习、生活场所。使校园整体形象产生令人赏心悦目、心旷神怡、流连忘返的吸引力，让学生在优美舒适的环境中学习知识、陶冶情操、不断充实提高个体行为的灵魂准则。让社会主义制度优越性在优美的校园环境中得以充分体现，让青年一代树立爱国情感，增强忧患意识，把科教兴国变为自己的自觉行动，完成学业，成就事业，回报社会。

2. 营造和谐的校园文化

和谐校园文化是以和谐社会为思想内涵、以丰富的校园文化活动为表现方式的一种特殊的文化形式。它融大学生思想道德观念、校园风尚、大学生价值取向为一体，是大学精神文化内在的、相对稳定的核心价值体系。大学和谐校园文化主要包括严谨有序的学校精神、优良的校风、融洽的师生关系和人际交往关系、共同的价值取向、文明的生活方式等。

和谐校园文化既是大学生成长、成才的良好环境，也是搞好大学生思想政治

教育的重要因素。充满着关爱、生机和活力、和谐融洽的校园文化，既为大学生的健康发展营造良好的文化氛围，也为做好大学生思想政治教育提供现实的、有说服力的校园文化环境。

和谐校园文化建设和思想政治教育两者是相辅相成的，要建设充满生机和活力的和谐校园文化，离不开大学生的思想政治教育工作。做好大学生的思想政治工作有利于和谐校园文化建设；良好的、和谐有序的校园文化又为做好大学生思想政治教育工作提供更多的人文环境支持，使思想政治教育工作得以顺利有效开展。在经济全球化、政治多极化的当今世界，只有把和谐校园文化建设和思想政治教育工作两者有机结合起来。才能更有效地发挥思想政治教育工作的政治教育作用，才能建设更加文明、和谐有序的校园文化。

（二）提供良好高效的教育教学制度保障

要保证思想政治理论课的教学实效性，学院良好的教育教学制度保障是不可或缺的前提条件。

1. 成立高效的思想政治管理组织以及完善的保障体系

高职院校要提高思想政治理论课的教学质量，必须有学校领导的重视以及学校各部门的通力合作。陈优生院长指出："院党委充分发挥政治核心作用、基层党组织战斗堡垒作用和党员先锋模范作用，大力推进大学生党建铸魂工程，把党建和思想政治教育工作融入教育教学和活动中去，创新工作方法，扩大服务师生的效果。"我们惠州经济职业技术学院思想政治理论课教学部直属党委领导，是一个由院校党委领导，下属单位分工明确、相互配合的管理体系。这个管理体系下，思想政治理论课的开展在教学资源、资金等方面都有保障，校内实践课所要用到的硬件设施，如多媒体教学、电脑、复印等相关设施能满足教学需要。利用学校在社会中形成的正面形象，共同分享利益的策略下，学校加强与经济开发区、势力较强的企业以及优秀的单位合作，促进学生实训基地的完善，使思想政治理论课教育教学工作的开展"做在起点、落在规格、兴在课程、融在校园。各个部门都要为学生做几件实事好事，将大学生的思想教育落实到具体的事务管理和服务中去。如创业园、大学生创业讲坛设立之后，要拓宽创业教育的发展思路，引进国内外最新的创业教程，组织本校的心理、经济管理方面的教师承担教学重任。"

2. 各部门协调一致、科学规划，制定合理的教学模式

在学校党委的统一领导下，各部门协调一致，分工合作，彼此之间加强学术交流。教学工作者在制定思想政治理论课的教学方法时，必须依据学校、教学对象和第三方社会的实际情况，综合考虑之后确立一个合理的教学模式，而且要详

细的规划好实践教学活动的目的、整个活动的流程、最后评价方式以及相应的保障措施，而不仅仅是一个实践活动。另外，相当重要的一个问题就是，要有整体全面的观点，比如，在一个学年开展的课，我们要尽量避免在开展方式及具体内容上有相似之处，对活动课程考核的作业布置要适量。同时，我们应把这门课程的社会实践活动尽量和学校、班级开展的各种活动以及党委、团委的建设活动相联系在一块，达到共享资源的目的，并且可以加强思想政治理论课教学的质量，同时注入活力。如我院通过实施党建铸魂工程，以党建促共青团、工会建设，将党建文化基因融入教育教学工作中，激发了师生员工改革创新激情。成立了宣讲"四个全面"战略布局的讲师团，组织开展了党委书记、院长上第一堂思想政治理论课活动。

（三）整合优化课程教学内容

教学内容对教学实效性的影响，就要求教学工作者要在教学过程中不断丰富和优化教学内容，要着眼于对社会热点和难点问题的理性思考，引起学生的共鸣和反思，防止理论上的空谈，增强学生对所学内容的认同感；要与时俱进，使教学内容富有时代精神和时代气息，贴近实际、贴近生活、贴近学生，增强教学内容针对性。最终使大学生能够灵活运用马克思主义基本原理和马克思主义中国化的最新成果对各种现实问题进行有说服力的分析，这样才能体现出教学内容的生命力。

1. 在教学内容上加强对高职生专业素养的重视

当代高职院校开设的思想政治理论课的具体内容主要有三大模块：第一是帮助高职生树立正确的世界观、人生观、价值观，第二是培养学生们的社会责任感、爱国主义、团队意识、时事政治以及社会主义的价值观与态度，第三是提升高职生的思想道德观，对工作、生活、家庭、社会都持积极乐观的态度。在面临社会转型、信息技术飞速发展的大环境下，思想政治教育是不可缺少的，并且可以加强对高职生的思想政治教育。不过当今我们需要的是应用型人才，所以大学教育要注意每个教学对象的不同点，注重个性培养，相应地，我们要用更严格的标准去开展思想政治理论课。我们依据培养实用性人才的教学观念，对目前使用的教学内容进行改革、创新，建立一个符合现代高职生特征及就业要求的新颖的思想政治理论课模式，加强这门学科的适应性、使用性、针对性。

我们设立思想政治理论课的主要作用是：培养教学对象对这些实际问题的分析处理能力，也能更好地适应社会，在今后的发展中，能够有自己的政治态度，也不会轻易地被错误思想所误导，有较强的辨别能力。思想政治理论课的相关教学工作者不能只是单纯的照本宣科，应该理论联系实际，加入一些时事政治、典型案例、现实生活中我们难以理解或误解的事例，帮助教学对象进行科学、合理的研究并讲解，以此建立一个双向、活跃、学生高度参与的教学模式。只有这样，才能真正地解决学生的难题，帮助学生提升解决问题的能力。所以，我们在规划思想政治理论课的教学内容上，要带有明显的引导性以及实用性，理论联系实际，让学生也参与教育教学，以此提高思想政治理论课的教学质量，并增强教学对象的政治分辨能力。

2. 促进思想政治教育"接地气"

促进思想政治教育"接地气"，是提升高职院校思想政治教育工作实效性的重点。思想政治教育最显著的特点就是理论与实践密切结合。在校园内广泛举办相关活动，如国内外形势讲座、社会难点问题辩论、法律知识竞赛等。突破学生厌倦思想政治教育的思维束缚，调动学生学习思想政治理论课的积极性、创造性，使其更好地接受思想政治教育。要提升思想政治教育实践课程的比例，充分发挥红色教育基地、公益活动、社区服务等优势，帮助学生在社会实践活动中加深对思想政治教育的认识，获得新知识，增长新本领。引导学生用唯物论、辩证法、实践论等马克思主义的立场、方法解决学习、生活和思想中遇到的困难，让学生从内心认同思想政治教育的作用，促使思想政治教育的实效性显著提升。一直以来，我院思想政治理论课都注重实践教学。像每学年都组织学生参观惠州博物馆、惠州档案馆，进行爱国主义教育；去惠州监狱开展廉洁修身教育；在全院进行"大学生与法"演讲比赛、法律知识竞赛；概论课上举行"马克思主义中国化"宣传海报设计大赛，这些充分结合思想政治理论课理论知识的实践活动吸引同学们积极参与，让思想政治理论课实效性得以真正实现。不过部分活动有它的局限性，受相关因素的制约，只能部分学生代表参与切身的体会，再来与其他同学进行分享，导致大多数学生感受欠缺深刻性，这是亟待解决的难题。

（四）创新课堂教学结构与模式

高职院校中思想政治理论课所呈现的灰色状态，主要原因是上大课。人数太多不方便统一管理，也不适合改革创新。但由于师资力量薄弱，硬件设施有待完善、经费有限，所以课堂人数不能太少。最合适的数量应该是两个班级，合计90人左右。通常在大班教学时要有适当的讲解，但最主要的是，教学方法要摆脱传统的模型，教学内容、方式要进行创新。比如，开展一些兴趣小组、座谈会、分组讨论的教学方式，采用一些新颖的"情境""扇形""W""案例法"这样的教学方式。

1. 情境教学模式

把教材理论知识融合在特定的情景中的教学方法就是情境教学模式。这种模式把知识点巧妙地融合在情景中，融理于景，如带入一些时政热点、播放与知识点相关的视频、设置情景悬念等方法。在教学过程中设立一些符合实际生活，学习场景，并增加一些难度，提高挑战度的新颖活泼的特定情景，让教学对象身临其境，掌握理论知识，提高实景模拟，能够感同身受，将可以更好地提升运用知识、处理问题的水平。大众所熟悉的《百家讲坛》节目是典型的情理型，但是这个节目中唯有的一点小瑕疵是缺乏讲者和听众的交流。而情境教学模式是最适合思想政治理论课的教学模式，老师与学生可以很好地交流，对开展实践活动也可以进行拍摄，这个模式真正地做到了理论联系实际、共同点中又有特点、全面与局部相统一。

2. "扇形"教学方法

"扇形"教学方法主要是根据当代素质教育的观念，在实际教学活动中，课堂布置为扇形，教学工作者和教学对象友好相处，分析探索这门课程的教学内容，把握住问题的关键，以这个关键点为中心，进行发散性思考，不断深入问题的本质，行散而神不散，最终回归到问题的本身进行总结，在这个过程中既理解了理论知识，又能够有新的发现。这种教学模式能够让学生高度参与进课堂中，并从中得到满足感、成就感，享受快乐的学习过程。这个方法的使用特征是：表现形式是"扇形"，形象具体；发散性思维；注重素质的提高，能力的培养；有利于培养教学对象张扬和收敛的性格。

3. "W"的教学方式

"W"的教学方式包括两部分，前部分是指教学工作者要理论联系实际，通过实际调查，分析研究结果，把知识运用到实践中，提高自己的学术造诣，提炼出自身独特的感受以及自身的研究成果，达到毫不费力的教学状态。后半部分是指教学对象基本掌握教材中的理论知识，然后按照教学工作者的要求进行实践活动，深入实际，了解到最新信息，提高自己对知识的理解，并能够提出自己的见解，提高处理问题的能力，最终实现理论联系实际的教学目标。

4. 案例法

在加强思想政治理论课教学质量以及教学对象的思想政治素养中特别受关注的一个教学方式就是案例法，它对提高思想政治教育的目标性、质量性有着重要的作用。案例法在高职院校中对思想政治理论课起到的作用是：

（1）有利于教学工作者的整体素养以及职业能力的提升。案例教学方式的主要目标就是加强教学对象的能力。这种教学主要是采用分组探讨的方式来开展，教学对象主动加入、友好协助时，加强了其为人处事的能力及组织协调能力。这种教学方式没有标准答案，提倡同学们从各角度、各方面来思考问题，讨论的结果并不是很重要，关键是教学对象探讨、通过各个角度研究问题的一个过程，在这个过程中教育者和受教育者都可以锻炼自己分析处理问题的能力，与人交流协作的能力以及组织管理能力。

（2）有利于教学质量的提高。传统的单向教学方式把受教育者一个个分离开来，既没有关注到任何一个主体面对不一样的教学工作者以及不同的教学环境有不同的期望和内在潜能，也没有关注到教学活动的互动与开展形式的丰富多彩。采用案例教学方式的最主要目标就是发挥教学对象的主体地位。对案例的选用及相关的研究、探讨，这一整个过程都应该让教学对象参与进来，积极发表自己的看法，让课堂活跃起来，让他们发挥在教学活动中的主角地位。实现教学工作者与教学对象的互动，双方共同对某个案例进行分析探索，营造一个互动、活跃的课堂气氛，让学生从"老师逼我学"到"我主动愿意学"。这是一种创新的教学方式，有利于提高教学质量。

案例教学法在思想政治理论课课堂上的实践，需要注意以下几点：

第一，挑选最适合的案例。案例教学方式的实质就是使用案例。案例是教学内容的引导、背景，案例的合适与否关乎教学质量。教学工作者在筛选案例时应当遵循以下原则进行筛选，主要有：

目标性原则。首先了解教学内容、教学计划以及教学任务，也就是依据教学对象的知识掌握程度以及思想道德素质，以及这个案例在实际生活中的意义，反映出的社会现象和背景，并有一定的教育效果，综合考虑，分析案例是否合适此次教学内容。

真实性原则。教学过程中使用的案例应该是关于全球范围内重要的时政热点、真实发生在社会各阶层和生活中的有代表性的案例，这个案例还必须是紧密联系实际，而且不能是谣言或者是杜撰出来的，这样的案例才能够有教育的意义，触发教学对象的心灵，和他们产生共鸣。

代表性原则。教学过程中使用的案例可以有明显的指向性，非常有典型性，可以见微知著。教学对象根据具有代表性的案例进行探索，从中认真思考，加强能力，以此提高学习质量。

开放性原则。在某些教学内容中借鉴一些具有"争议"的事例，可以引导教学对象从多个方面，多个维度实行探索，让教学对象习惯于"扇形"思维，没有设置正确答案，充分发挥教学对象们的想象，训练他们的发散性思维能力。

第二，充分的课前准备。教学工作者在课前认真选好使用的案例，在课前告诉教学对象，让他们查好有关信息，提出相关问题引导他们进行思考，为教学过程中的研究做充分的准备。

第三，教学过程中分组探讨。案例教学方式最重要的一步就是课堂讨论，这一步直接关系到案例教学方式的质量好坏。在这一步中，教学工作者需要做的有：营造一个轻松愉悦的教学氛围，激发出教学对象的兴趣，培养教学对象独立性思维，并让其敢于表现自己的看法；给予教学对象充分的沟通环境，使用头脑风暴法，激起同学之间思想的火花；培养大家的感情，懂得倾听与借鉴其他人优秀的看法，让大家彼此之间产生交流互动；在进行分析研究无法形成一致的意见及偏题时，老师要适时正确的引导，紧紧围绕案例的核心内容进行探索；教学工作者要确保分组讨论有条不紊，认清自己的地位，不随意对教学对象观点进行决定性的评论，防止过于武断的评价。

第四，做好点评与总结。案例教学方式的最终归属是教学工作者对教学对象观点的评价和总结。这一步是全方位的点评和总结，具体内容有：首先是对整个分析探索过程的一个整体看法，并对教学对象发表的看法以及一些其他比较典型的看法进行评议，让教学对象对本次讨论中自己所代表的立场有个清晰的界定；然后指出教学对象在活动过程中的缺陷，并及时给予改进的建议，对表现好的地方要给予适当的鼓励；在评价时要从事例本身上升到理论知识的高度，在对案例分析阐述后可以联系到实际，最终回归到思想政治的理论知识上；教学工作者也要发表自己的见解，让教学对象更好的理解案例，起到画龙点睛的效果。

（五）提升教师素质与理论水平

高校思想政治理论课教师只有自身信仰坚定，学识渊博，方能将古人"传道授业解惑"的理想活化为"生动感悟砺行"的心灵撞击与熏陶，才能使学生真正理解马克思主义的精髓，并将其内化为自身的行为方式。思想政治理论课教师理论水平和业务素养在一定程度上决定了高职院校思想政治理论课的教学质量，这就要求思想政治教师提升自己的综合素养。

1. 要有坚定的马克思主义信仰

坚定的马克思主义信仰，是思想政治理论课教师立身、治学和执教之本，是搞好工作的强大精神动力。只有坚定而自觉的政治信仰才能积极传播马克思主义，才能真正地践行马克思主义，才能更深入地自主学习马克思主义。推动思想政治理论课教师最为强大的精神力量，是马克思主义的信仰。只有把这种信仰内化为自己的内在品质，把职业道德与政治信仰融为一体，才能产生一种最为强大的责任感，并促使其积极地传播自己的信仰。在思想政治理论课教学中，认真备课与授课，科学研究上的努力钻研与创新，用自己的模范践行感染学生，这些都是坚定信仰的作用。坚定的信仰并不是与生俱来的，它只有在深入系统地学习马克思主义基本理论和党的创新理论的基础上，通过大量的社会实践才能获得，而这样的信仰一旦确立，反过来会促使人更加努力地学习，在二者的良性互动中坚定自己的理想信念。

真学、真懂、真干、真用，均来自真信，即对马克思主义的坚定信仰。真信，才能忠诚于党的理论教育事业，有在理论教育的岗位上建功立业的决心和行动；真信，才能产生从事理论教育的自豪感，产生正确阐述和宣传马克思主义的责任感；真信，才能沉下心来，刻苦攻读马克思主义经典著作；真信，才能言而由衷，言行一致，做一个彻底的马克思主义者。尤其是在社会多元化的背景下，面对当代部分大学生马克思主义信仰缺失或淡化的实际情况，只有抵制诱惑，充满对理论教育事业的无限热爱，才能使受教育者在敬佩和信服中接受理论教育。正如陈优生院长曾经所说："思想政治理论课要讲好，不能就一门课论一门课，而要塑造浓厚的政治气氛、浓厚的学习研究气氛、浓厚的文娱体育气氛和浓厚的文明和谐气氛。比如，党委开展的宿舍党员示范岗、品雅书院、业余党校等。特别要强调抓好党支部建在班上的党的建设工程，如果每个班中都有党员并做到班有先进党员，系有战斗堡垒，一个学校中受马克思主义武装起来的青年学生多了，我们的学生思想政治工作好做了，同学们就自然而然地去积极追求马克思主义的学习。"

2. 要有渊博的学识

"打铁需要自身硬"，渊博的学识和理论业务素质是思想政治理论课教师教育素养的基础。培养和塑造社会主义新人，既不是盲目的蒙昧教育，也不是简单的说教，而是立足于科学性的理想信念教育，让学生真正体会到马克思主义是科学，只有具备这样的认识，才能从内心深处自然而然地贴近它，并最终接受它。因此，思想政治理论课教师需要具有渊博的学识。

（1）完善的知识结构。思想政治理论课教师要认真阅读马列主义经典著作，精读马克思、恩格斯、列宁等人的著作，掌握马克思主义的精髓，深入领会马克思主义中国化的理论成果；认真学习党的最新文件等。只有认真阅读并领会党在当前的路线、方针、政策，掌握时事政治，把党的理论创新的最新成果融入思想政治理论课教学当中，才能推动中国特色社会主义理论体系进教材、进课堂、进头脑，才能把有关理论和实际问题讲深讲透、讲清楚。只有这样，才能在课堂上旁征博引，满足学生的求知欲望；才能找到事物的内在本质联系，揭示历史发展的规律；才能避免空洞乏味的理论说教。

（2）执着的科研精神。教师不仅是教学上的好手，同时也应该是科研上的能手。思想政治教师要针对教学中的疑难问题坚持不懈地进行科学研究，掌握本学科研究的热点问题和前沿问题，并把教学和科研有机地结合起来，使二者相互促进。因为只有建立在扎实的理论研究基础上的教学才更有说服力和信服度，也只有具备扎实的理论基础才能提升教师分析和解决现实问题的能力。

（3）贴近学生需求。学生对思想政治理论课不感兴趣的关键原因，是不能迅速找到与自身发展前途的关系。学生在接受一种理论或学说前，往往首先考虑的问题是：为什么要接受这个理论或学说？因而思想政治理论课教师要根据学生的个体差异，结合学生的学科和专业特点，作出合理的解释和说明，让学生通过实例切身感受到学习思想政治理论课的必要性，从而激发学生学习的自觉性、积极性和主动性。在读书的基础上还要进行实践研究，对教学重点和难点问题、国际时事政治热点问题和大学生关注的问题加以分析和研究，使教学内容贴近生活、贴近学生实际。

3. 要有高尚的职业道德素质

习近平总书记在北师大的演讲中指出："'师者，人之模范也。'教师的职业特性决定了教师必须是道德高尚的人群。合格的老师首先应该是道德上的合格者，好老师首先应该是以德施教、以德立身的楷模。师者为师亦为范，学高为师，德高为范。老师是学生道德修养的镜子。好老师应该取法乎上、见贤思齐，不断提高道德修养，提升人格品质，并把正确的道德观传授给学生。"思想政治理论课教师应是学生的良师益友，是学生品德形成的指导者、心灵发展的疏导者、生活选择的协调者、学生成才的引导者。耶鲁大学的诺厄·波特早在1871年的就职演说中就讲到，"一个学院里最有效的道德影响力来自于教师的个人品格……一个高尚的品格，再加上学者的智力和成就的尊严就可以成为一种启迪和追求"。如果师生缺乏了解和沟通，对学生道德情感漠视或匮乏，那么道德行为的示范和感召力就会减弱，思想政治理论课的效果和作用也势必会受到严重影响和制约。每个从事思想政治理论课教学的教师首先要以培养优秀人才为己任，以强烈的事业心和责任感对待自己的工作，用高尚的人格魅力去带动和感染学生，引导学生认真学习、踏实做事、堂堂正正做人。其次，要把努力掌握思想政治理论课教材的知识同实际生活紧紧结合起来。凡在教学和实践中要求学生的，自己要以身作则地做到，要求学生遵守的，自己更加自觉地遵守，力求做到言传身教、身体力行。思想政治理论课教师的人格魅力对学生的影响更甚于其学识的魅力，教师要有良好的职业道德素质，学生才会"亲其师，信其道"，才能真正成为大学生健康成长的指导者和引路人。汉代思想家杨雄说过："师者，人之模范也。模不模，范不范，为不少矣。"清代著名思想家顾炎武也慨叹："海内人师少，中原世运屯。"顾炎武把国家之所以遭到困苦、危难的原因，同缺少言传身教、以身作则的教师联系在一起，这就说明"人师"地位的重要了。

4. 要有与时俱进的创新素质

教学工作者必须深入熟悉教材内容，结合实际地进行科学研究，用科学有效的学术理论去支持改革创新的教学形式，不断提高自己的学术造诣，这样贴合实际的教学形式才能吸引更多的学生，激发出他们的学习兴趣，这样的思想政治理论课才有魅力，才能够帮助学生不断提高自己的能力。随着高等教育体制改革的深化，大学生的思想政治教育工作面临着种种新形势、新情况、新任务，任课教师必须进一步解放思想、与时俱进、不断创新，致力于提升大学生的思想道德素质。教学内容、教学方法要体现时代性、把握规律性、富于创造性、增强实效性。高职院校的一切工作都是围绕学生成长成才和全面发展作为根本价值取向，高职院校落实育人职责就是要把他们培养成为高素质技能型人才。教师要根据高职学生的特点和思想政治理论课教学目标，贯彻"以学生为本"的教学理念，立足于学生自身的知识需求和成才愿望，把教材体系合理转化为教学内容，对教学手段、方法进行创新。在创新过程中，教师要以内容创新为先导，途径、方法创新为载体，实践环节的创新为重点，考评方式的创新为关键。首先，教师要灵活运用马克思主义的基本立场、观点和方法来解决学生遇到的实际困难，帮助学生理性思考自我与社会的关系，加强对社会和国家的责任感和使命感。其次，在思想政治理论课课堂上要运用新的教学方法来调动大学生的主体性、主动性，吸引他们主动参与思考。再次，立足当代中国发展的新情况和新问题，引导学生到社会中去，到基层去，积极参加实践锻炼。总之，要用发展着的马克思主义来指导我们的教学和实践活动，以达到开拓创新、与时俱进的目的。邓小平同志说过："一个学校能不能为社会主义建设培养合格的人才，培养德智体全面发展、有社会主义觉悟的有文化的劳动者，关键在教师。"中共中央宣传部、教育部《关于进一步加强和改进高等学校思想政治理论课的意见》（教社政〔2005〕5号）也提到，"提高高等学校思想政治理论课教育教学质量和水平，关键在教师"。要把高职院校思想政治理论课教学质量提升到一个新的水平，思想政治理论课教师需要不断提高思想政治素质、理论业务素质、职业道德素质和创新素质，使思想政治理论课成为大学生真心喜欢、终身受益、毕生难忘的优秀课程。

第四章

以德正人： 立德树人工作的主导力量

　　高校的思想政治理论课是对大学生进行思想政治教育的主渠道和主阵地，高校思想政治理论课教师肩负着培养有理想有道德的社会主义事业的建设者和接班人的艰巨任务。习近平总书记 2014 年 9 月 9 日在北京师范大学的演讲中指出："教师承担着最庄严、最神圣的使命。梅贻琦先生说：'所谓大学者，非谓有大楼之谓也，有大师之谓也。'我体会，这样的大师，既是学问之师，又是品行之师。教师要时刻铭记教书育人的使命，甘当人梯，甘当铺路石，以人格魅力引导学生心灵，以学术造诣开启学生的智慧之门。"高校思想政治理论课在意识形态上的特殊性对教师提出了比其他学科教师更高的职业道德要求，高校思想政治理论课教师的思想和行为对大学生的思想政治教育有着十分重要的示范作用，其道德素质的高低直接影响着对大学生思想政治教育的效果。构筑"学校＋家庭＋社区"立体型德育工作平台，实现德育工作系统化、德育工作信息化、德育工作队伍专业化、学生宿舍书院化、实践教育社会化等"五化"立德树人工作长效机制过程中，注重活化德育主体，注重寓德育于教师的表率之中，使广大教职工认真做到甘于奉献、为人师表、精心施教，以良好的形象潜移默化地影响学生。

一、教师在教育工作中的地位和作用

　　教育是人类社会所特有的现象，是人类自身再生产的必要手段，是人类社会延续和发展的桥梁。任何社会、国家与民族，在任何时候都不能没有教育。教育和人类社会共始终，有人类存在就有教育。教育是一个永恒的范畴，教师是一种永恒的职业。教师作为青年一代的教育者，作为文化知识的传播者，在人类社会的延续和发展中起着承先启后、继往开来的重要作用。

　　一百多年前，女词人吕碧城在天津《大公报》发表了《教育为立国之本》一文，她认为："教育者，国家之基础，社会之枢纽也，先明教育，然后内政外交，文修武备；工艺商业诸端，始能运转自由，操纵如意。若教育一日不讲，则民智一日不开；民智不开，则冥顽愚蠢，是非不辨，利害不知。所知者，独自私自利而已。"阐明了"教育为立国之本"之理。近代史学者傅国涌认为："从本质上说，教育的真谛蕴含在独立和自由当中，教师凭着独立、自由之精神，在知识和精神世界里驰骋，学生同样要凭着独立、自由之精神，在知识和精神世界里求索，老师与学生、老师与老师、学生与学生，他们的生命相互碰撞，相互连接，在课堂内外彼此启迪、彼此建造、彼此成全。通过教育，让每个人的思想天空进一步拓宽，每个人精神的翅膀进一步展开，这样的教育才是令人向往的，也是教育的现实中所匮乏的。"① 习近平总书记 2014 年 9 月 9 日在北京师范大学的演讲中也指出："百年大计，教育为本。教育大计，教师为本。努力培养造就一大批一流教师，不断提高教师队伍整体素质，是当前和今后一段时间我国教育事业发展的紧迫任务。"在改革开放的大潮中及教育改革的大背景下，如何实现傅先生所揭示的教育真谛，关键还是要看教师自身角色的定位。

（一）教师角色的定位

1. 教师角色定位的内涵界定

巩建华在《国外教师角色研究评述》一文中把教师角色定位的内涵界定为"教师这一特殊社会群体依据社会的客观期望并凭借自己的主观能力，为适应所处环境所表现出来的特定行为方式"②。顾明远在《教育大辞典》中把它理解为"在教育系统中的教师，所表现出来的由其特殊地位决定的符合社会对教师期望的行为模式。教师与其社会地位身份相联系的被期待行为，包括两个方面：一是教师的实际角色；二是教师的期望角色"③。教师作为履行教育教学职责的专业人员，承担着多重社会角色。在这多重角色中，教书育人、传承文化、自我发展的角色，是最基本的角色，具有普遍性和永久性。为了扮演好这些角色，根据时代的发展、教育的要求、学生的需要，又派生出其他一些角色，如社会的代言人、知识的传授者、灵魂的工程师、心理的保健医、活动的组织者、父母的代理人等。

张爱琴、谢利民在《教师角色定位的本质透视》中从宏观（社会需要）、中观（学校环境）、微观（教师自身）三个角度，对影响教师角色定位的因素进行了探讨。文章认为，社会需要对教师角色定位具有决定作用，学校环境对教师角色的形成和发展具有直接的协调作用，教师自身的素质结构对教师角色践行水平

① 傅国涌. 重温百年前的教育立国之本说［N］. 深圳特区报，2014-06-03（C03）.
② 巩建华. 国外教师角色研究评述［J］. 上海教育科研，2011（10）：35.
③ 顾明远等. 教育大辞典［Z］. 上海：上海教育出版社，1992.

具有重要的制约作用。教师角色定位的过程从本质上来看是促进人的发展的过程，包括教师自身，同时也内在的包含着教育的对象，即学生，完整的认识教师角色定位的价值，对于促进教师、学生、社会的协调有序发展都具有重要的现实意义。①

2. 思想政治理论课教师的角色定位

角色理论是社会学研究中的一个重要理论。"角色"一词原指演员在戏剧舞台上按照剧本的规定所扮演的某一特定人物。20 世纪 20 年代，美国社会心理学家米德首先将角色概念引入社会学研究领域，用于分析个人在不同情境中的行为方式。傅显捷的《教育社会学断想——教师角色理论探析》中认为，把实现角色行为规范模式的过程叫做角色扮演。教师角色扮演与所有的角色扮演一样，取决于他对角色期待、角色规范遵从、角色特征的把握、对角色差距的调适和角色冲突的化解。角色扮演的本质是社会个体按照与一定的地位、身份、职位相符合的规范行为去与他人发生关系和相互作用，使行为规范模式现实化、客观化、具体化。只有接近和比较正确地扮演自己特定的角色，才能成为符合社会要求的人。由此可见，所谓的教师角色扮演是指教师在教学情境中，个人以教师这样一种身份去与学生发生关系和相互作用，使教师行为规范模式更加客观和具体。

从社会学的视角来看，社会是一个由各种各样的相互联系的位置或地位组成的网络系统，其中个体在这个系统中根据自己所占据的社会位置的不同而扮演着各种各样的角色。对教师而言，教师除了要扮演自己的职业角色外，还要扮演许多其他的社会角色。而从性别学的角度看，社会生活中的个体都在扮演着符合自己性别特征的性别角色，这些因不同的心理和生理特征导致的性别差异，都会表现在教师的角色扮演中，形成教师的角色扮演问题，这些角色扮演的成功与否，不仅影响着教师本人，也影响着学生的社会化成长。在高等院校尤其是高等职业技术院校，学生是思想政治理论课教学的主体，也是思想政治理论课教学效果的直接体现。

增强高校思想政治理论课教学效果一直是广大思想政治理论课教师的自觉追求。增强思想政治理论课教学效果要从影响思想政治理论课教学效果的因素分析开始，影响思想政治理论课教学效果的主要因素有教师（包括教师的思想政治素质、教学技能、教学方法、教学手段等）、学生、教学内容、教学环境等。可见，增强思想政治理论课教学效果，教师是关键。教师对思想政治教育理论魅力的发挥程度，会影响到学生是否需要这些思想政治教育内容；教师教学中分析、阐释现实问题（现象）的能力会影响到学生对思想政治教育内容的"有用性"和

---

① 张爱琴，谢利民. 教师角色定位的本质透视 [J]. 教育评论，2002（5）：41~44.

"价值性"判断；教师的教学业务能力（教学技能、艺术、先进的教学手段和优良的教学方法等）会影响到学生对思想政治教育内容的求知欲、接受心态和情感偏好等。

3. 思想政治理论课教师双重角色的扮演

与高校其他教师不同，思想政治理论课教师在教学过程中扮演着双重角色，即政治角色和教育职业角色，对这双重角色的把握既影响着思想政治理论课教师本身的工作态度和工作成就，也最终影响着思想政治理论课的教学效果。

（1）双重角色扮演对高校思想政治理论课教学效果的影响。

关于高校思想政治理论课教师的政治角色。思想政治理论课是思想政治教育的重要组成部分，是对大学生进行价值观教育和理想信念教育的主渠道，也是面向大学生宣传党的方针政策的主阵地，思想政治理论课的教学效果直接关系到思想政治教育的有效性。可知，思想政治理论课与思想政治教育具有同一的本质，而思想政治教育的本质就在于其政治属性，作为思想政治理论课教学主体的教师就天然的具有了不同于其他教师的一种特有的角色——政治角色，这种角色是思想政治理论课教师区别于其他教师的本质属性，它以为国家意识形态服务为宗旨，以为社会培养思想、政治、心理等各方面可靠的接班人为根本任务，并且在教学实践过程中充分体现这一角色特点。

关于高校思想政治理论课教师的教育职业角色。思想政治理论课教师属于教师序列，因此他又具有和其他教师相同的职业属性。这主要体现在以下几个方面：第一，根据一定社会规定的教育目的和学生的身心特点培养人才；第二，在教书育人中遵循教育规律，针对实际情景创造性的进行因材施教；第三，言传身教，爱岗敬业，真正成为学生的楷模；第四，树立长远育人目标，培养全面发展的人才。由此可见，教师在职业角色扮演中，必须依据社会的客观要求和期待，把知识的传授作为培养学生社会生存能力的重要手段，把心灵的塑造作为教育的最终目的。

（2）性别角色扮演对高校思想政治理论课教学效果的影响。

性别角色的扮演，影响着教师在工作、家庭和社会中的行为。社会对不同性别角色的要求和期望，也影响着社会对教师的评价，导致教师由于性别差异，在角色扮演中遇到的角色冲突也不相同。

社会性别是在生理性别的基础上，由社会生活制度和文化建构而形成的基于性别认识的男性或女性的群体特征、角色、行为差异及其责任，是男性和女性在社会中相关联的具有结构性和功能性的两性关系的反映。教师社会性别意识包括教师自己对自身的社会性别的理解与认同，也包括教师用社会性别的眼光来看待自己在教育教学工作中存在的性别现象。

在我国学校系统中，男女教师的比例失衡已是一个不争的事实。女教师的数量多于男教师，且学校教育程度越低，男女教师比例失调的状况就越严重。传统的"男强女弱""男尊女卑""男主外、女主内"的观念仍然在社会上有着广泛的影响，而受这种传统性别观念影响女性倾向于选择教师职业。人们认为教师职业带有家庭生活的性质，并将之定位于"适合妇女的职业"，教师职业也就被看成是妇女在家庭中劳动的拓展和延伸，由此可见，性别观念造成的不同职业选择导致了教师队伍性别失衡严重。

这种现象在思想政治理论课教师的男女比例构成上也十分明显。以惠州经济职业技术学院思政部为例，女教师的数量占了教师总数量的73%。因而如何规避思想政治理论课男女教师性别角色差异带来的挑战，发挥性别角色差异的优势，就成为提高思想政治理论课教学水平的必由之路。

（3）教师角色扮演中诸多因素对高校思想政治理论课教学效果的影响。

教师角色扮演是微格教学的重要组成部分。微格教学是20世纪60年代，由美国斯坦福大学艾伦教授创立的建立在视听基础之上，旨在培养师生和在职教师课堂教学技能的新方法。微格教学在20世纪80年代被引入我国，是目前我国师范院校大力提倡并付诸实施的改革学科教学法的一种有效途径。微格教学的一般过程为：

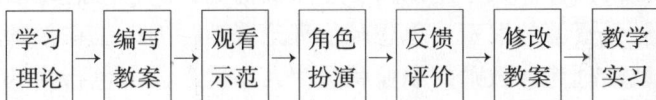

学习理论 → 编写教案 → 观看示范 → 角色扮演 → 反馈评价 → 修改教案 → 教学实习

其中，在教师角色扮演这个环节会出现很多问题，如紧张、面对黑板讲课、看教案讲课、语言迟钝、手上脚下小动作、站在讲台上发笑等，这些不良反应直接导致教师角色扮演的失败。影响教师角色扮演教学效果的因素很多，概括起来主要有两方面的因素：内在因素和外在因素或主观原因和客观原因。教师教学自身具备的素质、自信心、教学设计是影响教师角色扮演的内在因素，其中教师教学自身具备的素质是搞好教师角色扮演的基础；增强自信心是搞好角色扮演、提高课堂教学能力的关键；教学设计是搞好微格训练、提高课堂教学能力的重要因素。环境的变化和一些突发事件是影响教师角色扮演的外在因素，我们除了应当加强学习、增强角色意识外，最重要的是要加强道德修养，以崇高的职业理想来指导自己的角色定位，协调角色冲突。

（二）思想政治理论课教师双重角色的冲突与化解

1. 思想政治理论课教师双重角色的冲突与化解

（1）双重角色冲突的表现。①角色期望的冲突。作为党的方针政策宣传的主阵地，党和国家赋予了思想政治理论课教师特有的角色期望，希望通过思想政治理论课教师的言传身教帮助学生树立正确的世界观和价值观，增加他们对民族、国家的认同感和荣誉感，同时对思想政治理论课教师本身的政治素养要求极高，必须是坚定的马克思主义者。然而，在现实社会中，人们的功利性使得社会对教师职业的角色期望出现偏差，特别是高职院校，为了生存和发展，必然要在某种程度上适应市场的需要，传授的知识以"有用、实用"为主，以便帮助他们在未来的职业选择和发展上获得更多的优势。可见，在这样的一种大背景下，思想政治理论课教师想要完成政治角色的扮演，面临的各方阻力可想而知。②角色地位的冲突。一直以来，党和国家都强调提高思想政治理论课教师的政治地位，并通过一定的措施予以保证。宣传部和教育部规定，思想政治理论课直接在学校党委的领导之下，享受特殊的政治待遇，在政策上予以扶持。然而，在职业定位中，思想政治理论课教师角色地位在高校、特别是高职院校的改革进程中却江河日下，在职场有"二等公民"的感觉。从现实利益和实用主义出发，很多高校、其他课程的教师、大学生以及学生家长都觉得高校思想政治理论课教师角色的存在是对教育资源的浪费。思想政治理论课教师的地位在教师序列中已经处于低位，思想政治理论课教师的职业状况令人担忧。③角色行为的冲突。作为思想政治理论课教师，首先应当把对学生的理想信念教育、爱国主义教育和"三观"教育放在首位，如果教学和科研、职称、报酬发生矛盾的时候，思想政治理论课教师理应淡泊名利、无私奉献，对待和个人利益相关的一些外部因素较其他教师群体要更淡薄，更勇于牺牲。然而，高校尊重的是高职称、高收入的教师，他们对组织的影响力、对大学生的引导力都超过一般思想政治理论课教师。而且思想政治理论课教师的职称和收入不仅仅是个人的事，它直接关系到思想政治理论课教师的群体形象，影响思想政治理论课的地位。因此，思想政治理论课教师又必须将更多的时间和精力投入到科研工作中去。由于人的时间、精力、能力的限制，思想政治理论课教师在整个过程中或者选择凭良心干活，根据自己的能力和兴趣选择主要的精力投入方向，或者陷入角色焦虑和职业倦怠的漩涡。

（2）双重角色冲突的化解。一方面，强化政治角色。宏观社会背景和微观的教育环境都发生了巨大变化，而且这种变化尚在继续，内含无数不确定的因素，思想政治理论课教师角色不得不顺应形势，寻找新的生存和发展空间；与此同时，思想政治理论课教师也在有意无意地弱化或隐化自己的政治角色，这带来了严重的危害。首先，思想政治理论课教师角色的特殊存在价值受到怀疑，进一步动摇了角色的社会认同；其次，思想政治理论课教师角色失范，他们难以明确自身的行为界限；再次，思想政治理论课教师在职业活动中寻找不到自身的意义，出现职业倦怠；最后，因为角色是由国家设立以维持意识形态的稳固，弱化政治色彩可能会导致角色的存在和发展的主要资源因此而失去。可见，弱化思想政治理论课教师的政治角色无助于解决政治角色和职业角色的冲突，反而导致角色的冲突加剧。因此，政治角色是思想政治理论课教师角色区别于其他教师角色，具有独特存在价值的根本所在，解决角色冲突不但不能弱化这一本质，反而更要强化。另一方面，把握思想政治理论课教师双重角色的共生点。思想政治理论课教师的政治角色和职业角色虽然有冲突，但也有很多共生点。首先，思想政治理论课教师在社会多元化价值共存及受教育者的主体性日益发展的现实和必然趋势下，要想有效地宣传马克思主义理论，培养大学生的社会主义信念，必须摒弃传统的强制、说教等手段，依靠理论的力量、人格的魅力、方式的巧妙。深厚的马克思主义理论素养、高尚的职业道德、高超的教育艺术都既是政治角色的需要也是职业角色的需要。因此，从党和国家的角度看，在传统的政治管理方式之外，要进一步加强对思想政治理论课教师角色的教育职业引导。其次，从高校组织的角度，积极扶持和强化角色的思想政治教育功能，维护学校的稳定，增加学校的和谐，激发学校的精神。最后，从扮演者个人的角度看，应努力发挥角色的主体性，解放思想、与时俱进、不断创新，不仅在政治活动上，也在职业活动中不断努力，挖掘角色潜力，焕发角色光彩。

2. 性别角色扮演对高校思想政治理论课教学效果影响的分析及对策

（1）性别角色差异带来的挑战。

性别角色是某一社会文化中被固定和强化的，人们所公认的男性或女性应具有的行为模式。一般来说，社会要求男性刚毅、果断、勇敢、豪放，希望女性温顺、柔和、仁慈、怜悯，这种社会性别角色偏见往往是不自觉的，它的形成既有家庭的长期熏陶，社会公众的期望、规范和评价，大众媒介的宣传引导和学校教育等外部因素的影响，也有认知者自我内化意识的作用。由于传统社会性别角色观念左右着人们的思想和行为，高校中的思想政治理论课女教师，往往被认为过于"理性""强悍""刻板"，而高校中的思想政治理论课男教师，则往往被认为过于"沉闷""老气""偏激"，使他们在职业发展和认同上面临着巨大的心理压力。

一是来自家庭与事业的双重压力。由于女性与男性教师存在着明显的生理、体力差别，造成了在现实生活中女教师要承担的家庭与事业压力明显高于男教师。女教师要担任生儿育女的人类繁衍生息的重任，承担着绝大部分计划生育责任，家庭责任分担指数远高于男性，但家庭资源分配却少于男性。从男女平等的角度看，男女两性都有养育儿女、赡养老人、承担社会家务劳动的义务。但实际上，女教师中的大多数要把较多的精力用于抚育子女、料理家务上，要想获得事业上与男教师相同的成绩，她们往往要付出比男教师更大的牺牲和代价。

二是人才培养的目标与现实仍有差距。近年来，各高校都从各方面加强了师资队伍的培训，以思想政治理论课教师为例，教育部的有关文件要求大力加强对思想政治理论课教师队伍的培养培训，各地教育部门和学院也从自身的实际情况出发，对思想政治理论课教师开展多种形式的培训工作，如岗前培训、课程轮训、骨干教师研修和在职培训等。使高校思想政治理论课教师的理论素养、教学水平和科研能力得到不断的提高，职称水平也有同步提升。但有一个不争的事实是，随着年龄的增长，高校女教师干部的级别普遍低于男性教师干部，进入高校管理层和决策层的女教师比例低，承担主持国家级课题的女教师与男教师有相当大的差距，具有"双师型"素质女教师更少。除了女教师自身工作成就动机的原因外，也说明在我国当前社会仍存在着不平等的性别角色意识，尚未真正塑造起不带偏见的、多元价值取向的性别角色意识。

（2）发挥性别角色扮演优势的策略。

俄国教育家乌申斯基曾说："在教育工作中，一切都应以教师的人格为依据，因为教育力量只能从人格的活的源泉中产生出来，任何规章制度，都不能代替教师人格的作用。"思想政治理论课男女教师虽然在性别角色定位上有着很大的差别，但他们又拥有自身独特的优势，面对思想日益多元化的大学生，高校思想政治理论课应该发挥男女教师各自的优势，发扬长处，克服不足，促进思想政治理论课教师整体素质的提升。

首先，发挥高校思想政治理论课女教师岗位性别优势的策略思考。一方面，高校思想政治理论课女教师有着得天独厚的细心观察能力。她们感知敏锐，能察言观色，具有猜度对方心理的优势，在人事工作、思想政治工作中，往往可以收到很好的效果。大学生正处在世界观、人生观、价值观形成的关键时期，面对社会深刻转型，各种心理问题不断涌现。但是，他们表现出强烈的自尊心和以自我为中心，不轻易吐露真情，不主动交流思想的问题，同时又迫切地希望被人理解、被人亲近。思想政治理论课女教师自觉地融入学生中间，能了解学生的困惑，以平等的姿态和学生互动。另一方面，高校思想政治理论课女教师又有着得天独厚的情感交流优势。她们感情丰富，性情温和，在对大学生进行思想政治教育时，既能摆事实、讲道理，又能以理服人，通过疏导、开导、引导，不断提高他们的思想精神境界，帮助大学生处理好成长过程中学习成才、择业交友、健康生活等方面的具体问题。此外，高校思想政治理论课女教师有着相对较强的解读能力和驾驭语言文字方面的能力。在思想政治理论课教学活动中，教师常常是通过展示幻灯片或辅以写黑板的方式进行讲授，从而把知识传授给学生。若教师能善于运用肢体语言，口齿伶俐，表达清楚，这些就会成为吸引同学们注意的一项利器，从而带动学生专心听课，更加积极地思考，这就直接影响到课堂气氛，而课堂气氛正是影响教学的一个重要因素。女教师在这些方面正好独具天赋，只要充分挖掘出来，课堂就会充满生气，教学效果自然也好。

其次，发挥高校思想政治理论课男教师岗位性别优势的策略思考。一方面，用充满自信、勇敢果断的性格特点感染学生。西蒙和费瑟1973年的研究发现，男女对成败归因有不同的模式：女性更多地把自己的成功归因于运气，把失败归因于自己的能力；而男性则更多地把成功归因于自己的能力，把失败归因于任务难，这说明男性充满自信。由于大学生正处于身心发展的阶段，由于知识、经验的不足，在失败时往往找不到恰当合适的办法去排除自卑感。思想政治理论课男教师以其达观开朗、振奋向上和稳定的情绪成为控制、主宰自己心理状态的楷模，他们的性格风范潜移默化地影响着大学生，给予学生心理上有力的支撑，使学生面对失败，困难与挫折，也会充满自信，刻苦自励、发愤图强和泰然处之。同时，思想政治理论课男教师一般善于敏捷而准确地判断情况，适时而坚决地进行决断，在紧急情况下急中生智，大胆勇敢，这种勇敢果断在其与大学生交往的过程中会不断地折射给大学生，使他们能够在困难面前表现出镇静自若、百折不挠、乐观向上的精神。另一方面，以高度的幽默感、广泛的兴趣和灵活的思维活跃思想政治理论课课堂教学的氛围。幽默是一门艺术，思想政治理论课男教师若能驾驭好它，可使知识妙趣横生，活跃大学生思维，使大学生不再把上思想政治理论课当成一种煎熬，而是一种轻松的享受。幽默赋予知识以魅力，思想政治理论课男教师的幽默会使学生感受到与之相处的愉悦，从而融洽师生之间的关系，增强了其人格的吸引力和教育教学的效果。同时，思想政治理论课男教师兴趣广泛，容易将兴趣变成行动，付诸教学实践，这对于发展大学生的发散思维，培养动手动脑的能力，特别是培养大学生的抽象思维能力将大有裨益。

二、充分发挥教师道德在教师角色冲突中的融合因素

随着我国民办高职教育的蓬勃发展，民办高职院校师资力量不断壮大，教师队伍整体呈现增长快速化、年轻化趋势，青年教师队伍学历高和专业匹配度强的特点也更显著。民办高职院校从事思想政治理论教育的青年教师，同样也整体呈现出专业理论素质水平高、教学理念与方法与时俱进的发展趋势。在我国社会转型新时期，民办高职院校思政教师的思想政治素养和师德师风不仅决定学院的德

育教育水平，还直接影响学生思想政治教育的实效性。目前，一些青年思想政治理论课教师不良言行和思想意识问题的凸显，使得在青年思想政治教师队伍中进行立德树人的师德建设意义重大。

（一）民办高职院校思想政治理论课教师职业道德素质的现状

民办高职院校是我国高等教育行列中的一个重要类型，有着不同于普通高等院校的特殊性，民办高职院校的学生比较注重实际，实用主义较为严重，更加关注专业课的学习，往往忽视思想政治理论课的学习，弱化了思想政治教育的有效性，打击了民办高职院校思想政治理论课教师的教学积极性。同时，随着市场经济的不断深入，各种不正之风时时冲击着教师的职业操守。种种迹象显示，现在民办高职院校思想政治理论课教师师德师风方面存在着一定问题，主要表现在以下三个方面：

1. 马克思主义信仰不坚定

思想政治教育工作者必须是坚定的马克思主义信仰者。目前，我国高校已经拥有了一批具有坚定信仰的骨干思想政治理论课教师，他们多是 20 世纪 50 至 60 年代出生。进入 21 世纪，一批 20 世纪 70 至 80 年代出生的年轻教师开始进入高校思想政治理论课教师队伍。随着改革开放的发展和全球化的深入，我国的高校构成也发生了一些变化，民办高职院校不断涌现，越来越多的年轻思想政治理论课教师开始从事民办高职院校的思想政治教育工作。但受市场经济、网络文化和西方自由主义思潮的冲击，他们在主流信仰的确立方面遭遇困难。其所面临的教育对象却是主流信仰更加淡漠的 20 世纪 90 年代以后出生的青年学生，从而使得我国民办高职院校思想政治工作中出现"一脑袋的迷茫困惑去面对一群迷茫困惑"的情况。具体表现为：不能正确认识自己所从事工作的历史使命，缺乏高度的政治责任感和使命感；理论水平不高，并且在实际运用理论阐述解释现实问题的时候，不能理论联系实际，特别是碰到社会上流行的种种反社会主义的思潮，不能正确运用中国特色社会主义理论原理对其进行有力地驳斥。

2. "重职称、轻修养"的现象普遍存在

一些民办高职院校思想政治理论课教师在教师形象的自我定位上，认为只要重视业务学习和能力的提高就可以了，因而轻视思想修养的提高。有的对政治学习不重视，政治思想上要求不高，思想松懈，致使在世界观、人生观、价值观的导向上有失偏颇，影响健康成长；有的对工作要求不严，在遵守学校的规章制度和有关规定上自觉性较差，不能以身作则；有的对集体不关心，对教学以外的工作不重视，敷衍了事。在科学研究中，也出现了一些学术腐败现象。

3．职业理想弱化

受功利主义思想的影响，一些民办高校思想政治理论课教师缺乏职业理想，在工作中讲个人利益多、讲无私奉献少，讲个人荣辱多、讲教书育人和为人师表少，更有甚者，仅仅把思想政治教育工作当成一种谋生的手段。具体表现为：缺乏爱岗敬业精神，工作的自觉性和主动性差，钻研业务精神不够，教育实践能力较差，甚至给学生带来一些负面的影响，对思想政治理论课教师职业缺乏系统的认识，以至于对专业发展缺乏科学、合理的规划。

（二）民办高职院校思想政治理论课教师职业道德素质的要求

培养拥有正确价值取向的当代大学生是思想政治理论课教师所肩负的神圣职责和重要使命，正是这一职责和使命的特殊性，使得思想政治理论课教师的职业道德要求具有与众不同的特质，特别是高职院校的思想政治理论课教师，由于受教群体的特殊性，高职院校的思想政治理论课教师在开展教学活动的过程中，具有思想政治理论课教师在职业道德要求上的特殊性。

1．高尚的师德和人格

教师的一言一行，无不影响着学生，师德是教师人格特征的直接体现。古今教育家提出的"以身作则""为人师表""躬行实践"等，既是师德的规范，也体现出教师良好的人格特征。民办高职院校思想政治理论课教师必须不断提炼自己的人格修养和提升自我的人格魅力，以高尚的人格春风化雨般影响大学生养成理性的情感生活和健全和谐的人格追求。大学生正处于对知识的渴望和追求阶段，价值观念还没有完全定型，其各方面的可塑性相当强。因此，高校思想政治理论课教师在用知识去丰富学生头脑的同时，还应以自己的人格魅力去影响学生。现实中许多学生对思想政治教育课不太感兴趣，其中一个重要原因就是思想政治教育理论课程授课方式比较单一，内容上偏重理论，很难调动学生学习的积极性。这时教师要想使学生对自己的课感兴趣，首先要让学生从心里接受自己，不但要有渊博的知识，教师的人格魅力与高尚的品格也是一个很重要的因素。教师的优良品格会对学会生起到潜移默化的作用。在教育过程中，教师的言行、作风和品质，都会不同程度地感染和影响学生，丰富的知识和高尚的人格魅力，自然会使教学取得更好的效果。

民办高职院校思想政治理论课教师对学生付出的情感多于其他教师，这有利于建立新型的朋友式的师生关系，加上在与学生沟通和互动的过程中，有意无意地透露出对学生的爱心与期望，那么就达到了"学高为师，身正为范，师爱为魂"的境界。这样就在学生中间形成了感召力，对推进思想政治理论课教育教学工作起到了很大的辅助作用。靠思想政治理论课教师的人格魅力在学生中间确立的威信，让学生产生很大的信赖感，愿意自觉地聆听教诲。那么在很大程度上便达到以人格感化人格、塑造人格的目的，有利于促进大学生形成健康稳定的性格。

2. 扎实的马克思主义理论基础

在民办高职院校思想政治理论课的学科建设中，师资队伍的建设无疑是一个关键环节。思想政治理论课教师只有具备更加深厚的理论功底，才能使得思想政治理论课的教学效果不断增强，促进思想政治理论课教师这支人才队伍的发展和壮大，在社会主义建设过程中发挥更大的作用。近年来，教育部和国务院学位委员会开展了高校思想政治理论课教师在职攻读硕士学位培养，思想政治理论课课程骨干教师培训，全国思想政治理论课教学科研骨干培养等各项工作，这些都有助于高校思想政治理论课教师队伍的建设。在这样的大环境下，作为思想政治教育理论课教师个人，应该积极地响应这样的号召，把自己融入高校思想政治理论课学科建设的浪潮之中。

在思想政治理论课教学中，思想政治教育理论课教师必须清楚如何去培养每一位学生，教师本人的理论知识水平决定着教育教学的深度与广度。熟悉、掌握马克思主义的基本理论和方法，在教育教学过程中灵活的运用马克思主义的基本理论和方法，不断丰富自己的理论知识，累积深厚的理论底蕴，是思想政治理论课教师必须要具备的首要素质或基本条件。不断学习马克思主义基本原理，熟悉马克思主义产生并发展的历史进程，将马克思主义中国化的两次飞跃所产生的一系列理论成果继承弘扬与不断创新。在阅读层面上扩大对马克思主义相关著作的阅读范围，提高自身的理论层次。马克思主义基本理论和方法以及中国化的马克思主义理论成果，都是思想政治理论课教学的基本内容，也是高校培养大学生树立正确的世界观、人生观、价值观所建立的理论基础。作为思想政治理论课教师，要坚定对马克思主义的信仰，热爱自己的学科与工作，并自觉地将其转化为自身工作的一种信念。教师的一言一行感染和熏陶着学生，作为坚定的马克思主义者，思想政治理论课教师对马克思主义的信仰与信念，也会对当代大学生产生积极深远的导向作用。

3. 丰富的各类学科知识

苏联著名教育家马卡连柯说，学生可以原谅教师的严厉、刻板甚至吹毛求疵，但是不能原谅他们的不学无术。如果教师不能完善地掌握自己的专业知识，就不能成为一个好教师。近代思想家黄宗羲也曾说"闻之未闻、业之未精，有惑而不能解，则非师矣。"思想政治教育课程的内容更新比较快，这就需要教师要抽出大量的时间去研究新理论以及新问题，在理论上对自己提出更高的要求。马克思主义理论知识是对人类科学知识进行扬弃后所形成的科学理论，它具有综合性、交叉性、继承性和创新性等多种特征，与马克思主义理论密切联系的学科知识有哲学、政治学、社会学、法学、经济学、历史学和伦理学等，以及与马克思主义相关的学科知识，如美学、文学、管理学、心理学和教育学等，对理解和学习马克思主义理论知识都有很大的帮助。思想政治教育教学的受众是不同专业的在校学生，因此在教育教学过程中，思想政治理论课教师应该要有合理的知识结构，不断拓宽自己的知识面，丰富自己的知识储备，有意识地涉猎更多的学科领域。知识面越宽，教师在授课过程中越能深入浅出，学生也更容易学会运用马克思主义的一些基本原理和相关方法，来分析和解决实际生活和学习中遇到的问题。

（三）民办高职院校思想政治理论课教师职业道德素质的培养

"士有百行德为先。"思想政治理论课教师职业道德素质的高低直接关系到素质教育能否顺利实施，关系到未来的教育质量。因此，在现代教育理念下，高职院校思想政治理论课教师必须充分认识自身职业道德的重要性，不断提高自我修养能力，树立全新的道德观和教育观。

1. 加强思想政治理论课教师自身职业素养的培养

加强对思想政治理论课教师进行爱国主义教育，可以把历史教育和爱国主义教育结合起来，把对国家时事政治的学习和爱国主义教育结合起来，把共产主义理想信念和爱国主义结合起来。不论是在抗日战争、解放战争过程中，或是在新中国建立初期、在国家大力发展生产过程中，还是在改革开放初期、在抵制西方资本主义"和平演变"的强烈攻势下，爱国主义和共产主义都是结合在一起的。如今在新形势下、新世纪里我们高职院校思想政治理论课教师必须运用所学的马克思主义理论，充分利用自己的职业优势，向学生宣讲共产主义和爱国主义的理想和信念，培养学生的爱国热情和努力学习、投身到中国特色社会主义建设中去的激情。

2. 提高思想政治理论课教师职业道德素质

极端个人主义、拜金主义、享乐主义是和社会主义核心价值体系格格不入的，也是和共产主义的理想信念根本对立的。当前拜金主义已渗透到我国的政治、经济、文化、教育和社会生活的许多方面。不少人在衡量个人价值和社会价值、在处理情感和人之间的关系等问题上以钱为标准，甚至有些人给贪污、行贿、受贿、诈骗、制假贩假、坑蒙拐骗等种种犯罪行为戴上光彩的桂冠。阵阵腐朽污浊之流，夹杂着封建主义残渣，腐蚀着我们的人民，特别是青少年一代。面对这些和共产主义理想信念相悖的极端个人主义、拜金主义、享乐主义，高职院校思想政治理论课教师要守得住清苦，树立正确的社会主义核心价值观，用科学发展观武装自己，坚决抵制腐朽思想的侵蚀。

3. 高校思想政治理论课教师要做坚定的马克思主义者

教师的专业理想是教师对成为一个成熟的教学专业工作者的向往和追求，它为教师提供了奋斗的目标，是推动教师专业发展的巨大动力。高职院校思想政治理论课教师要坚定自己的专业理想，树立正确的世界观、人生观和价值观，成为真正的马克思主义者。思想政治理论课教师要坚定对改革开放的信心，坚定对党的信赖感，增强思想政治教育的真实感和实效性，使大学生能够受到发人肺腑的感染和教育。要以传播马克思主义信仰为使命，在坚持马克思主义相关理论学习之外，还应将其对马克思主义的学习、理解、掌握进一步上升至信仰的高度，并终生维持这种高度。信仰是一种境界，是一种价值选择，是一种执着的信念或真理，是对人生观、价值观和世界观的选择和持有。思想政治理论课教师掌握作为信仰的马克思主义，将为其职业生涯提供持之以恒的动力。

4. 建立健全教师职业道德榜样示范机制

榜样可以产生巨大的影响力和感召力，具有教育和激励的作用和价值。蔡元培、吴玉章、叶圣陶等老一辈教育家为教育呕心沥血、无私奉献的师德风范，曾经激励和鼓舞着千百万人民教师为教育事业而努工作。如今，我们要继续学习和发扬老一辈教育家的精神和风范，及时发现、培养当代的模范教师和先进典型，宣传他们的先进事迹，使广大教师学有目标、赶有方向，不断提高职业道德素养。

总之，教师是唤醒大学生主体性的最直接和最重要的角色，要扮演好这个角色必须具备很多条件，如高度的责任心与激情、完备的知识结构、过硬的政治素质、良好的课堂掌控能力等。可见，在民办高校"一体五化"立德树人工作长效机制的构建中，教师无疑肩负着重要的主导力量。

三、教师在"一体五化"立德树人工作中的地位和作用

（一）现代德育的本质与培养目标

关于什么是德育，可以说是众说纷纭。其中主流的观点有两种：一种是"大德育"，即"德育是教育者根据一定社会或阶级的要求和受教育者品德形成发展规律，在教育者施教传道和受教育者受教修养的相互作用过程中，将一定社会或阶级的思想政治准则和法纪道德规范转化为受教育者思想、政治、法纪、道德品质的活动……简言之，德育是培养人的品德的活动"；一种是"小德育"，即"德育是教育工作者组织适合德育对象品德成长的价值环境，促进他们在道德认知、情感和实践能力等方面不断建构和提升的教育活动。简言之，德育是促进个

体道德自主建构的价值引导活动"。可见，不论是"大德育"还是"小德育"，其培养和教育对象都是"人""个体"。何谓"现代德育"？笔者认为，现代德育是"以人为本"的德育。以人为本是现代德育的价值理想和思维原点，是一种价值取向，是对人性的唤起和尊重，符合马克思主义社会发展理论。而其本质与目标就是实现人的现代化与全面发展。

1. 人的现代化

在美国社会学家英格尔斯看来，人的现代化是指人们在精神上形成现代的态度、价值观、思想和行为方式，并把这些熔铸在他们的基本人格之中，是"人们从具有传统的人格转变成具有现代人格的过程"。还有学者认为，所谓人的现代化，说到底，就是适应现代实践发展需要的人的主体能力的现代化。人的现代化，是现代社会相联系的人的素质的普遍提高和全面发展，包括人的思维方式、价值观念、生活方式和行为方式由"传统人"向"现代人"的转变。这种转变从根本上说是人的生存方式和发展状态的历史转型。这样看来，人的现代化至少应该包含两层含义：一是指包括思想观念、价值取向、行为习惯、思维方式、文化素质等在内的精神层面的革新与完善；二是针对"传统人"与社会发展的不相适应而作出的价值体系、人格特征、主体意识等方面的重新调整。在现代德育中，"以人为本"即是"以生为本"，是学生个体成长的土壤，是德育实践性的根本指南。"以生为本"是"以人为本"在现代高校德育中的具体体现，是个体价值和社会价值的统一，是高校教育理念的核心。这就要求我们要充分尊重学生的主体地位，相信每位学生都能发展，有着无限的潜能，从而实现由"传统人"向"现代人"的转型。

2. 人的全面发展

马克思始终把实现人的全面自由发展作为社会发展的最终目标，视其为现代社会发展的一项重要内容。人的全面发展是指人的需要、能力、素质、社会关系及个性的全面丰富和发展。马克思所说的人的全面发展至少应该包括以下几个方面：

（1）各种能力的发展。恩格斯早在《共产主义原理》中就指出，要"使社会全体成员的才能得到全面的发展"。这里所说的能力包括丰富的内容，如人的体力、智力、自然力、社会力、潜力、现实力等。

（2）人的自由个性的发展。所谓个性是指人的自我意识以及由此而形成的个人独特的性格和行为特征、心理品质以及能力、素质等。

（3）人的社会关系的全面发展。"社会关系实际上决定着一个人能够发展到什么程度。"马克思还具体指出："一个人的发展取决于和他直接或间接进行交往的其他一切人的发展。"① 人的社会关系发展表现在诸多方面，如人同自然的关系、人同世界的关系、人同自身的关系等。人的社会关系的丰富不等于主体作用的发挥。充分发挥人的主体作用，按照自己的方式来安排世界，才算社会关系的真正丰富。

（4）人的主体性的全面发展。主体性是指凭借自己的综合素质与实践活动，而处于支配地位，成为主人的人所具有的特殊属性，如目的性、自主性、能动性、创造性等。人的主体性全面发展不但指其特殊属性的充分发挥，而且指人成为自然界的主体、社会的主体和自我发展的主体。这是人全面发展的重要条件。

（5）人的精神道德观念的全面发展以及个人价值的实现。在马克思、恩格斯看来，人的精神道德观念是物质生产和社会关系的产物。但是，人的精神道德观念对物质生产和社会关系又有反作用，它们能影响物质生产的发展和社会发展，从而影响人的发展。人的全面发展最终要体现在价值的实现上。它标志着个人能够满足社会的某种需要，在某一方面有所成就，得到了社会的认同。如享有经济价值、政治价值、社会价值等。

3. 人的现代化与社会现代化的统一

通过以上论述我们可以看出，人的现代化理论与马克思的人的全面发展理论至少在以下两方面是有共性的：一是强调人的主体性与参与性以及独立自主性；二是强调个人行为与价值观念、道德素质之间的互动关系。从另一个侧面我们可以看出，这两方面无论是在人的现代化理论中，还是在马克思主义现代化发展理论中，都是核心内容。同时，我们可以看到，人的现代化是人的全面发展在当代社会的展开，它是人们在现代化过程中，对自身与社会发展的关系认识深化的结果，人的现代化既是实现社会现代化的手段，更是实现社会现代化的目的，离开了这个目的，社会现代化就失去了最基本的意义，同时失去了实现社会现代化的内在动力，人的现代化与社会现代化内在地统一于现代化的历史进程中。但无论是社会现代化还是人的现代化，最终目的都是为了人，为了实现人的全面发展。这与科学发展观强调的"以人为本"不谋而合，社会的发展依赖人的发展而同时又以人的发展为目的，这就强调一方面要充分发挥人的积极性、自主性，为构建和谐社会，实现社会全面和科学的发展奠定基础；另一方面社会要以培养人的主体性、独立性、实现人的个体价值为发展目标。

（二）活化德育主体，注重寓德育于教师的表率之中

在现实的德育工作中，作为思想政治理论课教师，我们要明确学生是有理

---

① 马克思恩格斯全集（第3卷）［M］. 北京：人民出版社，1960.

想、有感情、有差异的个体，注重学生非智力因素的培养与引导，如兴趣、情感、性格等，倾入更多的人文关怀，改善教育环节和教学手段，尽最大可能激发每位学生的能力与高尚的道德情感。同时，通过生命教育和价值观教育，使学生认识到每个个体的存在都有意义，形成属于自己的崇高的理想信念和奋斗目标，树立起终身学习的理念和高尚的道德情操。

1. 生命教育

主体性德育的第一内容是生命教育。所谓生命教育，就是依据生命发展的规律，有目的、有计划、有组织地引导学生正确认识人生的价值，理解生命与生活的真正意义，注重其人文精神和人文素质的培养，关注其生命的整体发展，使其充满生命活力，具有健全人格、鲜明个性和创造智慧的过程。现代的生命教育不仅仅是对生命本身的关注，更是对如何实现生命意义、创造人生价值、展现个体魅力的诠释。目前，我国高校在如何更加有效地推动德育实践性方面作出了很多有益的探索，但是从整体上看，对受教育者主体性的关注及如何提高德育的主体性方面还有很多方面需要完善。大学生是社会知识层次较高、求知欲望较强的群体，他们具备一定的道德辨别能力和分析能力，虽相较于成人而言，大学生显得有些稚嫩，但他们的自主意识是不可忽视的，他们显然不会甘心充当被动的接受者。因此，在德育的具体实践中应充分考虑大学生作为现实的人的客观需要，促进其个性的全面发展与现代人格的形成。

2. 以学生为中心的"人性化"德育

"以人为本"的德育，是"人性化"的德育，是充分考虑学生个体需要的德育，是以学生为中心的德育。但青少年大学生还处于道德养成阶段，对许多问题的认识还处于初级的情感认知阶段，这个时候就需要教师增加情感方面的投入，施以更多的人文关怀。美国教育家内尔·诺丁斯认为，道德教育的核心概念是关怀。关怀德育理论倡导德育要通过"爱"的方式，让受教育主体内心逐渐滋生一种"爱他人、亲社会"的基本素质，养成具有关心性的"善"和"公正性"的"完美"的生活习惯。这就要求构建一种民主平等、教学相长、亲密友爱的关怀型的师生关系，教师要有高度的责任心，要联系学生的现实生活和成长实际，启发引导，唤起学生内在的道德要求，要交流情感、沟通思想，在熏陶与共鸣中实现道德要求的内化。

然而，从目前的教育形势来看，高校德育的内容比较单一，主要是思想教育、政治教育、法律教育及心理健康教育等。教育的手段也有些僵化，教育者、教育内容、教育目标和对象等都是暴露的，主要以"灌输"教育为主，教师充当"权威"角色，以直接的课堂讲授方法，以固定的书本知识为内容，与学生之间缺少必要而有效的互动，不能够根据学生的具体情况，如知识结构、接受能力以及兴趣爱好，展开生动活泼的有效教学。而一些学生只是被动地接受，或者有选择性地接受，甚至潜意识里拒绝接受，从而产生一定的抵触心理，特别是当自己的道德标准和人生价值观与所接受的书本教育相悖时，这种抵抗情绪就会更加严重，如果不能很好地调整，得到有效的沟通调解，这种矛盾情绪就会在思想上造成一种混乱甚至迷茫状态，更加不利于大学生形成积极的、乐观的、向上的世界观与人生观。因此，如何更好地协调师生之间的角色定位，以及使德育内容丰富化、生动化，是我们在日常德育教学与工作中改善与关注的重点。

（三）用"真"的阳光照耀学生成长的道路

人的认知与情感紧密相连，教育离不开情感，思想政治理论课教师尤其要注重以情感人、以情化人，有意识地与学生进行情感的交流，以积极的情感感染学生、激励学生，促进学生提升素质、丰满人格。心理学上一个人的主观情感体验能通过表情外显被他人察觉，进而引起他人的情绪反应，这种现象被称为情绪的感染功能，而人与人之间的情绪感染功能是相互的。思想政治理论课教师的育人工作，可以借用杜甫的《春夜喜雨》来表达，即"好雨知时节，当春乃发生。随风潜入夜，润物细无声。"就是要像春雨滋润万物一样，和风细雨、润物无声。大学生的积极情感不是先天就有的，需要加以引导和培养。在思想政治理论课课堂中，教师的一言一行、一举一动，都是其人格的具体展现，都会潜移默化地影响学生，感染学生，所以教师的情绪对学生的感染功能不言而喻。注重情感教育的教师能够做到理智地控制自己的情绪，用积极的情感去激励、唤醒、鼓舞学生，使课堂轻松、愉快、生动、活泼，从而培养出学生的积极情感，实现"以情感人"，用"真"的阳光照耀学生成长的道路。

1. 热爱教育、热爱学生是情感教育的前提

苏霍姆林斯基在《把整个心灵献给孩子》中说："要成为孩子的真正教育者，就要把自己的心奉献给他们。"做大学生的思想工作的思想政治理论课教师是通过教学活动在学生心灵上精心施工的"灵魂工程师"，这就要求思想政治理论课教师要满腔热忱地热爱自己的教育事业，热爱自己的学生，将自己的心血灌注于学生的培养，用真诚的心去感化学生，用真挚的爱去引导学生，用师爱去开启学生的心灵，以大爱精神铸造师魂。教育心理学上著名的"皮格马利翁效应"告诉我们：发自内心的爱能够产生巨大的教育力量。全国优秀思想政治理论课教师贾凤姿在平凡的岗位上书写着大爱无痕，被学生亲切地称为"妈妈老师"。她常说，先做母亲后做老师，把母亲的责任感和马克思主义理论融合在一起，这样说出来的话，学生才容易接受。当学生体验到教师的真情厚爱时，必然会对教师产生信赖与尊敬，进而喜欢教师教授的课程，乐意敞开心扉与教师交流、接受教

师的教诲，并努力践行。可见，大爱是一扇开启学生情感的闸门，只有师生之间产生情感上持久而强烈的共鸣，才能真正使学生"亲其师，信其道"，而后"效其行"。

2. 思想政治理论课教师的人格魅力是情感教育的关键

教师的人格魅力是教师素质的基础和灵魂，更是教师威信建立的根本基础，具体是指教师自身优良的情感及意志结构、合理的心理结构、稳定的道德意识和个体内在的行为倾向在教育教学活动中所产生的最大吸引力量。在现实生活中，部分教师能受到同事、学生的欢迎和悦纳，其身上必然放射出一种人格魅力。

实践证明，高校思想政治理论课教师的人格魅力对大学生人格的养成及塑造，具有重要的影响。高校思想政治理论课教师的人格魅力一旦形成，就具有稳定性，同时又有很强的可塑性，要完善和提升高校思想政治理论课教师的人格魅力，增强其人格示范效应，需要做到以下几点：

（1）形成高度的文化自觉，塑造教师的理想人格。

当前的中国社会处在转型期，文化呈现出流动性和变异性、多样性和复杂性等特点，高校思想政治理论课教师身处这样的多元文化环境中，一方面要对中国的文化传统和自身人格有一种自我认识和了解，另一方面要克服文化传统和自身人格中妨碍现代社会进步和自我解放的因素，以高度的"自觉"和"自信"不断地强化自身的道德自律精神和对自我的超越，在社会发展变化和时代变迁中不断地塑造理想人格，这样才能引领大学生形成理性审视和分析、选择价值观念的意识和能力，最终学会如何建立一个系统的价值观。

（2）积累丰富的情感体验，提升教师的人格精神。

近几年，随着人们对知性论教育的批判性思考，体验逐渐成为一种教育学话语，它是人在亲历中直接将对象融入自己的生命意识之中，用自己的整个生命去参悟和体会，最终在"体验之思"中完成意义的澄清、情感的升华和对世界及自我的理解和超越。人如果失落了体验，也就失落了一半的人性，其必然的结果是人的情感需要遭到压抑，人的精神境界难以提升，人的生命创造活力不能发挥。为此，高校思想政治理论课教师应积极投身教育实践，通过具体的教育实践活动感受到自己的人格魅力所带来的教育成功，不断地积累这种情感体验，会对情感的发展产生导向作用，使不自觉的情感体验成为有意识的心理感受，不仅能够感受到自己内在的情感和向往，而且能够感受到他人的精神世界，和他人发生情感的共鸣，实现教师与学生双向体验生命运动的过程，从而体验到自我存在的价值，不断在认识和行动上丰富和提升人格精神。

3. 用心上好每一堂课是情感教育的基础

思想政治理论课教师在每节课前，必须认真钻研教材，掌握教材，找准教材与学生思想上的共鸣点，通过自己的情感去领会、掌握教材中的知识，把握教材的情感脉搏，再满怀激情地展开教学。每一名教师和他的学生们之间都会形成一定的"情感场"，这种"情感场"形成于教师与学生见面的第一堂课，是以教师为中心，由于情感引发对课堂产生的心理反应在师生之间形成的一种场，它虽然没有形态、没有质量，却具有力和能的效应。师生之间和谐、稳定的"情感场"有助于达到良好的教学的效果。要知道，教师在课堂教学中的一言一行、一举一动都会影响学生的情绪、情感，所以作为思想政治理论课教师，上好每一堂课，尤其是第一堂课、构建好"情感场"至关重要。试想一下，当和蔼可亲、面带微笑的教师走进教室，站上讲台，亲切地向学生问好的时候，学生怎能不期待这堂课的内容呢？

4. 接纳学生、爱护学生、欣赏学生是情感教育的核心

教师要俯下身子，彻底地接纳学生、爱护学生、欣赏学生。在师生关系中，教师起着主导作用，只要教师爱护学生、尊重学生，注重与学生进行情感沟通，关注学生思维和接受能力，循循善诱，就能拉近和学生之间的距离，建立融洽协调的师生关系。

5. 优美的语言、精炼的表达是情感教育的工具

雨果曾经说过："语言是力量。"优美的语言可以更加生动地表达美好的情感、锤炼语句、提升表达是思想政治理论课老师的必修课。清晰、流畅的表述、声情并茂的演绎，能更好地唤起想象、开拓思维、加深认识、引起共鸣，使学生专注于课堂，轻松愉快地学习，从而达到提高思想政治理论课教学质量的目的。

情感教育突出的是一个"人"字，对大学生的情感教育就是对大学生情感智能的开发，帮助学生建立对良好道德行为的正确判断，指导学生把真、善、美作为行动的指针，激发学生追求高尚的热情，并形成助人为乐、追求文明、抑恶扬善等内在的情感性道德素质，增强学生的道德感和责任感。高校思想政治理论课教师应以德立身，注重自身对德行的践履，依靠自身高尚的道德威信来感召大学生，不但可以使理论的现实性得到直接的体现，而且有利于建立起教育者的权威。思想政治理论课教师应该不断追求"四真"，即"真知、真懂、真信、真讲"，真诚地传播马克思主义真理，把对马列主义终生不变的信仰渗透到工作生活中，树立"为学、为人、为师"的道德风范，以感染学生。

（四）师生共同成长

和谐的师生关系是实现教师与学生共同成长的伦理与心理条件。和谐的师生关系是指教师与学生之间所显现的平衡与协调的状态，这种平衡与有序体现为师生双方在心理认知上对双方的关系具有共同的价值判断（彼此有认同感）；在情

感上能够相融（彼此在情感上接近）；在行为上能够相互协调。

近年来，校园中师生关系紧张的状况出现在各级各类学校中，尤其是在高等学校中，学生与教师的对立有的甚至到了白热化的程度。媒体所披露出来的涉及高校教师的一些丑闻，不仅直接导致高校教师社会形象的降低，更是加剧了社会舆论对高校教师的批评与不满。教师与学生之间那种纯洁的关系已渐渐远离我们，剩下的是涌动在高校教师与学生的关系在表面的维系之下互相不信任的暗流，它侵蚀着双方的心灵，使教师与学生成为熟悉的陌生人。因此，师德修养并不单纯是一个教师在教育教学活动中所体现出来的遵守职业道德规范的水平和状态的问题，它更是一个教师世界观、人生观、价值观的综合反映，集中体现了教师的人生追求——做一个什么样的教师，它也是教师学术研究、为人处事、教育教学等方面人格与道德品质的感性显现。那么，如何缓和教师与学生之间的对立倾向呢？我们认为应该做到以下几点：

1. 教师须具备关爱与理解学生的良好品性

心理学家罗森塔尔和雅各布森表明：期望值的行为结果通常趋向于期望者的心理预期。换言之，便是被信任具备成功潜力的人更有可能获得成功，而不被看好的人通常碌碌无为。这一结论也称之为期望效应。将期望效应应用于教学工作当中，便需要教师具备关爱与理解学生的良好品性。在具备了这方面的能力后，便能够起到鼓舞学生、激励学生的作用，使学生从心底里感受到教师的魅力所在。同时，关爱与理解学生也为师生之间搭建了交流与沟通的良好桥梁，也是让师生之间关系变得更为和谐的基础，教师通过言传身教，让学生在潜移默化中接受自己，认可自己。而且通过关爱学生，让学生感受到温暖；通过理解学生，让学生感受到教师并不是只注重学生的学习成绩。在这种情况下，师生之间的关系便能够更加融洽，进一步使师生共同成长、共同进步。

2. 树立全新的教学观念，尊重学生的个性发展

在教学过程中，教师可以结合教材内容及学生的实际情况，采取有针对性的教学措施，比如情境教学法、多媒体辅助教学法及项目教学法等。当然，除了这些教学方法之外，教育活动还可以通过分析、讨论等过程由学生与教师共同确定，以使教学任务能够高效地完成，进一步为教学目标的完成提供依据。除此之外，在实施教学过程中，教师还应该坚持"以生为本"的教学理念，需要尊重学生的个性发展，以使学生感受到教师的尊重，同时也起到使学生全面发展的效果。并且在进行学生评教的过程中，学生也应该秉着公平客观的精神，这样才能进一步改善师生关系。

3. 教师不断提升自身的素养

教师作为教学工作的主体部分，自身素养的提高显得极为重要。同时，教师

自身素养得到有效提升，才能够为营造良好的师生关系奠定良机。因此，基于教育目标，教师便需要做好学生的教育工作，使学生具备严谨的科学态度，培养学生良好的个性，促进学生全面发展。在教育评价方面，不能将各科学习成绩作为评价一个学生是否优秀的唯一标准，还需要综合学生的德、智、体、美、劳等多项情况，以使学生认同并满意教师的各项工作。除此之外，教师还需要积极参加各类活动及相关培训，以使自身素质得到全面提升，并将在培训过程中所收获的知识充分应用到教育工作当中去，以检验自身的能力及综合素养。

综上所述，师生之间保持和谐关系，实现师生共同成长在教育过程中显得极为重要。然而，这是一项较为系统的工作，不可能一蹴而就，需要从多方面完善，相信做好以上这些，师生之间将能够不断地共同成长、共同进步，进而为我国教育事业的发展起到推波助澜的作用。

第五章

以心育人： 立德树人工作的基石

提高大学生的心理素质，培养大学生的健康人格，是一个社会性的系统工程。前教育部周济部长曾撰文指出："要重视并加强心理健康教育，帮助大学生处理好成长过程中的各种具体问题。"心理健康教育是高校大德育教育的有机组成部分，也是民办高职院校德育教育的重要内容。大学生心理健康教育重在建设，立足教育，放眼成才。因此，对大学生维护心理健康，提高道德素质，培养身心健康、德才兼备的21世纪合格人格，对于我们推动高校教育改革的发展，对于提高全民族素质，促进社会文明进步、和谐发展有着更好的理论意义和实践意义。我院在构建"一体五化"民办高职院校立德树人工作长效机制中，用"美"的春雨滋润学生的心灵，通过心理健康教育课程、个体咨询与团体辅导以及心理疾病的诊断、治疗和转介为主的三级教育模式，形成"以课堂讲授为主体，有机结合案例教学、心理影片、成长性作业、心理情景剧、心理拓展训练、网络辅导等6种辅助教学方法"的"1+6多元教学法"，以推进高职院校心理健康教育工作科学化建设，增强学校德育工作的针对性和实效性。

一、学校心理健康教育在德育工作中的地位和作用

大学生的很多问题不是思想问题、道德问题，而是认知问题、心理问题。大学生在社会生活中是一个独特的群体。他们承受着来自家庭、学校、社会各个方面的期望和压力，如果处理不当，就会引发心理问题。所以，在育人为本、德育为先，把立德树人作为根本任务的工作方针指导下，高职院校在进一步加强和改进大学生思想政治教育的同时，还普遍开展了心理健康教育相应活动及课堂教学，并使二者可以互相配合、互相渗透，以心理健康教育促进德育、以心理健康教育打动学生的内心，使学生在体验中感悟德育，以提高德育的实效性，从而使德育的各项工作能得以顺利展开，弥补现有教育模式的不足。

（一）在德育工作中开展心理健康教育的必要性

进入 21 世纪以来，我国高等职业教育迅速发展。但是，当前高等职业院校心理健康教育的状况与迅速发展的高等职业教育不相适应，尤其是在没有开设心理学专业的院校，心理健康教育更应加强。

1. 加强心理健康教育是高职院校德育工作的要求

《中共中央关于进一步加强和改进学校德育工作的若干意见》中明确指出，"德育工作要与关心指导学生的学习、生活相结合"，"通过各种方式对不同年龄层次的学生进行心理健康教育和指导，帮助学生提高心理素质，完善人格，增强承受挫折、适应环境的能力"。这是在分析学校德育工作面临的新形势和新问题后，党中央对新形势下德育工作提出的新要求。为了适应这一要求，做好高校德育工作，一方面要充分认识心理健康教育在德育工作中的意义，另一方面要正确掌握心理健康教育在德育工作中的运用。

2. 加强高职院校心理健康教育在德育工作中的运用是新时期社会和个人发展的需求

当前，我国社会多元化的经济发展模式正使个体的价值取向由一元化转向多元化，原有的价值观和道德观受到了严峻的挑战，加上各种思潮的跌宕起伏，形成了新的社会环境，极大地影响了高职院校学生的心理发展。从高职院校学生的主体看，他们处于青年期，有蓬勃的朝气，健康向上，有着良好的身心和人格基础，普遍关注自身的全面发展，期望发掘自身潜能成长成才。由于高职教育受社会认同度的影响，而高职院校学生作为当代大学生中一个特殊的群体，他们又承受着比其他大学生更大的心理压力。此外不少学生同时还存在就业、人际关系、经济条件等方面的问题，出现了不同程度的自卑、抑郁、焦虑、偏执等心理现象，有的学生甚至出现了较为严重的心理问题和精神疾病。因此，高职院校德育工作中加强心理健康教育有很强的必要性和现实意义。

（二）在德育工作中开展心理健康教育的意义

心理健康教育与德育是两种不同性质的教育，尽管它们同属于广义道德教育的重要组成部分，是教育事业的一部分，但都有着各自的独立性，二者之间在历史背景、理论基础、侧重点、内涵、具体的运用方法等方面存在明显的差异。

尽管心理健康教育与德育二者间有着明显的差异，但它们之间也存在着密切的关联，二者是相互作用、相辅相成的。首先，心理健康教育与德育在总目标上是一致的，对象都是学生，基本职能都是育人，都是帮助学生解决问题，都是围绕认识、情感、意志、行为四个层次开展工作，都是以培养全面发展的高素质人才为目的。其次，内容上相互交叉，工作方式上密不可分，教育途径上互相促进，两者都需要课程教育、学科渗透、校园环境、学校配合等来实施，以及二者都必须遵循一些共同的教育规律，如先进的教育观念、新型的师生关系、坚持教育性与实践性相结合、坚持以正面引导为主，学校、家庭、社会三者协同开展等。

心理健康教育与德育的一致性或交叉重叠性，使得在当前重视德育工作的氛围下开展心理健康教育活动成为现实。但二者又自成体系，在目标层次、功能作用、内容体系、方法手段、评价方式等方面存在一些区别，两者之间相对独立，不能相互隶属也不能相互代替，两者是并列存在的关系。循着这一思路，我们可以通过心理健康教育来促进德育工作的开展。

1. 心理健康教育有利于实现德育目标

概而言之，心理健康教育的主要目的是提高学生心理素质，培养学生乐观的态度与向上的品质，从而提高自身潜能。德育的目的是按社会要求，将学生塑造成一个好的公民，二者之间相互依存、相互作用。德育目标的实现首先依赖于正确的认识、良好的情感、坚强的意志，需要学生的自觉内化。进行德育教育必须遵循学生的身心发展规律和社会发展的要求。传统的德育教育强调社会的规范化要求，忽略了对学生心理发展需要的满足，忽略了社会的外在要求与学生心理发展的内在需要相结合，忽略了学生情感的转化。在社会多元化的经济发展模式下，学生的心理在不断地变化，其已经形成的德育要义在不断受到冲击。因此，高职院校加强心理健康教育是顺应时代的要求，是对德育工作的目标和内容的不断扩充和完善。

2. 心理健康教育有利于强化德育效果

心理健康教育是学校德育工作的基础层次，它为有效地实施政治教育、思想教育、道德教育提供了心理基础。通过心理健康教育可以提高学生的自我认知、自我调节、应对挫折的能力，培养学生健全的人格。如果没有这些基础的教育，德育工作就很难收到成效。因为传统的高职德育教育模式比较注重社会需求，片面地追求社会规范的要求，从而忽略了受教育者的内心需求，这样产生的严重后果是任课教师、班主任、辅导员讲的学生不听；学生想听的，任课教师、班主任、辅导员不讲。在道德的认识与行为的全部活动中，心理都起到参与作用。所以，学校心理健康教育不能只关注个人的心理需要，还要关注个人的心理是否平衡，进而激发学生的自信心，也只有这样做才能够增强学生的自尊心和荣誉感，提升他们个人的价值感和成就感。因此，高职院校将心理健康教育应用于德育工作中，会使德育工作更加贴近学生内心深处，直接影响着德育工作的效果。

3．心理健康教育有利于完善传统的德育教学内容

心理健康教育与德育的内容应该是"我中有你，你中有我"的关系，即整个教育内容包括德育教育的同时还要包括心理健康教育，从而使二者能够有机地结合起来。因此，在心理健康教育和德育中要以人为本，以人为核心，做到人与自然、人与社会、人与自我等方面的和谐，突破德育、心理健康教育各自为政的传统模式，坚持统一性、整体性，"以心育德"，达到同构共建的效果。

4．心理健康教育有利于改变传统的德育教学模式

传统德育教育属于以传输型的教育模式来提高学生的认识，方法比较简单、学生非常被动；教育者和被教育者双方地位不对等，学生容易产生逆反心理。心理健康教育主要采用宣泄、疏导、共同探讨等方法解决问题，采用学生容易接受的方式。这样，教育者不再高高在上，而是以朋友身份与学生进行交流，使他们放下包袱；学生也比较乐意接受老师的辅导和建议，使学校德育教育工作的实效得到提高。因此，在现实的教学过程中，可以将心理健康教育的相关内容作为德育工作的内涵进行适当延伸，使德育工作者在关注学生思想行为规范的同时，树立以学生为中心的教学理念，重视学生的心理需要，让学生在德育活动中通过多种方式进行互动沟通来实现全面发展。

5．心理健康教育有利于改善德育的评价方式

道德教育的目的是根据社会的需求，将一个受教育者塑造成为一个国家的好公民，未来的合格建设者、接班人。而心理健康教育的目的是从个体自身未来的幸福出发，使个体能够更好地适应社会要求，使自身的潜能得到充分发挥，从而获得安全感、满足感、成就感、自豪感等等。因此，道德教育评价学生的标准往往是用社会共同的品德、行为标准做参照，而心理健康教育往往用对学生个体的价值，"心理状态是否健康，是否积极，对自己未来的发展是否有利等等"来评价。学生更会感受到明显的理解和关心，因而容易接受教师的引导。

心理健康教育与德育的辩证关系决定了它们之间互相联系、互相制约的关系，两者最终必然会走到一起，在实际工作中，无论是心理辅导与咨询中价值参与的临床实践，还是德育工作渗透心理健康教育的改革实践，都已表明了一个事实，德育工作中心理健康教育的分量不可少。

二、学校心理健康教育开展的现状

当前，学校心理健康教育主要是基于当前的教育系统在不同阶段的学校期间实施，以满足在一定程度上的心理健康教育目标的要求。但学生心理健康发展是一个不断内化的动态过程，既有阶段性又有连续性。心理健康教育在学校对学生

所发挥的作用不能仅通过问题行为的矫正达到教育效果，更不能只通过几次活动的开展或者在学科教学中渗透心理保健知识而达到理想的教育效果，它应当是在全部教育之中通过潜移默化的方式渗透。因为它可以是一种价值理念，以标示我们的教育塑造健康的人格；它也可以是一种行动原则，以衡量我们采取的每一个教育行为是否有利于青少年的心理健康；它还可以是一种情感氛围，以体验教育的心理环境是否安全、自由和宽松。

（一）各学段心理健康教育存在衔接的问题

基于对心理健康教育重要地位的正确认识，近年来许多学校的心理健康教育工作有了很大程度的改进，各个教育单位能对心理健康教育准确定位。但是综观心理健康教育工作的实际，很容易发现学校教育中存在着各阶段心理健康教育衔接性不强（或不合理）的普遍现象。各个学段之间存在着结合不紧密、缺位现象，心理健康教育目标缺乏层次性，课程内容在很大程度上不能突出心理健康教育的渐进性和系统性，严重脱离了心理健康教育对象身心发展的客观实际，影响了大、中、小学心理健康教育实效性的正常发挥。

1. 心理健康教育目标缺乏系统性

我国现在小学、中学、大学都会开展心理健康教育工作，但是在教育目标上普遍存在倒置、脱节、简单重复等现象。《中小学心理健康教育指导纲要（2012年修订）》《普通高等学校大学生心理健康教育工作实施纲要（试行）》等中共中央及相关职能部门颁布施行的文件中，在细则上并没有过多地强调各学段心理健康教育知识的衔接，没有整体规划心理健康教育的教学及工作大纲，在教育目标上更没有提出要分层递进，一步一步地做到教学内容上的整合，从而致使心理健康教育的目标不能达到正常的标准，日常工作中要开展心理健康教育活动的保障条件和措施不到位。

学校心理健康教育的基本方法，主要是通过心理健康教育课程、个体咨询与团体辅导以及心理疾病的诊断、治疗和转介为主的三级教育模式。目前，心理健康教育能够在学校教育中占有一席之地，是因为人们认识到了心理健康疾病方面的危害性，家长和学校教育工作者开始关注心理有缺陷的个体，把关注的焦点都集中在心理疾病上，所以不管是心理健康教育课程，还是学校心理咨询与辅导，都只是有针对性地指向了教育对象中已有或比较容易出现的心理疾病和存在心理疾病的小部分群体，价值取向上的积极心理学与心理健康取向的学校心理健康教育背道而驰，病态心理成为精神疾病的预防和治疗，这势必就会导致学校心理健康教育在教育教学的内容、形式和渠道以及教育施行者和承受者等方面，其主旨都与心理健康教育的总体目标和基本原则有所偏颇，导致学校心理健康的局限性教育一直只停留在表面上，难于深入和扩展，使得实效性和发展受到一定程度上的限制。①

2．心理健康教育目标和主题缺乏一致性

心理健康教育是一个系统工程，理论知识古今中外，通过历史、现代的实践和未来的展望，评价范围包括目标、内容、方式、方法、管理、评价，是一个全方位的综合性学科，超越时空要素。这就势必要投入更多的人力、物力、财力来完成这个浩大的系统工程。然而，很长一段时间，大学只顾大学课程的修订和编写，同时中学教学改革也具有生机与活力，但是从未有大、中、小学心理健康教育专兼职教师一起讨论"如何构建心理健康教育系统工程"的时候。因此，我们从总体上看，心理健康教育在横向、纵向的内容建设方面，大、中、小学的衔接和知识内容都具有分离或脱节，没有建立完整的心理健康教育体系。

大、中、小学心理健康教育工作中，各阶段教育方式有自身的职能、工作目标和管理机构，相互间虽有沟通，却主要围绕各自的工作目标运行，没有相互衔接、协同、一致的心理健康教育工作目标和主题，尚未形成教育合力。因此，要构建一个相互衔接、补充、协同、配套的心理健康教育工作机制，必须研究和借鉴西方国家高校心理健康教育工作机制，找到适合我国大、中、小学心理健康教育工作实际的工作机制。

3．心理健康教育评价机制缺乏可行性

目前，学校心理健康教育工作还没有建立一套科学、简单、方便实用的评价体系，没有形成一个有效的机制来监督、检查、评价心理健康教育的质量。因此，在心理健康教育问题上，一些地区和学校存在"说起来重要，做起来次要，忙起来不要"的现象，且难以得到根本的改变。学校领导口头上的关注，而因为升学率的压力，减少心理健康的教育功能，心理健康教育评估实际上也只是为了应对各种检查，没有意识到人的全面发展中心理健康教育的重要作用，因此在非常重要的位置没有心理健康教育；许多教师付出多，回报少，社会上对心理学教师的贡献不理解，所以很多老师因为工作得不到肯定，没有成就感而纷纷跳槽、转行。由于评价体系不完善，"学习成绩高，特殊现象的挫折承受能力差"的学生越来越多，这种情况如果得不到有效解决，后果令人担忧。

4．心理健康教育形式化严重

心理健康教育与德育在教育目标、教学任务和实施方法方面存在着本质的区别。可是，在某些方面，心理健康教育存在着做表面文章、形式化的现象，主要在：一方面，有些学校虽然形式上建立了心理咨询机构，开设了心理健康教育或

---

① 曹新美，刘翔平．学校心理健康教育模式的反思与积极心理学取向［J］．教师教育研究，2006，18（3）：65～66．

素质课程，配备了心理健康教育相关教师，但是因为施教者本身教育理念的影响，往往使用传统意义上的教育理念和普通的德育工作方法来开展心理健康教育活动，同时学校对心理健康教育场所、教师及联系方式在宣传上的不力，导致心理咨询机构、心理健康教育或素质课程并没有发挥其真正的作用，心理咨询机构形同虚设，前来咨询的学生不多，心理咨询机构及课程的开设就变相地成为学校应付上级督导检查的"硬件"之一。而另外一方面则是把心理健康教育等同为德育，认为没有必要把心理健康教育作为一门学科单独开展，更有部分人士直接把心理问题等同为思想道德问题，可以通过传统的德育方式来解决问题，这就使得心理健康教育的地位极其尴尬。[①]

5. 教材研究和教育方式的不适性

从教育者来看，学校心理健康教育教师对教材研究较少，平时与学生交流的时间也相对较少，对学生的心理健康状况不了解，导致理论教育与学生实际的严重脱节。教学过程中不太注重教学方法，在向学生输入知识时也只是注重把知识全部塞给学生，不注重学生是否可以通过内省和反思性学习将教师教的理论知识全部转化为自己的知识，更多的是大而空的内容和一般的说教，这种强迫式教学是现代学生都不愿接受的。大、中、小学校均有心理健康教育必修或选修课，但老师经常只停留在一本书、一张嘴巴的原始阶段，照本宣科，这种灌输、"填鸭式"的教育形式，对于今天已具有较强的独立思考能力的学生来说，显然不能适用。另外，我们往往只重视在教育者一方的灌输，忽略了学生一方的内化，把学生当成一个可以随心所欲灌输各种道德观点、概念、准则和行为规范的容器，而不是一个自主自决的主体，无视学生在心理发展过程中的主体地位。因此，心理健康教学活动不应该只围绕完善学生的此时此刻或当下的心理困惑或问题，而应着眼于学生心理健康水平的整体提高和全面、和谐、自由的发展来开展，否则这样的教育只能是事倍功半。

（二）各学段心理健康教育的基本内容的衔接

关于什么是大、中、小学心理健康教育衔接与贯通这一问题，有学者认为大、中、小学心理健康教育衔接与贯通就是高一级学校心理健康教育要注意与低一级学校心理健康教育对接，因为高一级学校的新生都是由低一级学校来的，必须根据他们的心理发展状况确立高一级学校的心理健康教育，基于这一点，他们认为：目前大、中、小学心理健康教育衔接的问题就是高一级学校心理健康教育

① 俞国良，王永丽. 中小学心理健康教育：现状、问题与发展趋势［J］. 教育研究，2002（7），70～74.

为低一级学校心理健康教育"补课"的问题。相反，一些学者认为，大、中、小学心理健康教育做好衔接工作，只要处理好低一级学校和高一级学校间的心理健康教育的关系就可以了，因为低一级学校是为高一级学校输送学生的，因而主张低一级学校应参照高一级学校的教学及学生发展需要来安排好心理健康教育，学校心理健康教育衔接就是低一级学校与高一级学校的简单对口。

我们认为，不能把大、中、小学心理健康教育的内容衔接简单地理解为"前伸后延的关系"，不能仅根据目前的心理健康教育状况进行简单考虑。衔接对照标准应该是培养目标，出发点应该在他们的心理健康水平和条件的不同阶段，目的是使人才培养能继续，不要有任何断档和不同阶段的混乱局面产生。所以，学校心理健康教育的衔接"是指社会主义现代化的'四有'人才的心理健康教育课程的培训需求，学校有不同的任务，根据不同地区的实际水平和不同年龄段的任务要求和学生身心发展的特点和学生的实际水平，设置特定的教育内容，因材施教，循序渐进，并获得良好的分工与合作"①。

1. 小学阶段的心理健康教育教学内容

低年级心理健康教育的重点放在新的环境、新的集体和新的学习、生活的适应，学校、班级、学习生活环境和认知、学习的基本规律，以及教师与学生的交流应该有礼貌、谦虚与友好、好的学习习惯的培养和培训等以及安全感和归属感的获得上。中年级心理健康教育重点放在集体意识、自我学习能力、参与活动的自主性的培养，学习兴趣和探究精神、学习自信心的培养与激发，社会不同角色的树立及相互间的适应与转换，开朗、合群、自立的健康人格的塑造，善于在情绪情感方面进行表达，不同事情所带来乐趣的体验，时间管理意识的有效培养，正确处理好学习与娱乐和其他利益之间的矛盾的方法习得。高年级心理健康教育重点放在学生优缺点和兴趣爱好的平衡处理，悦纳自我，随着交际圈的扩大应该学会妥善处理与异性同学朋友间的关系，正确对待学习过程中的困难以防止产生厌学的负面情绪，循序渐进地开展青春期知识的培训、亲社会行为的培养以及正确处理自己与社会、国家和世界的关系，对待学习保持着一颗"胜不骄，败不馁"的正确态度，端正学习动机等内容上，为初中阶段的学习生涯做好准备。②

2. 初中阶段的心理健康教育教学内容

初中生年龄阶段分布在十一二岁至十四五岁，即由童年向青年的过渡阶段的青春期，男女生第二性征开始出现，但心理的发展跟不上生理的发展，容易出现半幼稚与半成熟、独立性与依赖性、自觉性与幼稚性错综矛盾的心理发展，这种

① 教育部（教基—〔2012〕15号）. 中小学心理健康教育指导纲要（2012年修订）. 2012.
② 教育部（教基—〔2012〕15号）. 中小学心理健康教育指导纲要（2012年修订）. 2012.

生理成熟和心理成熟的"异时性"使他们处于一种"边缘人"的不稳定状态，为此应加强其青春期生理、心理特征的认识，帮助其客观评价自我，更好地认识自我，从而为更好地适应学习环境和新的要求，树立正确的学习观念，提高学生的学习方法和学习效率，远离厌学，着手进行职业生涯规划，树立早期的职业发展目标，进行自我提升，如升学的方向性选择；与身边的人积极沟通，控制与异性交往的分寸，能够很好地表达自己的情绪感受及体验，对自己的不良情绪进行有效管理，从而拥有良好的人际关系，更好地适应社会生活中的种种变化，拥有较强的抗挫折与失败的能力。①

3. 高中阶段的心理健康教育教学内容

在个人评价方面，让其从生理与心理结合方面更好地认识自我，在认识自我的同时更好地认识现实，从而树立远大的理想和信念，能够对世界和国家以及自己的人生和价值进行更好地认识，培养担当意识和社会责任感；在学习行为方面，让其逐渐掌握学习方法与策略，能轻松自如地应对各项考试，具有自我动手能力和培养创新精神与创新能力，进行升学就业的选择和准备的训练；在人际交往方面，让其能够正确处理自己与周边师生的关系，积极扩大自己的人际交往圈子，与异性同伴交往不会感到困难，能够很好地区分友谊与爱情，具备良好的人际沟通能力，促进人际间的积极情感反应和体验；在个人成长方面，让其能够很好地认识成长过程中的失败与挫折，进而提高承受失败和抗挫折的能力，拥有良好的意志品质，确立自己的职业志向，培养职业道德意识。②

4. 高等学校的心理健康教育教学内容

在大一新生中加强入学后的新环境适应的调适，以使新生能迅速地从中学生到大学生实现角色的转变与适应；在大二、三的学生中开展心理健康教育工作，则是以让他们基本了解心理保健的基础知识，掌握心理调适技能为要。通过心理调适技能的掌握，使学生能够处理好学业、人际关系、朋友恋人、自身成长间的关系；在大四即将毕业的学生中做好就业指导工作，进行职业倾向测评，让他们在走上工作岗位之前能更好地了解自己，以更好地在工作岗位上一展所长。并且在日常工作过程中，可结合大学生中存在的较为普遍且集中的心理困扰开展专题教育，重点关注贫困生这类特殊群体的心理疏导。③

在我国，学校心理健康教育是一个统一的整体，由小学、中学、大学和该系统的其他部分组成，包括心理健康教育的目标、内容、途径、方法、管理和其他

---

① 教育部（教基一〔2012〕15 号）. 中小学心理健康教育指导纲要（2012 年修订）. 2012.
② 教育部（教基一〔2012〕15 号）. 中小学心理健康教育指导纲要（2012 年修订）. 2012.
③ 教育部，卫生部，共青团中央（教社政〔2005〕1 号）. 关于进一步加强和改进大学生心理健康教育的意见. 2005.

元素的系统评价。提高心理健康教育的教育水平，提炼心理健康教育重点内容，优化心理健康教育的途径和方法，对心理健康教育评价管理的合理使用，都要结合不同年龄段学生的生理和心理特点以及认知能力和发展水平的不同，从浅到深、从低到高、从感性到理性、从具体到抽象，逐步提高。

三、学校心理健康教育工作有序开展的保障条件

大、中、小学的心理健康教育必须互相衔接起来，做到不同学习阶段心理健康教育的侧重点不一样，既要衔接又不至于累赘；在心理健康教育对象本身的基础上，充分使用外部资源，做到有计划、有步骤、分阶段、分层次地实施心理健康教育，通过在整个教育体系中突出心理健康教育的途径，以达到心理健康教育在学校所能起到的实效性作用。

（一）构建心理档案信息化管理体系

为了加强和提高对学校心理健康教育活动的成效，学校心理健康教育工作者需要采取各种手段和方法，及时了解学生的需要和心理发展特点，以及各种问题的表现，始终注意在成长过程中遇到的学生特性，准确把握学生付出的努力和取得的进步，及时评价学生的优点和缺点的反馈，并帮助学生完成相同的任务。[①] 心理档案信息化管理体系的建立是一种及时、全面了解和评估学生心理成长变化的有效方式。

心理档案是用来记录个体在参与社会活动过程中的所产生的心理活动状况，是可以评判、推测和调节控制个体心理行为变化的一种管理系统。[②] 心理档案记录的信息有：心理测验、个体的心理发展的动态特性、心理咨询记录等，心理健康教育从业人员将这些数据按一定的规则排列组合，可以构成一个内部联系制度，反映学生在学校期间的整体精神面貌。借助这些为全部学生建立的心理健康方面的档案信息，学校可以更好地展开心理健康教育工作。

学生心理档案的内容非常多，归纳总结后可以分成两个大类：一是学生自身的家庭背景等资料，二是学生参与学校开展心理健康教育工作所得结果的相关资料。其中有关学生自身的资料可以分为三大部分，主要有学生家庭背景、心理测试结果以及参与心理健康教育（包括心理咨询与辅导）活动记录。[③]

---

① 雒焕国. 成长记录袋在学校心理健康教育中的运用 [J]. 心理论坛，2012（5）：56～58.
② 党玉健. 建立警察档案必要性思考 [J]. 云南警官学院学报，2010（5）：80～82.
③ 王书荃. 临床心理、健康心理与学校心理健康教育 [M]. 兰州：甘肃人民出版社，2006.164.

1. 学生背景资料

学生的背景资料是影响学生心理发展的基本信息，主要包括一些背景信息，这些数据可以让心理健康教育教师对学生的心理、造成学生心理问题的成因作出正确的诊断。主要有学生基本信息、生理健康状况、家庭生活环境、社区生活环境、在校学习生活情况、重大社会生活事件等。

2. 心理测试结果

心理测试结果记录学生参加心理测试类型、场所、日期、时间、测量者和报告者、结果、分析和建议，是能反映学生心理健康和心理特征的数据。主要包括教育知识现状及建议、个性特征、心理健康咨询和培训策略和教育策略的心理分析、职业指导倾向类型、教学策略等的分析。

3. 心理健康教育活动记录

心理健康教育活动记录是指学生主动地参与各项心理健康教育活动所得出的结果资料，主要包括教师针对学生的各种心理与行为障碍提供的心理咨询与辅导的个案记录、心理健康教育的暂时性登记及评价。通过系统、客观清楚的个案记录，学校心理健康教育教师可以详细分析咨询过程及明确咨询成效，为教学及科研提供案例参考与借鉴。

在建立和收集整理学生心理档案过程中，应该结合学校及学生的实际情况，注重心理档案的信息化管理，在学生的学籍中加入心理健康档案的资料，加强心理健康档案的信息化与动态化的计算机管理，让心理档案与学籍一样在大、中、小各阶段学校心育过程发挥真正重要的作用。

（二）制定心理健康教育专家督导评估制度，以评促建

美国将评估学校心理健康教育视为非常重要的工作，经常研究和鉴定心理健康教育的辅导方法和测试检验技术，以实现对学生的有效辅导，使学生达到不断完善自我的目标。美国联邦政府在1957年颁布了《国防教育法》，强调学校必须为了进行指导和评估计划的实施。即使在经济条件不理想的情况下，削减预算案下降，绩效责任的要求已被推到了突出的位置，但是只要有辅导项目使用了经费，就必须设定相应的标准进行评估，检测辅导计划的有效性。

目前，咨询评估虽然有一些不确定的因素存在，如在定量的评价上，很难准确计算心理健康教育工作者的工作时间，因为他们不仅在正规的工作时间开展心理健康教育工作，下班后及晚上、周末和节假日等业余时间也会投入工作之中，因此难以精准地计算其工作时间。在定性评估方面，不管是开展个案辅导还是小组的团体辅导，其获得预期的效果需花费多少时间也难以确定。虽然如此，美国依然把把学校心理健康教育工作的评估建设看得非常重要，并且确立了专门而系

统的工作评估模式。

在教育教学方面，评价部门可以决定一项工作的成功和长期发展。尽管国家有指导纲要和相关的文件以确保各级各类学校的心理健康教育工作能够得以开展，但对评价各级教育行政单位和学校落实此项工作的情况没有一个行之有效的体系，这就导致该项工作的落实行动缓慢，进展速度不符合实际情况，收效甚微。由此可见，评价体系不完善，严重滞后于当前发展，是影响学校心理健康教育向前发展的因素之一。

因此，不论是主管部门，还是学校这个层面，都应当结合当地地情和学校校情，加快速度出台一个有利于促使学校心理健康教育向前发展的评估督导体系，让基层的学校和广大教师可以把心理健康教育和文化课一视同仁，在这种情况下，心理健康教育工作的成效将会更大，更能取得长效机制，这将在一定程度上保障学校心理健康教育的可持续发展。

心理健康教育为学生的成长提供了重要的保障，在培养良好的个性品质方面具有杰出的表现，促使其养成良好的习惯，激发智力潜能、内在动机，提升心理适应能力，保持心理健康。因此，学校必须依据学年、学期和具体时间的活动制定出长远的心理健康教育工作计划，以此作为学校开展心理健康教育工作的指向，确保心理健康教育工作有专人负责，在学校督导评估指标体系中加入心理健康教育这一项因子，并定期或不定期地对自己学校进行心理健康教育工作的开展状况进行督导检查，以使学校心理健康教育能够更深入地开展活动。

四、高职院校开展心理健康教育的有效途径

《教育部　卫生部　共青团中央关于进一步加强和改进大学生心理健康教育的意见》提出，大学生心理健康教育要坚持五大基本原则，即坚持心理健康教育与思想教育相结合、坚持普及教育与个别咨询相结合、坚持课堂教育与课外活动相结合、坚持教育与自我教育相结合、坚持解决心理问题与解决实际问题相结合。根据高职高专院校的特点，借鉴国内外学校心理健康教育的做法，高职院校心理健康教育工作模式仍需进行科学化改进。

（一）创设良好的心理健康教育环境

随着教育改革的不断推进，教育工作者越来越认识到学生心理健康的重要性。学生心理的健康发展不仅需要专门的健康教育，还有赖于整个教育环境的优化。当前学生心理健康问题的存在有其深刻的社会根源，教育方面存在的很多问题则是更为直接的原因，也就是说，学生心理发展所处的是一个亚健康的教育环境。

学校不仅要针对学生在不同年龄阶段必然会产生的心理问题进行教育、辅导，还应为学生心理健康发展创造良好的育人环境，这就要求在学科教育、各项教育活动、德育和辅导员工作中渗透心理健康教育，学校的全体教职工都应注重学生的心理健康教育，成为心理健康教育的实施者。以学生发展为核心，不断克服应试教育带来的负面影响，改革传统的教学模式，突出高职高专教育的实践性，充分利用好学校各种宣传文化阵地，开展丰富多彩、生动活泼、健康向上的校园文化活动，形成良好的人文环境，陶冶学生的情操，在校园内形成一种积极向上的心理氛围，使学生在环境的潜移默化中培养良好的心理品质和健全人格。

（二）建立高素质的心理健康教育教师队伍

心理健康教育作为一门新兴的学科，也有自己的学科方法和要求，这与传统思想政治教育的学科方法和要求还是存在一定出入的。许多学校不重视心理健康教育，对非心理专业的老师培训后就对学生施行他们所谓的心理咨询，往往是一些思想教育或简单说教，没有心理学知识。它不仅不能解决学生的心理困惑，也使其他学生有误解的心理，时间长了，学校心理健康教育成为摆设。

因此，学校心理健康教育的成功经验是让教师的专业素养得到保证。联合国教科文组织认为教师要从事心理健康教育的教学工作，其获得的资格和参加的培训应符合以下三点要求：教师资格证书、五年以上教学经验以及系统完成了相关的心理学课程学习。因为心理学在我国高职院校出现不久，这项工作需要很长的时间，而心理健康教育又是一项专业性很强的工作，一个专业的教师团队的建立需要通过多种渠道实现职业教育和培训体系的构建，要推进这项工作向科学化和规范化发展，必须建设一支训练有素、掌握相关专业知识与技能的专业化师资队伍。应将心理健康教育教师的培训工作纳入学校教师培训计划。加强对专职、兼职心理健康教育教师的心理辅导课程培训，努力提高他们的知识水平和业务素质，使高职院校学生心理健康教育工作更加科学化，高职院校心理健康教育教师队伍更加充实。

落到实处地说，各级学校应该从学校校长、党委书记，全体教职员工及学生实现全员参与，充分利用学校学科门类齐全、专家学者荟萃的有利条件，整合优势资源，将有深厚的理论知识又有丰富的实践经验的老师、教授组织起来，组成具有不同学术背景、不同研究方向、专业互补、结构合理的心理健康教育工作专家队伍，为心理健康教育工作提供顾问指导、案例督导、课堂教学、专题讲座、培训骨干、心理咨询、活动组织等方面的指导和帮助，实现心理健康教育工作协力联动，更能够主动、深入地了解心理健康教育工作，以此营造更加温馨、和谐的校园氛围。

（三）在各学科中形成心理健康教育知识的渗透式教学

心理健康教育应该把培养学生良好的心理素质作为首要的工作任务，并且通过工作的开展消除学生的不良情绪，培养学生的积极情绪，因此，心理健康教育与其他学科教育的关系是密不可分的。换个说法就是，心理健康教育的知识、理念可以被整合、渗透并且融入任何一门学科的教学中去，使其他学科教育的心理健康教育作用落到实处。[①]

个人健康发展的基本素质——个性心理品质健康和健全，它必须得到各种学科的帮助协调和全面发展，而不是由一个课程来实现。因此，在开设心理健康教育相关的课程显得必要的同时，所有科任教师在各科教学中，尤其是在德育、智育、体育的教学过程中，要求教师了解学生，掌握学生的智力和非智力水平，根据学生的实际接受和学校心理健康教育的目标、内容，通过教材的处理与挖掘、教学活动的设计、创设良好的课堂心理环境与课堂管理、指导学生开展研究性学习、学习困难生的个别教育等内容的结合，努力创设民主、和谐的教学氛围，建立教师与学生之间的和谐互动，注重学生心理情感的培养，提升学生积极的情感素质，从而对学生塑造良好的人格和心理。[②]

由此可见，在各学科的教学活动中，科任教师的人格魅力、学术素养、处理事情的态度严谨与否、与人相处时是否情绪情感常处于一个平衡状态而拥有较好的人际关系等都可以潜移默化地影响着学生的个人成长，这些因素都可以归结为心理健康教育知识的部分，教师的言传身教远胜过书本理论知识来得实际，再结合心理健康教育对学生开展的个体辅导，让学生能够更加积极地学习，和谐地与周围的师生及亲人、朋友相处。学生的主体性在各学科中得以体现，保证素质教育更好地实施。

（四）坚持课堂教育与课外活动相结合

课堂教学是向学生传授理论知识的重要渠道，在课堂上教师可以帮助学生掌握学习方法、技巧，因此课堂教学的主要任务也就是为了促进学生发展。现代心理学认为，只有让学生在课堂教学活动中占据着和教师一样的主体地位，参与学习机制的推广，才能使得学生在教学活动中的主体性得到充分的发展，进而促使他们的意志力、交往能力、情绪情感、自我观念、自我控制能力等得到充分的发展。

但是由于社会上诸多因素的干扰，学生越来越注重自我个性的发展，追求的

---

① 王书荃. 临床心理、健康心理与学校心理健康教育［M］. 兰州：甘肃人民出版社，2006. 182.
② 李百珍. 中小学生心理健康教育［M］. 北京：科学普及出版社，2002. 95～98.

是个性的独特性。从教育的视野来看，课堂教学有时难以传授学生所需的全部知识，而且课堂教学存在的一个不足之处就是学生参与的主体性不能够得以体现，也与当下国家强调的素质教育的要求相违背，因此，为更好地加强素质教育，大、中、小学校应该加强课堂教育和课外活动相结合。

课外活动，顾名思义，是通过课堂以外的教学让学生的主体性得以彰显，也可以更好地阐释理论知识的内涵。比如，在心理健康教育人际关系中讲授与人合作的理论知识时，教师可以通过团体辅导、素质拓展训练等方式更好地阐释如何与人沟通、如何加强团队的协作等。因此课堂教学与课外活动的有效结合，既能向学生传授理论知识，又可以陶冶学生的情操、磨炼学生的意志，使心理健康教育工作的开展做到事半功倍。

五、坚持"以学生发展为本"的教育理念，开辟心理帮扶工作新途径

（一）建立社会支持系统，维护校园、家庭、社会和谐稳定

对青少年的心理健康教育开展工作不能仅靠学校的科任老师、辅导员或者一个职能部门来完成，因为对青少年进行心理健康教育是一个系统工程，它需要学校、家庭和整个社会共同努力，一起抵制社会上各种非主流观念的侵蚀和蔓延，为学生的健康成才提供良好的环境与和谐的氛围。因此需要建立学校—家庭—社会—个体心理健康教育信息交流模式，共筑"学校—班级—宿舍（无住宿生，此项略过）—家庭"社会支持系统，以保障心理健康教育体系的有效衔接。

1. 学校心理健康教育机构网络化模式的构建

学校心理健康教育教师应通过各种形式获得学校教师和学生的信息，并根据接收的不同层次的需求，组织、存储信息，传达给相应的接收机构。由于学生的生活环境主要是学校和家庭，因此，应加强学校、家庭、社会联动，加强对普通学校和家庭的指导，共同促进学生身心健康发展。

学校教育教学工作包括了心理健康教育与咨询工作，这项工作的有效开展需要得到各部门的配合和支持，主要有学生处、教务处、团委等。在此基础上，建立起以"学生、辅导员—心理健康教育从业教师、德育主任—分管校长、社会专业机构"为主线，高效快速联动的"三级预警系统"，从不同层面、角度和通道展开工作，实现学校能够在学生心理健康教育工作中所有与该工作有关的人员充分参与的整体优化。

心理学老师要根据不同年级、不同性别、不同年龄等的学生设计出相应的个别心理辅导和团体心理辅导方案：低年级侧重于日常生活指导、入学适应性教育和学习指导；中年级则侧重于学生生涯规划、人际关系、学习和情绪情感的指

导；高年级则侧重于辅导求职和升学、考试等。并且要与辅导员老师加强配合度，让学生在班集体中实现苗壮成长，从而达到双赢的效果。并且可以结合学生实际情况和社会热点话题灵活有针对性地设计开展专题讲座、团体辅导、心灵鸡汤、心理情景剧等活动，收集整理学生对这些活动的反馈意见，以更加有效地开展学校心理健康教育工作。

2. 学校—家庭—社会—个体四级网络支持系统的共筑

家庭是个体社会化、与人建立亲密关系的基本单位，也是孩子的第一所学校，学生的心理和言行与家庭的氛围及父母的教养方式息息相关。在心理健康教育与咨询工作中，很多问题学生的异常心理和言行，在追根溯源的情况下，其缘由都可以归结为某些直接或间接的家庭教养方式和家庭关系的不贴切。而错误、扭曲的家庭教养方式则更容易严重危害孩子的身心健康。

但现实是，由于入学率抑制学校和家长的沟通，更多的是由于部分封闭的教育体系的干扰，在心理健康教育中的家校合作是存在困难的。调查显示，即使在意识层面上，一些父母能够意识到心理健康教育的重要性，但在行动上往往缺乏参与和跟进，反复推诿、逃避责任，认为心理健康教育是学校单方面的唯一的责任。甚至有些家长认为学校要求参与该活动是学校无能和推卸责任，缺乏了参与的能力和动力，或没有欲望和勇气去参加活动。即便如此，一些学校仍然在不断努力，通过家访、家长会、建立家校联系卡、设立家庭课堂及家长学校、成立家委会等形式，对学生心理健康教育工作起到带头示范作用，以此带动家长的积极性。同时，为了提升家长对学校心理健康教育工作的支持，学校应该在心理健康教育的专业性方面给家长提供指导和加强，以做到家庭和学校共同为学生的心理健康出谋划策，学生、家长、教师、学校得到共同成长。

在教育方面，学校、家庭、社区可以构筑成为一个不可分割的整体，通过学校、家庭、社区的协同创新、共同努力，逐步建立起以学校德育为主体、家庭德育为导体、社会德育为共同体的"三体并立"的立体型架构，把握他们之间的联系，加强心理健康教育，在避免孤军奋战的悲惨情况下，通力合作，有效地、系统地充分参与。因为家庭结构、父母管教方式、家庭环境、亲子沟通状况对个体的发展与成长起着举足轻重的作用，学校的管理和教学、学校物理环境和校园心理环境、教师的认知和行为对学生了解社会、发展自我和人格、培养合乎角色的社会行为模式起着重要的作用。除此之外，社会的文化背景、社区环境、社会风气和学习生活环境等因素对个体的心理健康均能产生影响。因此，应加强学校、家庭、社区、个体间的交流与沟通，构建学校、家庭、社区、个体四位一体的心理健康教育网络，通过学校心理健康服务体系来支撑社区和家庭的心理健康教育。

（二）关注学生特殊群体，建立心理健康教育援助和预警机制

社会经济的发展，高职院校的不断扩招，为更多的学生提供了进入高职院校学习的机会，同时也使大学校园里学生特殊群体的人数不断增多。学生特殊群体是指高校大学生群体内的部分由于各种特殊原因形成相似行为特征、心理特征等的非正式群体，该群体主要包括学习有压力、经济有困难、心理有障碍、行为有过错的四类学生（以下统称学生特殊群体）。这部分学生具有某些相近的心理和个性倾向，表现为多疑、敏感、自卑感强、性格孤僻、思想保守，并且对事物认识偏激、对集体活动不感兴趣、孤芳自赏等。他们承受压力的能力差，看似平常的小事也极易造成思想上的包袱，从而形成心理问题的高发人群。对于思想教育工作而言，面对这些学生特殊群体显然不能仅仅依靠普通的、常规的教育手段和教育方法，否则非但不能起到思想政治教育应有的作用，还会对学生的思想状况造成负面影响。为了有效地预防和纠正不良倾向，帮助这部分学生特殊群体重返学习、生活常态，我们建立了心理健康教育预警和援助机制，加强学生抵御外界风险的能力，深化了心理健康教育与思想政治教育。

预警和援助就是事先发出警报，采取支援和帮助加以预防。毛泽东在《论持久战》中指出，没有事先的计划和准备，就不能获得战争的胜利。军事斗争如此，思想政治工作、心理健康教育工作也应如此。学生特殊群体预警和援助机制是学校针对学生将要发生和可能发生的思想问题和行为偏向进行预测防范，主动实施援助的方法。它是指在学校、院系、辅导员和学生之间建立多方沟通与协作机制，借助学校心理管理系统，对学生特殊群体进行全方位、多层次监控并实施有效帮助的教育管理手段。该机制由学工处、各院系负责人、辅导员、班级心理健康委员、宿舍心理哨兵组成心理健康教育"快速反应部队"，开展活动于校园各个现实与虚拟空间，做到哪里有问题，心理健康教育、思想政治教育就做到哪里。

当学生特殊群体出现各种倾向时，及时反馈信息，采取一系列控制行为，以期有效预防、处理和消除危险苗头，这就是预警与援助机制的运行。它包括预警指标和援助预案的确定，预警信息的收集，划分警情等级，确定预警界限，发布预警指示，实施援助等环节构成。高校学生特殊群体预警与援助机制的组织结构和总体运行模式相互关联，它涵盖了学生在校学习生活的各个领域，范围广泛。

1. 心理有障碍学生的帮扶工作方法

心理有障碍的学生是指刚入学时经过心理测试出现问题，并由心理咨询师组织确认心理存在一定障碍的学生。目前，大学生面临着适应压力、学业压力、经济压力、情感压力和就业压力等现实问题，在身心发育尚未完全成熟的情况下，

这些问题会导致他们强烈的心理冲突，产生心理困惑。他们往往心理素质薄弱，承受不了巨大的心理压力和学习、生活中的各种打击，承受不了较大的挫折和失败，对周围事物很敏感，非常在意别人对自己的评价和认同，一旦理想与现实有很大差距，往往表现得比较忧郁、失落、悲伤、精神压抑，最终导致心理畸形，形成心理障碍，有的甚至走极端。

针对该学生群体，我们会进行接触沟通、理解倾听和关心支持，帮助其疏泄情绪、澄清问题、寻找原因、调整认知，协助解决实际问题为主，并在必要时推荐其寻求专业的心理咨询。有心理障碍的学生，特别是高危个体，如果不接受治疗，正常在校生活和学习都很困难，对学业乃至周围人群都会造成重大的影响。

2. 学习有压力学生的帮扶工作方法

学习有压力的学生群体是指学习上存在一定障碍或困难，不能达到国家规定学业所应达到的基本要求，仅靠自己一时难以完成必要的学习任务，需要通过有针对性的教育教学措施给予帮助和矫治的学生。其成因各有不同，主要包括：因地域差异导致学习基础差；因学习能力低，适应力不强，导致自我管理意识较差；因对专业不感兴趣，产生厌学情绪；因学习方法不当，不能适应大学的自主学习；因经济困难、心理障碍等原因导致学习成绩较差。

对于学习有压力的学生群体的帮扶，要深入了解其问题形成的原因，针对各自情况开展不同形式和不同层次的帮助。

（1）了解压力原因，解开压力困扰。针对因社会、家庭因素造成的学习困难学生群体，要进行深入了解和积极关注，帮助其解决实际困难，同时开展思想政治教育，鼓励其形成积极健康的世界观、价值观和良好的心理品质。

（2）加强心理疏导，提升心理品质。以促进全面发展为根本，提升学习有压力的学生的心理品质。学习有压力的学生群体的心理特点是：自身缺乏自律性，意志力薄弱，厌学心理异常严重，竞争能力相对较弱，有低人一等的自卑心理，思想负担过重，心理压力大。因此在日常教育中要多鼓励这些学生，增强其自信心和意志力。

（3）改善学习方法，提高学习效率。对学习有压力的学生群体开展学习心理辅导，教授学习方法和自我管理方法，引导他们明确学习目标，端正学习态度，学会合理安排和利用时间，提高自身的学习效率。对于掌握专业基础知识和基本技能有困难的学生，专业教师要采取有力措施增强教学吸引力，激发学生的学习兴趣，提升学习的自觉性、积极性、主动性和创造性。

3. 经济有困难学生的帮扶工作方法

经济有困难学生群体一般是指家庭人均收入低于当地最低生活标准，无力支付学费的学生。如家庭无劳动力、子女多、突遭不幸变故、人均收入低微等情况。

该群体由于经济上的压力，形成了自强、自尊与自卑并存的心理特点：一部分人敢于面对困难，个性独立，学习勤奋，生活简朴且成绩优秀，但是处事比较谨慎敏感，怕被人看不起，易产生焦虑和自卑感，常把自己封闭起来，思想和行为比较懈怠；一些则因为生活和学业的压力，人际交往出现障碍，自我意识不良，急于求成导致思想负担过重，情绪孤独抑郁，心理脆弱以至出现心理问题。

因此，我们应做到：

（1）建立、健全资助体系。建立科学有效的经济困难界定标准，努力完善现有的"贷、勤、奖、助、补、减、免"的资助体系，内引外联，依靠社会力量，拓宽资助渠道，扩大资助受益面与资助额度，帮助在校经济困难学生顺利完成学业。

（2）开展、深化心理疏导。做好经济困难学生群体的心理疏导，引导他们自立、自强、自尊、自爱，树立艰苦奋斗的良好作风。学校心理教师、学院辅导员要专门开设专题咨询、专题讲座，通过个别咨询和团体辅导等形式，激发该群体学生的内驱力，帮助其摆脱自卑和自闭心理，树立信心，正确看待经济贫困，达到经济与心理的双重脱贫。

4. 行为有过错学生的帮扶工作方法

学生违纪的根本原因是学生个体发展中的心理和认识问题。违纪学生在出现违纪行为时都存在异常心理，这样的心理属于消极机制，也可看作一种违纪动机。学生违纪的心理类型概括起来主要有侥幸心理、随意心理、逆反心理、攀比心理、自满心理和障碍心理等，要根据不同个体的自身特点来进行教育和引导。

（1）开展思想政治教育活动。学生思想政治教育必须遵循理论联系实际、说服与民主相结合、提高思想认识和关心学生实际问题相结合、表扬与批评相结合、身教与言教相结合。

（2）开设心理健康教育课程。借助心理健康教育课程，帮助学生了解心理健康方面的必要知识，了解自己的问题所在以及解决问题的方法，培养大学生健康的心理品质，增强自我完善的能力，避免因冲动或心理障碍引起的违纪违法行为。

（3）夯实心理疏通引导工作。做好违纪学生的心理疏导工作。大多数学生违纪后都背有心理负担，愧疚感、自卑感相互交织。要及时对其进行心理引导，帮助他恢复自信，建立正确的自我意识，明确发展方向，提高心理品质，完善自身素质。

（4）创建良好校园文化环境。教书育人，加强管理，创建良好的校园文化环境。教师不断加强和改善教风，树立严谨的治学态度，从政治上、思想上、品德上培养引导学生，坚持育人先育德。加强学生管理，对自我约束能力较差的学生起到抑制作用。创建良好的校园文化环境，为大学生的成长提供重要的精神环境和心理氛围。

心理危机是把双刃剑，虽然包含着危险，却也意味着机遇。四类学生群体的心理危机预警与援助机制的研究，有助于高职院校学生思想政治教育工作者准确把握学生特殊群体的心理发展状况，及时发现产生心理危机的学生，并进行有效干预和疏导，从而帮助四类学生群体抓住成长的契机，顺利渡过心理危机，经过了危机的洗礼，四类学生群体能从中获得经验，发展自我。

同样，对于高职院校而言，学生特殊群体的预警与援助体系是一项长期而又复杂的系统工程，需要全校各个部门的通力协作，在统一领导下有计划、有层次的实施。帮助学生解决一次学业危机、心理危机或违纪危机只是一个开始，要真正使学生化危机为机遇，从危机中得到警示，从危机中得到成长，还需要后续的跟踪教育。这不仅是对预警与援助效果的保证，也是促进大学生思想政治素质提高的需要。

（三）营造和谐成长氛围，拓宽交流渠道，筑起心理健康教育育人平台

中央对大学生心理健康教育工作提出了很高的要求，2004 年 8 月《中共中央国务院关于进一步加强和改进大学生思想政治教育的意见》指出："要重视心理健康教育，根据大学生的身心发展特点和教育规律，注重培养大学生良好的心理品质和自尊、自爱、自律、自强的优良品格，增强大学生克服困难、经受考验、承受挫折的能力。"因此，高职院校应该将心理健康教育融入日常教学、管理、教育、服务等工作中，为学生营造良好的心理教育文化氛围，帮助大学生树立心理健康意识，优化心理品质，促进德智体美等方面全面发展。

1. 构筑宣传平台，形成良好的教育氛围

学校在开展心理健康教育过程中，充分利用了电视、广播、网络、校报、橱窗、板报等宣传渠道为心理健康教育工作服务，定期在广播里播报心理健康相关知识，在橱窗展出心理健康知识专题，在校报上开辟心理专栏，创办一个专业性、互动性强的心理咨询专题网站，网站设有心理前沿、心理学堂、情感驿站、案例解析、心理图音、心海测试等栏目，学生通过网站可随时了解到心理学的前沿信息，可与素不相识的心理学老师进行对话，也可在网上宣泄苦闷。通过网络提高了心理健康教育工作者的工作效率，改变过去单一的交流模式，并能及时发现个别同学的心理健康问题。

2. 构筑教育平台，营造温馨的心灵家园

学校为更好地普及心理健康教育知识，开设了心理健康教育相关的课程，比如，"大学生心理健康教育""性心理健康""职业生涯规划发展""幸福人生""人际关系"等有关学生心理健康与人生发展的课程，将心理健康教育渗透到教育

教学体系和过程中，形成了"以课堂讲授为主体，有机结合案例教学、心理影片、成长性作业、心理情景剧、心理拓展训练、网络辅导等6种辅助教学方法"的"1+6多元教学法"，重视课程的实践性教学环节，将心理测试与心理辅导相结合，面上教育与点上关注相结合，个体咨询和团体辅导相结合，日常辅导与危机干预相结合，通过互动体验式的教学，来提高学生的心理素质，增强运用心理学理论解决实际心理问题的能力，强化德育与心育的融合。

（1）课程讲授。课程讲授是教学活动的主要方式。教育部《关于以就业为导向深化高等职业教育改革的若干意见》（教育〔2004〕1号）提出了高等职业教育的培养目标是："高等职业教育应以服务为宗旨，以就业为导向，培养面向生产、建设、管理、服务第一线需要的'下得去、留得住、用得上'、实践能力强、具有良好职业道德的高技能人才。"为此，我们在教学过程中模仿、借鉴德国职业教育中开展的行动导向教学法，在运用启发式教学的前提下，系统地讲解传授心理健康知识和心理调适技能。

（2）案例教学。选取大学生的典型心理个案，进行技术处理后，以课堂上进行案例分析教学，指导学生运用心理学理论去解决实际生活中的问题。

（3）心理影片赏析。为学生精选一些经典的心理学电影，作为教学辅助资料，播放后组织学生讨论，并予以讲解。通过影片的再现与分析，引导学生的心灵感悟。

（4）成长性作业。我们在教研室活动时，召集老师结合生活、工作、学习过程中常用的心理健康知识拟出相关成长性作业，这就一改照搬书本的理论作业，着力于启发学生探索自我、完善自我，在完成作业的同时实现心理成长。

（5）心理情景剧表演。模拟大学生日常生活和学习中的特定场景，通过学生亲身进行角色扮演的方式，从而加深对他人和自我心理状态的认识。

（6）心理拓展训练。心理拓展训练是"先行后知"的体验式教学方式，让学生在愉快、积极的参与中，通过亲身参与来挖掘自身的潜能，提高心理素质。

（7）网络辅导。通过学生心理健康网站——"心灵驿站"，实现教学资源的师生共享。在"心灵驿站"心理网站上，学生可以留言，教师会及时回复，进一步实现师生间的沟通和互动。

除了开设心理健康教育系列课程宣传心理健康知识，学校在每年"5·25"全国大学生心理健康日都会举办心理健康知识讲座、心理电影展播、心理漫画展、心理主题班会、心理剧汇演、心理素质拓展训练等活动，宣传"自爱、自尊、自制、自强、积极、健康、和谐、向上"，提倡热爱自己、接纳自己、发现自己、超越自己。每年的活动形式不断推陈出新，学生参与人数逐年上升。通过心理健康教育宣传活动，指导学生了解心理健康知识，切实做到了为学生排忧解难，帮助学生缓解了来自学习、生活和就业等方面的压力，消除了心理困惑，磨炼战胜困难、砥砺奋进的良好心理品质，提高了心理健康素质。

3. 构筑咨询平台，适时开展心理援助

学校建立健全了心理咨询制度，规范了心理咨询操作，使心理咨询工作既符合心理咨询的专业规范，也符合学校人才培养的教育规律，充分发挥心理咨询服务的专业功能。积极推进有条件的院系设立比较标准的心理辅导室，方便学生及时咨询。结合新生心理普查结果和毕业生就业指导，适时开设专题性团体辅导，解决一些共性的问题。

4. 构筑互助平台，让学生在分享和分担中成长

学校成立了心理健康教育工作的群众组织——大学生心理协会，由一些思想素质好、专业素养好、愿意宣传心理健康知识、热心帮助同学的学生组成，并且心理健康教育与咨询中心要定期对协会成员进行培训，使其在心理健康教育工作中起到了三个方面的作用：第一，作为"同辈咨询者"，对主动需要心理援助的大学生进行心理咨询、心理互助热线、心理信箱、心理剧的扮演等心理服务工作；第二，作为学生心理健康状况信息源，支持并指导需要心理援助的大学生接受咨询，并将阶段性情况向心理健康教育与咨询中心老师汇报，使他们及时掌握学生的心理状况，为制订工作方案、确立工作目标提供依据；第三，作为心理健康教育的学生骨干，参与并协助心理健康教育与咨询中心开展多种形式的心理教育活动，并在其指导下，组织开展以大学生心理健康为专题的普及教育和宣传工作，发挥同学的互助与自助，为更好地营造良好的校园心理健康教育氛围作出贡献，成为沟通、联系广大学生与心理健康教育工作者、学校有关部门的桥梁和纽带，为及时发现和处理问题提供了条件，从而减少学生心理问题的发生。

心理协会的学生要协助心理咨询老师为学校学生进行团体心理辅导与咨询，举行"心理沙龙"和"心理电影"等多种形式的自助、助人活动。同时，心理协会的学生还要在老师的指导下阅读大量的心理学书刊，以便更好地为广大同学服务。良好的校园文化氛围可以培养大学生广泛的兴趣爱好，同时促进他们之间的心理沟通与相互帮助，增强他们的归属感与安全感，从而达到淡化自卑感、培养自尊、缓解心理压力、优化心理素质的目的。

总之，心理因素是影响学生成长成才的重要因素，只有关注学生的心理健康教育，师生共同努力，才能达到预期效果。因此，在高职高专院校将心理健康教育纳入到德育工作之中，注意学生的心理导向，培养他们的心理品质，完善他们的人格，从深层次和发展取向上看，不仅可以进一步增强学校德育工作的针对性和实效性，也是全面推进素质教育的需要。

第六章

以文化人： 立德树人工作的精髓

　　书院是中国古代传统文化遗产中的瑰宝，是近千年以来中国传统文化传承的一个重要平台，其对培育古代人才与发展学术作出了重要贡献。我院在批判地继承古代书院的自由独立、兼容并包的人文精神和重德育、主"力行"的文化传统的基础上，根据新时期大学文化创新的时代要求，开展"品雅女子书院"和"汇雅女子书院"建设工程项目，注重打造融党建与思想政治教育、学生宿舍管理、文化建设活动为一体的"三位一体"学生社区书院化党建工作新载体（以下简称"三位一体"党建载体），把党建先进文化基因注入其中，与传统优秀文化交融，通过"以德育人、以文化人"，弘扬主旋律，以先进文化引领书院文化，让所有女大学生都认识到书院文化建设对其自身成长的重要性，使她们积极参与塑造积极向上的书院文化，增强学生宿舍的文雅化与活力，帮助女大学生开阔视野，陶冶情操，全面塑造大学生完美人格，为大学生提供自我教育、自我管理和自主发展的文化教育平台，在创先争优活动中实现党建与思想政治教育升级、学生管理升级、文化活动升级，进而培育"知行合一、德才兼备"的社会主义建设者和接班人。

一、中国传统书院文化精神的传承

　　在中国古代教育史上，中国传统书院以其独特的教育形式，兼具以德润身、以文化人的使命，践行智慧与知识传承，学术与思想创新争鸣的责任，吸收中华民族千年的教育思想精华，创造了中国古代教育的繁荣与辉煌。虽然在社会前行的轨迹中，中国古代书院随着历史的演进或改制成学堂，或被废止消失，渐渐地淹没在历史的滚滚尘烟之中。但是，书院为中华民族教育发展所作出的独特贡献、所汇聚的深厚广博的文化精神并没有随之终结，反而影响至今。近几十年来中华大地"书院热"的兴起，尤其是在高校文化建设中书院制的设立，为传承中国传统书院文化精神，推动高校教育改革，促进新时期大学生快乐学习、健康成长、精神成人创建了广阔的文化平台。

（一）中国传统书院文化历史演进的屐痕

始于唐、盛于宋、延续于元、普及于明清时期的中国书院，数千年以来，培养了一批又一批成就斐然的文化英才，创造了辉煌灿烂的学术思想文化与书院建筑文化。诚如湖南大学岳麓书院院长朱汉民教授所说，书院作为中国古代教育发展到一定历史阶段的独具特色的学校形式，"以传道济世、兼容并蓄、自由讲学为特征，形成了中国古代教育史上一种极具特色的制度"，担当着培养人才、传承文化、弘扬学术的重任，延续着中华民族文化的血脉，成为知识分子们求知问学、回溯中华文明历史演进屐痕、追随中华文明嬗变步履，探寻中华民族伟大复兴道路的精神家园。

书院教育是中国封建社会特有的教育方式。据专家考证，中国古代书院起始于唐开元六年（718），兴盛于宋代，最初主要是私人读书治学之所。至唐朝中叶（唐玄宗开元年间）官方最早在长安和洛阳创建丽正书院和聚贤书院，随即在全国各地风景名胜之地兴起创办书院之风。"我国古代的书院种类颇多，主要有家族书院、乡村书院、皇族书院、少数民族书院、侨民书院、华侨书院、教会书院、县级书院、州级书院、府级书院、道极书院、省级书院、御书院等。"① 书院主要有官办和私人办学以及官办民助等形式。府（州）办的书院招收府（州）属各县已入学的生员继续深造，学成应参加乡试。此为府（州）官办教育性质。而县级书院，则分为两种形式，由官办者称之为"义学"，由民间乡族所办者称之为"社学"，招收适龄生徒入学，学生应"童试"，即参加秀才考试。此为民办教育性质。宋朝是中国书院文化的昌隆时期，仅北宋时期书院就有数千所之多。其中，有中国古代四大书院之称的白鹿洞书院、岳麓书院、应天府（睢阳）书院和嵩阳书院，以其历史悠久、影响广大、人才辈出，成为世人称道的书院的典范。著名的还有石鼓书院、茅山书院、华林书院等。元代以后，社学一般被纳入官办范围。惠州府属书院及各县书院之设，起始于南宋绍兴二年（1132）。是年，博罗县主簿罗从彦以县内 13 个渡口的税收为办学经费，创设钓鳌书院于今龙溪镇罗公圩。此后，各县公私立书院相继开办。仅以中国古代著名的四大书院和惠州的丰湖书院为例举：

1. 白鹿洞书院

白鹿洞书院位于江西庐山五老峰下星子县白鹿镇，原为唐代李渤与其兄李涉

---

① 朱为鸿，李炳全. 大学文化视域的书院制理论建构［M］. 北京：高等教育出版社，2013. 67.

隐居读书之处。因李渤驯养一只白鹿出入跟随，故人称之为白鹿先生。南唐时洞建学馆，称之为"白鹿洞国痒"，以李善道为洞主。北宋期间，孙琛就故址建学馆十间，榜曰：白鹿洞之书堂。至南宋时期，著名的理学家、教育家朱熹受命修复白鹿洞书院，亲任洞主，广泛征集图书，四处聘请名师、广集生徒，亲自讲学，并亲自拟定了《白鹿洞书院教条》，又名《朱子教条》，作为院中师生共同遵守的学规，这是书院制度化的重要标志。从南宋到清朝，这一学规为大多数书院和官学所共同遵守。条规中强调了纲常礼教，以及学问思辨，指出了修身、处事、做人的原则。提出"五教"之纲目："父子有亲、君臣有义、夫妇有别、长幼有序、朋友有信"；探究学习道理之顺序："博学之、审问之，慎思之，明辨之，笃行之"，即广博地学习，审慎地发问，谨慎地思考，明晰地分辨，诚实地践行，即要求学生按学、问、思、辨的"为学之序"去"穷理"、"笃行"；修身之要义：言忠信、行笃敬、惩忿窒欲、迁善改过；处事之要义：正其义不谋其利，明其道不计其功；接物之要义：己所不欲，勿施于人。行有不得，反求诸己。《白鹿洞书院教条》体现了朱熹以"格物、致知、诚意、正心、修身、齐家、治国、平天下"等一套儒家经典为基础的教育思想，是教育史上最早的教育规章制度之一。《白鹿洞书院教条》既是书院精神的象征，后来也成为天下书院共同遵守的准则，即使在当代，亦有高校将其作为校训，足见其影响之深远。而至此，白鹿洞书院达到了它的鼎盛时期，被誉为"海内书院第一""天下书院之首"，为封建社会培养出一批批人才。

2. 岳麓书院

岳麓书院位于湖南长沙岳麓山下，是中国目前保存最完好的一座古代书院，自创立伊始，即以其办学和传播学术文化而闻名于世。北宋开宝九年（976），朱洞以尚书出任潭州太守，在岳麓山抱黄洞下创建了岳麓书院，到南宋的乾道年间（1165—1173）达到鼎盛时期。两宋之交，岳麓书院惨遭战火焚毁，"兵革灰尽，什一仅存"。乾道元年（1165）湖南安抚使知潭州刘珙重建岳麓书院，聘著名教育家、理学家，湖湘文化创始人之一张栻主教岳麓书院。张栻主教期间，集湖湘学派之大成，开湖湘文化报国尚武、经世致用、包容并蓄、敢为人先的湖湘精神之先河。在教学方面，提出"循序渐进""博约相须""学思并进""知行互发""慎思审择"等原则。在学术研究方面，强调"传道""求仁""率性立命"。在培养人才方面，提倡注重学生的操行培养，反对科举利禄之学，主张办学应以"成就人才，以传道济民"为出发点，为社会培养经国济世的人才。正因如此，当时一批优秀的经世之才如吴猎、赵方、游九言、陈琦等脱颖而出。

乾道三年（1167），南宋另一大理学家朱熹专程造访岳麓书院，与张栻举行了驰名天下的"朱张会讲"，吸引众多听讲者，形成"一时舆马之众，饮池水立润"盛况。南宋绍熙五年（1194），朱熹第二次来到潭州，任湖南安抚使，重振岳麓书院雄风，并将《白鹿洞书院教条》颁行于岳麓书院，以贯彻他的办学方针和教学思想，成为岳麓书院最早的正式学规，岳麓书院再次进入繁盛时期，使岳麓书院有"潇湘洙泗"之誉。湖湘学派多数学者在岳麓书院学习过。至清代，岳麓书院培养出诸如王夫之、贺长龄、贺熙龄、陶澍、魏源、左宗棠、罗泽南、胡林翼、曾国藩、郭嵩涛、李元度、刘长佑、沈荩、杨昌济等著名的湖湘学者。书院改为学堂以后，更有大批爱国志士如唐才常、黄兴、陈天华以及邓中夏、蔡和森等都来求学于此。1916年夏，毛泽东也曾来岳麓山游学，以后又数次在此寓居。诚如岳麓书院门联所云："惟楚有材，于斯为盛。"

3．应天府（睢阳）书院

应天府书院又称睢阳书院，原址位于河南省商丘市城南，其前身称之为南都学舍，最初为戚同文讲学之地，由五代后晋杨悫所创，并列中国四大书院之一，历来人才辈出。由于靖康国难时金兵入侵（1126）的战乱纷纷，中原陷落，中国书院教育中心渐渐南移，应天府书院受战乱之毁渐趋没落，虽有历朝"乐于教育"的人士几经修缮，但终未能成功，今天应天府书院只剩下残存的建筑，供人瞻仰。应天府书院历经北宋一百余年而不衰，养成人才为多，培养出诸如宗度、许骧、陈象舆、高象先、郭成范、王砺等历朝台阁重臣的著名人物，著名文学家晏殊亦曾出任应天知府。尤其是北宋政权开科取士，应天府书院人才辈出，百余名学子在科举中及第的竟多达五六十人。文人、士子不远千里而至宋州（今商丘）求学者络绎不绝，出现了"远近学者皆归之"的盛况，应天书院也成为一个学术文化交流与教育中心。北宋著名的思想家、政治家、文学家范仲淹，也成才于应天府书院，成婚于应天府，并曾主持应天书院。大中祥符二年（1009），应天书院因得到宋真宗的赞许赐匾额为"应天府书院"，从而在宋代文化史上占有重要的地位。

范仲淹于天圣六年（1028）掌教应天府书院。在主持应天府书院时，择生只有品德和学业上的基本要求，没有年龄、身份和地域的限制，生徒来源广泛，院生可以随意流动；学者来自不同学派，各自不同的政治主张时而引起辩论，学术气氛浓厚。学院的基本课程是儒家经典《诗》《书》《礼》《易》《乐》和《春秋》。明确了具有时代意义的匡扶"道统"的书院教育宗旨，确立了培养"以天下为己任"之士大夫的新型人才培育模式；人才培养主张"教以经济之业，取以经济之才"，在"经济之才"的总要求下培养专业人才。范仲淹提出的"精贡举、择官长"等十项改革主张，一改当时崇尚辞赋的浮浅学风，重经义、重时务、重实际，提倡实地考察，学以致用，即所谓"明体达用"，由此推动了宋初学术以及书院学风朝经世致用方面的转变。在他提出的"为学之序"中，学、问、思、辨四者也是最后落实到"行"上。尤其是范仲淹吟诵出的"先天下之忧而忧，后天下之乐而乐"千古名句，更成为无数仁人志士用以自勉一生的座右铭，至今仍是激发人们的爱国情怀、激励人们的社会责任感、推动人们奋发向上的精神力量。

4. 嵩阳书院

因坐落于河南省嵩山之阳而得名的嵩阳书院，创建于北魏孝文帝太和八年（484），时称嵩阳寺，隋炀帝大业年间（605—618），更名为嵩阳观。宋仁宗景祐二年（1035），名为嵩阳书院，以后一直是历代名人讲授经典的教育场所，是中州教育史上一颗璀璨的明珠，在中国教育发展史上占有重要的一页。因宋代理学的"洛学"创始人程颢、程颐兄弟都曾在嵩阳书院讲学而成为宋代理学的发源地之一。嵩阳书院经过近千年的衡读发展，彰显出其既是教育教学的机关，又是学术研究的机关的特点，实行教育教学与学术研究相结合；注重以学生个人读书钻研为主，注意启发学生的思维能力；实行"门户开放"，有教无类，不受地域限制；师生关系融洽，感情深厚。相传号称"二程"的程颐、程颢在嵩阳书院讲学十余年，对学生一团和气，平易近人，讲学鲜感，通俗易懂，宣道劝仪，循循善诱，学生虚来实归，皆都获益，有"如沐春风"之感。据记载，先后在嵩阳书院讲学的有范仲淹、司马光、程颢、程颐、杨时、朱熹、李纲、范纯仁等二十四人，书院的名师，不仅以渊博的知训教育学生，而且以自己高尚品德气节感染学生。司马光的巨著《资治通鉴》第 9 卷至 21 卷就是在嵩阳书院和崇福宫完成的。正是因为拥有得天独厚的师资条件，嵩阳书院成为了北宋影响最大的书院之一，并永远载入史册。

嵩阳书院亦因其独特的儒学教育建筑性质，被称为研究中国古代书院建筑、教育制度以及儒家文化的"标本"。2010 年 8 月 1 日，联合国教科文组织正式将嵩阳书院等登封一批建筑列为非物质文化遗产。

5. 丰湖书院

惠阳是惠州府属书院之始，可追溯到南宋淳祐四年（1244），由惠州太守赵汝驭主持创办的坐落于府城西南银岗岭的聚贤堂，又称"十二先生祠"。南宋宝祐二年（1254），惠州太守刘克纲筹款扩建聚贤堂，改名为丰湖书院。此后，丰湖书院时办时停，但均受到历代官府的重视，办学精神及办学效果已成为东江地区书院教育的重要标志，成为东江地区人才培养的最高学府。清康熙二十八年（1689），惠州知府王瑛在任职惠州知府期间，为推进东江地区文化教育的发展多有贡献，其中最突者当属重建丰湖书院。为了使丰湖书院办出效果，办出特色，王瑛采取了多项扶植、鼓励和保障措施。一是"聘师儒以主之，"即丰湖书院的教师由政府出面考核其学识、人品、才能之后聘请，但因丰湖书院并非官办性质的学宫，只具半官方性质，所以教师教学有一定自主性，有利于学术氛围、学习氛围的创新。二是丰湖书院采取扶助贫困学生就学的政策，即"生童贫而愿学者，听其执经就业，给以膏火之资。"这种办学、助学形式，有利更多人接受教育，各类有用人才的涌现也就有了必要的条件。三是多方捐措资金，如"买金龙镇等处田，岁收租五百余石"，又"置水口圩店房，岁收租四十余两"并制定出经费管理规章，做到合理使用，"支师生修脯而外，岁有盈余，稍为修葺书院点缀湖山之用"。王瑛本人作为官僚士大夫，在全力支持丰湖书院办学的同时，直接参与了丰湖书院的教学活动和相关的文化活动。"以政暇，课生童学业期间，因此登临啸咏。"尤其值得指出的是，王瑛将学校教育与社会教育理念融合于丰湖书院的办学过程。他将整治湖山作为振兴地方人文教育的重要举措来加以实施，如主持重修元妙观紫清阁，筑忆雪楼于府署旁，支持宋广业编纂《罗浮山志汇编》，为《岭南三大家诗选》作序，等等。王瑛在重办丰湖书院中的许多独特理念和采取的多种有效措施，很快获得效果，"比年以来，士之读书奋起以取科名者不乏其人。而远近宾朋，相与扁舟湖上，一唱一酬，篇什流传颇极一时之盛"①。重建后的丰湖书院，作为东江地区的最高学府，优良教风、学风的形成，尤其是文人学士相互交流的学术风气，自然影响到其他公、私立书院为主体的传统教育，在清前期和中期东江地区人才群体的生成过程中，发挥了重要的作用。

丰湖书院第二次重建于清嘉庆四年（1799），主持者是新任惠州知府伊秉绶。他在任职惠州知府期间，对东江地区文化教育事业给予了高度重视，多有建树。重建丰湖书院，是他在任期间的最大善政，深刻而又长久地影响了惠州的文化教育。伊秉绶之后，关注丰湖书院建设的还有两任惠州知府即罗含章和杨希铨。于清道光十一年（1831）出任惠州知府的杨希铨，则在大力推进惠州文化建设的过程中，对丰湖书院的办学给予了高度重视，最为突出者有两点：一是聘请名士顾椿、林兆龙、王赠芳等为丰湖书院主讲；二是多方募捐、购买图书资料，"五百八十九本，贮以二厨，置之澄观楼下，以便多士得翻阅焉"。丰湖书院由此成为岭南藏书颇多之地，为东江地区学人士子们提供了极为便利的学习、研究条件。丰湖书院两次重建的过程表明，官府对教育的重视，必然促进全社会对教育的关注和支持；丰湖书院作为东江地区的最高学府，自然成为人才培养重要基地，而且影响和促进社会各界对于公、私立书院的办学质量和成效，尤其在推进重教崇文社会风尚的深化方面，产生不可低估的作用。

综观中国古代书院的发展嬗变，其蕴含的内在文化精神，内在的文化遗产，形成独具特点的文化特色，凝聚成书院文化的精髓和灵魂。

---

① 惠州市惠城区地方志编纂委员会. 惠州志·艺文卷［M］，北京：中华书局，2004.126.

（二）中国古代书院涵育的深厚广博的文化精神

中国古代书院作为中国古代教育发展到一定历史阶段的独具特色的学校形式，涵育了深厚广博的文化精神，这种文化精神具体体现为：立德立人、德业并重、化育人才的价值追求；自由为学、自由钻研、严谨治学的学术风格；知行合一、学用一致、创新争鸣的践履理念。这种文化精神积淀为一种深厚的文化自觉，内化为书院文化的精髓和灵魂，养育着中华民族伟大的人文精神，不断提升中华民族伟大的人文素质，铸造了我国古代人才培养和学术发展的辉煌，汇聚成书院教育永远的精神动力，对当今教育尤其是高等教育仍具有深远而重大的启迪意义。

1. 立德立人、德业并重、化育人才的价值追求

党的十八大提出教育的根本是"立德树人"。习近平总书记指出"国无德不兴，人无德不立"。中华文明自古代开始，特别是几千年的封建社会，就非常注重人的道德素质发展，将人的道德修养与治理天下融合于一体，提出"修身、齐家、治国、平天下"，提倡做"立功、立德、立言"三不朽的完人。"修身"指的是通过对人文精神和人文素质的培养。"立德"指的是具有良好的思想品行。国的基础是人，人的根是道德，立国必先立人，立人必先立德，做人、做事都要以"德"为先。中国古代书院教育自始至终都表现出对于德行培养的高度重视，乃至把德行放在比学业更为重要的位置上来对待，以"化育人才"为己任，把德行修养、德行并重视为书院教育一以贯之的深层追求。书院学者们不仅以渊博的知训教育学生，而且以自己高尚品德气节感染学生。如范仲淹在执教于应天府书院时，亦把"德"说成是人性所固有的，经常教导学生要"从德"，而不能仅以科举仕进作为求学的最终目的。主张选拔人才要德才兼备，且首先注意德。他提议开设学校，委派专人管理，以儒家经典作为教学的内容，"敦之以诗书礼乐，辨之以文行忠信，必有良器，蔚为邦材"。范仲淹在母卒之后决然破除"守丧不言国事"的陈规，以"不以一心之戚，而忘天下之忧"的爱国情怀，写就了他的闪耀着激浊扬清、革故鼎新思想光芒的扛鼎之作《上执政书》。在奏章中，字里行间，浸透着他忧国忧民的赤子之情。他提出了以"请择郡守、举县令、斥游惰、去冗僭、遴选举、敦教育、举将才、保直臣、斥佞臣"为内容的改革方案，以"固邦本、厚民力、重名器、备戎狄、杜奸雄、明国听"为改革方针，以做到居安思危、防微杜渐，杜绝"黄钟毁弃，瓦釜雷鸣、谗人高张，贤士无名"的现象。根据有德有才的标准，范仲淹提出"固邦本"，关键是夯实国家之基，选好一县之长、一州之长，人尽其才，方能为民兴利除害，方可使国家如磐之安。提出"重名器"，即重视人才的培养，"明国听"，即保护敢说敢做、敢说真

话、敢于担当的人,对说假话、谄媚逢迎的人应退而不用。范仲淹为国家安危、人民利益慷慨谏言,而将自己的生命安危、个人前程置之度外的大无畏精神,体现了中国古代知识分子的高尚情操。

南宋时期,受命修复白鹿洞书院并亲任洞主的著名理学家、教育家朱熹,认为书院就是一个由学者引领从事学术研究以及涵养道德人格的场所,把书院办学的宗旨直接规定为以忠、孝、道、德育人和培养人。他在亲自拟定的《白鹿洞书院教条》中所说的"修身、处事、接物"之要,无不包含着涵养道德人格的意义和思想。著名教育家、理学家,湖湘文化创始人之一的张栻在主教岳麓书院期间,写出带纲领性的历史文献《岳麓书院记》。张栻在教学实践中贯彻了《岳麓书院记》中提出的办学方针和教育思想,把书院的教学和治国平天下的经世济民活动联系起来,以实现道德人格的教育和"得时行道,事业满天下"的经世济民人才的培养;把义利之辨的人格教育引为入门教育,反对科举利禄之学,强调求仁的重要性;强调义利之辨不仅是个人修养之道,也是经世之要,提出"义利之辨大矣,岂特使学者治己之所当,施之天下国家一也"(《南轩孟子说序》)。由于张栻重义利之辨,重人格培养,从而教育出了一批深晓民族大义、坚持抗金、抗元的爱国主义民族英雄,如湖湘弟子吴猎、赵方成等。① 中国古代书院这种立德立人、德业并重、化育人才的价值追求为后代的书院所传承和发展。

2. 自由为学、自主钻研、严谨治学的学术风格

由于中国古代书院教育兼有的讲学、研究、聚书、祭祀等功能,自确立以来,就以自主钻研、严谨治学的学术风格,对我国古代学术文化的发展起着巨大的推动作用。得历代名人讲授经典的嵩阳书院,实行"门户开放",自由为学,有教无类,学习者不受门庭地域限制,无论远近贵贱皆可来书院学习。撰写出东林书院著名楹联"风声雨声读书声,声声入耳;家事国事天下事,事事关心"的顾宪成,在其所制定的《东林会约》(即东林书院的讲学活动所章程)中说:"今兹之会,近则邑之衿绅集焉,远则四方之尊宿名硕时惠临焉。其有向慕而来者,即草野之齐民,总角之童子,皆得环而听,教所联属多矣。"讲学形式不拘一格,内容以儒家经史为主,兼及自然科学知识与应用管理学,为学宗旨是举贤育才,强调德性修养,立志做人;提倡兼听,博采众长,不执门户之见;反对空疏议论,提倡实际有用的学问;主张关心国事,志在社会民生。东林书院确立的讲学宗旨和学风,吸引了当时江南士绅弟子及各地学人的一致仰慕,他们都遥相应和,闻风响附,联翩来集,楹联"风声雨声读书声,声声入耳;家事国事天下事,事事关心",也成为中华民族学人、志士的共同心声和座右铭。朱熹主洞白

---

① 杨慎初,朱汉民,邓洪波. 岳麓书院史略 [M]. 长沙:岳麓书社,1986.27.

鹿洞书院时，广泛征集图书，四处聘请名师、广集生徒，亲自讲学，提出"不求诸心，故缗而无得。不习其事，故危而不安，"提倡自主钻研，把学习和思考结合起来，注重以学生个人读书钻研为主，着意启发学生的思维能力，鼓励师生之间的互相质疑问难，互相质询；倡导学生互相之间"亲师取友，切磋琢磨"。吕祖谦《丽泽书院学规·乾道五年规约》这样规定："凡有所疑，专置册记录。同志异时相会，各出所习及所疑，互相 商榷，仍手书名于册后。"① 作为"洛学"创始人的宋代理学家程颢、程颐兄弟在嵩阳书院讲学时，强调"博学、审问、慎思、明辨、笃行五者，废其一，非学也"，坚持教学实践过程中的自学、独立思考、问难论辩、学思并重、知行统一。朱熹于绍熙五年（1194）短暂任职湖南安抚使期间，兴学岳麓之教，颁《白鹿洞书院教条》于岳麓书院学规，使岳麓书院第一次有了正式的学规。"所谓学规，是书院所订的规程章法，用以规范约束生徒。学规一般规定书院教育总的方针、培养目标、修身治学准则以及日常作息生活规则等。由于各个书院形成和发展的历史不同，同一书院在不同时期主院者学术主旨各异，从而各书院乃至一书院不同时代学规又有所不同。"② 然而，书院严谨治学的学术风格却是一致的。书院学术风格表现在书院完善的教学管理制度中，即书院的"学规""教条"中。《学规》彰显书院教学的宗旨、目的、方法等，从宏观上规定书院学人应当遵循的社会价值观念和基本道德修养方法，体现了书院教育的精神追求。在学规之下，还有规定学习、生活等细节的"学则"。书院"学则"是从微观上对书院学人修学过程所应遵循的生活和学习礼仪规范进行细致入微的规定。让书院学子们在"学规""学则"这些基本规范的熏染和对基本礼仪规范的遵行中内化入心，修身养性。书院的这种自由为学、自主钻研的学习方式，严谨治学的学术风格，对于发挥学生的主动性和创造性具有十分重要的意义。

3.　知行合一、学用一致、创新争鸣的践履理念

中国古代书院教育本质上是儒家文化教育，儒家"格物、致知、诚意、正心、修身、齐家、治国、平天下"的理想信念，由此，知行合一、学用一致、躬行践履自然而然成为书院教育的重要理念。知行合一、学用一致是儒家文化的基本要求。书院教育"知行合一"的理念首先体现为经世致用的价值取向。湖湘学派的创始人之一胡宏，在知行关系问题上，首先强调"知"的重要性，肯定知对行的指导作用，而知又是来自于后天在实践中的学习。把"博学"（积累知识）、"审问"（提出疑问）、"慎思"（理性抽象）、"明辨"（分析辨异）、"力

①　（宋）吕祖谦《吕东莱文集》卷十，参见陈谷嘉，邓洪波主编.《中国书院史资料》（上册）[M].杭州：浙江教育出版社，1998.198.

②　杨慎初，朱汉民，邓洪波. 岳麓书院史略 [M]. 长沙：岳麓书社，1986.48～49.

行"（反复实践）五者有机地统一起来，重点落实在行上，① 坚决反对离开实用空谈心性，重实用、重践履。朱熹在他提出的"为学之序"中，强调学、问、思、辨四者最后落实到"行"上。张栻在主教岳麓书院期间，反对专务空谈不务践履的恶习，在教学上提倡培养经世济民之才，倡导人格教育和道德践履，强调"知行互发"。他在《论语解序》中指出："始则据其所知而行之，行之力则知愈进，知之深则行愈达，是知尝在先而行未尝不随之也。知有精粗，必由粗以至精；行有始终，必自始以及终"②。从而揭示了知和行的相互依存和相互促进，奠定了湖湘学派经世致用学风的基础，对岳麓书院务实学风的形成起到重要的作用。

2014 年 6 月 9 日习近平总书记在中国科学院第十七次院士大会、中国工程院第十二次院士大会上的讲话中指出："中华民族是富有创新精神的民族。我们的先人们早就提出'周虽旧邦，其命维新'、'天行健，君子以自强不息'、'苟日新，日日新，又日新'，可以说，创新精神是中华民族最鲜明的禀赋。"随着社会的变化发展，书院教育也适应着社会的需要而发生着变革。尤其是到了近代，伴随着西方坚船利炮进入中国的，还有西方的教育理念和办学体制。书院教育随着中国传统教育在近代的转型而转型，并在转型的过程中不断创新发展。早在1843 年，英国传教士理雅在香港创办了英华书院。此后，出现了多所英美传教士创办的以"书院"命名的教育机构。如上海的清心书院（1850）、北京的汇文书院（1890）、广州的广雅书院（1890）等。至 19 世纪末期，西方传教士在中国建立了 40 多所书院。它们与中国传统书院的教学内容有许多不同之处，学生除了学习四书五经之外，还要学习宗教知识以及近代西方自然科学与社会科学知识。尤其是 1862 年设立于北京的京师同文馆，西学知识几乎成为全部的学习内容。"八年课程表：首年，认字写字、浅解词句、讲解浅书；二年，讲解浅书、练习文法、翻译条子；三年，讲各国地图、读各国史略、翻译选编；四年，数理启蒙、代数学、翻译公文；五年，讲求格物、几何原本、平三角弧三角、练习译书；六年，讲求机器、微分积分、航海测算、练习译书；七年，讲求化学、天文测算、万国公法、练习译书；八年，天文测算、地理金石、富国策、练习译书。"这份课表表明，在学生八年的学习生涯中，语言、自然科学、社会科学的课程都占有一定的比例。与京师同文馆类似的教育机构还有 1863 年设立的上海同文馆及 1864 年设立的广州同文馆。这些新式的教育机构对传统书院的冲击是很大的。

甲午中日战争后，随着民族危机的加深，改革的呼声日益高涨。教育革新成为人们关注的重点。康有为批评八股进士："今日之患，在吾民智不开，故人虽

---

① 彭大成. 湖湘文化与毛泽东 [M]. 湖南人民出版社，2013.11.
② 杨慎初，朱汉民，邓洪波. 岳麓书院史略 [M]. 长沙：岳麓书社，1986.29.

多而无才可用。民智不开之故，皆以八股取士为之。学八股者，不读秦汉以后之书，更不考地球各国之事，然可以通籍累致大官。今群臣济济，然无以任事变者，皆由八股致大位之故。"① 梁启超尖锐地指出："变法之本，在育人才；人才之兴，在开学校；学校之立，在变科举……亡而存之，废而举之，愚而智之，弱而强之，条理万端，皆归本于学校。"② 1898 年戊戌变法中颁布了有关教育的改革措施：改革科举，废除八股取士制度，改试策论；设立学堂，提倡西学，首先开办京师大学堂，令各省、府、厅、州、县，将现有大小书院一律改为兼习中西学的学堂。由于变法失败，这一改革教育的重大举措并未得以实施。但是，八年之后，清政府仍然被迫宣布废除科举取士制度，书院纷纷改称学堂。以广东为例，潮州城南书院改称小学堂、广州广雅书院改称高等学堂、琼台书院改称琼台中学，丰湖书院则早在 1902 年前就改称惠州中学堂。

　　改制后的学堂，增添了许多有关西方自然科学、社会科学的课程。新式学堂不仅成为传播近代西方自然科学的场所，而且带来了西方社会思潮，深刻影响了先进知识阶层的形成，促使他们走上了新的历史舞台。如广东惠州的丰湖书院，宋淳祐四年（1244）惠州太守赵汝驭在府城西南银岗岭创建聚贤堂，因纪念十二位先贤而设，故又称十二先生祠。宋宝祐二年（1254），惠州太守刘克刚将聚贤堂改为丰湖书院。自此至清嘉庆初年，丰湖书院虽时办时停，但办学精神及办学效果已成为东江地区书院教育的重要标志。清嘉庆七年（1802），惠州知府伊秉绶筹银5 000两，复建丰湖书院于黄塘左侧，聘请岭南名士宋湘为山长，办学经费、教学设施、师资力量等获得前所未有之改善，"一时四方学儒云集，书院名声大振。"清嘉庆二十四年（1819），惠州知府罗含章联络地方富绅捐银15 000两，增建校舍 30 多间，并订定丰湖书院聘师、招生、教学、财务等系列规章，如书院讲师须择科举学历最高且品学兼优者，由地方士绅公议，报府具名聘任。由此，丰湖书院办学步入黄金发展时期。嘉庆年间进士宋湘（1756—1826），应惠州知府尹秉绶之聘担任丰湖书院山长期间，与知府尹秉绶密切合作，重立丰湖书院学规，改革教学方法，注重培养生徒立身处世的能力，并将"敦重"二字题刻于丰湖书院，对教风学风的纯正务实性产生重要影响。清光绪十一年（1885），名士梁鼎芬受聘担任丰湖书院山长，主张"以文章道德气节倡后进"，聘请饱学之士充实丰湖书院师资力量，创建"丰湖书藏"，从全国募集图书典籍56 000多卷，并亲手题签，自订部目，设专人管理。从而，丰湖书院办学条件得到进一步改善，学术风气浓厚，影响力普及岭南乃至全国，培养出江逢辰、李绮青、张慰臻等一批有人品、有学识的人才。清光绪二十九年（1903），丰湖书院

---

① 康有为. 康南海自编年谱. 中国史学会编. 戊戌变法（四）[M]. 上海：神州国光社，1955. 146.
② 梁启超. 饮冰室合集 [M]. 北京：中华书局，1988. 14.

改办为惠州府中学堂，结束了长达 600 多年的旧式教育办学历史。中国古代以书院为主题的传统教育在近代的转型，大批新式学堂的创办和新型知识阶层的产生，也在客观上为改革书院制度、建立新的教育体制创造了条件，影响着近代中国历史的发展。

二、中国传统书院文化对人文精神和人文素质培养的效能

文化精神是需要承传的，人文精神和人文素质是需要锻造的。习近平总书记在纪念孔子诞辰 2 565 周年国际学术研讨会上的讲话中指出："要科学地对待文化传统，不忘历史才能开辟未来，善于继承才能善于创新。优秀传统文化是一个国家、一个民族传承和发展的根本，如果丢掉了，就割断了精神命脉。我们要善于把弘扬优秀传统文化和发展现实文化有机统一起来，紧密结合起来，在继承中发展，在发展中继承。"自古以来中国人对于人文精神和人文素质的培养给予了高度重视。而书院教育以研究和传播经典文化为己任，教人以修身、齐家、治国、平天下之道，经世安邦之策，成为把教学和治国平天下的经世济民活动联系起来，以培养"得时行道，事业满天下"经世之才的特殊教育形式而延绵千年，成为弘扬民族文化、传递科学知识、冶炼人文精神、提升人文素质的熔炉，也成为读书人将理想与现实结合起来的"阿基米德支点"。

（一）处理好读书学习与培养人文修养和人文素质的关系

人文精神指的是一个人通过对历史典籍和当代人文著作的学习而在生活实践中形成的对国家、民族和社会前途与命运的关怀之情。人文素质指的是一个人通过对哲学、语言、文字、艺术、历史文化等方面知识的学习和掌握，培养自己高尚的思想情操和社会责任感，树立正确的人生观、世界观和价值观，运用人文知识观察、分析和解决问题的能力。人文精神和人文素质的培养提高对人的一生至关重要。而培养的路径一是通过学校和社会对一个人人文精神和人文素质的培养提高；二是一个人对人文精神和人文素质的自我修养自我提高。两者结合到一起，就是内因与外因、主观与客观的相互作用。

中国古代书院教育强调处理好读书学习与培养人文修养和人文素质的关系，非常讲究读书与做人的问题。做人，包括对人文精神和人文素质诸多方面的了解和掌握，陶冶、培植与熏染。提倡"修身、齐家、治国、平天下"，提倡做"立功、立德、立言"三不朽的完人。"修身"指的是通过自我反省体察，实现对人文精神和人文素质的培养。"立德"指的是具有良好的思想品行。要达到这两个"提倡"，就必须励志自强，就必须刻苦学习，更需要解决学习目的问题。而学

习目的问题的解决，与远大志向紧密联系在一起。通过对人文精神和人文素质的培养，使"德""美"与"智"并重，使人成为具有时代使命感和高度责任感的"自我实现"的人。朱熹拟定的《白鹿洞书院教条》，强调纲常礼教，注重学问思辨，指出修身、处事、做人的原则，将儒家经典为基础的"修身、齐家、治国、平天下"的教育思想具体化为规范和约束书院师生言行举止，劝善规过，提升品位的教育宗旨和行为准则。到了近代，尤其是在1906年正式废除科举考试制度后，西方教育制度和教育理念传入中国，许多新式学堂都开设了"修身"的课程，其课程内容也包含了人文精神和人文素质的许多方面。学成于岳麓书院的晚清名臣曾国藩提出，读书可以变化人的气质。他在家书中说道："人之气质，由于天生，本难改变，惟读书则可变化气质。古之精相法者，并言读书可以变换骨相。欲求变之之法，总须先立坚卓之志"。[①] 即是说：一个人的心理和生理素质是天生的，本来就难以改变，唯有读书可以改变气质。想要得到变换骨相的方法，也唯有首先立下艰苦卓绝的志向。并告诫家人，读书一定要立志，有了自励的志向，城市可以读书，乡村也可以读书；热闹喧嚣之地可以读书，宁静沉寂之地也可以读书。"同样受教于岳麓书院的湘军儒将罗泽南也曾说："不忧门庭多故，只忧无术以济天下。"他在十年之内失去11位亲人，家贫无钱买灯油，就在月光底下读书。他认为家庭变故是小事，忧虑的是如何造就才能来匡济天下。清光绪年间，进士梁鼎芬，因性格刚直屡屡弹劾权贵，不受朝廷重用，于光绪十年（1884）应聘担任丰湖书院山长。在任职丰湖书院山长两年期间，秉持"以文章道德气节倡后进"的教学理念，严格督导生徒为学做人，培养出江逢辰、李绮青、杨寿昌、叶榕煌、张慰增等大批饱学之士。与此同时，梁鼎芬通过多种途径从省内外显宦名流中募捐得图书典籍五万六千多册，创建"丰湖书藏"，"有力地推动了丰湖书院的文化学术研究活动和惠州社会上的读书风气。"

（二）关注读书与励志自强关系

中国古代书院教育关注读书与励志自强关系，个人志向与国家、民族利益关系。写出千古名句"先天下之忧而忧，后天下之乐而乐"的北宋著名文学家、政治家范仲淹，就成才于并曾执教于中国四大书院之一的应天府书院，又称睢阳书院。宋天圣六年（1028）范仲淹在主讲该书院的过程中，率先明确了具有时代意义的匡扶"道统"的书院（学校）教育宗旨，并以此确立了培养"以天下为己任"之士大夫的新型人才培育模式。课程设置主张学以致用，提倡实地考察，即所谓"明体达用"。强调"夫善国者，莫先育才，育才之方，莫先劝学，劝学

之要，莫尚宗经。"范仲淹执教应天府书院时，经常教导学生要"从德"，主张选拔人才要德才兼备，且首先注意德。范仲淹在为母守丧期间，破除"守丧不言国事"的陈规，冒哀上书言国家事，写就了扛鼎之作《上执政书》，以一颗忧国忧民的赤子之心，立足于居安思危、防微杜渐，提出"固国本""厚民力""重名器""备戎狄""杜奸雄""明国事"的改革方案。在道德学问上范仲淹也堪为表率。在教学过程中，每当给学生命题作赋，范仲淹会先作一篇，掌握试题难度和著笔重点，以使学生迅速提高写作水平，其治学精神和忧国忧民的言行誉满全国，为世人所赞颂。张栻在主教岳麓书院期间，提出"博约相须""学思并进""知行互发""慎思审择"的教学方法，倡导在知识的"博"与"约"的关系问题上，"博与约实相须，非博无以致其约，而非约无以居其博"，主张博和约两者相互统一，不可偏废。在"学"和"思"的关系问题上，张栻强调，应该坚持学和思二者的并进，不可以偏向某一个方面，他指出："然徒学而不能思，则无所发明，罔然而以。思者，研究其理之所以然也，然徒思而不务学，则无可据之地，危殆不安矣，二者不可不两进也"。在"知"和"行"的问题上，强调二者互相发之，知和行应相互依赖和相互促进。提出"慎思审择"，反对读书盲从，注重独立思考，不因庸人之言而废，不因圣贤之言而立。这种精神，在当时是十分可贵的，[①] 同时也为湖湘学派的产生与湖湘文化的创立奠定了基础。曾国藩也曾提出，读书须做到"虚心涵泳"和"切己体察"。启迪世人，要想读书真有心得、真见成效，一定要做到潜心探求其深刻内蕴，即所谓"虚心涵泳"；一定要做到设身处地去体验一番，即所谓"切己体察"。曾国藩所倡导的读书理念和方法，至今仍值得我们仿效和借鉴。湖湘文化学人，尤其是"天地之大变"的近代时期，涌现出来的从王船山、谭嗣同、曾国藩、杨昌济、毛泽东等革新志士、维新志士、领袖人物和革命元勋们身上所表现出来的探求宇宙、人生大本大源的浓厚哲学兴趣；穷深研究探本溯源的高度哲理思维能力；知行统一、经世致用的实学思想与注重实践、力行践履的道德修养；"气化日新"的辩证发展观；自强不息、奋斗不已的刚毅精神；忧国忧民的爱国情怀与参政意识；运筹帷幄、决胜千里、平治天下的军政谋略等，凝聚成湖湘文化特定的文化心态、致思趋向、行为定式和价值取向，使湖湘文化成为中华民族思想文化发展史上的一朵奇葩，至今仍是我们值得学习借鉴传承的独特地域文化精神。

（三）注重为人处世好坏与人文精神和人文素质之间的关系

中国古代书院教育注重为人处世好坏与人文精神和人文素质之间的关系。人

---

① 杨慎初，朱汉民，邓洪波. 岳麓书院史略［M］. 长沙：岳麓书社，1986. 28～29.

生在世，必须与人打交道。有的人做得好，有的人做得不好，这就存在一个人文修养和人文素质高低的问题。一个人要处理好人情事故，必须重视谦虚谨慎，尊重他人，不狂妄自大；做到淡泊名利，不损人利己，君子爱财取之有道；对人以诚相待，诚恳接受他人批评，诚恳指出他人的不足；言而有信，不用谎言蒙骗他人，不说大话、空话，说到做到；光明正大，敢于坚持原则，敢于承担责任；讲道义、讲友谊，帮助他人不必求回报。儒家思想的经典作品《伦语》明确提出："君子成人之美，不成人之恶，小人反是"。宋隆兴元年（1163）进士袁采在他撰写的《袁氏世范》一书中，纵论立身、处世、言行、交游之道。他说："处世接物，而常怀慢心、伪心、妒心、疑心者，皆自取轻辱于人，盛德君子所不为也"；"今人受人恩惠，多记省，而有所惠于人，虽微物亦历历在心。古人言施人勿念，受人勿忘，诚为难事"。明代洪应明认为："处世让一步为高，退步即进步的张本；待人宽一分是福，利人实利己的根基"。明代张履祥说："凡做人须有宽和之气，此是阳春景象。"清代唐彪说："士君子处心行事，须以利人为主，利人原不在大小，但以吾力量所能到处行方便之事，即是惠泽及人。"唐代房玄龄说："宁人负我，无我负人。"常受邀到文风鼎盛、人才辈出的宋代抚州兴鲁书院讲学的欧阳修言道："君子与君子以同道为朋，小人与小人以同利为朋。"宋代李邦献说："和以处众，宽以接下，恕以待人，君子人也。"清代史典说："小人固当远，然亦不可显为仇敌；君子固当亲，然亦不可曲为附和。"清代曾国藩更是道出："人我之际须看得平，功名之际须看得淡"。作为湘军统帅的曾国藩，在他幕府任幕僚的人不下400人。他有联语对现今居高位，当高官的人很有借鉴启迪意义："虽贤哲难免过差，愿诸君谠论忠言，常攻吾短；凡堂属略同师弟，使僚友行修名立，乃尽我心。"[①] 尽管上述言论蕴含有封建思想文化的痕迹，但同时又反映出传统文化中的有益成分，体现了明显的人文精神和人文素养，值得我们学习、借鉴、改革、创新。

民主革命先驱孙中山总结辛亥革命失败的经验教训时指出，人文精神和人文素质的培养对于青少年尤为重要，人文精神和人文素质的培养应当将家庭教育、学校教育、社会教育和自我教育作为一个整体来对待。习近平总书记在纪念孔子诞辰2 565周年国际学术研讨会暨国际儒学联合会第五届会员大会开幕式上的讲话中也指出，中国优秀传统文化的丰富哲学思想、人文精神、教化思想、道德理念等，可以为人们认识和改造世界提供有益启迪，可以为治国理政提供有益启示，也可以为道德建设提供有益启发。

---

① 蒋星德. 曾国藩全集［M］. 长沙：岳麓书社，2011.

三、现代大学教育应成为弘扬中国传统书院文化精神的旗帜

习近平总书记在纪念孔子诞辰2 565周年国际学术研讨会上的讲话提出，文明特别是思想文化，是一个国家、一个民族的灵魂。无论哪一个国家、哪一个民族，如果不珍惜自己的思想文化，丢掉了思想文化这个灵魂，这个国家、这个民族是立不起来的。在我们的大学教育中，大学不仅仅是一种培训职业技能的场所，课程不仅仅是注重学习培训专业或职业技能的课程，更应该把精神育人作为学校教育的重心，让大学成为"精神成人"的摇篮，成为弘扬书院文化精神的旗帜。何谓"精神育人"？华中师范大学教育学院博士生导师王坤庆这样解释，精神教育是为了促进人的精神发展的教育，是旨在促进人的精神世界发展、提升人的精神生活质量的教育活动的总称。

在人的成长中，不仅需要生理学层面的"成人"，在父母的关爱呵护下，成长发育；而且要在法学层面"成人"——18岁，成为共和国公民，可以领取公民身份证，享有宪法所赋予的选举权与被选举权，在理论上脱离父母的监护。但更重要的还有一个价值层面的"精神成人"。也就是"将有助于人类历史进步的普世价值谱系内化为一个人的德性——这落实到每个大学生，便是看他能否在本科四年（这是他生命史上一段特殊的"灵魂发育"季节）敏感地、认真地且持续地问自己这样一些问题：怎样做人？做怎样的人？怎样生存，才可能真正活出人之所以为人的'独立精神'与'自由思想'？"① 所以，我们应该从传统书院制度那里吸取营养，继承和创新书院文化精神，用书院精神培育人的现代精神，创建和谐的基于精神生活的精神教育机制，建立起现代理念和传统文化相结合的现代大学书院制人才培养模式。

我院在批判地继承古代书院的自由独立、兼容并包的人文精神和重德育、主"力行"的文化传统的基础上，根据新时期大学文化创新的时代要求，开展"品雅女子书院"和"汇雅女子书院"建设工程项目。

该项目于2010年10月12日正式启动。而品雅女子书院党建新载体建设项目是学院推行学生公寓书院化试点工程的一项配套工程，也是党委推进党建工作创新和校园文化建设的重大举措。书院项目建设，注重打造融党建与思想政治教育、学生宿舍管理、文化建设活动为一体的"三位一体"学生社区书院化党建工作新载体（以下简称"三位一体"党建载体），把党建先进文化基因注入其中，与传统优秀文化交融，通过"以德育人、以文化人"，在创先争优活动中实

---

① 夏中义，丁东. 大学人文［M］. 桂林：广西师范大学出版社，2004. 3.

现党建与思想政治教育升级、学生管理升级、文化活动升级，进而培育"知行合一、德才兼备"的社会主义建设者和接班人。

（一）工作思路

此项目以"注入红色基因，激活创新热情，培育文化社区"为工作思路，以女子学生公寓为载体，以大学生党建与思想政治教育为核心，致力于关爱高校女生，培养内外兼修的魅力女性，展示积极进取、开拓创新的青春风采，帮助女大学生开阔视野、陶冶情操，为大学生自我教育、自我管理、自主发展提供文化教育平台，促进女大学生全面发展。书院积极创设符合高职教育规律的"公寓社区化，生活书院化，管理人性化，活动品牌化"学生社区管理模式。自从2010年10月我校第一个学生公寓书院化试点——品雅女子书院诞生以来，在2013年11月，又在学院学生宿舍第十六号公寓建立了汇雅女子书院，为使书院积极有效地开展工作，学院相继制定相关配套制度，出台一系列新举措，勇于探索总结，不断创新工作机制，建设和完善"三位一体"党建载体，使党建与思想政治教育、学生宿舍管理、文化建设活动三方面的工作切实得到整合互动，以实现真正的融合升级。该党建新载体弘扬主旋律，以先进文化引领书院文化，让所有女大学生都认识到书院文化建设对其自身成长的重要性，使他们积极参与塑造积极向上的书院文化，帮助女大学生开阔视野，陶冶情操，全面塑造大学生完美人格，为大学生提供自我教育、自我管理、自主发展的文化教育平台。

（二）实施措施和成效

主要措施和成效如下：

1. 领导高度重视，党委一把手亲抓试点工程

为抓好书院建设试点工程，学院成立了"品雅""汇雅"女子书院项目建设领导小组。领导小组由党委书记、院长陈优生任组长，组织部、学生工作部、思想政治理论课教学部负责人任副组长，系党总支、院团委、学生社团负责人为成员，定期召开专题会议，研究项目建设重大事项，检查项目建设情况。女子书院成立以来，领导小组多次举行现场办公会议，指导工作，解决问题，加大工作开展和督查力度。

2. 设置"一核心两副翼"的女子书院工作机构

建立党支部领导下书院院长（兼支部书记）负责制，由院长负责全面工作；依靠团支部和导师与导生委员会两大骨干力量，使之成为书院运行工作两个"副翼"。目前，书院由思政部主任李珍副教授担任女子书院党支部书记兼院长，从党委组织部、学生工作部、思想政治理论教育教学部抽调人员，设立书院办公室，负责日常事务。设立导师与导生委员会，聘请老党员、老教授、校内外专业人士为书院导师，选聘学院优秀学生党员干部担任书院导生。书院内设培训部、导师部、导生部、心理咨询部、社团部。书院内部设施由学生自主管理。

3. 健全党支部团支部及导师导生工作制度

建立各项制度，保证工作运行有序。如完善党支部会议制度、党团日制度、党课制度、报告工作制度、民主生活制度、党员汇报制度、民主评议制度等，扎实抓好党建联席委员会制度，学生意见反馈制度及讲评制度的落实。每季度召开党建联席会议，每半年反馈一次党员服务表现的群众评议情况，每年对党员进行一次讲评。达到的标准：制度落实、教育经常、管理规范、评议民主、绩效公开。品雅、汇雅女子书院党支部自成立后，严格执行学院党委党建工作计划，切实增强党组织的凝聚力、吸引力和战斗力，牢固树立书院导师、导生全心全意为师生服务的思想，带领书院师生积极开展创先争优活动，提高了女子书院党支部组织建设的整体水平。

健全导师导生工作制度，确立工作目标。导师工作目标为：女子书院党支部在学院"43334"治校方略框架下，导师工作侧重于"加强学风建设，发挥引领作用，促进成才发展"、服务于学生综合素质提高方面下功夫。导生工作目标为：学生党员（导生）工作侧重于"争先做榜样，服务做贡献"等方面，书院全体导生党员在党支部"创新争优"活动中，要做到"学习争先、活动争先、行为争先、服务争先、管理争先，让优秀成为习惯，让先进成为个性"，把党员的先锋模范作用体现在学习、行为、服务和管理的各个环节。以自身的先进性带动周边大部分同学迈入先进行列。

4. 强化阵地建设，保障资金投入

女生宿舍大院一楼为主活动阵地，占地面积2 286平方米、建筑面积1 178平方米，设立一场两栏、三馆、五室，即文体活动场；党建宣传栏、博学知识栏；才艺训练馆、博学论坛馆、成果展示馆（内设奇晨书画室）；院长室、办公室、支部活动室、导师室、心理工作室。投资基本条件建设95.02万元（其中设施81.98万元、设备13.04万元）已经投入并得到落实。年度经常性活动经费5万元，用于开展女子书院专题女性沙龙、专题培训讲座、素质拓展计划、社团活动、社会公益活动、学术交流等主要活动。

5. 设立书院党员、入党积极分子承诺示范岗，开展"三爱一奉献"和"五争先"实践活动

深入开展"三爱一奉献"主题实践活动。通过活动的开展把我们进行的各项活动有机地联系起来，将"三爱"的精神灌注在奉献的行动上面。设书院学生党员、入党积极分子承诺示范岗，把入党积极分子、学生党员的先锋模范作用

体现在学习、行为和自我管理的各个环节。积极树立标杆，推出先进，开展"比、学、赶、超、帮"活动，形成争创先进基层党支部、优秀共产党员的良好氛围。党支部成立一支帮扶、调解、义务巡逻、文化宣传信息员等党员志愿者队伍，充分发挥好每一个党员的主观能动性和先锋模范作用，为书院文明创建提供有力的组织保障。

6. 注入红色基因，实现党建与思想政治教育工作升级

发挥女子书院党支部的政治核心和先锋模范作用。把党建红色基因渗透到学生学习生活的方方面面，充分发挥党员的先锋模范作用，营造浓厚的思想政治氛围，做到党员教育无缝隙覆盖，以党建文化带动宿舍文化、校园文化建设，实现党建与思想政治教育工作升级，让书院成为大学生党建与思想政治教育的崭新平台。大胆探索党组织、党活动的新模式，把书院建成大学生相对固定的学习、生活和活动场所，把它们作为思想教育课堂的延伸和党组织的战斗堡垒。书院党员活动室布置做到五上墙：党旗上墙、党员权利上墙、党员义务上墙、基本制度上墙、入党誓词上墙。由党团组织负责学生的日常思想品德、行为规范、法律规范、集体主义教育，引导学生开展各种健康向上的活动，促进学生公寓的社会主义精神文明建设，使得党的号召力、影响力和凝聚力在大学生公寓中得到了体现。

以点带面实现学生党建工作的延伸。开展学生党员"五个一"活动即"树立一面旗帜、带动一批同学、做好一些实事、联系一批积极分子、创建一个示范寝室"，实现党建工作的"三个延伸"，即在党建工作范围上，从原来重点放在学院班级扩展延伸进生活园区；在党建工作内容上，由重点抓思想政治教育扩展延伸到生活园区的精神文明建设；在思想政治工作上，把工作重点扩展延伸到学生宿舍，夯实了生活园区党建和思想政治工作的阵地。由过去"一条线"的党员作用，扩展到了"一个面"和"一大片"，形成了开展学生党建工作的新模式。

激活创先争优活动的热情。大学生党建进公寓制度实质就是把大学生公寓作为大学生党员活动的主要基地，使大学生党员的先进性在生活实践中更好地发挥、发展，使大学生党员更好地发挥树立共产主义理想与信念辐射、带动作用，在创先争优活动中点燃热情。在学生公寓书院化的新形势下，书院成为对大学生进行有的放矢教育的"第二课堂"，通过开展党建与思想政治教育工作进书院，实现"第一课堂"教学与"第二课堂"教育的衔接与结合，使全程育人、全方位育人落到实处。

7. 化"管"为"理"，推行人性化服务，实现学生管理升级

以活动为载体，提升学生自我管理能力。在党员活动室开展导师、导生党员

接待活动，为书院全体学生提供教育、服务、信息反馈，成为学生联系学院的纽带与桥梁。同时开辟书院学生活动场所，如女性书刊阅览室、琴棋书画室、多功能学习室，通过实施包括大学生生活导航、学业规划、习惯养成、公民素质与礼仪培养、综合素质拓展、心理辅导与困难援助等一整套育人计划，使书院成为大学生思想品德教育、文化素质教育、心理健康教育、自我管理教育的有效载体，有力提高了大学生自我管理能力和综合素质。

建立导师、导生党员联系制度，形成党建工作联系网络。每位导生党员负责八至十间学生寝室，主要职责是：宣传寝室文明建设内容，协调同学关系，及时反映同学要求和思想动态。导生党员利用党员联系记录和书院每周一次的导师、导生交流会汇报情况，发现问题及时解决。书院加强检查，把寝室文明程度与负责的学生党员的实绩紧紧联系，促使党员密切联系群众，勇于承担社会工作，增强责任感，接受群众监督。落实个人帮教责任制，要求书院导师对学生正式党员负责，学生正式党员对预备党员负责，学生预备党员对入党积极分子负责，入党积极分子对自己周围的同学负责，形成一个以学生党员为核心，向各楼层覆盖的党建工作网络体系，确保党组织的战斗堡垒作用。

建立书院导生激励机制。书院是大学生实践的先进性平台，通过建立导生党员激励机制，鼓励导生党员、入党积极分子和楼层党团小组在争优创先活动中，创造新成绩，作出新贡献。在书院开展学生党建工作，就是要突出对导生党员的评价和监督，提升党员在学生中的形象和威信，使导生党员以出色的工作影响人，以良好的形象感召人，以崇高的威信凝聚人，以优异的成绩吸引人。

落实责任，加强示范引导。在书院每楼层都设立学生党员责任区，开辟公示栏，列出书院内学生党员和入党积极分子的班级、寝室、联系电话，使学生在遇到困难时能及时向导生党员寻求帮助，又使导生党员置于大家的监督之下。书院党支部定期开展楼层先进党团小组、优秀党员示范岗、文明寝室、文明楼层等评选活动，把文明寝室、文明楼层、文明学生的评比与导生党员所在片区、楼层、寝室挂钩，很好地发挥导生党员凝聚人、服务人、引导人的作用，让导生党员真正做到"平常时刻看得出，关键时刻冲得出，困难时刻豁得出"。

8. 以文"化"人，打造文化活动精品，实现文化建设活动的升级

（1）开展"以文化人"系列讲座。书院定期邀请专家学者来书院开讲座和讲学，每隔两个月开设一场"以文化人"专题讲座（已开办了 11 期），培养女大学生独立、自强、自爱的品德，增强女大学生心理素质与文化素养，提高其思想政治和人文素质。

（2）举办"五个一工程奖"电影展播。每隔一周举办一场次"五个一工程奖"电影展播。通过银幕将一系列优秀的电影作品推介给党团员，特别是诸如任

长霞、牛玉儒、郑培民、丁晓兵等当代先进典型的传记片，予以重点播出，深受同学们好评。

（3）举办时政报告会。每月举办一次"时政报告会"。不断创新社会主义核心价值体系和社会主义核心价值观教育载体，以报告会的形式，探索社会主义核心价值体系和社会主义核心价值观教育的有效机制，让广大高职学生在实践中增强对核心价体系的认同感，全面提升高职学生的综合素质。楼层党团小组成立理论学习小组，吸引一批学生党员、入党积极分子；成立学生报告团，结合国内外时事、社会热点问题、身边的好人好事等，在书院导师指导下，进行学生巡回演讲；通过报告最新国内外动态、交流讨论社会热点等方式，帮助大家加深对党的路线方针政策的理解，使党团员养成关心时事、勤于思考的好习惯。

（4）开展"星级学子"评选活动。为更好地提升大学生的参与热情，形成浓厚的学习氛围，书院以书院文化节、读书节、艺术节、素质拓展活动等为载体，不断丰富活动内容，提升书院文化品位，发起一系列"人人都是人才，人人都能成才"评优活动——统称"星级学子"，给每个学生创造不同的、适合自己的发展空间，引领每个学生从内心深处投入足够的兴趣和激情，挖掘自身的潜能，发挥自身的特长，找自身发展的最佳区域和成功的支点，以实现自身的价值，走适合自己的成才之路。"星级学子"评选活动产生：

助人之星——对那些能够推己及人、乐于在力所能及的情况下施以援手的"老实人"进行大力宣传推广，结合学院开展"学雷锋月"活动，树立良好社区风气。

雅居之星——结合学院开展的平安宿舍活动，在女子书院，进行书院"雅居"寝室设计大赛，鼓励同学们自主管理，营造和谐、美观、时尚的平安和谐宿舍环境。

学习之星——以书院学习辩论会为载体，调动同学们的辩论激情、创造思维、口才能力，活跃学习气氛，增强学习效果。

才艺之星——以书院才艺活动为载体，结合专业技能，开展才艺大赛，激励人人成才。

（5）开展女子书院"形象大使"评选。作为学院举办的"女生文化节"活动之一，每学期开展一次女子书院"形象大使"评选活动。形象大使比赛旨在营造争做自强、自信的大学生的良好氛围，促使广大同学培养更好的、更开阔的眼界。用青春、智慧和力量创造更加美好的生活，让人生在无悔奋斗中绽放更加绚丽的光彩。截至目前，我院已经举办了七届女生文化节和两届女子书院"形象大使"评选活动。活动以正确的文化理念融入书院文化的软实力中，给选手们搭建了自信的舞台，让他们充分展示自我，丰富了校园文化的内涵。

（6）开展女生心理干预和素质拓展工程。针对女大学生的个性特点和心理特征，书院设立心理工作室、文体活动室，有针对性地定期组织心理干预、特色文化活动与能力拓展训练活动，给学生的思想"松绑"，变被动思维为"牵引式思维"，促进了学生成长、交流、自我管理，对女学生的性格养成、学术兴趣、价值取向等产生了积极影响。

（7）建设女子书院品牌文化。女子书院是展示当代大学生精神风貌、综合素质及内在修养的一个示范窗口。书院文化建设是校园文化建设的一个组成部分，以书院文化建设为重点，抓好学风、生活作风建设。通过形式多样、丰富多彩的高格调文化品位的系列讲座、社团活动、社会实践等学生素质拓展活动，建设独具特色的书院文化。

（8）举办不定期的书院建设交流研讨会。交流书院建设经验，促进我院学生公寓书院化建设发展。

9. 加大项目建设投入

经费来源：学院投资一点、党委自筹一点、省里支持一点，以保障工作的顺利开展和各项活动的进行。

（三）主要经验

1. 发挥书院党建文化的示范作用，促进校园文化建设

学生党建工作进书院以大学生学风建设为出发点和落脚点，组织和举办形式多样丰富多彩的实践活动，能吸引和影响大学生，形成良好的学风，尤其是使学生党员在促进学风过程中充分发挥示范作用，营造良好的学习氛围，促进优良学风的形成和书院内的文明建设，实现了大学生综合文化素养升级。

2. 以开展丰富多彩的活动为载体，提升学生自我教育、管理和发展的能力

开展导师、导生党员接待活动，为书院全体学生提供教育、服务、信息反馈，成为学生联系学院的纽带与桥梁。同时开辟书院学生活动场所，如女性书刊阅览室、琴棋书画室等，通过实施学业规划、习惯养成、公民素质与礼仪培养、心理辅导与困难援助等一整套育人计划，使书院成为大学生思想品德教育、文化素质教育、心理健康教育、自我管理教育的有效载体，有力提高了大学生自我管理能力和综合素质。

3. 依托书院，有利于发挥党员在创先争优活动中的先锋作用

在书院中开展创先争优活动，让学生党员作出让学院全体师生看得见、摸得着、学得会的实际行动，共创书院的和谐发展，大大提高了学生党员的素质。

4. 重视制度建设，以正确的制度文化融入书院文化的软实力

以德育人、以文化人，需要内化于心、外化于形的坚守与坚持。加强制度建

设，把文化建设观念渗透到日常管理之中，把文化建设要求体现到各项制度之中，让文化建设工作"由软变硬""由虚变实"，在春风化雨、点滴之中提升软实力，以使现代大学教育成为弘扬中国传统书院文化精神的旗帜，让校园因女子书院的精彩更美丽。

第七章

与法同行： 立德树人工作的根本保证

改革开放以来，大学生违法犯罪现象明显增多，占社会刑事犯罪的比例持续上升。而且犯罪类型向智能化、多样化发展，同社会犯罪相比较，其涉罪范围、性质及危害没有质的区别，这说明"象牙塔"并不平静，大学生们的法律素养包括法律意识状况堪忧。经过调研分析，我们发现大学生犯罪不仅仅是法律意识淡薄那么简单，其背后还涉及社会、大学生的家庭及其所生活的"生态圈"的问题，究其原因还是对法律与道德的关系认识不充分。因此，我们只有创新学校学生法律和德育教育的途径、内容、方法，健全学校、家庭、社区三位一体的法和德的教育网络，以立德树人为根本任务，以"与信仰对话、与专业成长、与艺术同行"为德育工作宗旨，推进网络德育创新，强化大学生理想信念教育、诚信教育和法制教育，引导大学生学法、懂法、知法、守法、护法，树立法律观念，增强法律意识，促进大学生健康成长。

一、全面推进依法治国的新蓝图

2014 年 10 月 23 日这一天时值深秋，但刚刚结束的十八届四中全会，让很多人感到中国迎来了又一个春天——法治的春天。这一天，中共十八届四中全会在北京胜利闭幕，全会听取和讨论了习近平受中央政治局委托作的工作报告，审议通过了《中共中央关于全面推进依法治国若干重大问题的决定》（以下简称《决定》）。该决定为全面推进依法治国绘就宏伟蓝图，为实现"两个一百年"奋斗目标、实现中华民族伟大复兴的中国梦提供有力的法治保障。对于这份旨在深入推进依法治国的决定，意义已经远远超过了法治本身。这是因为，对于一个现代国家，法治就是框架、是轨道，决定着运行的方式；对于一个现代政党，法治也是手段、是规范，决定着执政的效能。从这个角度看，这次会议的"红利"，将有一个持久而深沉的释放过程。

（一）法治的全覆盖

从全会发布的公报来看，十八届四中全会对推进依法治国的战略部署着眼于"全面"二字。全面推进依法治国涵盖了党、国家、社会生活以及军队建设的各个领域，实现了法治的全覆盖。十八届四中全会对推进依法治国的战略部署和全面安排，至少体现出了以下几个方面的新意。

1. 阐明了全面推进依法治国的必要性和根本意义

全面推进依法治国对于实现我们党确立的伟大奋斗目标——全面建成小康社会、实现中华民族伟大复兴的中国梦具有根本意义。习近平总书记多次提到，"国无常强，无常弱。奉法者强则国强，奉法者弱则国弱"。唯有依靠法治，才能凝聚中国共识和力量，弘扬中国精神，共建法治之中国，复兴中华之文明。

（1）全面推进依法治国对于实现全面深化改革的总目标——完善和发展中国特色社会主义制度、推进国家治理体系和治理能力现代化具有根本意义。改革开放以来的经验证明，唯有依靠法治，才能突破利益固化之藩篱，攻克深层复杂之难题，确保改革有序进行，通过良法善政实现社会公平正义和全体人民最大福祉。

（2）全面推进依法治国对于实现党自身建设的目标——提高党的执政能力和执政水平、长期执政具有根本意义。唯有依靠法治，以法治作为执政之根本遵循，树立法治思维，掌握法治方式，才能夯实执政基础，巩固执政地位。

2. 建设中国特色社会主义法治体系和法治国家的总目标

建设中国特色社会主义法治体系和法治国家的总目标就是建设中国特色社会主义法治体系和建设社会主义法治国家。具体地表现就是在中国共产党领导下，坚持中国特色社会主义制度，贯彻中国特色社会主义法治理论，形成完备的法律规范体系、高效的法治实施体系、严密的法治监督体系、有力的法治保障体系、完善的党内法规体系，坚持依法治国、依法执政、依法行政共同推进，坚持法治国家、法治政府、法治社会一体建设，实现科学立法、严格执法、公正司法、全民守法，促进国家治理体系和治理能力现代化。

3. 坚持党的领导与依法治国相一致

《决定》指出："党的领导和社会主义法治是一致的，社会主义法治必须坚持党的领导，党的领导必须坚持社会主义法治"。这一重要论断揭示了我国社会主义法治道路必须具备的两个基本属性，即原则性和时代性。党的领导是中国特色社会主义最本质的特征，是社会主义法治的根本保证，推进依法治国必须坚持党的领导这一根本原则。当然，单谈党的领导也是无法实现法治要求的，推进中国法治建设还必须与社会主义市场经济及社会进步发展的规律相适应，符合改革开放和国家现代化的时代要求。上述两个属性相辅相成、缺一不可。原则性决定了中国特色社会主义法治道路的政治属性，离开了党的领导这一前提条件，中国特色社会主义就无从谈起；时代性要求这条道路必须充满改革开放的时代精神，离开了这样的时代性，中国特色社会主义法治建设就会缺乏生命力和可持续性。这是中国法治建设既不同于西方模式，也没有现成其他模式可以遵循的根本所在；也是改革开放以来我们党致力于探索党的领导、人民当家做主、依法治国有机统一道路的根本动因。所以，十八届四中全会从理论上确立党的领导与法治之间的一致性理念，扫清了以往一谈党的领导就与法治对立起来、一谈党的领导就和人治一致起来，追问是党大还是法大的思想障碍，这就好比邓小平解决了在社会主义条件下也可以发展市场经济一样，开辟了在党的领导下全面推进法治中国建设的新时代，这是中国特色社会主义理论的又一个伟大创新。

（二）全面推进依法治国的重大任务

这些重大任务主要涵盖了六个方面的工作：

（1）完善以宪法为核心的中国特色社会主义法律体系，加强宪法实施。突出强调了立法的引领和推动作用，坚持依法治国首先要坚持依宪治国，坚持依法执政首先要坚持依宪执政。要求完善和健全宪法监督制度和宪法解释程序机制，加强宪法实施；完善党的立法决策程序，加强党对立法工作的领导；依法赋予设区的市以地方立法权等等。

（2）深入推进依法行政，加快建设法治政府。明确了法治政府的六点特征：职能科学、权责法定、执法严明、公开公正、廉洁高效、守法诚信。要求政府机构、职能、权限、程序、责任法定化，推行权力清单制；健全行政重大决策的法定程序、合法性审查机制、责任追究制度；深化行政执法体制改革；全面推进政务公开等。

（3）保证公正司法，提高司法公信力。在十八届三中全会决定基础上进一步提出了确保司法权独立行使和科学配置的制度机制，例如建立领导干部干预司法活动、插手具体案件处理的记录、通报和责任追究制度，建立健全司法人员履行法定职责保护机制；还有司法责任制、司法公开、人民参与等改革举措等。

（4）增强全民法治观念，推进法治社会建设。指出法律的权威源自人民的内心拥护和真诚信仰，提出把法治教育纳入国民教育体系和精神文明创建内容等具体措施。在法治社会建设层面，强调社会治理法治化，要求建设公共法律服务体系、司法救助体系、社会治安防控体系，健全依法维权和化解纠纷机制等等。

（5）加强法治工作队伍建设。徒法不足以自行，法律始终还是要靠具体的人来加以实施。全会指出了法治专门队伍的建设方向：正规化、专业化、职业化，明确了"四个忠于"的目标，并提出了一系列机制保障。

（6）加强和改进党对全面推进依法治国的领导。全会指出要健全党领导依法治国的制度和工作机制，统一领导、统一部署、统筹协调。同时，还提出了党委依法决策、党组织监督、党内法规建设、将法治建设纳入干部政绩考核体系等具体要求。

这些创新性制度机制和要求体现了我们党在新的历史起点上对法治规律和执政规律的深入认识和把握，体现了我们党对于全面推进依法治国重点难点的针对性部署和安排，需要我们深入领会和贯彻落实。

如何实现中国特色社会主义法治体系？《决定》给出了精辟的答案，其灵魂就是要实现科学立法、严格执法、公正司法、全民守法，促进国家治理体系和治理能力现代化。"科学立法、严格执法、公正司法、全民守法"这十六字方针，是对原来的"有法可依、有法必依、执法必严、违法必究"十六字方针的发展和提升，明确了新时期全面推进依法治国的重点环节和主要任务，具有极为重要的指导意义。具体来讲，科学立法是全面推进依法治国的前提，严格执法是全面推进依法治国的关键，公正司法是全面推进依法治国的保障，全民守法是全面推进依法治国的基础。

依法治国是对和谐社会的继承与发展，要建设好和谐社会是不能没有法治的；法治对于构建和谐社会的共同相通之处在于——和谐社会与法治社会追求的秩序井然、公平正义、权利保障的价值追求是一致的。法治自身体系的完善将对和谐社会的发展起到重要的保障作用。

二、和谐社会构建需以法治为支撑

和谐社会是法治的社会。所谓和谐社会，就是民主法治、公平正义、诚信友爱、充满活力、安定有序、人与自然和谐相处的社会，其实质上就是社会成员各得其所、各行其道、各尽其责、各享其成、各展其能；在法律规定的范围内自由选择、自由行动、自由创造。在中国传统的治国方略中，由于长期受封建专制统治的影响，普遍实行的是"人治"，而缺乏民主和"法治"。因此，法治对于构建和谐社会具有重要的理论及实践意义。

（一）和谐社会与依法治国相结合的重要意义

我们所要构建的社会主义和谐社会，是民主法治、公平正义、诚信友爱、充满活力、安定有序、人与自然和谐相处的社会。和谐社会必定是法治社会。和谐社会的每一个特征都包含着对于法治的需求。法治既是和谐社会的必备要素，又

对社会主义和谐社会的建设发挥着重要作用

1. 民主法治是构建和谐社会的内在要求

民主法治是社会主义和谐社会的首要特征。构建和谐社会的首要目标是建设一个民主法治的社会，而依法治国则是建设民主法治社会的前提和进一步实现全面和谐社会建设目标的基础，是和谐社会建设的基本诉求。

2. 公平正义需法律保驾护航

公平正义是和谐社会价值基础和价值目标，更是法治的本质要求。权利公平是社会公平正义的根本要求，更是法治社会的重要外在表现。如果得不到公平竞争的机会，人们必然对造成不公平的社会制度和法律产生不满，这种不满一旦积累到一定程度，必然会集中爆发危及社会的安全。在一定领域或范围中，存在着社会的重要资源及财富被一部分人或一群利益集团占有，多年改革的红利被其瓜分，而大多数的老百姓却一直被边缘化，挣扎在贫困线上的现象，主要表现为干的最多、最累、最脏、最差等，收获却最低。要打破该现象没有法律保驾护航是痴人说梦。因此，在立法时需保证各阶层的人都有一个公平竞争，公平收益的机会。

3. 社会稳定需要法律提供强有力的保障

社会稳定是和谐社会的重要标志，和谐不是无矛盾纠纷，而是这些矛盾纠纷能否通过正常的手段和途径实现救济而不造成社会动荡。由于老百姓法律知识有限，以及对司法行为的认识夹杂太多"人情"心理，以及司法在实际中很难做到独立司法审判，法治的公正性在老百姓心中大打折扣，而且因为司法救济不仅程序繁杂而且成本较高，所以老百姓一旦碰到或听到这样的司法案件，首先寻求的不是司法救济而是找"青天大老爷"。（注：因为司法救济不仅程序繁杂而且成本较高。）

综上所述，解决以上问题的关键是将矛盾纳入法治轨道，拔掉人们心中的人治。只有完善法治保障体系，科学发展才能使矛盾一产生才能迅速进入处理程序，公正地解决矛盾。改革开放以来，我国社会主义民主法治建设取得了举世瞩目的成就，但从构建社会主义和谐社会的需要来看，还有不少问题亟待解决，必须加快依法治国进程，为构建和谐社会提供支持。

（二）加快依法治国进程，推进社会主义和谐社会建设

建设社会主义法治国家，首先要有正确的理念作为指导，这就是要坚持实行依法治国的法治理念。具体表现在以下几点：

1. "把权力关进笼子里"，健全监督体制，真正保障人民主权

现代法治社会公共权力必须遵循取之于人民、服务于人民的准则，即要权为

民所用、利为民所谋。一个重要的关键是人民要有权力对公共权力实行制约与监督，它是人民当家做主及现代民主政治的重要因素。法律是社会合理分配权力、限制权力的工具，法律完成这一使命，就是对社会凝聚、生活安全作出的重大贡献。法律以明定规范来确认各公共权力主体行使权力的职能、范围、责任，限制滥用职权行为和越权与扩权行为，并通过司法机制予以保证和追究，从而维持宪政体制、维护公共秩序，调整国家与社会、政府与民众的关系，保证人民当家做主，保障人民主权这一和谐社会的基石的坚固安稳。只有把权力关进"笼子里"，健全监督体制，真正保障人民主权，才能增强人民群众对法治的信心、对法律的尊崇和守法的自觉性。

2. 完善生态立法机制，保护资源环境，实现人与自然和谐发展

青山绿水就是金山银山，是人与自然和谐发展的重要体现。当前社会在利益至上的理念横行时，高速发展与环境保护之间的冲突就越加突出。以损害自然环境作为代价的快速发展，必将付出更大的代价来修复环境，同时自然也会加倍地向人类报复。故建立、完善环境保护法律制度，维护自然资源与生态环境，是人类可持续发展的必需，也是科学发展观和生态美丽中国的要求。历史和现实都表明，如果没有强有力的措施对于危害自然环境的行为加以制止和处罚，毁坏环境的行为就无法受到有效的控制；不采取法治化的有效措施，自然环境的维护就无法得以有效的开展。人与自然的和谐相处就仅仅是一种美好的愿望。

3. 坚持以人为本，以法律规范人的行为和人际关系

当前中国社会正处于重要转型期，由于科技发展、信息技术进步，人们迫切需要法制的理性预期以规范、调整人际关系，特别需要政府行为公正透明、预期明确。法治以其自身的独特功能规范人的行为，促使人们行为理性化，从而促进社会和谐程度的提升。法治作为一种理性办事原则，其理性在于它所预设的规则具有稳定、连续、普遍、一般等特性，可预期地规范人的行为，调整人际关系。

4. 加强法律宣传力度，营造信法、学法、用法的社会风气

只有始终坚持党的领导、人民当家做主和依法治国有机统一，才能更好地发展社会主义民主政治，建设社会主义政治文明。要始终高举民主和法治的旗帜，树立和维护宪法、法律的权威，把依法执政的过程作为建设社会主义政治文明的过程。要坚持人民当家做主，不断拓宽渠道，积极引导人民群众合法、负责、理性、有序地参与国家和社会管理。要继续在全体公民中增强法律意识、普及法律知识，特别是加强对党员领导干部的教育，牢固树立法治观念，树立党在宪法和法律范围内活动的观念，支持和保证国家机关依法行使职权，为维护法律尊严、公民权利和社会公正创造良好的法制环境。

5. 严抓、严打当下社会不良行为，维护国家改革大环境的稳定

稳定安宁是和谐社会一个重要标准。当下危害国家安全的民族分裂势力、宗教极端势力、暴力恐怖势力等犯罪活动越来越猖獗，政法机关要始终坚持"严打"理念和方针，坚决打击，维护国家的统一和安全；依法惩治各类扰乱和破坏社会主义市场经济秩序的犯罪，稳定社会主义市场秩序；积极查办职务犯罪案件，促进党风廉政建设与和谐社会建设；严抓杀人、抢劫、绑架、伤害等严重影响群众安全的多发性犯罪分子，努力创造良好的治安环境。

6. 强化全局观念，发挥社会整体协调能力

发挥社会整体协调能力是社会主义和谐社会的重要标志。经济越是发展，越要重视和加强社会整体协调。首先要协调好流动人口。要充分考虑并尊重流动人口的交流及融合的需要，加大对其居住地的安全维护力度，认可他们对于城市建设作出的贡献，增强他们的"归属感"、"安全感"。其次要加强对各种社会人的协调。研究加强对社会人进行管理的有效措施，严格落实属地责任、行业责任和单位、社区、企业法人责任，确保无上级主管单位的民营高科技企业职工、流动人口、下岗失业人员、民营高校学生等不脱管失控。最后要加强对社会组织的协调。应当建立政府对社会组织的资助机制，通过政府购买服务等措施，发挥社会组织在社会管理中的作用，推动社会组织发展。同时，要依法加强对境外非政府组织在华活动的管理。

总之，和谐是社会发展的至高境界，我们所要构建的和谐社会，是整个社会的和谐，而实现和谐社会的推动力则是依法治国，随着社会的进步与发展，更加迫切的需要依法治国顺利进行，也需要我们全社会共同努力才能实现社会和谐的目标。

（三）坚持依法治国和以德治国相结合

法律不是万能的，社会生活中也有法律无能为力的领域，这就需要依靠道德来调节和规范。这是因为法治与德治都是上层建筑组成部分，是相辅相成、相互促进的关系，是维护社会秩序，规范、调整人们的思想和行为的重要手段。

党的十八届四中全会《决定》明确提出，坚持依法治国和以德治国相结合，并把其作为实现全面推进依法治国总目标必须坚持的重要原则，具有非常重要的理论和现实意义。国家和社会治理需要法律和道德共同发挥作用，不断开阔中国特色社会主义事业的发展前景，就必须一手抓法治、一手抓德治，既重视发挥法律的规范作用，又重视发挥道德的教化作用，实现法治和德治相得益彰。

1. 依法治国和以德治国内涵及基本要求

依法治国，就是广大人民群众在党的领导下，依照宪法和法律规定，通过各

种途径和形式管理国家事务、管理经济文化事业、管理社会事务，保证国家各项工作都依法进行，逐步实现社会主义民主的制度化、法制化，使这种制度和法制不因领导人的改变而改变，不因领导人看法和注意力的改变而改变。社会主义依法治国的基本要求包括：①有法可依。有法可依是指社会的政治、经济、文化等各个需要法律调整的领域和方面都有良好的法律可资依据和遵循。②有法必依。有法必依是指一切政党、国家机关、社会团体、企事业单位、公民都必须依法办事。这是依法治国的中心环节。③执法必严。执法必严，是指执法机关和执法人员严格依照法律规定办事，坚决维护法律的权威和尊严。④违法必究。违法必究，就是要严格追究违法犯罪行为人的法律责任。这是依法治国的必要保证，是法律威严的重要体现。

以德治国，就是以马列主义、毛泽东思想、邓小平理论为指导，以为人民服务为核心，以集体主义为原则，以爱祖国、爱人民、爱劳动、爱科学、爱社会主义为基本要求，以职业道德、社会道德、家庭美德的建设为落脚点，建立与社会主义市场经济相适应、与社会主义法律体系相配套的社会主义思想体系，并使之成为全体人民普遍认同和自觉遵守的行为规范。

2. 依法治国和以德治国二者之间的辩证关系

法治属于政治建设，属于政治文明；德治属于思想建设，属于精神文明。二者都有其独特地位和功能，但又是相辅相成、相互促进的，应该相互结合，统一发挥作用。法律的权威源自人民的内心拥护和真诚信仰，而要树立信仰，就要弘扬社会主义法治精神，建设社会主义法治文化，增强全社会厉行法治的积极性和主动性，形成守法光荣、违法可耻的社会氛围；德治的实现需要法治的规范、制约，需要以法治体现道德理念、强化法律对道德建设的促进作用，法治本身也是社会主义核心价值观的重要内容。社会主义法治是建立、维护、实行社会主义道德的法律保障，社会主义德治是以社会主义思想道德来规范全体社会成员的行为，提高整个民族的道德水平。依法治国和以德治国是一个紧密结合的整体，二者缺一不可。

法治与德治都是人类社会特定经济关系的产物，法治属于社会制度范畴，通俗地讲是法律范畴，德治属于意识形态范畴。两者都是调控社会关系和人们行为的重要机制。法律是由国家制定并强制实施的行为规范，道德是依靠人们的内心信念、传统习惯和思想教育调整行为的规范，强调人的自觉自律，具有非强制性的特点。两者既相互区别，又相互渗透、互相支持、互相转化、相辅相成。法律与道德的有机结合、协同发展，是建设有中国特色社会主义的必由之路。

法律与道德之间存在着互为条件、彼消此长、相互转化的动态互补机制，也就是，说道德向法律转化，称之为道德法律化；法律向道德转化，称之为法律道德化。这种互动互补机制的建立，会使社会成本消耗减少，效益增大，从而成为调控社会关系和行为的有效杠杆。因此，法律与道德是不可分离的有机整体。科学地评价法德之间的关系，并合理地开发利用这两种资源，对于建设有中国特色社会主义无疑具有现实而深远的意义。

3. 依法治国与以德治国相结合的重要意义

（1）坚持依法治国和以德治国相结合，是社会主义建设历史经验的总结和升华，也是是对马列主义、毛泽东思想、邓小平理论的重大发展。

改革开放以来，特别是近年来，我们党始终把法治建设和道德建设放在党和国家全局工作重要战略地位，实行依法治国和以德治国相结合。我国经济社会发展之所以取得今天的成就，与此脱离不了关系。分开来看，一方面，法治是国家治理体系和治理能力的重要依托，全面推进依法治国是确保党和国家长治久安的根本要求。改革开放以来，我们党一贯高度重视法治。1978年12月，邓小平同志就指出："应该集中力量制定刑法、民法、诉讼法和其他各种必要的法律。"党的十五大强调依法治国是党领导人民治理国家的基本方略，是发展社会主义市场经济的客观需要，是社会文明进步的重要标志，是国家长治久安的重要保障。党的十七大提出，依法治国是社会主义民主政治的基本要求，强调要全面落实依法治国基本方略，加快建设社会主义法治国家。党的十八大强调，要更加注重发挥法治在国家治理和社会管理中的重要作用。党的十八大以来，党中央高度重视依法治国，强调落实依法治国基本方略，加快建设社会主义法治国家。

（2）坚持依法治国和以德治国相结合，是坚持走中国特色社会主义法治道路的内在要求。

长期以来，特别是党的十一届三中全会以来，我们党深刻总结我国社会主义法治建设的成功经验和深刻教训，提出为了保障人民民主，必须加强法治，必须使民主制度化、法律化，把依法治国确定为党领导人民治理国家的基本方略，把依法执政确定为党治国理政的基本方式，积极推进社会主义法治建设，取得历史性成就，走出了一条中国特色社会主义法治道路。坚持依法治国和以德治国相结合，强调法治和德治两手抓、两手都要硬。着眼当前、面向未来，要把依法治国基本方略、依法执政基本方式继续实行好，把法治中国继续建设好，最关键的是坚定不移走中国特色社会主义法治道路，牢牢把握这条道路的基本特征和原则要求，彰显其鲜明特点，发挥好突出优势。这就要求我们在实践中必须坚持和落实好依法治国和以德治国相结合，统筹推进以德治为基础的法治建设、以法治为保障的德治建设，使中国特色社会主义法治道路越走越宽广。

（3）坚持依法治国同以德治国相结合，是全面建成小康社会、实现中华民族伟大复兴的中国梦重要保障。

现在，全面建成小康社会进入决定性阶段，改革进入攻坚期和深水区。我们党面对的改革发展稳定任务之重前所未有、矛盾风险挑战之多前所未有，依法治国在党和国家工作全局中的地位更加突出、作用更加重大。面对新形势新任务，我们党要实现经济发展、政治清明、文化昌盛、社会公正、生态良好，必须发挥法治的引领和规范作用。我国要实现"两个百年"目标，必须要把依法治国和以德治国紧密结合起来，坚持法治德治"两手抓"，通过法治建设的不断深化和推进，建设中国特色社会主义法治体系、建设社会主义法治国家；通过公民道德建设的不断深化和推进，逐步形成与发展社会主义市场经济相适应的社会主义道德体系。只有这样，才能保证我国法治建设的中国特色社会主义方向，才能巩固全党全国各族人民团结奋斗的共同思想道德基础。

（4）坚持依法治国同以德治国相结合，是建立社会主义市场经济体制的内在需要，更是体现与时俱进理论精神。

一方面，为了使社会主义市场经济健康发展，必须加强法制建设，建立健全并不断完善与社会主义市场经济相适应的法律体系，做到有法可依，有章可循，实行依法治国。另一方面，我国目前正处于前所未有的社会转型、体制转轨的变革时期，社会关系日益复杂。法律和道德、法制建设和道德建设比以往任何时候都更重要。因此，坚持不懈地加强社会主义法制建设和社会主义道德建设，坚持"依法治国"同"以德治国"相结合，做到"法制建设"和"道德建设"并进，"依法治国"与"以德治国"兼用，在我国目前新形势下显得尤为重要。

总之，坚持依法治国同以德治国相结合，是我党在不断探索和总结历史经验基础上做出的重大理论创新，是对马列主义、毛泽东思想、邓小平理论的继承和发展，是对建设有中国特色社会主义规律性认识的升华，是我党在新形势下对执政治国经验的最新总结。

三、青少年的健康成长需法律保障

青少年是祖国的花朵，是祖国的希望，是祖国的未来。法治应从娃娃抓起，只有加强青少年法制教育，培养其法律意识，提高其法制观念，用法律来保护青少年的合法权益，预防青少年犯罪，才能更好地保障我们的和谐社会健康快速发展。

近年来，我国在青少年法制教育方面做了大量工作，并取得了一定的成绩，青少年的法制观念和法律意识有较明显的增强。但是，随着经济社会的前进（发展），信息产业的快速发展，生活环境的不断优化，青少年违法犯罪却呈逐年上升趋势，并且犯罪年龄越来越低。这些不得不引起各有关部门的高度重视和思考。面对越来越多走上违法犯罪道路的青少年，我们不禁要问：青少年懂法吗？他们为什么要走上犯罪的道路？我们的法制教育到位了吗？

（一）当前我国青少年法制教育的现状及原因分析

反思青少年违法犯罪的呈上升趋势，除了深受外部复杂的因素影响外，我们的法制教育制度本身也存在不少的缺陷，主要表现在：

1. 法制教育、道德教育与公民教育没有很好地结合起来

公民教育是建设民主社会与法治国家的途径，故法制教育、道德教育与政治教育应并列在公民教育体制中的核心位置。然而，在当前的应试教育体制下，很多学校为了升学竞争却忽略了青少年的道德教育、公民教育与法制教育的结合，往往片面强调道德自律，而很少结合法制教育和公民教育。

在学校层面，在校生是青少年的主流，学校是青少年法制教育的主阵地，但在学校里，法制课没有纳入教学大纲，不是一门应试课程，不影响学生的升学考试，不影响老师的教学成绩，与其他课程相比，仅仅是学生业余辅导课的内容，可有可无，无论在课程安排上，还是在内容选择上都得不到真正的重视。

在社会层面，法制宣传、法制教育仅仅是阶段性的工作，对法制教育宣传不够，开展不够。即使开展了法制教育，也没有真正达到教育效果，使一些群众曲解了法制教育的要领，认为法制教育的目的就是预防犯罪，将预防青少年犯罪当作法制教育的主要甚至唯一的目的。实际上，培养青少年的权利意识、法律意识、增强法制观念，做到知法守法，才是法制教育的根本目的，预防犯罪只是基本的目的。

2. 法制教育的途径单一，片面依赖课堂教育且教育方式过于简单

长期以来，一谈青少年法治教育，我们就联系到利用课堂进行法治教育，似乎只要在学校课堂对青少年进行足够的法制教育就万事大吉了。再加上相关领导不够重视及学校经费有限等原因，大多数学校的法制教育往往局限于课堂教学，且教学方法简单，经常是采取单一灌输的方法进行教学，使法制教育的形式过于简单枯燥。法制教育没有固定的教材，学校里只能通过一年举办几次讲座，或者组织学生到法制教育活动基地参观一两次，就算法制教育了，其实这远远达不到教育的目的。因此，长期下去必然造成学校教育和家庭教育、社会教育的脱节，不利于增强未成年人的法制观念。

3. 家庭教育滞后，社会宣传形式单一，法制教育考核缺乏体系

许多家长认为，孩子的教育应由学校来管，因此，家长对孩子的法制教育少之又少，甚至没有。再加上有的父母本身的法制素质不高，家庭教育模式的落后使得本应列为第一位的家庭法制教育严重缺位。政法部门在推动法制宣传工作效

果方面，成效很不明显，虽然发了很多传单，做了很多条幅，但没有实质的教育效果。许多部门认为教育只是学校的事情，不愿加入宣传教育活动。社会上，一些有不良记录的青少年没有得到良好环境的矫正，反而在生活中得到更多的歧视和讽刺。另外，一些群众对偷、抢等犯罪行为没有站出来制止，而是回避，这些举动对青少年的成长影响很大。在目前的教学体制下，受应试教育的影响，大多数学校、家长以至社会把升学率作为评判教育成果的主要标准，再加上对法制教育成效的好坏缺乏一个完整的评价体系和标准，使得少数学校产生法制课上与不上一个样、上好上坏一个样的错误认识。

（二）加强青少年法制教育的重要意义

加强青少年法制建设和法制教育，促进青少年健康成长势在必行。

1. 青少年的身心健康需要法律给予特殊保护

青少年正处于长身体、长知识的重要时期，各方面都不成熟，缺乏自我保护的能力。家庭、学校、社会一些不恰当的行为会对青少年造成一定的身心伤害。这些不恰当的行为主要表现在部分家长及监护人粗暴对待甚至虐待孩子，把自己的思想及愿望强加给青少年等；很多学校因为升学的压力，过分关注学生分数而忽略学生全面发展的需要，更有甚者部分老师教法不当，体罚或变相体罚，使学生身心受挫；社会上一些不法之徒为谋求经济利益，兜售不健康的图书、音像制品，用游戏厅、网吧诱惑青少年。因此，如果要杜绝这些不良现象，必须通过立法，用法律防止青少年的合法权益受到侵害，保护青少年的身心健康。

2. 青少年的健康成长需要国家给予特殊关注

青少年能否健康成长，能否肩负起历史赋予的重任，直接关系到革命前辈开创的社会主义事业是否后继有人的大问题。因此，党和国家历来重视对青少年的教育、引导和保护，相继制定了《妇女儿童权益保护法》《未成年人权益保护法》等，但是我国现行的这些法律不足以充分保障青少年的合法权益，此外，当今社会还是存在着一些不利于青少年健康成长的因素。所以，制定关于保护青少年的专门法律，就显得尤为重要。

（三）加强青少年法制教育的途径

1. 必须形成齐抓共管共识，宣传发动要到位

抓好青少年法制教育涉及家庭、学校、社会的方方面面，需要全社会的关心支持，需要各部门齐抓共管。党委、政府要制定青少年法制教育详细的实施细则，指导各地、各部门有序地开展法制教育。政法部门要联合教育部门制定切实可行的法制教育体系，将青少年学生的法制教育纳入教学大纲，引入一些符合青

少年学生阅读的教学材料供学生学习，同时，还要建立检查督促机制，加强对各学校的法制教育的督促指导。

2. 转变传统宣传思维模式，开辟、扩大新的宣传路径

政法部门要动员社会各界来参与法制教育，支持干警、律师等在学校参与法制教育的工作，帮助解决在法制教育过程工作中遇到的问题和困难；政法部门应在原来广泛宣传的基础上，通过家长法制学校、社区干部法制培训、干警法制宣讲等形式，扩大法制教育面，使更多的群众参与法制教育中来。电视台可以联合政法部门，通过电视、广播等渠道，定期循环播出法制警示教育，让广大市民更直接地接受教育。多样的形式能提高法制教育效果。学校要充分利用第二课堂和社会实践活动，对学生进行形式多样生动、直观的法制教育，以提高法制教育效果，比如开展主题班队会、模拟法庭、社会调查、知识竞赛、社会实践等活动。一方面，通过宣讲法律故事，进行典型案例审理等，对学生进行生动直观的教育，提高学生学习兴趣，增强教育效果；另一方面，通过采取与政法等有关部门建立共建单位，聘请校外辅导员、与学生家长定期联系卡，向社会发放倡议书等形式，对青少年学生进行全方位多渠道的法制宣传教育。

3. 建立压力传导机制和科学考核体系，落实责任要到位

法制教育是一项社会系统工程，需要社会各方面的配合参与。为了使青少年法制教育工作真正落到实处，要建立科学合理的压力传导机制将压力传导到各个岗位，责任落实到每个个人。教育部门要制定相应的考核机制，加强对学校法制教育成果的检查考核。文明办、共青团、妇联、关心下一代工作委员会等部门，要充分发挥志愿者、老干部、老专家等作用，组织他们为青少年法制教育贡献力量。为强化对法制教育的管理，必须制定中小学法制教育管理办法，将法制教育纳入学校年度综合考核。学校要明确职责，制定硬性的指标和任务，真正把法制教育纳入教学大纲。形成学校、社会、家庭"三位一体"立体型法制教育平台。努力营造一个学法、守法、护法的社会环境。

总之，国民素质的提高，社会经济文化的发展，民主与法制的推进，都寄希望于广大青少年。我们要进一步加强青少年法制教育力度，与时俱进，开拓创新，共同托起明天的太阳。

四、大学生的成长成才需与法同行

我们生活在法治的国度，处处需有法，处处需遵法。大学生应该让法律在心间长驻。《信息时报》报道未成年人犯罪呈快速上涨趋势，并且未成年犯罪趋于低龄化；侵财和暴力犯罪呈上升趋势；具有明显的团伙化作案倾向；主体多来自

教育弱化家庭；违法犯罪的耻辱感日趋淡化；犯罪手段极其残忍。综上所述，法律的重要性可见一斑，故只有不断地学习法律，我们才能对法律有了逐步的了解，法制观念也才能慢慢提高。只有我们懂法，才能知道哪些事情是在法律允许的范围内，哪些事情是法律所禁止的。怎样行使权利，如何履行义务……而假如我们是法盲，也许在触犯法律后也不知道自己的行为是违法的，由此产生的后果就必定严重了。

在校园中，法律是每一个学生必定要遵守的，不守法，校园就好像是热带雨林，危险重重。如何建设平安校园与和谐校园？我们认为，仅仅依靠加强法制教育与宣传是远远不够的，还需将法制教育落到实处，让每一个学生切实感受到因守法而带来的真正的自由和快乐。

（一）当代大学生的法制观念现状

分析和认识大学生法律意识的现状，是培养和塑造大学生现代法律意识的重要依据，对于实现建设社会主义法治国家的目标具有重要的现实意义。

由于当前的大学生群体的主要成分是独生子女，受现代社会意识形态的影响较重，因而更加注重实现自我价值。但他们往往不能正确认识自我，喜欢以批判的眼光对待周围的人和事，为表现个性，甚至把学校规章制度视为束缚其思想和行动的多余之举，对法纪教育存在逆反心理，有的甚至做出违规乃至违法犯罪的事情。

1. 不能从总体上准确理解和把握现代法治基本精神

在调查中发现，由于传统法律意识的思维惯性，大学生对法的民主基础尚未有明确的意识，仍然存在着一种传统意义上将法作统治工具的法律观。现代法制是以民主为基础，以保障人权为核心，与传统的法制有着本质的区别，它视法为工具与目的的统一，并更加强调法的目的价值。譬如，他们也认可"法治"反对"人治"，但受到传统人治观念和现实中一些"权大于法"现象的影响，往往认为法律只具有工具价值而非目的价值；他们也认可民主反对专制，但受到中国现实国情的制约，往往认为法制只存在于民主制度，而专制制度下就没有法制，没有认识到法制既可以与专制相结合，也可以与民主相结合，而只有以民主为社会基础的法制模式，才能称之为真正的法治。

2. 学法、懂法，但不信法

由于受社会负面文化和学生自身道德以及心理成熟程度的影响，当代大学生的法律意识还没有达到应有的高度。相当一部分学生虽然法律知识懂得不少，然而现实生活中，其行为与法律规定背道而驰，守法的自觉性较差，形成"学而不用"，"知而不信"现象。学生对法律的信任度不容乐观，虽然有时候对待是非基本上是清楚的，但态度不够坚决。面对这种情况，对大学生加大法制教育的力度，进一步增强他们的法律意识，提高他们的法律素养势在必行。

3. 有被动法律意识，欠缺主动法律意识

由于教育与宣传舆论的局限，大多数大学生的法律意识处于一种被动的守法状态，认为守法就是遵守刑法。这种被动的法律意识更多的是一种守法教育下的结果。譬如，现在一些高校内的法制宣传栏中的内容，都以描述违法犯罪的案例及其所受的惩罚居多，使得大学生感受到的更多的是法律的铁面无私和无情，而并没有感觉到法律是他们生存的需要，是他们行为的准则，是他们利益的维护者，大学生的内心深处认为只要不违法就无须学法。有的甚至把神圣的法律看作形同虚设，即使约束和规范，那也是针对"老百姓"的。事实上，守法教育固然是法制教育的重要内容之一，但如果将守法教育代替整个法制教育，以守法为法制教育的初衷和归宿，则不仅不利于培养出具有现代民主意识和现代法律意识的人才，而且在一定程度上是对现代法的基本理念和基本价值取向的悖逆。只有彻底转变法观念，以培养人们的法律信仰和权利的积极行使为出发点，才能在更深层面上对提高大学生法律意识和建设法治国家作出回应。

4. 有感性法律认识但缺乏理性感悟，法制心理状态多样化

随着知识的积累和视野的扩大，大学生开始学会对现实进行深层次的理性思考，关注国家的法制建设，更关注自己的合法权益。但他们又往往富于幻想，急于求成，缺乏对国情的全面了解，缺乏冷静、理性的分析，常常又表现出情绪化的倾向。有些学生对西方的三权分立制度比较欣赏，主张在法制建设上全盘照搬西方的那一套。也有些学生受到我国传统法律文化消极因素的影响，轻视法律的作用。较为典型的就是马加爵事件，马加爵为了报复那些伤害他尊严的人，选择走上犯罪的道路。清华大学学生刘海洋于2002年1月29日和2月23日先后两次把掺有火碱和硫酸的饮料，倒在北京动物园饲养的狗熊身上和嘴里，造成多只狗熊受伤。刘海洋在被拘留后说，自己学了法律基础知识。

（二）高职院校学生法制教育存在的弊端

高职教育一般为大专层次，学制三年，相对于本科院校的本科教育、研究生教育而言，教育年限较短，因而学生接受法律教育的时间更短。实践中，高职院校学生在大三后半年或者整个大三一年的时间普遍要在相关行业进行实际操作式的实习。因此，在大一接受一年的思想政治教育与法律基础教育后，在大二、大三就不再开设关于法律基础的课程。大部分学生基本上在大三毕业后就直接步入社会，走向工作岗位，正规的法制教育基本上停止，以后的人生基本上依靠大学期间的几节法律基础课所讲授的法律知识，面对法制建设飞速发展的社会显得力

不从心。

1. 高职院校法律教育针对性及重视力度不足

目前，很多高职院校的法律教育多是通过"思想道德修养与法律基础"这门课进行。按照教学计划，其中法律基础部分的课时十分有限，教师能够讲授的内容少而浅。在日常管理中，学校针对专门法律进行宣传和教育的活动较少，学生缺乏良好的法律宣传教育校园环境。

2. 学生学习兴趣低、学习内容不够深入，师资力量相对薄弱。

（1）对法律知识的求知欲低。高职院校招收的学生基本上是在高考中分数偏低，文化基础相对薄弱，心理失落感强烈，自信心不足，甚至有"破罐子破摔"的消极想法的学生，所以学习积极性不高，对法律知识的求知欲低。

（2）很多学生选择高职院校的原因在于培养一技之长，为自身创造良好的就业条件。他们对于专业课和实习实训十分重视，在学习"思想道德修养与法律基础"这门公共课时，却大多采取敷衍了事的态度。而且限于自身阅历，绝大部分学生对于法律的重要作用没有深刻认识，对枯燥的法律条文望而生畏，在学习积极性方面大打折扣，导致学习效果不佳。例如，虽然在课堂上学习过《劳动法》和《劳动合同法》，有的学生在毕业时还是不能区分就业协议书与劳动合同，不知道如何正确签订劳动合同，不知道自身享有的权利与义务，给自身、学校、企业三方都造成很多困扰。

（3）高职院校很多是近几年从中专学校升格来的，自身师资力量相对薄弱，专业法律教师更是屈指可数，没有为大学生学法、用法创造良好的氛围和环境，使大学生法律素养的提升受到限制。

3. 教学方式单一，缺乏吸引力

目前，高校法律教育活动渠道与形式较为单一，无法引起学生的兴趣。一方面，很多讲授这门课的老师并非法律专业出身，自身的知识结构不够均衡，导致在日常的课堂教学中，机械地向学生讲授法律条文，实践教学环节缺失，"普遍采用填鸭式的教学方法，教师是主体，学生只是被动接受各种法律知识，缺乏法治理念教育与法律应用能力的培养，从根本上来看对学生法律素质的提升作用不明显"，教学内容单调枯燥。另一方面，也有部分教师对法律教育的认识不到位，在讲授法律知识的过程中，对很多重要内容一带而过，达不到应有的效果。

（三）民办高校法制教育的途径

市场经济就是法治经济。现代化的市场经济实践要求有现代法治观念和伦理精神的支撑，需要有与之相应的思想教育理念和运作体系。大学生的素质教育，包括大学生的现代法律意识的塑造过程，不仅仅是依托于学校，更需要深深地扎根于以社会为背景的土壤之中。

1. 以家庭、社区及学校三者一体为主线，加强道德与法制教育紧密结合，创建一个全方位的道德、法律教育系统工程

当代大学生思想开放，时代感强，主观上期望法治，关心国家法制建设，但世界观还未完全成熟，易受外界环境影响。因此，大学生的道德与法律教育需要全社会共同关注，需要家庭、社区以及社会紧密关注和配合。一个人的全部教育有家庭、学校及社会组成。因此，作为大学生道德和法制教育启蒙的家长一定要加强自身德与法学习，用自己的一言一行去影响自己的孩子。作为大学生道德和法制教育主阵地的高校，必须实施依德、法治校，保证良好的校园生活环境，切实抵制社会不良文化的进入；作为社会最重要角色扮演者的政府职能部门则应力所能及地为大学排忧解难，要采取切实可行的措施，优化社会大环境以及校园环境。通过这些方法和措施，形成一个好的法治环境，使学生潜移默化地受到现代法制的熏陶，从而提高自身的法律意识。

2. 开辟法制教育第二课堂及实践活动，转变传统的"意识主导"型法制教育思维，营造大学生法律教育的新气象

兴趣是最好的老师，氛围是最棒的伙伴，高校应努力激发学生学习的兴趣和营造法律教育的氛围。当前的"思想道德修养与法律基础"课中的法律教育主要存在以下几点问题：

（1）法律知识本身体系繁杂、晦涩难懂，应用性强且抽象。传统的法制教育方式只是将书本内容灌输给学生，教师占据绝对的主导地位，教学的实效性差。

（2）课程内容设置不够合理。主要表现为教材内容未突出重点，教材内容几乎涵盖了我国现行的法律，书中几乎无任何案例对相应法理进行释疑，而法律条文中大量引进的专业术语对于非法律专业的学生来说无异于读天书，不适应学生自学和阅读的需求。

针对以上问题，我们应当一方面转变传统的"意识主导"型法制教育思维，向现代"素质主导"型变革，即发挥学生的主体性，让学生参与教学过程，将案例分析法和法律教育基地引入教学，鼓励学生学以致用，在不断的实践中掌握法律知识，自觉运用法律知识分析解决身边的问题。另一方面，要积极开辟第二课堂及系列实践活动。我们的具体做法是拓展法学选修课的开设门类和开设范围，以满足不同层次学生的学习兴趣和需求，使学生从理性的层面对整个法制、法律及各部门法的基本价值理念和精神追求有一个宏观把握，从而逐步培养出适应现代素质教育要求的具有较高的法律意识的大学生。在"思想道德修养课与法律基础"课上举办全校规模的"与法同行"法治演讲比赛，组织学生到惠州监

狱进行廉洁修身参观体验教育等活动。

3. 强化是非观念，防止大学生思想道德的蜕变

一方面要坚持正面引导弘扬主旋律；另一方面要及时做好市场经济条件下出现的一些丑恶现象和错误思潮的剖析，对丑恶现象，揭露其肮脏的灵魂和自私的本质，对错误的思潮，分析其产生的背景和它代表的是什么样的利益，什么人的利益，指出其中违背人民利益不符合社会发展的本质。使大学生从这些剖析中获得对丑恶现象和错误思潮的正确认识与评判。学校应鼓励大学生多参加社会实践，在这些社会实践中使大学生对社会道德和是非观念有更加深刻的认识和认同，对违法犯罪行为起到防患于未然的作用。

4. 开展心理健康教育和心理健康咨询，提高大学生的法律意识

大学生违法犯罪动机是内因和外因相互作用的结果。犯罪学认为，犯罪动机是犯罪人的内心动力，这种内心动力来自两方面，一是行为人的内在条件（生理和心理需要），二是外在条件（各种刺激）。从哲学角度分析，犯罪人的各种需要是内因，而外在刺激是外因。我们知道，外因要通过内因起作用。因此，高校应开展心理健康教育来培养大学生的良好心理素质，从而提高大学生的法律修养。

（1）要让学生通过心理卫生知识、性知识、性道德的学习，全面认识自我，掌握心理调适的基本途径和方法，提高自身心理素质。

（2）学校应建立心理咨询机构。积极开展心理咨询业务来引导大学生开发潜能、完善人格，全面提高和发展自己，使自己成为具有较强调节心理能力的大学生，从而抵制不良习俗的侵蚀，提高自身的法律意识。

德意志哲学家，古典哲学创始人伊曼努尔·康德曾说过这样的话——"有两样东西，我们愈经常愈持久地加以思索，它们便愈使心灵充满始终新鲜不断增长的景仰和敬畏：在我之上的星空和居我心中的法则。"这句话说明不仅要重视青少年法制教育，大学生的法制教育也不能掉以轻心，大学生的成长成才需要学法、懂法，更要做到心中有法。

第八章

党建护航： 立德树人工作的领导力量

培养高素质、技术技能型人才是新时期高职教育的重要使命，是高等教育"育人为本"教育理念的集中体现。全面贯彻党的教育方针，提高教育现代化水平，培养德智体美全面发展的社会主义建设者和接班人，是当前高等教育发展的重要方向。因此，在全面推进素质教育，促进学校可持续发展的同时，更需要学校党组织在改革与发展中充分发挥导向作用。高校党建是加强新时期学生思想政治教育的重要手段，通过高校党的思想建设、组织建设和制度建设，为高校"培养什么样的人才，怎样培养人才"提供坚强的政治保障、思想保障和组织保障。

一、提升党建育人理念，创新高职党建育人工作机制

十八大提出要把立德树人作为教育的根本任务，这也是高校党建工作的根本任务。高等院校既担负着立德树人、塑造灵魂的重任，又是价值观念传播、思想理论建设的重镇。习近平同志指出，高校肩负着学习研究宣传马克思主义、培养中国特色社会主义事业建设者和接班人的重大任务。加强党对高校的领导，加强和改进高校党的建设，是办好中国特色社会主义大学的根本保证。办好中国特色社会主义大学，要坚持立德树人，把培育和践行社会主义核心价值观融入教书育人全过程；强化思想引领，牢牢把握高校意识形态工作领导权；坚持和完善党委领导下的校长负责制，不断改革和完善高校体制机制；全面推进党的建设各项工作，有效发挥基层党组织战斗堡垒作用和共产党员先锋模范作用。各级党委和宣传思想部门、组织部门、教育部门要加强对高校党的建设工作的领导和指导，坚持党的教育方针，坚持社会主义办学方向，加强和改进思想政治工作，切实把党要管党、从严治党落到实处。

高校党建作为全面推进党的建设中的关键一环，在保证为国家事业发展培养接班人上显得尤为重要。习总书记所提的加强和改进高校党的建设及立德树人的

要求，既与高校育人的理念不谋而合，亦是以党风正带动学风浓的必要举措。加强改进高校党建工作，意在使高校教育回归教育本源，《礼记·学记》中曾述："建国君民，教学为先。"可见，教育与国家的发展息息相关。毫无疑问，唯有将立德树人理念贯穿于高校党建工作之中，才能从源头上防止高校教育的偏轨，从而使社会主义事业建设后继有人。要使立德树人思想在教育中实现潜移默化，必须坚持党委领导不动摇，不断完善高校教育管理，用党建促校建，以此为莘莘学子营造出良好的教育氛围。育人工作是一个复杂的系统工程，高校要实现教书育人、管理育人和服务育人的"三育人"目标，必须充分调动全校教职工的力量。学校的机关职能部门、后勤服务部门的广大干部职工在管理育人和服务育人方面发挥着最直接、最重要的作用。高校通过党的干部队伍建设，选拔一批理想信念坚定、师德高尚、业务能力突出的管理干部，安排到机关职能部门和后勤服务部门，为管理育人和服务育人奠定了坚实的基础。学校党委组织部、学生工作部、宣传部在学生的思想政治教育方面发挥着重要的引领作用，通过调动广大思想政治干部育人的积极性和主动性，抓好师生党组织和党员队伍建设，进一步促进学生的成长、成才，即把高校党建工作渗入到育人过程中，从而实现高校学生党建与高校育人的有机统一。高校所发展的党员绝大多数是青年学生，他们学成之后将进入社会各个行业，成为国家未来建设的中坚力量，因此能不能在高校中把他们培养好，使其具备较强的党性修养和政治理论素养，事关党的兴衰和中国特色社会主义事业的成败。高等院校通过党建把社会主义核心价值体系融入育人的全过程，这是高校办学的内在本质要求，也是高校人才培养的必然。

（一）创新领导管理体制，强化引领发展的政治核心地位

作为民办高校，我院致力于探索董事会、院行政领导班子和党委成员交叉任职的领导管理体制。院行政领导担任党委成员，党委委员担任董事会成员，院董事会9名董事中党委成员有5名，党员占到7名，强化了党委的政治核心地位。学院认真贯彻党的教育方针，始终坚持正确的社会主义办学方向。建立董事会与党委、院行政领导班子之间的高效沟通协商机制，并根据决策需要，将院长办公会议和党委会议合为党政联席会议，不断完善党政联席会议、教代会、学术委员会等管理制度。通过体制创新，理顺关系，明确目标，协调统一，有效地发挥党委在学院依法办学中的政治核心作用和监督保证作用。2014年10月22日，学院成功召开中共惠州经济职业技术学院第二次代表大会，选取产生新一届党委和纪委，行政领导班子成员全部是中共党员，全部成为党委成员。

（二）创新组织建设模式，强化党建工作全渗透

1. 强力推进"三进"工程建设

以学习贯彻落实新修订的《中国共产党普通高等学校基层组织工作条例》为抓手，进一步明确职责任务，丰富活动内容，强力推进党建工作进班级、进公寓、进社团的"三进"工程建设，激发党组织活力，让党组织在班级、公寓和社团中得到不断发展和巩固，加强学校基层党组织建设，在民办高校强基固本。

学院对于活动型党支部不仅选配好能力强的学生担任党支部书记，还提供活动场所，建立健全工作制度。它们贴近学生、了解学生、扎根学生，在学生党建和思想政治教育工作中具有独特的优势，既有利于对学生党员的教育管理，充分发挥学生党员、学生党支部在学生思想政治教育和优良学风建设中的模范带头和示范引领作用，也便于发展和评议学生党员，增强党组织在学生中的辐射力和感召力。依托这些活动型学生党支部，把学生的理想信念教育、道德教育、法纪教育、文明行为教育和党的基本知识教育结合起来，把对学生思想政治工作的日常教育与党的基本知识集中教育结合起来，帮助大学生树立正确的人生观、世界观和价值观，抵制各种腐朽思想的侵蚀，坚定建设有中国特色社会主义的信念，提高大学生思想政治素质。

例如，学院党委在学生公寓开展党建工作方面，以建好品雅女子书院党支部为试点，带动了党组织进公寓工作的顺利推进。品雅女子书院党支部建立党员示范岗，学生党员充分发挥先锋模范作用，自告奋勇当"导生"，党员做到"五带头、五争先"，即"带头学好专业技能本领，争当学习标兵；带头参加各项公益活动，争做表率；带头遵守纪律，争当守纪模范；带头为同学办实事，提供学习、生活指导，争当优秀'导生'；带头创新管理观念，调节同学矛盾，争当和谐先锋"。以模范先锋作用感染同学，服务同学，引导同学。党支部聘用专家学者为导师，设立心理工作室、文体活动室，开设"以文化人"系列讲座，定期邀请专家学者来讲座和讲学，把生动有趣的讲座融入学生的生活舍区，定期组织特色文化活动与能力拓展训练，在书院营造"以文化人"的学习生活环境，让大学生在食宿起居的举手投足之间自然接受思想政治教育和文化熏陶，成为学生的生活空间、学习的第二课堂和社交网络的社区，又是心理调适、人格的养成、素质提升的重要场所。不同系部、不同专业的学生住在一起，通过基层党组织把全体同学最广泛地团结起来，把各方面力量最大限度地凝聚起来，联合开展各类形式多样、内容丰富、品位高雅的文化活动，提高了学生参与活动的积极性与主动性，提升了学生的综合素质，增强了党组织的凝聚力与战斗力，营造了良好的学生公寓文化建设氛围，并在一定程度上抵制了不健康文化的侵袭。品雅女子

书院党支部的做法，促进了学生管理工作"三升级"，即党建和思想政治教育升级、管理服务升级、文化升级。目前，已有四个学生公寓成立了党支部。

2. 不断优化基层党组织设置

党的组织模式在空间上的拓展，让党的教育无处不在，党组织的向心力和凝聚力明显增强。不断优化基层党组织设置，将党支部建在教学管理一线，定期对党务干部进行培训，提高支部书记队伍的理论业务水平。规范支部"三会一课"制度和党员学习培训制度，加大学习型、服务型党组织建设力度。例如重新整合机关党总支，成立了机关第一支部、第二支部等六个党支部；学院附属幼儿园新成立了党支部，实现党建工作由数量向质量的转变与提升，落实了"纵向到底、横向到边"党建工作目标。

（三）创新队伍建设，强化党务干部队伍整体素质

1. 加强党务干部队伍建设力度

学院党委以改革创新精神全面推进党务干部队伍思想建设、组织建设、作风建设、制度建设和反腐倡廉建设，不断提升专业化水平。继续推行党支部书记兼职的做法，培养一支精业务、懂管理、善党务的兼职支部书记队伍。学院党委每年举办两期党支部书记培训班，重点学习中组部新修订的《中国共产党党章》《中国共产党普通高等学校基层组织工作条例》，进一步加强对党务工作者的培养和教育，提高党务工作能力。每年举办的两期党支部书记培训班，可以调整好支部班子。组织党务干部赴肇庆学院、惠州学院、广东岭南职院等十多所院校开展党建交流，学习考查学生公寓书院和高校书记项目建设的成果。为了提高兼职党务工作者的待遇，学院党委为支部书记和组织员发放津贴，为各系部学生党支部书记发放每月 100 元的津贴，体现了学院对党务工作者的关怀与支持。

2. 设立"皮建彬工作室"

为加强大学生思想政治教育，促进辅导员队伍职业化、专业化建设，提升学工队伍的管理能力和水平，学院设立"皮建彬工作室"，推行班导师制度。工作室调动全校思想政治教育工作者自觉承担起"大学生健康成长的指导者和引路人"的神圣职责，紧紧围绕大学生思想政治教育的规律、内容、模式、方法、途径等问题进行积极探索和深入思考，以做精、做细、做实的作风，将工作渗透到每一个环节，细化到每一个步骤，落实到每一个学生；以精心的态度、精确的把握、精致的过程，开展细心的教育、用心的引导、贴心的服务，有力地提升思想政治教育的针对性、实效性和吸引力、感染力。

该工作室专门为"学习有压力、经济有困难、心理有障碍、行为有过错"的学生开展个性化服务，并对班级实行"企业化"管理试点；开展导师制，在

新生宿舍中推行"宿舍民主生活会"制度，突出学生自我管理理念，创新学生管理模式，促进校风学风班风建设。院党委组织开展了面对面帮扶活动，关注经济有困难的学生，为 60 多名贫困学生带去温暖，每位受助的学生将获得每年 2 000元的生活补助。2014 年 5 月，学工处荣获"广东省高校学生工作优秀团队"称号。

（四）创新活动载体，强化党员教育工作效果

不断完善学生党员活动阵地建设，创建学生活动载体，学院开展了一系列特色活动，如创新新生入学教育和社会实践内容，举办博学讲坛、职业规划和创业大赛，组织专业知识与技能竞赛，开展"特色班级""文明平安宿舍""优秀教室设计"等评选活动，深入开展创先争优活动取得实效。积极创建"党员服务基地""党员服务室"，开展"最佳党员活动"、党员结对帮扶活动，实行"公寓党员先锋模范示范岗"，挂牌"党员寝室"，在党员和党组织中开展"创先争优"活动，单列指标面向学生评选"优秀共产党员"和"优秀基层党组织"，鼓励、引导党团员模范带头、勇于进取，进一步增强学生党员意识，强化学生党组织作用，使学生党员的模范带头作用得到充分体现，党组织的覆盖面和影响力不断增强。这些活动的开展，丰富了班风、学风和公寓文化等校园文化建设内容，引导学生钻研专业知识，掌握专业技能，提高综合能力与素质修养，切实维护学生公寓和校园的安全稳定工作，增强了学生党建和思想政治教育工作的效果。另外，学院注重把组织生活创新与文明和谐校园建设结合起来，开辟校外反腐倡廉教育基地、革命传统教育基地和新农村教育基地，在教育基地过组织生活，提高广大学生党员党性修养，在党内开展比学习创新、比奉献精神、比工作绩效的"三比"活动，形成"基层组织争创教改先进，广大党员争创教改先锋"的争创热潮。

二、坚持立德树人思想引领，实施学生党建铸魂工程

高校的党风建设和育人工作能否取得实效，归根结底要通过学生的学风来体现和检验。无论是党员干部的优良作风，还是教师的良好教风，如果没有落实到学生的良好学风，就只是一句空话。我院根据新时期大学生思想政治教育的要求，从本校工作实际出发，针对当前高职院校出现的新形势、新焦点开展了"大学生党建铸魂工程"建设项目。该项目于 2014 年 3 月 1 日正式启动，是党委推进党建工作创新和校园文化建设的重大举措。学院党委在多年教育实践的基础上，针对新形势下大学生党建工作的热点问题进行深入的研究和实践。

学院党委在学生党建"铸魂工程"建设方面着力做好三个紧密结合：一是把学生党建工作与学生成长教育紧密结合起来，提高人才培养质量；二是把学生党建工作与学风校风建设紧密结合起来，营造良好的育人氛围；三是把学生党建工作与群众路线教育实践活动结合起来，发挥学生党支部战斗堡垒作用和学生党员先锋模范作用，培育学生勇于创新、争作贡献的精神和作风。学院党委结合本院实际，实施学生党建"铸魂工程"，创建具有自身特色的学生党建工作模式，有效发挥学生党建工作在培养高素质人才中的"灵魂"作用，促进校风学风建设和人才培养水平的全面提高，让学生党建工作成为学院整体推进的核心驱动力。

（一）加强学生党员发展工作，提高发展质量

营造浓烈的政治氛围，注重学生思想上的入党，扎扎实实开展党章学习、党校培训等教育活动。党员发展工作实施"三早"举措，即早教育、早培养、早发展。确保预备党员的先进性，提高党员队伍质量和战斗力。

在迎新生工作中，学院党委组织开展党员志愿服务队活动，让新生从踏入校门就感受到党组织的温暖。以班级为单位成立党章学习宣讲小组，开展党的知识学习教育活动，每年全院宣讲都有 300 多课时，100% 的入学新生接受了党的基本知识教育，激发了新同学加入党组织的热情，历年新生中均有超过 90% 的同学主动向党组织提交了入党申请书。

深入学习贯彻《中国共产党发展党员工作细则》，根据学院党建工作实际，重新修订了《惠州经济职业技术学院发展党员工作规程》，使党员发展工作更加科学规范。学院党委遵照党员发展工作十六字方针，适度控制发展规模，党员发展工作把质量放在了第一位。根据上级党组织党员发展总体计划和要求，对党员的发展进行了严格把控，全年共发展党员 155 名。

（二）开展博学论坛，营造和谐向上的校园文化

学院党委宣传部继续打造好博学论坛优质品牌活动，定期开展讲座，提升党员的综合素质。今年博学论坛共将举办讲座六期。上半年邀请了曾参与创办多家公司、现为《创业惠州》杂志创始人之一的资深媒体人戴广军先生来校讲座，特邀惠州市第一人民医院妇科主任袁建寰博士作《实用女性保健知识》讲座，邀请了惠州市心理健康文化协会副会长、全球职业规划师（GCDF）、国家心理咨询师培训讲师、心理测评师、高级职业指导师郑荃耀先生前来作讲座；下半年邀请了东莞鑫发金属有限公司总裁辛阳先生作创业讲座，邀请了资深演讲专家罗雁老师为师生们作了一场题为"学会感恩——觉醒生命之旅"的讲座。博学论坛

讲座内容丰富多彩，广大师生受益良多。

（三）推行入党积极分子和学生党员示范岗建设

院党委按照全面推进，突出重点的原则，抓试点、育典型，加强入党积极分子和学生党员示范岗建设，要求每个班级的入党积极分子和学生党员承诺上墙公示，接受师生监督，发挥先进典型示范作用。

同时，在二级学院、系部抓好一个党总支委员会——原计算机系党总支。该党总支以"争做先进单位，争创先进业绩"为活动载体，以"创先争优当模范，教学改革立新功"为主题，采取校企共建党建工作平台等新举措，创新组织生活，深化创先争优活动内涵。在学生公寓党建工作上抓好一个党支部——品雅女子书院党支部。品雅女子书院党支部举办了多届"女子形象大赛"等系列活动，促进了学生管理工作"三升级"，即党建升级、管理升级、文化升级。在社团党建工作上抓好大学生创业园党支部组织生活创新。创业园党支部以"争当创业模范"为主题，开设"创业大讲堂"，定期邀请专家学者前来讲学，为大学生创业提供智力扶持；发挥党员的先锋模范作用，带动整个创业园工作人员进行创业实践。创业园木鱼工作室创作的四格漫画单行本《大宝小贝》是惠州首部原创动漫出版物。该工作室目前正在开发以惠州罗浮山葛洪炼丹故事为背景的大型动漫作品——《罗浮山百草精灵》，被评为广东省文艺精品创作专项扶持资金项目，获得创作扶持资金20万元。该室的成功创业经验，极大地激发了各创业团队的创业热情，形成了人人争当创业模范的良好局面。

（四）积极开展践行中国梦系列活动

学院党委不断创新学生思想教育和信念教育载体，积极开展践行中国梦系列活动，开展主题突出、形式多样、内容丰富的思想政治教育活动；同时，把学习宣传贯彻党的十八大和十八届三中全会精神同品牌年建设工作结合起来，深入开展以为民务实清廉为主要内容的党的群众路线教育实践活动。努力做好十八届三中全会精神进课堂、进教材、进头脑工作，党委宣传部会同思想政治部将邱国耀团长所做的宣讲报告课件整理编辑成册，作为校本教材，学生人手一册，用最新的理论思想武装师生头脑。

党委组织党员师生参观考察彭湃故居、苏维埃红色革命基地海丰旧址、烈士纪念碑等红色教育基地，以伟人的光辉事迹来激励党员同志；积极参加省教工委组织举办的"立德树人、立教圆梦"师德征文大赛；举行学习贯彻党的十八届四中全会精神宣讲大会；组织开展党史知识竞赛、书画摄影大赛作品展等一系列丰富多彩的校园文化活动。学工团委的工作开展得有声有色，正因有了这些主题活动，使党员更加牢固树立了更加牢固的社会主义核心价值观。

（五）实施品牌学生战略

在育人过程中，我们坚持"以德为本、以生为本、以心为本"，一是要妥善解决学习有压力、经济有困难、心理有障碍、行为有过错四类学生的问题，做好面上工作；二是积极探索大众化阶段"特长班"培养的思路，以特长班、技能专门班、订单班等形式培养一部分品牌学生；三是积极开展各类评比奖励活动，推动学生"比、学、赶、帮、超"良好风气的形成。

近年来，我院师生在德智体各类比赛中取得了优异成绩：学院学生荣获第八届广东省大中专学生校园文化艺术节之"新媒体大赛"视频类高校组一等奖；财经系学生参加团省委、省教育厅举办的"彩虹人生"全国职业学校创新创业大赛广东大赛获特等奖，全国二等奖；学院组织学生参加"2015全国职业院校技能大赛"高职组广东赛区选拔赛，获得三项一等奖、六项二等奖和五项三等奖；组织参加省教育厅举办的"2015年广东省普通高等学校大学生计算机设计大赛"，获得一个二等奖、三个三等奖；参加"加博汇杯"广东省大学生电商创业大赛总决赛，"五湖四海"队荣获全省第九名、销售业绩银奖、综合成绩三等奖，"奔跑在青春"和"海纳百川"队获得销售业绩铜奖，我校获得"优秀校园就业服务团队"称号；参加第六届全国高等院校学生"斯维尔杯"建筑信息模型（BIM）应用技能大赛，获得"全能三等奖""建筑设计专项三等奖"和"三维算量与清单计价二等奖"三个奖项；参加"绚丽年华第七届全国美育成果展评"活动，获一二三等奖各一项；参加广东省第七届大学生广告设计大赛，获两个一等奖、一个二等奖、两个优秀奖；学生创作的微电影《爱》获得"奔跑吧YOUNG MAN惠州市第三届青春正能量微电影节"院校组三等奖；我校运动健儿在广东省第九届大学生运动会上，摘得三金三银的优异成绩，其中王凤珠同学夺得女子丙组100米和200米第一名，黄志华同学夺得女子丙组跳高第一名，林敏芳同学夺得女子丙组跳高第二名，黎健恒同学夺得男子丙组跳高第二名，王凤珠等同学夺得女子丙组4×100米接力第二名，学校也收获女子团体总分第四名、团体总分第六名以及"体育道德风尚奖"等多项荣誉。

（六）开展大学生志愿者服务工作

加强团建工作领导和指导力度，发挥团建优势，大力开展大学生志愿者服务工作，培养奉献精神和社会服务意识。党委组织开展了多次扶贫济困爱心捐赠活动，如"广东省扶贫济困日活动捐款""面对面资助贫困学生"等，以此作为党员教育和大学生思想政治教育的途径和载体，进行社会主义集体主义思想的教育。经统计，2014 年师生爱心捐款金额达 131 005.9 元。党委组织大学生志愿者参加 2013 年"善行 100·温暖行动"，在全国高职高专院校中排名第一，是全国唯一一所被中国扶贫基金会授予"小包裹·大爱心——2013 年善行 100 优秀组织单位"的高职高专院校。组织师生参加 2014 年"善行 100·快乐月捐季"爱心包裹项目，共筹善款 139 300 元，在全国所有参与月捐的学校中排第 14 名，在广东省高校中排名第三。我院志愿者服务队被惠州志愿者联合会评为"惠州市志愿服务杰出集体"。院学生会荣获惠州市"优秀学生会"称号。院团委首次获"广东省五四红旗团委"荣誉称号。

（七）加强学生宿舍文化建设

学院继续推进学生宿舍书院化建设，注重打造融党建与思想政治教育、学生宿舍管理、文化建设活动为一体的"三位一体"学生社区书院化党建工作新载体，把党建先进文化基因注入其中，与传统优秀文化交融，通过"以德育人、以文化人"，在创先争优活动中实现党建与思想政治教育升级、学生管理升级、文化活动升级，进而培育"知行合一、德才兼备"的社会主义建设者和接班人。依托博学论坛，举办读书、论坛等文化体育活动，开展特色宿舍评比活动等，探索宿舍"民主生活会"制度模式，提高学生的自我管理能力。我院品雅女子书院是学生宿舍书院化的典型，以女生宿舍大院一楼为主活动阵地，设立一场、两栏、三馆、五室，即文体活动场；党建宣传栏、博学知识栏；才艺训练馆、博学论坛馆、成果展示馆（内设奇晨书画室）；院长室、办公室、支部活动室、导师室、心理工作室。此外学院还向书院拨出年度经常性活动经费 5 万元，用于开展女子书院专题女性沙龙、专题培训讲座、素质拓展计划、社团活动、社会公益活动、学术交流等主要活动。

（八）开展教工党支部与学生党支部结对共建活动

我院初步建立了以思想教育、专业教育、实践教育和创新教育"四位一体"的多平台学生党建工作机制。目前已创建"活动型"党支部 16 个。党的组织模式在空间上的拓展，使党组织的向心力和凝聚力明显增强。在组织架构调整的基础上，大力开展教工党支部与学生党支部结对共建互动活动，指导学生开展政治建设、专业学习和科研创新，大大激活了组织活力。

总之，我院深入开展大学生党建铸魂工程建设，在铸魂工程中强化社会主义核心价值观，交出了一份满意的答卷。学院以党建促校建，党的建设为培养合格可靠的社会主义事业的建设者和接班人提供了坚强的政治保证，为学院的科学发展提供了不竭动力。

三、依托校企合作党建共建，实现党建育人工作全覆盖

高校党建要坚持立德树人的主题，遵循党的建设、高等教育和学生成长规律，把培育和践行社会主义核心价值观融入教书育人全过程。作为高职院校，应当将学校发展与产业发展和区域经济紧密结合，通过全方位的校企合作，达到产学研的高度融合。在此过程中，教师能够与时俱进使得育人能力全面提升，学生则能够实现学以致用，塑造个人职业能力，大学则因此而生机焕发，实现学生、教师、学校、企业、社会的多方共赢。

校企合作办学，培养适应社会发展需要的应用型、技术技能型人才，是适应当今社会发展需要的全新教育教学理念，因其完全适应高职院校的办学目标，是以得到高职院校普遍的认可，成为高职院校普遍采用的一种办学模式。在当今高职院校的实际教学活动中，无论是人才培养方案、教学大纲、课程安排，还是在教学模式、教学组织架构上都把实现校企融合作为教学教育的主要构成内容。由此可见，校企合作的教育模式已然成为高职教育体系中的核心，占有相当重要位置并发挥重要作用。党的领导是立德树人工作的前提，校企合作是高职院校立德树人工作的重心。坚持党的领导，合作育人目标的实现才有了最终保障。学校党委充分发挥政治核心作用、基层党组织战斗堡垒作用和党员先锋模范作用，把党建和思想政治教育工作融入教育教学和合作育人活动中去，创新工作方法，扩大服务师生的效果。近年来，惠州经济职业技术院在党委的坚强领导之下，高度注重校企合作办学模式创新，创办了多个与企业合作的校内、校外实训基地，并不断开拓校企合作的新模式，如安东尼模式、汇达模式、中航国旅模式、长青模式、雷博尔模式、旭日模式等。通过不断深化校企合作办学模式，校企合作的功能、作用、优势正在逐步凸现，促进了专业结构的变化，专业设置向应用型、职业型方向发展，对提高我院的教育教学质量，培养学生的实践能力，促进学生成长成才发挥了重要作用。

校企合作是中国高职教育改革和发展的科学途径。校企合作培养模式下高职院校和企业的教育环境、人文氛围、教学内容和培养目标都有很大的不同。在工学结合、校企合作的人才培养模式下，高职学生校外实习（顶岗）时间一般在一年左右，这既填补了传统学生党建工作的真空和盲区，也给新形势下创新学生党建工作提供了广阔舞台和空间。由于以往的党建工作已不能满足新形势下高职院校对人才培养的要求，在校企合作模式下如何做好党建工作，如何将高校党建工作与企业生产实践、企业文化、企业管理、职业政治素质教育和职业技能培养紧密结合起来，是社会主义办学新的历史条件下向高职院校提出的重要课题。如

何创新学生党建工作，打造校企党建合作平台，使党建合作融入校企合作人才培养模式改革之中，充分发挥学生党建工作在人才培养工作中的引领作用。我们探讨校企合作模式下党建工作的特色和途径，以便真正实现党建育人工作全覆盖。惠州经济职业技术学院服装与艺术系党总支、汽车工程系党总支分别在与安东尼国际有限公司、惠州市公交汽修厂等校企深度合作过程中，针对大三学生党员在顶岗实习（实训）期间的教育管理和培训存在的实际困难，以"党建共建合作"为载体，运用高校的智力资源和企业优势，利用QQ、微博、微信等新技术媒介，积极搭建充满活力的校企党建新平台，从共同学习、岗位成才、树立新风，品德修养等方面开展教育和激励活动，充分发挥党建文化育人功能，从而创新党建思想、创新党建组织、创新党建作风。通过校企双主体的齐教育、共培养、同考察，切实把党的工作延伸到企业、拓展到校外，实现党建工作与时俱进，充分发挥党组织在高职教育改革和发展中的作用。

（一）校企合作培养模式下党建工作的现状分析

校企合作、工学结合是高职院校当前人才培养模式的主流，学校和企业双向互动，学校采取"请进来"和"派出去"的措施，从企业聘请高级管理人员和技术人员作为兼职教师。同时，学校把课堂搬进企业，让学生进行实地操作训练，通过工学融合加深学生对企业生产流程的认识，掌握行业最新信息，实现校园与企业的"无缝对接"。目前，我国高职院校的人才培养模式有很多，基本上都是围绕着校企合作、工学结合进行的，例如，被称为"企业主导式"人才培养模式的定向培养和订单教育、"1＋0.5＋1＋0.5"的"两轮顶岗、工学交替"人才培养模式、工学结合的"2＋0.5＋0.5"人才培养模式等。所有的人才培养模式都体现出学生有相对较长时间在企业进行学习或顶岗实习的共同特征。随着校企合作逐步走向常态化，高职院校在企业顶岗实习的学生将越来越多，如此众多的高职院校的学生在长达半年到一年的时间里，基本上游离于学生党建的范围之外，顶岗实习中学生党建工作处于缺位的状况比比皆是，严重削弱了学生党建工作的有效性。由于党建工作没有延伸到工学结合、顶岗实习之中，学院委派的指导教师往往只关注职业技术能力的培养，导致对发展对象的跟踪培养或者完全断档，或者流于形式。一般而言，发展学生党员一般需要两年的时间，高职学生党建工作因三年高职学制而具有独特性，其完成学生党员发展工作，时间比较紧张。在工学结合、校企合作人才培养模式下，学生从二、三年级就开始参加企业实习（实训），在校时间少且间断，这无疑使党组织对学生的培养、跟踪考察、教育管理等环节变得更困难，客观上对按照程序和标准高质量地完成学生党员发展和教育管理工作带来了很大影响。当学生被发展为预备党员后，就要到校内外实训基地、企业或就业单位生产一线进行工学交替或顶岗实习（实训），在这期间，对学生党员有针对性的培养、管理和教育，传统有效的"三会一课"等工作方式受到影响，很大程度上影响着学生党员的教育管理，也影响了党员的先锋模范作用的发挥。近年来，虽然校企合作有不断深化的趋势，但无论是校方还是企业，都没有就学生党员的教育和管理投入相应的关心，在学生党员的对接上，校企双方存在着一定的脱节现象，导致学生党员离校后，因地域较远，学校党支部想管管不着，企业又不够重视，甚至是忽视。这些因素都在一定程度上使党组织疏于了对顶岗实习学生党员教育、管理和监督。如果学生"顶岗实习"所在单位的党组织生活尚不健全，已经是党员的学生也会有较长时间无法参加正常的组织生活，在这一类学生群体中如何有效地开展党的建设，全国基本上还处于起步阶段，多数高职院校还没有建立针对这种形式的学生党建组织机构。因此，校企合作培养模式下特定时间与空间的学生党建工作已经成为高职院校党建工作不容忽视的重要内容，党建工作是高职院校办学质量和人才培养质量进行评价的重要指标。高素质劳动者本身是人才，其综合职业素质不容置疑地包含政治素养，很难想象一个缺乏政治素养的人能够用一种理性的心态看待社会、看待生活，能够有很强的奉献和敬业精神。

（二）创新校企合作党建工作新模式

1. 建立工作对接机制

高校党组织是高校的政治核心，在高校发挥政治领导的作用，学校与企业在校外实践基地的合作协议中应列入党建共建的内容，从有效提高人才培养政治素质的目标出发，成立实习学生支部或将学生党员编入企业支部，让学生在企业实习期间能够正常参加党的教育或参加企业党支部的活动，将学生和带队老师的党建工作覆盖到工学结合、顶岗实习阶段的人才培养全过程，有助于进一步增强全体学生对社会的责任，对党的感情，从而有效地提高整体人才培养质量。

2. 共建党员教育实践基地

高职院校要不断创新党建工作载体，与企业共同创建党员活动室，党建资源可以考虑共享所在企业党组织的相应资源，使校外实习基地既是学生的实习场所，也是学生党员教育的实践基地。校企双方相互确认为合作伙伴，共同加强对顶岗实习的入党积极分子和学生党员的培养教育和考察，确保工学结合、顶岗实习的学生党建工作的连续性和稳定性。在丰富企业党建工作内容的同时，共同探讨人才培养模式，以求实现培养让企业放心、报效社会的有用人才。

3. 结合企业文化，开展党性教育活动

每个成功的企业，都有属于自己的企业文化，在高职院校与企业的党建共建

过程中，在开展党性教育的活动中注重企业文化的渗透。校企合作、党建共建工作在作风建设、思想建设、制度建设等方面形成与合作企业文化的契合，提升合作企业的总体素质，以学生党建促进企业党建，实现学生党建与企业党建的良性互动，并在一定程度上促进合作企业党建工作质量，使得党建共建工作在企业更具生命力，营造积极向上的和谐氛围，发挥党员的先锋模范作用，增强团队的凝聚力和战斗力。

惠州经济职业技术学院服装与艺术系党总支充分和安东尼（国际）有限公司建立了校企合作平台，双方在人才培养、师资培训、设备捐赠、产品研发、党员结对、党校课堂、专业技术交流等方面进行了有效的合作，我们的党员教师多次到公司进行交流，参与了安东尼企业文化的建设工作，进行了安东尼高管培训班的筹备工作，党员学生和毕业班学生有一百多人次到公司进行学习和交流。安东尼旗下的大西洋服饰有限公司在惠州市成立，这为我们"校企合作、党建共建"常态化提供了有利的条件。

校企合作党建共建实现校企双赢。校企合作以人才培养、科研开发、资源共享、党建共建等为切入点多方位建立合作关系。校企双方互为基地，企业可以获得雄厚的技术支持，学校也可以此打造精品课程。"校企合作，党建共建"有利于企业党支部利用学校的师资力量，加强对公司党员的培训，解决企业党员文化素质不高、对党的认识不深、宗旨意识淡薄等问题；有利于实现校企双方在党建工作上的交流互动、相互支持，解决企业党支部理论研究、工作管理相对薄弱的环节；有利于促进企业回报社会长效机制的建立，解决学校建设资金不足、设备滞后、学生就业顶岗实习等问题；有利于加强毕业生党员跟踪教育，推动学校党建科学化水平和人才培养质量。"校企合作，党建共建"常态化既能促进教育事业的发展，又树立了企业良好的社会声誉，是学习实践科学发展观的充分体现。

校企合作党建共建，创新学生党建活动形式。校企合作党建共建工作将学生党建与企业的工作有机结合，能够充分利用党建阵地，增强了解企业和社会的实际需要；能够让党建促进学生积极参与企业的精神和文化熏陶，在企业活力的感召下既提高职业能力，又提升政治素养。校企合作党建共建创新了学生党建活动形式，大大提高了党建工作的实效。

实践证明，党建工作与中心工作结合得好，学院党组织就充满了生机和活力。党组织只有把政治与业务、教育与管理结合起来，把政治工作渗透到业务中去，才能充分发挥党组织战斗堡垒作用，真正实现校企双赢，为提高高职院校党建水平和人才培养质量作出贡献。

（三）搭建校企合作党建工作新平台

惠州经济职业技术学院汽车工程系党总支经过探索与实践，找出一条改变该系大三学生党员在顶岗实习（实训）期间的培训落实难和教育管理难的有效途径，走出了一条与企业党组织联手共建学生党员管理培养基地之路。

1. 打造顶岗实习（实训）党员互动平台

沟通交流保持随时随地畅通，新技术媒介给学生党建工作提供了打破时空限制的优势，为顶岗实习（实训）期间的大学生党员培训、教育和管理提供便利途径。高职院校可以利用QQ、微博、微信等便捷的新技术媒介，建立基于网络的党员互动平台——顶岗实习（实训）学生党员QQ群和微博。党组织可以要求全体或部分区域内顶岗实习（实训）学生党员、支部书记以及培养联系人实名制加入平台，并吸收企业党员参加，每月在其中进行2~3次组织谈话，内容既可以是学生党员的思想、实习情况，也可以是支部开展的各项工作以及学校、学院的主要工作；构建学生党员QQ群、微博等"网上党员之家"互动平台，设置特色鲜明的板块或栏目，使实习生党员能随时随地学习党的有关理论知识，按照党组织的学习要求，及时自觉地安排个人的理论学习和组织生活，在网上与其他党员进行交流等。高职院校党组织通过组建QQ群等互动平台，实现在线组织和沟通，交流实习学习经验、汇报工作情况，提高了党组织的运作效率，同企业在共享实习学生的考评考核材料、实习党员组织生活会的开展方面也非常方便。通过这一互动平台，党组织可以及时了解学生党员和入党积极分子在企业的思想和工作情况，对条件成熟的积极分子重点培养，对预备党员加强预备期考察、对正式党员实行目标化管理，严格要求，定责任、定目标、定任务，压重担子、强高素质、提升能力和水平，实现校企双方党组织共建、利益共享、效益共赢的良好局面。

系党总支凭借合作企业惠州市公交汽修厂党建资源，成立临时党小组，建顶岗实习（实训）学生党员QQ群和微博，邀请或聘请企业党组织领导任临时党支部（小组）书记（组长），参加指导教育企业实习实训的学生党员，取得了显著成效。学生党员定期通过网络平台向总支、支部汇报工作思想情况，党员之间可以自由互动，沟通实训情况和经验，相互交流学习实训心得。网络互动平台自建立起就发挥了指挥领导、交流沟通作用，大大拓展了学生党员交流和跟踪教育的途径。系、企党组织能够定期互换学生党员相关考察和教育资料。党总支借助互动平台，既可以进行网上党组织生活，下达学习、工作任务，加强对顶岗实习（实训）学生党员的教育考察及培训，还能配合企业搞好党建工作。

2. 建立校企党组织建设促进平台

新技术媒介是手段，组织是保障。高职院校可以依托合作企业的党组织，成立临时党支部或党小组，邀请或聘请企业党组织领导或技术骨干党员任临时党支部（小组）书记（组长），建立校企党组织建设促进平台，确保顶岗实习（实训）期间学生党建工作顺利开展。通过与企业建立的平台，加强校企联系，开展实习期学生党建工作，有利于对学生党员的全程教育和管理，有利于对学生党员的考察和培养，促进学生党员的发展，增强党建工作的影响力，扩大党建工作覆盖面，达到对学生进行远程和全程教育的目的，提高思想政治工作的实效性。有了这种平台，企业和学校系部就能够开展党建共建促进活动，互派精干党员，进行交流。通过企业到学校系部开展的文化讲座，让实习学生对企业有进一步的了解、激发对新知识的渴求、增强社会责任感、明确今后的发展方向。邀请校企合作双方老党员相互兼职，能大大促进校企党建工作开展。例如，该系 2010 级学生去企业顶岗实习前，总支就邀请公交汽修厂两位党员干部到校作动员，介绍企业生产及党建情况，收到良好效果。同时，建立校企党组织建设促进平台，有利于为非公、小型企业党组织开展组织建设服务。高职院校拥有较为丰富的人力资源，可以定期委派骨干党员教师（或专家学者）免费对非公、小型企业党组织进行党建培训，建立密切关系，激活合作的热情，共同促进校企党建合作。例如学院汽车工程系党总支曾多次邀请党委宣传部、思政部相关同志到企业开展"学习十八大，践行中国梦"的党员报告辅导活动。

3. 搭建校企党建参与平台

要让顶岗实习生党员的教育管理取得切实成效，需要校企双方党组织及党员的共同参与。高职院校应该主动邀请来自实习实训企业中的党员技术骨干和兼职党员教师对学生，特别是学生党员进行实训实操以及思想政治等方面的指导、培训与教育工作，以最终搭建校企党建参与平台。这一互动平台，有利于整合党建资源，拓展党建阵地。党员积极参与走访企业，为学生在校内外做好服务；邀请企业家、技术骨干、知名社会人士走近校园，开展实习教育、就业指导，吸纳社会资源建设党建基地，探索实训基地建设的校企组合新模式，提高职业教育与社会对接的基础，形成资源互补和利益双赢。依托校企党建参与平台，学校党组织能够召开企业学生党员座谈会或举办企业文化论坛讲座等，了解企业对实训学生，特别是党员学生的意见，进一步开展培养教育工作的意见，注重校企文化交融，共商党建合作事项，保证学生党员在企业顶岗实习期间得到有效培养和教育，使学生党员和积极分子在企业中成为引领企业步入发展快车道的中坚力量；成为带头模范执行企业内的规章制度，积极维护企业合法利益，以实际行动给职工群众做榜样的"示范员"；成为在思想上积极引导广大员工严格遵守各项规章制度，切实提高生产积极性，提高生产效率，促进企业健康、稳步发展主力军；成为生产标兵和技术攻关，带领、调动广大员工学技术、练本领的"领头羊"。例如，该系总支自 2010 年开始，聘请公交汽修厂负责领导担任学校兼职教师，参与讲授汽车专业实操知识外，还参与介绍企业文化、党组织思想建设情况，加强党员学生教育指导，使学生党员在校期间就对社会、企业党组织建设特点和方式有所了解。2012 年，该系党总支领导、党员教师先后多次前往公交汽修厂与企业党组织负责人交流情况，召开学生党员座谈会，了解学生党员在企业先锋模范作用发挥情况，听取学生党员工作总结和思想汇报，加强学生党员的教育和管理，为学生党员依托企业党组织进行教育培养积累了大量有益经验。

高职院校是党建工作的重要阵地，校企合作不应仅限于课程开发和专业建设方面的合作，还应该在党建方面深入开展共建合作。高职院校党建工作者要更新理念，开拓创新，积极探索具有高职教育特色的学生党建工作的途径和方法，打造适用需求的校企党建工作平台，通过党建创新解决校企深层次合作过程中出现的一些问题，使大学生党员队伍在企业能和在学校一样，都能发挥很好的模范带头作用。

立德树人就是要从学校的根本宗旨、发展任务、办学目标上着手，在人才培养上努力实现知识、能力培育与价值观培育的有机统一，把培养学生的目标、规格、要求等内化为学生的品质，使学生真正成为全面发展的高素质人才。坚持立德树人，全面提高大学生思想政治素质、科学文化素质和身心健康素质，事关坚持和发展中国特色社会主义的战略全局，事关党和人民的事业代代相传、长治久安。我们坚信，在以习近平同志为总书记的党中央坚强领导下，中国特色社会主义必将迎来更为广阔的发展前景。

下编

实践探索

第九章

校园文化

　　校风的核心在于校园精神，惠州经济职业技术学院在弘扬"一种精神、二个原则、三个无愧于"（一种精神——无私奉献；二个原则——以身作则、处事公正；三个无愧——无愧于学生及家长的殷切期望、无愧于教师的光荣称号、无愧于投资方的信任）的校园精神基础上，拓展校园文化的外延，深化校园文化的内涵，明确提出"明德、博学、求真、致用"的校训，"以生为本、以质立校、学工并举、崇尚实用"的办学理念，倡导五种主流意识（敬业意识、诚信意识、团队意识、创新意识和文明和谐意识）。在这种氛围下，校园逐步形成了"浓厚的政治气氛、浓厚的学习气氛、浓厚的文娱体育气氛和浓厚的文明气氛"的良好校风；"讲政治、有学问、懂教育、会管理"的领导作风；"勤奋学习、诚实守信、遵纪明德、勇于创新"的学风。

一、学院校园文化

　　校园文化是学校教育的重要组成部分，体现在教学管理、学生管理等各个领域，贯穿于培育人才的全过程，是学院特色的重要体现。学院既要强化校园物质文化建设，充分发挥学院硬件设施的育人功能，让每间教室、每一片绿地、每一处景点、每一个角落、每一寸土地都散发出文化气息，让学院中的每堵墙都会说话，都具有育人的价值。同时又要坚持用发展的观点，拓展校园文化的外延，深化校园文化的内涵，使之得以延续和升华，努力建设具有"浓厚的政治气氛、浓厚的学习气氛、浓厚的文娱体育气氛、浓厚的文明气氛"的校园文化体系。

　　随着社会的快速发展和新课程改革的推进，传统的学生管理制度和方法愈显滞后和低效，而解放思想、转变观念、更新思维、改革创新，使得校园文化更具特色，则须推进学生工作由被动管理到主动构建、由约束规范到自主发展、由价值多元到主流引领、由个体教育到集体教育再到集体教育、由解决问题到超前教育、由人治管理到制度管理。推动项目一体化学生工作管理工程，以项目为载体，以行动为导向，用任务来驱动、引领学生工作改革，让服务学生成为一道亮丽的校园文化风景线。

（一）由被动管理到主动构建

学生工作是校园文化的一项专业化工程，是辅导员和班主任老师的一项伟大事业。辅导员在服务学生成长成才的过程中，应遵循班级和学生的发展规律，主动提出管理目标，与自身专业特长、专项活动相结合，积极开展班级、宿舍文化、第二课堂等文化建设活动，使得管理更加有效、超前。

（二）由约束规范到自主发展

在学生工作管理的过程中，常规管理占据了辅导员最多的时间和精力，管理方法上主要是采取规章制度约束型管理，更多的时候辅导员扮演的是"消防员"的角色，而高效的道德教育、全面发展的素质教育、自主发展的主题教育往往处于次要位置而被忽视。理想的学生管理工作应该是建立在学生自我管理的体制、机制的基础上，让常规管理内化为学生自我管理的自觉行为。

（三）由价值多元到主流引领

校园文化的建设必须坚持以党建文化引领校园文化，用和谐的价值取向、阳光的价值取向、进取的价值取向引领校园的舆论和文化，用爱心、诚信、公正、尊重的道德价值取向引领学生健康人格的发展，在主流文化引领下包容多元文化，在主流价值引领下尊重多元文化。

（四）由个体教育到集体教育再到个性教育

目前，班级和宿舍个体众多，个体教育往往收效甚微，影响面有限，更多的时候应该要从个体教育中提取它们的共性，转化为受众面较广的集体教育，培养集体主义精神，使之成为学生教育的基本价值追求；在集体教育达到一定程度时，必须又回归个性教育，发挥学生个体专长，因材施教，有针对性地解决学生在心理、道德成长中遇到的各项问题。

（五）由解决问题到超前教育

解决问题和处理各种突发事件是辅导员工作的重要内容，也是学生工作的着力点，但是问题永远解决不完，"头痛医头，脚痛医脚"这样的工作是滞后、低效、被动的，专项化工作的创建能够以分模块的方式更好把握教育规律，超前进行专题教育，引领教育和预防性教育，减少或避免问题的发生。

（六）由人治管理到制度管理

过去的班级管理、宿舍管理都是班主任说了算，学生容易产生不公平感，也缺乏责任感和主体意识。为了充分调动广大师生的积极性，需要科学的管理制度，让师生共同参与制度的制定和管理中来，让师生在执行制度过程中自动运转。

管理是一种服务，是一种引领，归根到底是一种细节文化，在管理中必须彻底清除粗放型的痕迹，改变靠行政指令办学的管理模式，在管理的每一个细节上精益求精，务实创新，服务学生发展。在制度完善中彰显校园文化价值追求，在活动开展中弘扬校园文化特色，让学生在活动中找到合适自己的发展空间，看到自身价值，有效地激发学生的自主、自尊和自豪感，形成积极向上的生活习惯和学习态度，让每一位学生工作者在自身的专业化领域中独具风骚，激发活力和自信心。

二、皮建彬工作室

（一）皮建彬工作室的创办

1. 皮建彬工作室的创办背景

目前，我国民办高职院校对提高国民科学文化素质，维护社会稳定，促进经济发展起到了非常重要的作用。然而，在学生管理方面，大部分民办高职院校仅是借鉴和参考公办高校的学生管理模式，没有形成具有民办院校自身特点的、成熟的、系统的管理理念，这严重制约了民办高职院校人才培养质量的提高。伴随着大数据时代的到来，大学生思想的独立性、选择性和差异性不断增强。传统的思想政治教育方法、手段、机制已难以适应当代大学生的需求，迫切需要研讨大学生思想变化和行为活动的规律。

为进一步探索民办高职院校学生管理的新模式，深化高职院校人才培养方案的改革，促进辅导员队伍职业化、专业化、专家化建设，进一步提升辅导员工作的科学化水平，我院根据《广东省教育厅关于建立广东省高校名辅导员工作室的通知》（粤教思函〔2014〕2号）的要求，于2014年4月正式成立"皮建彬工作室"，希望以此为平台，创新高职院校学生管理工作模式，打造一支专业化、专家化的学生工作团队，促进学生的成长成才。

2. 皮建彬工作室创办的意义

（1）皮建彬工作室的构建迎合现代职业教育发展的需要，为建设现代职业教育体系提供宝贵经验。皮建彬工作室是在贯彻落实党的十八大和十八届三中全会精神，贯彻落实《国家中长期教育改革和发展规划纲要（2010—2020 年）》《国务院关于加快发展现代职业教育的决定》中加快发展现代职业教育的精神，构建符合现代职业教育发展的需要，在民办高职教育中走出一条特色的学生管理工作思路，为建设现代职业教育体系提供宝贵的经验。

（2）皮建彬工作室为辅导员职业化、专业化和专家化提供了广阔的平台，促进辅导员个人的职业发展。2014 年 3 月，教育部印发的《高等学校辅导员职业能力标准（暂行）》（教思政〔2014〕2 号）提出要建设职业化、专业化的辅导员队伍这一目标。皮建彬工作室的成立，一方面为辅导员提供了专业知识、职业技能、文化素养等方面的培训，另一方面搭建了辅导员集中学习、集中交流的平台，有利于充分发挥辅导员的集体智慧，促进辅导员共同成长、共同进步，最终实现辅导员队伍的全面发展。

（3）皮建彬工作室以项目为驱导，进一步深化民办高职人才培养方案的改革。皮建彬工作室紧紧围绕"服务学生成长成才"这一理念，紧扣学生特点构建不同项目，以项目为驱导，探索学生管理新思路、新方法，在民办高职院校学生管理工作中走出特色之路，有利于提升学生个人综合素质能力和就业竞争力，为人才培养方案的制订提供了实践指导经验。

3．皮建彬工作室的任务

（1）专业引领。皮建彬工作室结合成员的自我发展计划，为成员制订专业发展规划，促使每位成员尽快提高教育教学和科研能力，推动成员的专业成长。研究探讨教育改革趋势，发挥专业引领作用。

（2）行动研究。带领工作室成员系统地学习教育教学理论与课程改革理论，要求成员做好读书笔记并定期在工作室网络平台发表读后感，交流心得体会，以同伴互助的方式实现成员的共同成长。组织开展高层次、高质量的学术交流活动，不定期邀请专家来校讲座、进行对外交流、组织工作室成员参加专业培训。工作室成员学习后，与我院其他非工作室辅导员分享、培训，指导和帮助我院其他辅导员进步，打造我院优秀的辅导员团队。

（3）开展课题研究。皮建彬工作室以学院工作实际为基础，针对新形势下大学生思想政治教育面临的热点问题、难点问题进行专题研究，不断探索大学生思想政治教育工作的新途径、新方法，积极参与或承担课题研究任务，根据各位成员所选的研究方向，分工合作。在一周期内至少要完成一个校级以上规划课题、立项课题或重点研究课题，并撰写出高质量论文或专著。

（4）推广教育科研成果。工作室的教育研究成果应以论文、专著、讲座、研讨会、报告会、名师论坛、现场指导和观摩考察等形式对外介绍、推广及运用。

（二）皮建彬工作室的特色

1. 学生管理工作项目化

皮建彬工作室不是针对个别辅导员，不是针对学生管理的个别方面，而是针对科学、合理、有效整合全院所有辅导员，并根据学生工作实际问题构建多层次、多方位、多领域的学生管理工作子项目（图9-1），将学生管理工作项目化，以项目为驱动，不断探索和创新学生管理工作新模式。

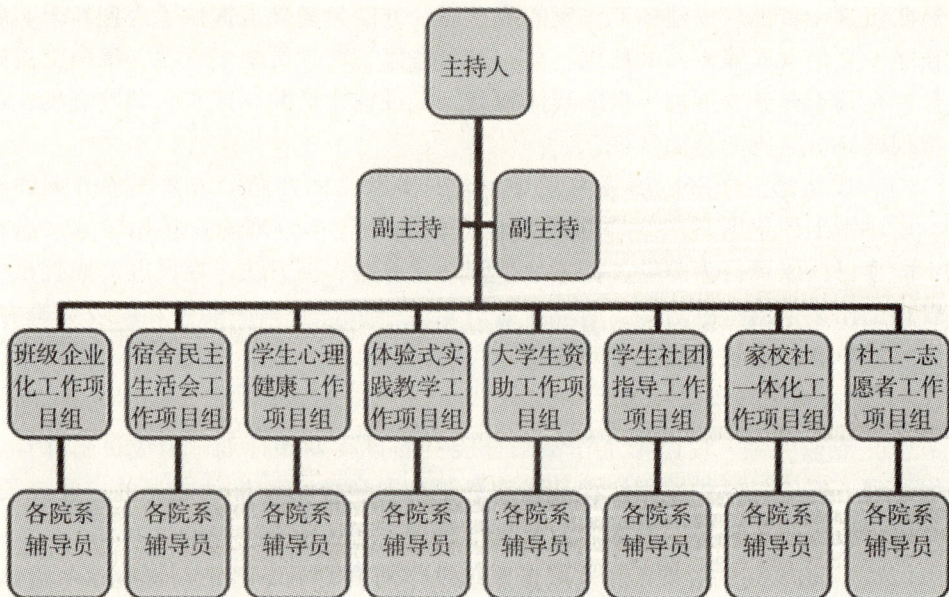

图9-1　皮建彬工作室组织结构图

（1）思想建设方面。

2004年《中共中央、国务院关于进一步加强和改进大学生思想政治教育的意见》（中发〔2004〕16号）明确指出："学校要探索建立与大学生家庭联系沟通的机制，相互配合对大学生进行思想政治教育。"在此政策的影响下，近十年来，如何构建高校家校合作模式成为许多高校思想政治教育研究的重点内容之一。自2009年以来，我院在陈优生院长的带领下取得飞速的发展，在此过程中，陈院长高瞻远瞩，对我院育人提出了"四个关注"的理念，即关注"学习有压力、经济有困难、心理有障碍、行为有过错"的四类学生。在此理念的指引下，我们的学生工作不断探索，以"四个关注"为立足点，并在2014年下半年提出

"家—校—社"三位一体协同创新合作育人，努力打造新形势下高校思想政治教育育人新模式，同时，在皮建彬工作室下设"家—校—社"三位一体化项目组。

"家—校—社"三位一体化合作育人模式，是指通过家庭实地走访、校园帮扶教育、社区合作实践三者相结合，紧紧围绕"以生为本"这一理念，关注"学习有压力、经济有困难、心理有障碍、行为有过错"的学生，以学校为主体，以家庭为基础，以社区为平台，三者相结合，对在校学生进行思想政治教育，实现以点带面的协同创新育人模式。

"家—校—社"三位一体化育人模式由家庭、校园和社区三模块组成，校园教育紧紧围绕我院特色活动——困难学生面对面帮扶活动为主题，通过对各系国家奖学金、国家励志奖学金、国家助学金的获得者以及关注的四类学生进行筛选，选出一批优秀学子、困难学子、问题学子等为对象，由"家—校—社"项目组的成员对筛选的学生进行家访，从家庭中了解学生的成长和生活环境，用学生的真实事迹来感动和激励校园学子；与此同时，"家—校—社"项目组的成员在家访过程中也积极联系学生家庭所在社区，通过社区帮扶的形式给予相关学生的家庭提供实际的帮助，"家—校—社"项目组负责组织与社区合作开展专业进社区志愿服务活动，发挥学子的专业能力，利用所学知识服务社会，服务社区。

除此之外，针对如今新媒体的广泛运用，在2015年3月，工作室设立了新媒体中心，主要负责网络思想阵地的工作。

（2）班级管理方面。

对学生班级管理问题，工作室创建了班级企业化管理项目组，小组主要任务就是实践班级企业化管理模式。班级"企业化"管理模式就是直接把社会搬进校园，将企业的组织机构、管理模式、劳动计酬、劳动合同关系等因素与学校的组织机构、管理模式、量化考核相结合，把班委会式管理模式改成企业化管理的创新教育模式。

班级"企业化"模式的引入，将学业、专业、就业三业和谐地融为一体，让学生提前感受企业的管理氛围和在校体验职场，最大的目的是为了提高学生的就业竞争力，让他们能够具备良好的心态面对社会面对企业，能以最快的速度适应企业文化。同时，辅导员在班级中以"总经理"或"董事长"的身份挂职，创新辅导员班级管理工作的模式，提高辅导员"企业管理"的实战技能。通过近3年时间的检验，采用班级企业化管理模式的班级，学生综合素质能力得到了较大的提升，就业情况良好。

（3）宿舍管理方面。

宿舍管理是高职院校学生管理的重要组成部分，也是学生工作管理中的重点和难点。为了促使学生宿舍管理由约束管理向自主管理转变，皮建彬工作室成立了宿舍民主生活会项目组。民主生活会是指党员领导干部召开的旨在开展批评与自我批评的组织活动制度，而宿舍民主生活会就是引用此种制度，将对象转换成宿舍的所有成员，将"宿舍民主生活会"的会场转换成各自的宿舍，使大家可以在一个熟悉的环境里畅所欲言。参加者为宿舍全体成员，辅导员事先提出要求和建议，由学生预备党员、入党积极分子、学生干部负责监督、引导，但辅导员不直接参加，以免学生发言时有所顾忌；主持人为宿舍长，要求有会议纪要，以便师生查阅和总结，会议原则是民主协商，少数服从多数。宿舍民主生活会项目的提出，为我们解决学生宿舍矛盾和宿舍问题开拓了一条新的道路，通过辅导员的引导、学生干部及学生党员的参与，最大限度地发挥学生自主管理、自我服务的作用。

（4）大学生心理健康方面。

根据《广东省普通高校学生心理健康教育与心理咨询工作基本建设标准（试行）》的指示，我院建立了大学生心理五级健康情况监测网络，其中第三级检测网络为二级心理辅导站，主要是由各二级院、系的辅导员老师兼任。由于心理健康教育与心理咨询是一门具有专业性、挑战性、内隐性和高危性的活动，所以指导老师在工作中常常会遇到各种困难，使他们容易感到心有余而力不足，找不到归属感，没有成就感。

根据这种情况，我院在成立二级心理辅导站的同时，成立了心理健康教育项目组，它隶属于皮建彬工作室，其成员均来自各二级院系，他们主要负责各院系心理工作，项目组配有心理学背景的专职指导老师，设有两名组长负责行政事务，基本架构为正组长一名，由学生处副处长兼任；两名副组长，协助组长开展事务管理；两名指导老师，一名负责学院心理健康教育的教学工作，一名负责总体培训指导各院系二级心理辅导员工作，其他各院系二级心理辅导站的指导老师为组员。

针对现今学生的特点，我院在2015年3月份将素质拓展项目与大学心理健康教育进行了联合，成立体验式心理健康教育项目。体验式心理健康教育相对于以往枯燥乏味的授课方式，更多强调学生的自我内审和团体合作，学生在解决问题的过程中，经历了自我思考、与他人交流合作的过程，在共同解决问题的同时不仅增加了学生自信心，加强了学生的交际能力，而且还能够对社会有更深一层的认识和了解。素质拓展训练力求充分发挥第二课堂的作用，最大限度挖掘学生的潜力，激发学生的主观能动性。

（5）社会服务方面。

2014年9月份工作室针对社会服务的不足，成立了"社工＋志愿者"项目。此项目是在全社会大力发展社会工作和志愿服务工作的大背景下，根据我院的学生工作实际情况，结合高校思想政治辅导员的发展途径和工作要求，适时提出的对高校特别是民办高职院校学生工作模式的一种新的尝试和探讨。旨在通过学校（辅导员）社工队伍的建设和指导学生的志愿服务工作有机结合起来，运用社会工作的理论和工作方法，努力把我院的学生管理工作和志愿服务的发展提升到一个新的阶段。

此项目组组长指导的青年志愿者协会在 2012 至 2014 年间连续 3 年获得"惠州市志愿服务杰出集体"荣誉称号，2013 年在爱心包裹"温暖行动"活动中获"优秀组织单位"并以筹集善款126 700元的成绩获得全国高职高专第一名，2015 年获广东省志愿服务铜奖等。目前我校共有志愿者6 000多名，其中有五星级志愿者 6 名，四星级志愿者 36 名，三星级志愿者 102 人，二星级志愿者 169 名，一星级志愿者 328 名。

2．工作室既是实践平台又是科研基地

皮建彬工作室不只是进行纯技能培训，或纯理论研究，也不是纯公益工程，而是思想、方法、工具的三者合一。皮建彬工作室通过辅导员在学生管理工作方面的实践经验，将经验和方法进行总结凝练，上升为科研成果，它既是实践平台，又是科研基地，是思想、方法和工具的有机统一；同时，皮建彬工作室希望孵化出各民办高职院校通用的学生管理项目，打造皮建彬工作室价值品牌。

在皮建彬工作室成立以前，我院辅导员科研成果稀少，只有寥寥几人有发表了论文或参与了课题的研究工作。皮建彬工作室成立以后，各辅导员根据自身的兴趣进入到各项目组中，逐渐有了自身的专长，也学会了总结工作，经过多次的培训，在学校老教授的传帮带下，由工作经验向科研成果转变，在 2015 年 6 月份的统计中，专职辅导员科研成果有了喜人的转变，获得省级立项的课题有 5 项，其中 3 项是以工作室为主题；市级课题 1 项，院级课题 6 项，其中 2 项是工作室中的项目主题，在国家、省、市级期刊公开发表论文 64 篇，人均发表 1 篇以上。

3．工作室研究和实践的核心是学生管理，落脚点是学生成长成才，目标是提高辅导员的职业技能和专业能力

皮建彬工作室的成立，为探索针对民办高职教育学生管理新模式提供了孵化平台，希望在民办高职教育走出一条有特色的学生成长成才培养模式，成为大学生从象牙塔到社会大染缸成功转型的平台，并通过对学生管理工作的研究和实践，提升辅导员思想政治教育水平，开拓辅导员职业化发展道路。如大学生心理健康项目组，在 2013 年，我院具有心理咨询师上岗证的只有 3 人，其中 2 人为心理咨询中心的专职老师，还有 1 名为心理健康项目组的组长；项目组成立后，截止至 2015 年 6 月，项目组中的 11 人，有 6 人获得国家心理咨询师证书，4 人

具备上岗证，只有 1 人是由于流动新进而未获得证书的。经过两年的时间，在这种氛围下，项目组的成员的心理专业能力和技能得到了极大的提高，工作进一步细化，小组成员有的选择往团辅方向、有的选择咨询方向、有的侧重于测量学习，部分二级心理辅导员选择心理专业作为研究生深造的研究方向。

第十章

思想建设

一、"家—校—社"协同创新

（一）"家—校—社"三位一体化项目

1. 项目背景

当代大学生的成长离不开学校的培育。作为国家的宝贵人才，大学生的培养和教育不仅关系到国家的前途和命运，也关乎社会的和谐与稳定。

自党的十八大召开以来，全社会掀起了社会主义核心价值观的学习浪潮。大学生作为社会主义的建设者和接班人，如何帮助他们树立并践行社会主义核心价值观成为学生工作的重点。然而，随着社会经济的不断发展，大学生的社会道德认知水平有所下降，拜金主义、享乐主义及奢靡之风等不良风气在青年中逐渐蔓延，已渐渐影响高校的思想氛围及整个社会风气。如何在高校弘扬社会主义美德，传播正能量已成为我们学生工作的重中之重。

一直以来，思想政治教育主要以校园为阵地，辅导员对学生的思想政治教育起主导作用。教育更多的是针对学生这一单一个体，却忽视学生是一个立体的、全方位的、多元化的个体，因而导致教育往往具有局限性，无法综合、全面地对学生个体进行教育。近年来，大教育逐渐走进我们的视野，大教育更多要求高校学生工作者多方位、多层次、多元化地去了解青年学生，关注学生个体的各个方面，通过学生教育学生，以点带面，让思想教育真正做到从学生中来，到学生中去。

以人为本是高校思想政治教育的基本价值取向和思想政治教育工作者必须坚持的首要原则。高校思想政治教育的主要对象是当代大学生，准确把握当代大学生身心发展的时代特征，是结合新情况，顺应新形势，探索高校合作育人思想政治教育新模式的首要前提。

2004 年，《中共中央、国务院关于进一步加强和改进大学生思想政治教育的意见》（中发〔2004〕16 号）明确指出："学校要探索建立与大学生家庭联系沟通的机制，相互配合对大学生进行思想政治教育。"① 学校和家庭合作育人在大学生成长成才的培养上起着十分重要的作用，就如前苏联教育家苏霍姆林斯基曾说过："没有家庭教育的学校和没有学校教育的家庭都不可能造就全面发展的人。"② 学校和家庭在人的成长和成才中不仅扮演着重要角色，而且通过双方的相互合作能够达到优势互补的效果，形成巨大的教育合力。

高校合作育人的探索和研究已经开展了很长时间，但是，将家庭、校园和社区三者结合起来开展育人教育，从目前的研究来看相对较少。自 2009 年以来，我院在陈优生院长的带领下取得飞速的发展，在此过程中，陈院长高瞻远瞩，对我院的育人提出了"四个关注"的理念，即关注"学习有压力、经济有困难、心理有障碍、行为有过错"的学生。在此理念的指引下，我院学生工作不断探索，以"四个关注"为立足点，并在 2014 年下半年提出"家—校—社"三位一体协同创新合作育人的理念，旨在打造新形势下高校思想政治教育的育人新模式。

2. 项目意义

在新形势下，探讨高校"家—校—社"三位一体合作育人新模式，有利于把握大学生的思想和心理特点，营造良好的育人氛围，形成"家—校—社"共同教育合力，这对于进一步做好大学生思想政治教育与管理工作，促进大学生健康成长，进一步关注学习有压力、经济有困难、心理有障碍、行为有过错的学生群体，意义重大而深远。

从理论上来看：

第一，有利于丰富高校思想政治教育形式，拓宽高校育人渠道。郑永延教授曾经指出："思想政治教育学科的研究，要着重当前重大理论和现实问题，特别是大学生成长过程中所遇到的实际难题的研究，这既是实现思想政治教育学科价值的需要，也是深化与完善科学体系的根本途径。"③ 高校思想政治教育育人的形式一直把工作重点放在校园学生的思想引导上，而"家—校—社"三位一体的模式将思想政治教育从校园走向家庭、走向社区，多方面多渠道地开展育人工作，不仅丰富了大学生思想政治教育的形式，也全面展现了优秀学子的个人成长

---

① 关于进一步加强和改进大学生思想政治教育的意见 [N]. 人民日报，2004 - 10 - 14.

② 郎莉. 家校合作视野下高校思想政治教育新机制探究 [J]. 重庆三峡学院学报，2010（4）：149～151.

③ 郑永延. 思想政治教育学科研究重点与难点辨析 [J]. 思想教育研究，2007（5）：3～7.

经历，树立标杆，创新高校育人特色平台。

第二，有利于高校"家—校—社"合作教育方法和形式的创新。"家—校—社"三位一体的合作教育作为高等教育的一个重要组成部分，是新时代背景下迫切需要加强的一个重要课题。传统的高校"家—校—社"合作教育由于无法将三者统一为一个整体进行系统研究，从而导致整个系统的各个要素未能得到充分发挥，使其对新时期大学生的教育适应性逐渐削弱，未能发挥三者统一的最大效用。因此，构建"家—校—社"三位一体合作教育的研究，对完善和弥补其存在的不足和缺陷具有重大的意义。

第三，有利于高职院校的教育理论研究。强化高职院校"家—校—社"三位一体合作育人新模式，对于我们实际工作的开展，具有十分重要的意义。一方面，三者的协同合作需要牵涉到学院各个部门的协调配合，它所涉及的领域将是全局性的，覆盖后勤、学工、教学等相关部门的各个方面；另一方面，"家—校—社"三位一体化也将会为高等教育理论的学术化研究以及对学生、家长和社区的管理实践提供可靠的参考依据。因此，"家—校—社"合作教育的顺利开展，也为其他教育的试验提供可参考的经验，也促成高校教育多点开花的局面。

从实践上来看：

第一，有利于弘扬社会主义核心价值观念，传播校园正能量。社会主义核心价值观对个人提出了爱国、敬业、诚信、友善的价值取向要求。"家—校—社"三位一体模式则以校园励志学子为素材，在校园大力弘扬学生的诚信友善、乐观积极、乐于助人的精神面貌，用学子的励志成才故事鼓舞和激励其他在校学生，努力营造校园积极正面的良好氛围，大力传播积极向上的正面素材，让整个校园充满正能量。

第二，有利于深化"家校"双方对合作育人的认识，提高学院声誉，树立学院品牌形象。高校家校合作教育一直效果甚微，是由于双方对家校合作教育理念的浅显认识所致。"家—校—社"三位一体的协同育人模式的构建，在家庭和校园间开通了一条沟通的渠道，家长可以了解学生在校的各种动态，学校也能将办学特色和办学成果传达给家长，听取家长对学校的意见和建议，从而不断完善学校的办学水平和办学条件，从中树立学院的品牌，提升学院的社会声誉。通过理论化的研究和教育，影响大学生的实际行动，从而形成高校与大学生家庭协同教育的合力，促进大学生德智体美劳全方位发展，达到为社会输送合格人才的目的。

第三，有利于深化高校思想政治教育工作，拉近思想政治教育工作者与学生的距离，提高思想政治教育工作者的工作针对性和责任感。思想政治教育工作是一项系统工作，它对高校辅导员有很高的要求。"家—校—社"三位一体合作育人项目要求辅导员要深入了解学生，走进学生的生活，了解学生的家庭和成长环境，理解学生行为背后的深层原因。这有利于进一步拉近师生之间的关系，提高学生工作的针对性和实效性，增强辅导员工作的责任感和使命感。

第四，有利于促进大学生素质教育质量的提高。通过"家—校—社"三者的协同合作，形成有利的环境氛围，让大学生全身心地投入理论知识与专业技能的学习中，同时借助社区和家庭的力量帮助大学生更好地提升自身的专业能力和实践能力，多渠道提升学生综合素质。另外，"家—校—社"的有效沟通与合作，有利于奠定良好的家校情感基础，从而调动教师工作的积极性，使教师将更多的时间和精力投入教学，如此一来，教学质量自然而然得到提高。

3. 项目介绍

"家—校—社"三位一体的合作育人模式，是指通过家庭实地走访、校园帮扶教育、社区合作实践三者相结合，紧紧围绕"以生为本"这一理念，关注学习有压力、经济有困难、心理有障碍、行为有过错这四类学生，以学校为主体，以家庭为基础，以社区为平台，三者相结合，对在校学生进行思想政治教育，实现以点带面的协同创新育人模式。

2014年6月以来，我院皮建彬工作室经过3个月的论证和研究，围绕我院陈优生院长提出的"四个关注"的育人理念，初步拟定在我院构建"家—校—社"三位一体的协同合作育人模式，并将此作为我院思想政治教育工作的一个项目进行实施。"家—校—社"三位一的化协同合作育人将始终围绕"四个关注"的育人理念，以校园困难学生面对面帮扶对象为主体，以家庭走访为基础，结合社区合作教育为平台，全方位、立体化地开展我院"家—校—社"协同合作育人。

"家—校—社"三位一体的育人模式由校园、家庭和社区三模块组成，校园教育紧紧围绕我院特色活动——"困难学生面对面帮扶资助"为主题，通过对各系国家奖学金、国家励志奖学金、国家助学金的获得者和心理有障碍的学生、学业有困难的学生以及行为有过错的学生进行筛选，选出一批优秀学子、困难学子、问题学子为对象，并联合学工处、后勤处以及教务处等部门对筛选的学生进行家访，从家庭中了解学生的成长和生活环境，以此感化和激励校园学子；同时，我们在家访过程中积极联系学生家庭所在社区，通过社区帮扶的形式给予相关学生家庭实际的帮助，而我院也积极发挥社区在学生成长中的实践作用，与社区合作开展专业进社区志愿服务，发挥学子的专业能力，利用所学知识服务社区，服务社会。

4. 项目预计实施效果

"家—校—社"三位一体的育人模式是我院深入贯彻落实党的十八大及三中全会的精神，全面贯彻落实党的教育方针，紧密结合我院实际，围绕陈优生院长提出的四个关注、共同育人这一理念下成立的学生工作管理项目，旨在通过构建"家—校—社"三位一体的育人模式，不断创新学生管理工作模式。

第一，构建丰富的学生管理工作模式，形成我院学生德育教育的特色成果。"家—校—社"三位一体的育人模式的构建，是在借鉴、总结和完善前人的经验上提出的，主要研究和探讨高职院校学生工作的显现问题和管理难点，不断摸索学生管理新思路、新方法和新模式，实现涵盖面更广、针对性更强、实践性更易的学生管理特色成果。

第二，全面促进我院学生综合素质能力的提高。通过"家—校—社"三位一体的协同合作，形成有利的环境氛围，让学生全身心地投入理论化知识的学习和专业化技能的掌握中，并能在三者合作的大环境下健康茁壮成长，顺利过渡到职业生涯阶段。另外，家、校、社的有效沟通，奠定了良好的家校情感基础，调动了辅导员的工作积极性，使其能更好地去理解学生、帮助学生，从服务学生的学习到服务学生的成长、从关注学生的行为到关注学生行为背后的动机、从了解学生的家庭到理解学生的成长、从指导学生成人到提供实践帮助学生成人，最终在帮助学生成长的同时辅导员自身也获得成长。

5. 项目实施方案

（1）第一阶段：调研阶段。

时间：2014 年 7 月至 2014 年 10 月。

通过网络搜索、省市会议、对外交流等渠道，广泛收集省内外关于高校开展"家—校—社"活动的资料和文献，了解关于高校家访方面的信息和动态，做好前期项目工作开展的信息搜集。

（2）第二阶段：探索阶段。

时间：2014 年 10 月至 2014 年 12 月。

成立"家—校—社"三位一体化项目工作组，确定主要负责人及各负责人的具体分工，再在各系征召有意向的辅导员加入该项目组，初步组建项目团队。

结合学院"国家三金"评选工作的开展，各系筛选优秀的励志学生，多渠道、多方位了解和考察励志学子，初步组建校园励志讲师团。

结合学院"国家三金"评选工作的开展，由相关系部推荐 1 ~ 2 名励志学生作为家访对象进行家庭走访，了解学生家庭情况，广泛收集走访素材，整理家访材料，形成"家—校—社"三位一体化项目初步方案。

（3）第三阶段：初试阶段。

时间：2015 年 1 月至 2015 年 7 月。

各系在励志讲师团中筛选 1 ~ 2 名典型学生，根据家庭情况逐步开展家庭走访，初定每月走访 1 名学生，关注励志学子的家庭和成长环境，广泛收集素材，形成总结材料。

校园励志讲师团在各系 2014 级学生中进行励志宣讲，结合家访素材，全面展现校园励志学子的成长成才环境。

了解学生反馈情况，及时调整实施方案，召开项目研讨会，聆听多方意见，征求各方建议，逐步修改和完善项目实施方案。

总结前期材料，撰写相关文章，形成项目初步成果，拟定后期实施方案。

（4）第四阶段：实施阶段。

时间：2015 年 7 月至 2016 年 12 月。

总结前期走访方案，形成系统，探索社区服务渠道，在家访和校园间建立社区服务平台，以专业进社区为突破口，搭建社区育人平台。

完善校园励志讲师团宣讲模式，将励志宣讲纳入 2015 级新生入学教育模块，在校园树立典型和标杆，利用校园广播、校园展板、校园网站、微信微博等平台进行宣传。

拓宽家访渠道，探索家访由"走出去"向"请进来"转换，邀请励志学子的家长到校园进行访谈，以切身经历感染学生，鼓励学生。

（5）第五阶段：总结阶段。

时间：2017 年 1 月至 2017 年 7 月。

汇总所有材料，形成总结报告，撰写项目材料，申报省级特色项目。

（二）典型案例

案例 1：贫穷中的坚强

发现

2014 年 10 月，我院在陈优生院长"四个关注"理念的指导下，开展了大学生面对面帮扶工作。经过一个多月的筛选、甄别和调查，各院系分别推送家庭十分困难的学生进入最终的帮扶环节。在面对面帮扶大会上，有一位受资助学生代表上台发言。她的言语感动了在场的所有受资助者，许多人纷纷为之动容，感动落泪。发言者是一位来自工商学院的学生，她的名字叫王芳（化名），是一名来自农村的小女生。

在 2014 年新生助学金的评选过程中，我们发现王芳由于落选而产生退学的念头。在跟进过程中，我们得知，这位小女孩的家庭十分贫困，但她默默地坚持着求学的一丝希望，坚强地面对这个家庭的苦难，乐观地对待周遭的不公。

关注

自 2014 年 9 月以来，我院启动了家校社三位一体的育人模式项目，王芳的经历让我们开始踏上对她深入帮扶的路程。在我院学生处、后勤处、工商学院等系部门的联合下，我们在 11 月对王芳的家庭进行了实地走访，一方面我们想亲自了解这个贫困小孩的成长环境，另一方面也希望能够尽我们所能为这个遭受苦难的家庭提供力所能及的帮助。走进她的家，眼前所见让我们的心灵为之触动，如果可以用一个词来形容的话，"家徒四壁"我觉得并不为过。这个家庭因为贫困，一直以来没被当地的村委、镇政府重视，不管是在户籍办理、低保申请、社保参保等方面都无法得到公正的对待，这也让这个家庭雪上加霜。

为此，我们第一时间前往当地村委进行沟通，我们将该生的家庭情况再次向当地村委会人员进行反映；同时也跟当地村委会建立进一步合作，以我院团委志愿者为主体，在寒暑假期间通过三下乡的形式到当地进行志愿服务，为这个贫困家庭提供我们力所能及的帮助。

影响

王芳的事迹被我们发掘后，她在生活和学习中慢慢影响着身边的同学。她在面对面帮扶仪式上的发言，让在场几百名学生动容。她的事例也影响着其他学生，激励着贫困学生在面对困苦环境的同时，找到属于他们自身的那一份坚强。因为王芳，我们懂得了坚强的含义，也正是因为王芳，给校园注入了更多的正能量。王芳的影响还未结束，当地电视台获悉了她的遭遇后，对其进行了报道，希望以这一个平凡而坚强的女生为榜样，在全社会营造更美好的道德氛围。

回顾

当你们还在后悔因高考失利而来到这个学校的时候，有一个女生她却十分珍惜这么一个宝贵的机会；当你们还在想着这顿饭要去哪里吃，要叫什么外卖的时候，有一个女生却为了每顿饭能够省一两块钱而感到无比开心；当你们想着 iPhone 6 已经出了，准备把手头上的 iPhone 5s 转手卖掉的时候，有一个女生却十分珍惜她暑假打工赚钱买的一部几百块钱的安卓国产机……

在我们的身边，有一个小女生，她出生未满月，就被她的生父母送给了邻村一对年迈的农民夫妇，这位母亲收养她时已经 50 岁，父亲已经 43 岁，21 年来的含辛茹苦，才把这个小女孩抚养成人，但这个家庭一贫如洗。3 年前，养父中风，经历生死边缘的挣扎，虽然活了下来，但却成了一个无法说话、行动不便、生活无法自理的残疾老人；母亲由于年迈，身患严重风湿疾病，一根木棍成了她走路的依靠。在这样一个我们无法想象的贫困家庭里，这个小女生却有着我们无法想象的坚强与乐观，她用她弱小的肩膀扛起了整个家庭的重担，用她的坚强笑对生活的不公，用她的乐观迎接生活的苦难。

感动，无处不在。有时，就是因为那一份在夹缝里求生的坚强，让我们潸然泪下。

初见王芳，是在一个阳光明媚的上午。这一天，我和学院领导随着王芳一同走进了这个贫困、朴素却坚强的家庭。在这之前，我已从她的班主任老师的口中听说了她的故事，那时已为这个坚强的小女生而深深感动，也期盼着能见见这个善良、可爱的小天使，能了解更多关于她的故事。

我仍然记得，2014年11月4日，这一天让我印象深刻，因为王芳那份坚强与乐观，让我感动与感激并存。这天，阳光与往日一样，那么灿烂，当游书记喊了一声"王芳"的时候，前面一个小女生转了过来，首先映入眼帘的是那如阳光般灿烂的笑容，孱弱瘦小的她穿着一身粉红色运动服、一双黑色板鞋，背着一个简洁的书包和拉着一个廉价的拉杆箱。笑容朴素、甜美，是我对这个女孩的第一印象。

由于此次走访是由学院专门派车，王芳特意跟辅导员请了3天的假，希望能够与家人多相处几天，陪陪她那年迈的父母。临近上车，皮处长问她："请假这么多天，那学习怎么办？""我已经把书带着跟我回家，这几天我就在家里认真复习，努力争取不落下"，她笑着对我们说。开朗、爱笑、勤奋，我对她的印象不断加深。

在路上，我们聊起了她的家乡，聊起了她的中学，聊起了她的家。河源顺天的一个小山村是生她养她的故乡，尽管命运带给她太多的苦难，可那也是承载着她幸福的港湾。

经过两个小时的车程，我们下了高速，进入S341国道，这条国道因前几年政府出钱扶贫重新铺设，总体感觉较平坦。半个小时后，我们从国道拐进了一条乡道，路不好走，只有一车道的宽距。王芳说，这条路平时只有摩托车行走，小车很少，步行是王芳返家的唯一方式。平时从家里出来或搭车回家都是从国道路口沿着乡道走回家，一般都要走半个小时。

我们小车沿着乡道开了约20分钟才到达目的地——一块空地上伫立着两栋房子，空地前面是一片宽广的田地，视野十分开阔。两栋房子在这片宽广的田地上显得特别突出。最先映入眼帘的是一座3层楼高的自建房，外墙铺满白色马赛克，房子虽简陋，在这个村子来里堪称"豪宅"；与之形成鲜明对比的是旁边的那座小砖头房，四四方方，没有任何修饰，清晰可见由砖头一块块堆砌而成，右手边有四间茅草圈，后来才知道其中养着两头小猪（这两头猪可以说是王芳家最值钱的财产）。而这间简陋得不能再简陋的房子，就是我们这次的目的地——王芳的家。

房子的前面，一位老人坐在凳子上晒太阳，弯曲着背，手微微颤抖，眼神看着前方玉米地，因为那边有他牵挂的人。王芳远远地喊了一声"阿爸"，老人转了过来，嘴角微微牵动了一下，似乎想说什么，但无法表达，视线一直没有离开王芳，一直注视着这个小女孩。如果感情能够衡量，我想那眼神里充满着的是万千宠爱。王芳跑了过去，亲切着挽着爸爸的臂膀，问他阿妈去哪里了，只见他眼神望向远方，用他那微颤的手指向前方的玉米地。王芳一下就会意过来，于是迅速跑回房子，放下行李箱后跟我们说了一声："老师，我妈妈在前面的玉米地收割，我先过去找她，你们先进去坐吧！"然后就沿着前方的路奔向玉米地。

初次走进王芳的家，让我大感震惊，家里简陋得无法用言语形容。一大一小两张残旧的木椅围着一张木茶几，正对着门的是一张破旧的电视柜，柜上有一台20寸的老式显像管电视机，从它旁边的电视盒可以判断，这台电视机应该可以正常使用，而这也是他们获取外部信息的唯一途径。从左到右一眼扫去，除了一个白色的电饭煲、一个电热水壶这两件电器外，看不到其他的家具摆设。电视机后面的墙上

图 10-1　王芳家的外部环境

仍然挂着20世纪60年代最常见的领袖画像，一个停止转动的时钟挂在旁边，除此之外，墙的四面显得那么空荡荡，没有任何点缀与修饰。家里有三个并排的房间，左边房间最小，里面只有一个柜子、一张桌子和一张床，非常简陋，后来得知她们母女俩就一直睡在那张1.5米的木床上，桌子上贴着一张发黄的报纸，其中让我感触最深的就是报纸上的一句话，上面写着"满格信号传递无限真情"，这让我思考着，或许她这么坚强正是因为她坚信人间有真情。第二个房间是一个储物间，里面堆积着杂物和稻草，这里的东西是他们这一家经济收入的主要来源。最后一个房间十分昏暗，我找不到灯管的开关，只隐隐约约看到房间里摆放着一张床，而这就是她父亲起居的地方。房间的隔壁，有楼梯通往楼顶，楼梯旁有一个铁门，打开铁门，后面是厕所和厨房，后来王芳带我们参观的时候说，厨房和厕所是去年才建的，花了7 000多元，这笔钱他们家攒了好几年。

当我们从房间里出来的时候，就看到王芳从玉米地里把母亲接了回来。远远地就看见一身粉红的小女孩挽扶着一个瘦弱矮小的老人，挂着拐杖，走得那么慢，那么吃力，由远及近，身影越发明显，我们见到了王芳的母亲。王芳的母亲不会说普通话，说的是顺天当地的客家话，我们的交流只能靠随行的一位老师和王芳充当翻译，这为我们深入了解这个家庭提供了许多帮助。

打了招呼，王芳简单介绍了随行的老师。回屋坐下，我们发现一家三口是那么温馨，虽然生活很苦，却能深深感受到这三口之家那种浓浓的爱。随着访谈的

开始，也让我慢慢深入地了解到这个家庭和这个坚强的小女生背后辛酸的成长故事，而正是因为这些苦难的磨炼，让她如此坚强与乐观，每一次的笑容，都让人既温暖又感动。

"人富遭人嫉，人穷受人欺"

在跟她母亲的交流过程中，我们心里一直有个疑惑，广东省一直以来都有政策扶持，就像我们来时看到的那条平坦的国道的修葺。

"那你们是否有购买医疗保险或养老金?"对于农村地区来说，社保是他们生存和生活的唯一保障，所以我不由地问起这个问题。这时王芳情绪有点激动，她说道："我们家有办理低保，每个月有300块钱。我母亲今年5月份才拿到养老金，一个月有70块钱，我父亲现在还没有办下来养老金，因为他之前中风，村里以为他活不了，所以一直没给他办!"听到这里，心里不禁一震，370块钱维持一个家庭每月开支，对这个家庭来说是多么艰辛。

"我们家以前是没有户口的，到高二那时我准备报名参加高考才发现我一直都是黑户，差点参加不了高考，后来我跑到镇政府和村委那边去，好不容易才把户口补上，而他们给出的答复就是人口普查的时候把我们家给遗漏了，那时真的很难受，感觉很无助。我父亲已经64岁了，照理来说可以拿4年低保，但家里之前因为没有户口所以一直不给办低保，后来户口补上了，说要办低保就要从60岁开始补交，但后来补给低保只从补交的时间开始而不是从60岁开始!"王芳的语气一直都很激动。

"人富遭人嫉，人穷受人欺!"王芳的妈妈生气地说出了这句话。话里流露出强烈的无助感。"以前家里穷，没有水，所以我都是一直去隔壁挑水，挑了三年，后来我父亲病了，隔壁就更瞧不起我们家，不愿意给我挑水。最后没办法，只能辛辛苦苦攒了7 000块钱在门口打了一口井，总算解决了供水问题。"王芳接过母亲的话。"自从父亲中风以后，没人来我们家里，因为穷，很多人看不起我们，后来我们家有了点田，种了一些玉米才好点。"

王芳母亲的话深深地刺痛我的心，当我们还在抱怨生活的不公时，有一群人遭受着比我们更多的苦难，而我们所谓的"不公"，对他们来说其实是件多么奢侈的事情。

"我是他们唯一的女儿，他们是我一辈子的牵挂!"

王芳说过，她很感恩，她知道父母为了这个女儿的成长几乎倾尽所有。就如她母亲所说的，再苦再累再穷困，也要将她养育成人，供她上学，供她读书，希望有朝一日他们的女儿能够学有所成，用知识改变这一个贫困家庭的命运。

"为了减轻家里的负担，我高中那时一边上学一边打工帮补家用，而且高三父亲反复犯病，家里压力很大，学习落下了很多，导致高考考砸了。本来不想去读书，但我爸妈不肯，我爸收到通知书时一直不敢放，一直盯着，我爸妈为了让我读书把家里养的家禽都变卖了。"王芳笑着说，看不出半点悲伤，眼神里折射出对于未来的希冀，因为她知道只有通过知识，才能改变他们家庭的命运。

"那你高考考了多少分呢？"我好奇地问起。

"我高考考了 380 多分，我以前读的是尖子班，高考强训时可以考五百三四十分，但 5 月份父亲病得比较严重，所以高考前就回来照顾父亲半个月，后来就没能考上理想的学校。我有考虑过复读，但怕爸妈压力太大，因为在我们学校，考了专 B 的学生，复读要交三四千学费呢！"王芳坚强地说。

"我妈年纪也比较大了，她以前什么都不会，一有事就到隔壁给我打电话让我回来帮忙，后来有人跟她说我现在是在高考冲刺，如果希望我考个好成绩就尽量不给我打电话，之后她就不敢再打电话给我了。但今年 5 月份我爸病情严重，她才不得不给我打电话让我回来帮忙。我是他们唯一的女儿，他们是我一辈子的牵挂！"这时，只见她父亲在旁边轻轻抽泣，眼泪一直在流，王芳笑着安抚她父亲，一直跟他说："阿爸，不哭不哭！你看我多坚强。"

听到这里，我的眼眶渐渐湿润起来，这个不大的空间里到处充斥着一种叫作心酸夹着感动的情愫，因为这个普通家庭中不普通的深沉的爱。

"1、2、3、4、5、6、7"

不一会儿，王芳从房间里拿出一个小本子，本子很粗糙，有点皱褶，翻过若干页，只见最后一页记录着三行半的数字，前两行的数字都是从 1～7，并用一斜线划掉，最后一行只写到数字 2，并用斜线划掉。

看到这个，我们都很迷惑，这代表了什么？

"老师，你们看这个，我妈妈好可爱，我每次离开家里去读书，她为了等我回来，在这个小本子上记录着一个星期的时间，然后一天天划掉。因为我阿妈不会写字，只会写简单的数字，所以每个星期就写着 1234567，代表着这一周七天时间，然后过一天就划掉一天，直到我回家的那一天。"我们看了一下，刚好今天是星期三。王芳母亲有点不好意思，她一方面怕影响女儿读书，一方面又很想念王芳，只能采用这种最简单的方式来记录对女儿深深的思念。

"阿姨，既然你这么想王芳，那为什么不让她回来呢？"

"我还是希望她能够专心读书，学有所成，读书出来才有出路，才有希望！"王芳妈妈为了女儿能够安心读书，把她对女儿的爱深深地记载在这本破旧的小本子上。

爱，有些时候真的很简单。"1234567"，再平凡不过的一组数字，却饱含着一位伟大母亲对女儿深深的爱。

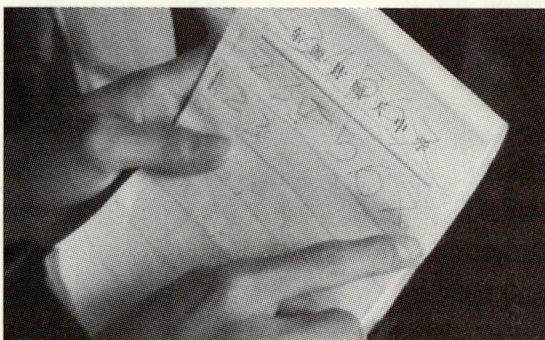

图 10-2 王芳妈妈用来记录王芳回家日期的本子

很多感情，不需要言语，仅仅通过一个眼神、一个动作就可以传达；很多感动，不需要刻意营造，仅仅通过一次家访、一次交流就可以让人潸然泪下。为这个家庭的遭遇感到心酸，为这对父母浓浓的爱感到敬佩，为这个不向命运低头的勇敢女孩感到骄傲。

家访结束了，但他们的生活还在继续，这个女孩的故事还在继续……

"再见，坚强的、勇敢的、乐观的女孩！"

回来的路上，车厢里悄然无声，每个人仿佛都陷入了深思。有感叹、有感慨、有钦佩……五味杂陈，思绪繁多。短短三个小时，却让我经历了一场心灵的洗涤。未来的道路上仍然有着很多未知的艰辛在等着我们，只有不断经历这种心灵的洗涤，才能看到道路两旁不断出现的温暖与美好。回荡在眼前挥之不去的，是王芳那灿烂纯洁的笑容……

谢谢你，美丽的女孩！

案例 2：差生！不差？

发现

对于一个刚接手班级的辅导员来说，最头疼的问题就是所谓的"差生"。的确如此，一方面，作为继任者，他要面临一个全新的集体，他面临的严峻的挑战不言而喻；另一方面，如何应对他接手班级的差生，也给了他巨大的压力。但是，所谓的差生，真的有想象中那么难搞吗？

机电信息学院有这么一位学生，他叫李明（化名）。初看李明，黝黑的皮肤，老实的面相，看起来十分文静。在老师的眼里，他本应该是一个勤奋上进的好学生，然而，大一结束时，他却以 6 门课不及格的成绩收到了学校下发的留级通知书，面对着这一张留级通知书，他犹豫了，退学的念头也油然而生。刚接手他们班级的辅导员霍智德老师感到压力巨大，一旦留级，对学生影响深远，面对着他要退学的意向，要怎么做通思想工作，对他这个刚进入学生工作岗位的新人来说确实头疼。随着工作的开展，他对李明的认识和了解也更加深入，这一年，他成熟了，而李明也变了。

究竟是什么力量让这个学生从上课次数屈指可数到基本上每节课都不落下，

从 6 科不及格到全部学科通过考试？发生如此巨大的变化，背后的原因值得我们深思。

关注

李明的变化，霍老师功不可没，也正是霍老师对他的关注，才发现了背后的原因——家庭。为了实地了解李明的真实家庭情况，我们一行 5 人在学院后勤车队的支持下，踏上了前往揭西的旅程，真正走进李明的家庭。这个孩子并不简单，单亲的家庭，从小就由舅舅抚养长大，家里其他人员都在外打工，全家人的努力就为了他能够上一所大学，用知识来改变命运，期盼在我院播下他们家庭希望的种子。这孩子一个人承受着家庭的所有寄托，承受着巨大的压力，他理解家人为了他的学业付出太多，他不敢面对，从而导致自暴自弃，希望通过退学来减轻他们家庭的负担，而这也是他大一这一年成绩不佳的真实原因。

如果没有了解学生的家庭，没有跟他舅舅的沟通，我们确实很难知道这个学生承受了多少压力和寄托。走进家庭，了解和认识到学生行为背后的真实原因，这也恰恰是我们工作的着手点。

为了进一步帮助李明，一方面，学校通过贫困生助学金和资助的形式帮助他解决家庭经济负担；另一方面，授人以鱼不如授人以渔，近年来我们学校与校外企业进行了许多合作，其中包括提供勤工俭学岗位。因此，在大二期间，我们学校为李明提供了校园勤工俭学的机会，希望他通过自己的双手创造属于自己财富，来缓解他的经济压力，从那以后，我们也会经常在校园里看到这一个黝黑小孩奔波的身影。

影响

其实，在我们校园内仍然存在着许许多多类似像李明这样的"差生"，在我们的眼里，差生一直与"难搞"这个词挂钩，李明的案例让我们学生工作者对所谓的"差生"有了另一种思考：我们的学生工作不仅仅要认识到学生的行为表现，更要走进学生的内心，认识到学生行为背后的原因。李明的案例给学生工作带来了十分重要的影响，从今年开始，我们也有不少辅导员加入家访的行列，他们也希望通过家校合作这一平台来深入认识他们自己所带的学生，以便更好地开展工作。

霍老师的回顾

2014 年 10 月，刚毕业的我初次接触到了辅导员这份工作。对于一个新人来说，接手班级是我即将面临的一个严峻挑战，而我也已经做好迎接种种困难的准备。

在刚接手班级的时间里，我一开始最先关注的是两个极端，即优生和差生，而这些学生也将是我以后工作的重点与难点。

"他经常不去上课，任课老师说如果他再缺席就取消考试资格，他仍然无动于衷。"

"他从大一第二个学期开始，早读晚修就很少参加，偶尔出现也是恍惚度过。"

"他的考试成绩几乎都是不及格，没有上进心，加上家庭环境比较差，大二有可能退学。"

"他看起来挺老实的，没想到这么难搞，学习那么差，纪律也难管！"……

2013级网络1班的李明以这样一种评价"荣获"我的关注。作为他的新班主任，我不禁为他的前途感到十分的担忧和焦虑。

对于李明的问题，我一开始感到非常棘手，因为不知从何入手，但随着与他深入的接触和交流，并不断给他支持和鼓励，慢慢地，我也发现了我们眼中的所谓"差生"其实不差。这一学期，他的进步是显然的，而这也才是真正的李明。

"他这个学期几乎都有上课，特别是上专业课的时候，听得特别认真。"

"在院系活动中经常能看到他的身影，而且表现都很积极。"

"他还是学院武学社的技术部部长，在各系的迎新晚会他都有参加武术表演。"

……

这是这学期我不断收到的关于老师、同学对他的评价。诚然，他的转变是可喜的、让人欣慰的，而这背后，是什么原因让他一度迷惘，又是什么力量让他从深陷的泥淖中抽离而出，步入学业正轨？为了进一步探寻这个原因，我们"家—校—社"项目组经讨论后决定到他的家庭进行实地走访，深入了解他的真实情况。

2015年1月9日这天清晨6点，天灰蒙蒙的，有些阴冷，下起了细雨。我与家访项目负责人李书记、服装系朱老师以及学生李明一同从学院出发，前往李明的家——揭西县京溪园镇美德村。一路上，我们与李明闲聊，像是认识已久的朋友，期间他几次接到家人的电话，大概是在询问我们的行程，可以看出，李明的家人非常重视此次家访。交谈中，我发现李明其实是一个很内向的男生，话语不多，朴实羞涩。或许，因为从小他就住在舅舅家里，母亲则在外地打工，和亲人交流的机会较少，所以，他不善于表达自己的情感。

经过4个多小时的车程，我们终于到了目的地。一下车，映入眼帘的是一个古朴的小村落，房屋破旧，人烟稀少，杂草丛生，即使阳光明媚，眼前的景象仍给人一种淡淡的荒凉感。不过我发现，此时李明脸上洋溢的全是回家的喜悦，一扫长途奔波的劳累，回家的步伐不禁加快。他带着我们穿过一条小路，我们看到了一座刚刚粉刷过的祠堂，而这就是我们此次的目的地——李明舅舅的家。祠堂门口站着李明的姐姐和姐夫，他们已经等了我们好久。自我介绍一番后，他们带我们参观这座翻新不久的祠堂。我们走进一间小房屋，一张床、一张桌子、一套简易茶几，我们就在这张茶几前，缓缓聊起了这个普通家庭的具体情况和李明的成长经历。

关于他的家庭——他来自单亲家庭，从小由舅舅抚养成人

在与李明舅舅的聊天中得知，其实他是一个可怜的孩子，从小就失去了父亲。他的父亲是在工地里做石沙工的，每天都不得不吸进大量的沙尘，工地工作量大，休息时间少，日积月累，导致呼吸道感染，最终肺部出现了问题。但是他的父亲一直隐忍着没有说出来，选择默默承受病痛的折磨，直到病倒了才发现已经是癌症晚期，可为时已晚。在李明5岁的时候，父亲就撒手人寰。后来，他母亲带

图 10-3　家访过程

着他和哥哥姐姐一起搬到舅舅家，从此与舅舅生活在一起。舅舅说到，李明的性格像父亲，比较内向，有什么事情都藏在心里不说出来。在与其舅舅的谈话中我们能感受到他对这个外甥的爱溢于言表，对这个家的感情十分深厚。期间，李明一直默默地坐在舅舅旁边，脸上有一抹不易察觉的悲伤，仿佛陷入对父亲的思念，也会不时地看着身边的舅舅，一言不发。

关于他的成长——他是这个家的唯一一名大学生，是这个家的全部希望

一路上，我们心里一直有个疑问，为什么李明的母亲在这么大的年纪还要出去打工？我们从他舅舅那里了解李明的成长经历，疑问才慢慢解开。李明家里有三个孩子，他是家里最小的孩子，他的哥哥和姐姐为了让他从小能够读书，都选择辍学打工，以便减轻家里的负担，即便是他考上了3B类这样高昂学费的院校，他们全家也要支持他上大学，因为只有这条路，才能改变李明的命运，让他不用重走父亲的路，因为没有文化知识而只能去当农民工。母亲为了帮补家里的开销，也选择到江门的一家工厂食堂里当厨师，每个月发工资的第二天就立即汇过去给李明交学费。哥哥学历不高，在中山的一间工厂打工，但为人忠厚老实，深得老板信任。姐姐很早嫁人，跟随丈夫在江门做点小生意，然而今年市场不景气，于2014年年底关闭他们的店铺回到揭西老家重新发展。就是这样一个家庭，他们把全部希望寄托在李明的身上，希望他能学有所成，用知识来改变这个家庭

的命运，哪怕只是改变了他自己的命运。

舅舅聊到，他哥哥在打工期间，曾谈过一个女朋友，他们已经到谈婚论嫁的地步，可最终还是遗憾分手。只因他哥哥的女朋友希望他能够把生活重心摆正，而不是放在自己的弟弟身上，可哥哥还是坚持每个月不管再苦再累都要给弟弟生活费，自己非常节俭，更不敢奢侈半分，因此没法顾及自己的女朋友，他们常常为此起争执而导致最终遗憾分手。讲到这里的时候，李明默默地低下了头。对哥哥，我想，他是觉得内疚的。看着他，我才知道，原来这样一个瘦弱的肩膀，承受着那么重的担子。全家的寄予厚望，妈妈的背井离乡，舅舅的养育之恩，哥哥的殷切期望，只不过是希望李明有朝一日能够出人头地，这份平淡而又深远的爱，不禁让我们为之动容。

临走时，舅舅用长满老茧的手握着我，认真地说："霍老师，请您帮我照顾李明，希望您多开导他。"他诚恳的眼神再一次让我十分感动。

我们上车后回头一看，发现舅舅还一直注视着我们的车，眼神久久没有离开。

回程路上，我们谁都没有开口说话。李明一直望着窗外面，陷入沉思。长大，意味着要一个人去勇敢面对这窗外面的世界，凶险也好，平坦也罢。我们总要学习独自去面对……

这次家访让我们深深感受到了一个农村单亲家庭对孩子那一份朴实而又无私的爱，也让我不得不反思，平日里我们眼中的"差生"真的差吗？他们的消极究竟是不是一种渴望交流的信号？而他们的颓废又是不是一种与贫穷、生活抗争的无助方式呢？我们平时，是否都只是看到了他们的表面，却缺少了对他们的了解。"家家有本难念的经"，李明身上背负着太多的期望，也承担着比其他同学更重的家庭重担。一路走来，或许他找不到合适的宣泄情感的方式，他迷茫过，他无助过，所以他对这个陌生的环境感到无所适从，所以他逃避、颓废，甚至希望以放弃学业的方式来减轻家庭负担。或许是因为置之死地而后生，又或许是因为在跌跌撞撞中李明慢慢找到了自己的价值，在课堂上、在活动中、在社团里，他不断受到肯定，得到鼓舞，他振作了，他努力了。在我们的成长道路上，总会像在迷宫里一样跌跌撞撞，不断跌倒再爬起，需要的仅仅只是在我们感到迷茫无助时伸过来的那双手。而老师就是学生的指路人、引导者。

李明用他的实际行动告诉我们，所谓的"差生"其实并不差，而我也希望他能再一次起飞翱翔，在惠经这个人杰地灵之地发挥所长，最后通过自己的努力来报答家人、老师以及学校对他的爱！

案例 3：小个头，大励志

发现

经常在校园里穿梭的人不难发现，有一个小男生特别引人注目，他个子不高，一米六不到，走路一瘸一拐，但每次学生活动都会看到他的身影，看到他在组织学弟学妹、在各活动场地忙前顾后甚至帮忙搬抬桌椅等。这一个"残疾"的学生干部引起了我们的注意，他究竟是谁？

后来，我们发现，这一个"残疾"的学生并不平凡。翻开他大学期间的荣誉，我们不禁感慨，这小小的个头，却蕴含着大大的励志。他叫杨宁（化名），大学期间，他先后获得"优秀军训标兵"、大学生善行100志愿活动"一星级志愿者"、大学生演讲比赛第三名、"优秀学生会干部"，国家励志奖学金和学院一等奖学金、在大二已经光荣地成为一名预备党员等，作为班长的他带领班级同学夺学院晨读比赛第二名和系部班级大合唱第一名。在这满满的荣誉的背后，有许多我们所看不到的艰辛与奋斗。

关注

为了探究杨宁背后的艰辛，我们在构建"家—校—社"三位一体的模式下，再次走进了这个励志学子的家庭中。在这个孩子的家中，我们看到了不一样的坚强和乐观，从和父母的沟通中得知，这小孩成长不易，家中共有5口人，上有年迈的奶奶，父母因过度劳累患上了骨质增生，妹妹就读于一所中职学校，由于是贫困户，因此免去了学费，而家里仅提供她一些生活费，他的父亲一人在外面打工来扛起整个家庭的所有经济负担。杨宁是个很乐观很坚强的学生，他的生活费基本都是靠自己获得的励志奖学金和周末的兼职中获取，而他也不希望身边的同学和老师给予他特别的关照和对待，他希望用他的双手，为这个家庭承担起一份责任。

影响

对于我们学校励志学子来说，杨宁只是其中一名具有代表性的学生，而他也一直用他自己的努力回馈学校和家庭对他的培养之恩。每年我们学院都会和惠城区相关的街道合作，共同开展专业进社区大学生志愿服务活动，而在这个时间段，我们往往能看到杨宁和学生干部们积极地在社区和街道为普通的百姓进行电脑的义修活动。我们曾问过他，在这个过程中他获得了什么？而他的回答是，他希望用他的知识，来帮助其他需要帮助的人们，因为学校和家乡朋友对他的家庭的关心和帮助，让他觉得有责任也有义务尽自己的能力去回报社会，回报关心和帮助过他的人们。

杨宁的回顾

我叫杨宁，是来自惠州经济职业技术学院某班的一名学生。从小生活在农村家庭的我很小就明白了什么是担当，家庭的种种波折让我成长得很快。家里有5口人——年迈的奶奶、患上了骨质增生的爸爸和妈妈，还有正在就读中职的妹妹。由于属于贫困户就读，妹妹的学费可以免去，而她平时就跟家里要了点生活费。经营理发店的家庭收入满足不了日常开支，爸爸只有外出务工来支撑起这个家庭。

2015年6月接到班主任的通知，一个星期后要到我家去家访，当时我很惊讶。对于身体有缺陷的我，一方面是出于学校对品学兼优学生的鼓励以及对其家庭的关心；另一方面，对于从小就家庭离异的我来说，这是再一次揭开了我的伤疤。一个星期后，我带领班主任霍老师以及另外两位老师到达我家，我觉得我应该坦然去面对这一切。进入眼前的是罗老师拿着相机记录着我的一切，让我感觉到很温暖，老师们很亲切，离父母的期望又近了一大步。我们坦诚相对，侃侃而谈。

我出生于1992年，当时妈妈生下我就身体不适，是奶奶把我一手抚养长大。当时体重只有1.2千克的我，是有多么让人感到恐惧，大家都怕我活不下来，但家人最后还是决定要将我抚养成人。在我8岁的时候妈妈去世了，我从此就是单亲家庭的孩子。后来父亲再娶，我有了第二个妈妈，然而跟我们生活了10年的第二个妈妈因嫌弃贫穷又离开了我们，我不得不再一次陷入单亲的绝望。有心人，天不负，爸爸又找到了伴侣，现在的生活很幸福。

我的成长经历了父母的离异、身体缺陷的伤痛，但我能用微笑去面对，用毅力去克服，我个人觉得最重要的因素就是身边人对我的鼓励和家人的关心。谢谢学校给我一次坦然面对自己的机会，我会一如既往地去努力，我会用我微薄的力量去传递正能量，让身边的一切充满爱。作为一个大学生，我们处在非常好的时代，希望毕业时选择进入自己喜欢的工作岗位。去冒险，去拼搏，我觉得抱怨没有用，世界上提供不了"钱多"但"事少"的平台给我们，只有去拼搏，去努力才能实现自己的梦想。

我还深刻地记得罗老师温馨的早餐，老师们亲切的话语，根本没有那种所谓的高高在上有派头的感觉，而是表现出与同学们相处和蔼可亲的情景。我觉得能有这样的老师，我多么幸福。谢谢老师们这次的家访，谢谢学院领导的关心，在以后的日子里我将不负众望，认认真真、一如既往地做一名优秀的大学生。

小个头，大励志

2015年4月17日，我带着一份好奇和期待，协同机电信息学院辅导员霍智德、工商学院辅导员刘潭生面见了我们项目组会议的焦点——杨宁，除了自己熟悉的同事，站在我面前这个身高不到一米六的小男孩想必就是我们此行的主人公，"他是我们系最优秀的学生，没有之一"是在家访前他的班主任对我说的一句话，为这次家访打开了神秘的大门。

经过两个多小时路途的颠簸，我们到了杨宁的家，小小两层的楼房，不是很大但很温馨。踏入家门，杨宁的家里坐满了村里的老人，他们就像坐在自己的家中那样随意地聊天。杨宁爸爸正在帮一位老人理头发，不善言辞，倒是那位老人像是"出道"多年的专业理发师，在指点杨宁爸爸应该怎样理才能达到自己满意的效果。我笑道："咦，家里的生意好像还不错哟。"杨宁笑而不语，带我们上了二楼客厅。

上来二楼，其实也并不宽敞，客厅、厨房、餐厅都没有明显的界限，所有的家具都一览无余。杨宁妈妈让我见证了潮汕女人的贤良淑德，厅虽然不大，但被打理得井井有条。几番观察后，我们师生四人便坐下来开始扯扯家常，当我们问到妈妈在哪里时，杨宁高兴地回答了一句："去河里捕虾去了。"但我感觉到他的眼神闪过一丝忧伤。"漏网之虾"无疑引起了我们的好奇。杨宁为我们解释道："家里的收入就是靠着爸爸的理发店，但这里只是个小村庄，理个头发也就几块钱，我还有妹妹都在上学，开支肯定是不够的。妈妈又没有工作，所以爸爸只能每天清晨五点起床到附近虾场的下水道布网，到了早上七八点的时候回店里理发，由妈妈再接班守候在那里，因为如果去得不够早或者没有人在，就算是有虾也会被别人拿走的。"杨宁沉默了一会，用愧疚的眼神看了一下自己的班主任，再望着我们，叹了口气，对我们说出了一个自己不大愿意分享的经历："其实，我现在口中的这位妈妈是我第三位母亲。那时候刚刚开始上小学，在别的小朋友都有妈妈陪伴成长的童年里，我的生母在生下了身患残疾的我后不久患病离世。后来爸爸的发廊来了一位女士说要帮忙，大家都反对，但因为爸爸执意要和第二位妈妈一起生活，所以我就这样叫了她十年的'妈妈'，后来可能因为家里的生活条件一直都没有改善，加上我身体有缺陷怕被拖累，她就选择了离开，那时候我上高三，这无疑又给了我一次沉重的打击。"他停了停，抹去眼里的泪水，继续说："但是我现在有了第三位妈妈，我希望我们能永远在一起。"我们都沉默了，因为我们都不知道在二十多年里更换三次生命中极其重要的角色——母亲，会给一个人的命运带来怎样的改变。

为了缓和一下沉重的气氛，杨宁高兴地说道："老师，我带你们去一个我秘密的小基地！"我们起身跟他去到了在房子隔壁的一个旧屋子，他就像是一个多年未曾回家的小孩，让我觉得这个简陋甚至可以用"破烂不堪"来形容的房子更像是他的家。他跑到一个旧木柜前，从里面搬出一个小箱子，这就是从小学一直陪伴他到现在的宝贝，我看了一下，满满的一箱都是红红的荣誉证书，从小学就是"优秀少先队员",到初中的县级"优秀团员",再到大学的"国家励志奖学金",我终于对霍老师的那句"他是我们系最优秀的学生,没有之一"有了更深刻的理解。进来杨宁的房间,里面的两张床让我们有点吃惊,他不好意思地摸摸脑袋,我们了解到,这并不是真正意义上他自己的房间。平时要是妹妹不在家,他就和奶奶一起住在这个舒服的房间里,如果妹妹放假回来,他就只能另找地方,或是睡客厅,或是回到老房子睡一下。再说杨宁的妹妹,也是有故事的,她是一个弃婴,是杨宁家人抱养回来的小孩,但家人一样让她在一个温暖的家庭接受和哥哥一样的教育。

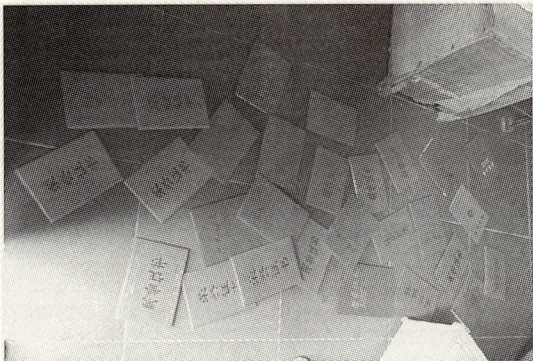

图10-4 杨宁的"宝贝"

中午11点多,杨宁的爸爸终于忙完了。他进去房间拿出了一份房屋租赁合同,这给我们带来了强烈的震撼,我想杨宁也是包括在内的:现在杨宁一家自住的这套看起来温馨舒适的小房子是租的。杨宁爸爸不想给孩子太大的压力,一直将这个秘密埋藏在心里。因为之前住的那个小房子阴暗潮湿,奶奶年纪也大了,身体也越来越不好,杨宁爸爸一直有风湿,孩子长大了也需要一个更好的成长环境,于是大胆地去做了这个决定,但不敢让家人知道。这个秘密像一个沉重的担子压在了这个接近五十岁的男人身上。不知道这样的秘密会小杨宁的心里带来多大的影响呢?抑或有更多的动力去面对以后的生活,我想我知道答案了。

这次家访,我想对我们三位年轻的辅导员来说也是一次学习和成长的经历,我们没有办法去选择自己的出身,但可以选择积极地面对未来的波折与考验,有些人会在途中被即将来临的暴风雨击退,但这家人不会,因为他们会一直在一起!

愿所有的一切都会变得美好,祝福他们!

(三)启示

"家—校—社"三位一体项目开展至今,我们已先后走访了百余名学子,这群学子中涵盖了我院陈优生院长所提出的"四个关注"的学生群体。在此期间也充分调动了各院系辅导员队伍的力量共同参与高校家访的工作,为辅导员工作的开展提供更多参考依据及工作思路。

回顾项目开展的第一阶段，我们也积累了不少经验，这其中包括对贫困学子的关爱和对励志学子的关注。从校园到家庭，我们用自身的实践搭建了一座新的平台；从家庭到社区，我们用实际行动架起了一座新的桥梁；从学校到社区，我们也用真诚的热情提供了一种新的服务。这一切的努力，都是我们在探索的过程中不断发现和积累，通过走访，我们发现了学生不为人知的另一面；通过走访，我们也跟学生的家庭更加亲近；通过走访，我们也开始关注能否从社区和社会等渠道去提供我们力所能及的帮助。

第一阶段工作的完成，留给我们更多的是总结和反思，也让我们更加坚定相信，在新形势下，"家—校—社"三位一体化项目的推进能极大地促进我们思想政治教育工作的进步。对于第二阶段的各项工作，我们需要从以下几方面着手：

一是进一步加强社区与家庭的联系，通过社区走访的形式来加深家庭与社区之间的联系，发动社区的力量为需要帮助的学生家庭提供最直接的帮助；

二是进一步发挥辅导员队伍的主观能动性，积极鼓励辅导员参与"家—校—社"合作中，从多方面、多渠道、多角度去认识、关注和帮助学生，真正实现以生为本；

三是进一步加大对校园励志学生的宣传，以"家—校—社"为载体，充分挖掘学生的励志成才故事，加强宣传引导，弘扬社会主义核心价值观，传播正能量。

二、"互联网+"思想教育

（一）应用新媒体 适应新常态

惠州经济职业技术学院自成立"惠州经济学院团委"微信公众号以来，校团委新媒体中心坚持以"以人为本、明礼至诚，立足校园、服务师生"为宗旨，以"以谦内合，共赴以进"为理念，服务全校师生。

新媒体是在传统媒体发展的基础上运用网络技术、移动技术的新媒体形态。与传统媒体相比，新媒体的传播具有众多优势，包括发布信息迅捷，舆论传播广泛等。实现信息传播和大学生受众群体互动以简单、方便、便捷的方式覆盖广大青年。根据腾讯公司数据，微信用户以18~25周岁的年轻人为主，占整个群体的45.4%，大学生占其中的64.5%，微信以其便捷性、即时性、私密性、无偿性以及丰富新颖的功能吸引着大批量的大学生，并潜移默化地影响着大学生的思想状态和日常行为。

总结微信对高职院校大学生思想状态、行为习惯的影响，能够为自媒体时代高职院校学生工作的开展提供有效的参考依据，发挥微信的优势来开展学生思想工作，拓宽学生思想工作路径，使得高职院校学生工作、思想工作更加贴近学生的需求，提高高职院校学生工作、思想工作的实效性、时效性及针对性。

高职院校大学生使用微信的时间较长，大部分学生每天超过 6 个小时，他们购物、转账都是使用微信附带的功能。据调查显示，有近六成的学生在不使用微信时会感到不适，这表明，大学生对微信的依赖程度很大。

微信的出现给大学生的生活、学习都带来了较大的影响，他们通过微信扩大了交际圈，增加了信息收集渠道、情绪表达平台，微信给他们的学习、生活带来了巨大的便利。

（二）典型案例

案例1："军训最美连队"

图 10-5　校团委新媒体中心
"最美连队"微信投票活动

为了营造校园青春文化、体现校园特色、建设青春智慧校园、发挥引领新生尽早融入班级的积极作用，新媒体中心根据网络调查结果和本校的实际情况，在 2015 年 9 月 19 日—9 月 24 日积极动员全校师生，开展大一新生军训期间"最美连队"微信投票活动。投票活动以各个连队为基本单位，以照片和连队整体风貌为基础进行投票。从投票开始到结束，活动都受到全校师生的热烈好评。由于学生对"最美连队"活动的新鲜感，各个连队票数上涨幅度很大，每个参与者既是受众也是传播者。相对于传统的媒体，新媒体的优点就是消解了传统媒体之间的边界，消解社群之间的种种隔阂，营造共同参与的和谐氛围。

最美连队投票活动的圆满完成，体现了我校学生对大学每次锻炼机会的珍惜，既充分调动了学生的积极性，同时也体现出微信在广大青年之中的影响及魅力，让平台的关注量进一步增长。

案例2：树典型、促先进

为进一步推进创先争优活动的扎实开展，新媒体中心平台启动了"先进典型选树学"活动，提倡用身边先进典型教育广大青年朋友，调动更多学生参与学院的建设，增强全院师生的集体荣誉感，进一步建设良好的校风、学风。浓厚创先争优活动氛围，把创先争优活动不断推向高潮。

图 10-6　校团委新媒体中心"最美连队"

　　爱心帮扶到位，团组织服务多元化，在院团委的带领和组织下，各系学生干部走出校外，进行"善行 100·快乐月捐"项目活动，师生们积极响应，慷慨解囊，奉献爱心。累计出动志愿者 225 人次，劝募爱心包裹 73 个，月捐短信 880 条，共筹款 139 300 元，在全国所有参与月捐的学校中排第 14 名，比上一期前进了 5 名，在广东省高校中排名第三，刷新了我院志愿者组织在该项目上的排名。其中，包括财经系党总支、各学生党支部、团支部在内的 7 支志愿者团队获得"爱心团体"荣誉称号，刘智航同志获得优秀指导老师称号，李文杰等 8 位同志分别获得"优秀组织者""优秀服务者"称号，陈淑玲等 69 名同学被授予星级志愿者称号。每当有困难的学生需要帮助时，全校师生都会伸出援助之手，让惠州经济职业技术学院的校园里始终洋溢着融融暖意。

图 10-7　我的青春我的团

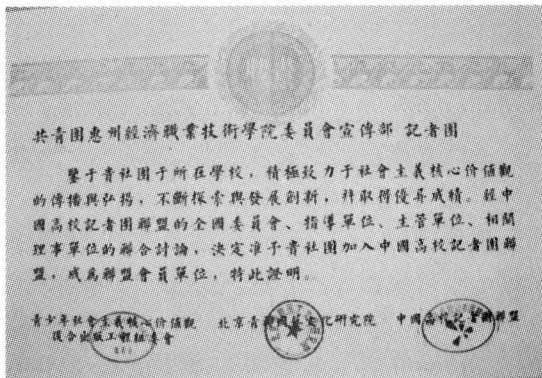

图 10-8　记者团聘书

213

案例3：大数据、共服务

新媒体中心的关注粉丝已有22 272名，校内的覆盖率达到99%。2015年3月至4月，惠州经济学院团委微信公众号，据《南方周末》数据实验室统计结果显示，在广东省高校团委微信排行榜第八名。

广东省高校团委微信排行榜

排名	公众号	文章总数	阅读总数	平均阅读数	点赞总数	发布次数	NCI 指数
1	中山大学团委	37	150 123	4 057	1 235	14	842.54
2	康大团委（广州康大职业技术学院团委）	110	140 221	1 275	1 943	14	729.32
3	华南农业大学团委	15	14 595	973	208	9	563.88
4	广工青年汇	77	22 213	288	2 006	13	547.16
5	佛职院新媒体	29	21 975	758	118	13	524.60
6	暨南大学团委	42	16 707	398	363	12	523.23
7	五邑大学团委	65	20 369	313	523	13	513.55
8	惠州经济学院团委	17	15 104	888	74	8	513.40
9	广东机电职业技术学院	32	19 117	597	151	13	505.12

2015年4月，校团委新媒体中心作为学校代表出席惠州首届高校新媒体论坛会。

2015年5月，校团委新媒体中心出席惠州广播电视大学交流活动。"惠州经济学院团委"微信公众号以服务全校师生为主，开通了多项服务功能。设置官网、思政在线、惠经大小事、投稿、查询课表/成绩/快递、表白/晒照/悄悄话、文件下载/失物招领、图书馆/移动厅、校园服务查询和微信建议反馈等子项目，项目种类多种多样，贴近师生的工作学习，能更好地服务广大师生的日常生活。微信平台的功能还在不断地完善中，将来会以更完善的功能更全面、更具体地服务全校师生，让"惠州经济学院团委"微信公众号成为惠经师生的必需品。

2015年7月，校团委新媒体中心成为中国高校传媒联盟理事单位、中国高校新媒体联盟会员单位、微豆全国高校新媒体联盟会员单位、中国高校记者团联盟会员单位。

（三）启示

微信作为一种新兴的媒介工具，已经对高职院校的大学生产生了全方位、大面积、渗透式的影响，如同传统的销售市场与网络市场相融合一样，新媒体时代的到来给教育工作带来了巨大的机遇与挑战，我们要正视微信带来的挑战，更要抓住微信带来的机遇，采取多种措施，扩大、强化微信的积极影响。

新媒体时代，高校教育工作涉及的面越来越广，传统的依托于理论课、视频学习、专题讲座等形式开展的工作已不能完全满足当代大学生的需求，太多理论化的内容学生难以接收。意识形态一直以来都是国家高度重视的工作，近年来，尤以网络意识形态安全问题得到了前所未有的重视。

"互联网已经成为舆论斗争的主战场"的观念日益深入人心。微信作为备受当代大学生追捧的"新星"，无声无息地影响着大学生的思维模式、行为方式和价值观念，因此，必须充分发挥微信在教育工作领域的载体作用，提高学生参与的积极性，贴近学生实际，及时了解学生思想动态，提高教育工作的针对性和实效性。

图 10 - 9　惠经大小事

图 10 - 10　思政在线

微信公众平台是高校抢占新媒体高地、创新高校学生工作载体的最佳武器，是实现线上线下相结合开展学生工作的最佳平台。高校在工作中以满足学生需求为前提，以思想引领为抓手，以成长服务为重点，以微信软件为平台，整合学校各职能部门资源，通过有针对性的应用微信的各项功能建设校园微信公众平台，从而实现学生工作信息的有效传播和对话式服务，促进思想政治教育和大学生发展指导工作的开展。例如，"学校可以通过公众平台将就业信息、活动信息、学院新闻及动态及时地传达给学生，也可以将礼仪讲座、创业讲座、心理视频放在公众平台，学生可以通过在线阅读、学习的方式，便利灵活地获取相关信息，这减少了高校学生工作宣传的成本，缩短了信息传递的路径，扩大了学生受益面。

新媒体时代的到来，拉近了社会主义核心价值观与大学生的距离，能够让大学生走出思想桎梏，把握时代脉搏，理清人生发展思路。新媒体对社会主义核心价值观的教育传播而言是一个零成本的对外平台，利用好这个平台，大学生思想政治教育工作将会熠熠生辉。无论新媒体时代怎样迅速变化，大学生思想政治教育培育只有不忘初衷，"诚于心，而形之于外"，才能在纷扰与宁静中、在现实与虚拟中奏好思想教育的双重乐章。让微博、微信等平台尽显社会主义核心价值观、和谐微文化的柔性魅力，让新媒体这个网络平台凝聚来自高校内外的"微"力量。

第十一章

班级管理

一、班级管理新模式

（一）班级企业化管理项目

随着高职院校"工学结合，校企合作"的人才培养模式日益成熟，富有企业特色的校园文化正在慢慢形成，建设好校园文化不仅需要开展学生第二课堂活动这一载体，同时跟课程、师资、专业以及班级管理也分不开。当今90后大学生的个性特点、生活方式、价值取向均发生了很大的变化，呈现出鲜明的务实性特征，传统的班级管理模式与当代大学生现实需求之间的矛盾成为高职院校学生管理工作中的主要矛盾。从学生方面来看，随着世界经济飞跃式发展，社会转型过程中出现了前所未有的文明冲突和文化碰撞，加上就业形势一年比一年严峻，往往造成企业有需求、学生难就业的尴尬局面，我们学生面临空前的困惑与迷惘，就业带来的心理问题一年比一年突出。从老师方面来看，随着高职院校学生人数的增加，90后、95后更加个性，更加难管理，辅导员工作投入时间多、工作负担重、心理压力大，两眼一睁、忙到熄灯是各高职院校辅导员工作状况的真实写照。实施班级企业化管理这一新的模式为班级管理工作找到了突破口。

1. 班级企业化管理项目的内涵

班级企业化管理模式是一种将企业的组织机构、管理模式、劳动计酬、劳动合同关系等因素与学校的组织机构、管理模式、量化考核相结合的创新教育模式。该模式直接把社会搬进校园，将企业管理理念、管理制度和管理方式融入班级管理中，把班委会式管理改成企业化管理，与学校教学模式、管理模式和谐融合，让学生提前感受、体验企业的管理氛围和职场特性，学业、专业、就业，三业和谐地融为一体。这既能保证学生的学习质量，也能锻炼学生适应社会的能力，缩短学生走向工作岗位以后的适应时间，使之提前了解社会和熟悉工作环境。在这种模式下，每位学生都是企业员工，每天面对的不再是老师和同学，而是企业的领导和同事；学生每天要做的也不是简单意义的上课听讲，而是要认真地操作手中的"业务"。通过班级"仿真企业"的锻炼和适应，提高学生对企业的适应力，有效提高学生职业素养，迅速提高对企业的适应能力，培养学生敬业、创业意识和就业能力。根据班级的特点设立企业部门，让每个学生通过应聘的方式加入自己感兴趣的部门，使全班每个学生都有事能做。人人参与班级管理，从而极大地调动学生积极性和主动性，给学生更多自主化、个性化、人性化的空间。

2. 班级企业化管理项目的实际意义

职业教育以服务为宗旨、以就业为导向、以提高质量为重点，必须牢牢把握面向社会、面向市场的办学方向。职业教育首先要解决的就是提高学生的就业能力，从学生到职员的角色转变是高职学生职业生涯中的一项重大转变。现在大学生就业难是一个普遍现象，但用人单位很难招到理想员工也是事实。造成这种"两难"现象的因素有很多，但其中重要原因之一是学生的能力不足，这种能力有知识层面的，有技能层面的，也有心理层面的。这种现象的出现，除了就业市场和岗位与专业不对口的原因之外，与我们高职院校对高职学生的就业能力和适应能力的培养不足也有密不可分的关系，因为部分高职学生到了企业以后，在短期内无法适应公司严格的管理制度，不能处理企业复杂的人际关系。在高职院校实施班级"企业化"管理模式，可以培养学生对企业的适应能力，让学生提前感受企业的管理氛围和企业精神，减少就业前的岗位培训。提高学生实际的就业能力是当前每一所高职院校亟待思考和研究的问题，高职院校实施班级"企业化"管理这一举措具有重要的理论与实践价值。其意义有以下几个方面：有利于提高学生的职业素养；有利于提高学生的竞争意识；有利于增强学生的自信心和自我分析能力。

3. 班级企业化管理项目的目标

短期目标（大一阶段）：针对职业习惯的培养以及职业能力的训练。

中期目标（大二阶段）：针对职业习惯的强化以及职业能力的提升。

长期目标（大三阶段）：使所有学生具备良好的职业习惯以及优秀的职业能力。

4. 班级企业化管理项目的实施

（1）改变组织架构，按企业运作模式组建新的班级结构。根据班级原有的组织架构，与企业各职能职权部门相对接，制定出了以下班级"企业化"管理的组织架构。总经理（团支书）以及副总经理（班长）由董事长（辅导员）

直接任命，其他职能职权部门通过竞聘上岗。公司进行分层管理，逐级监督考核。

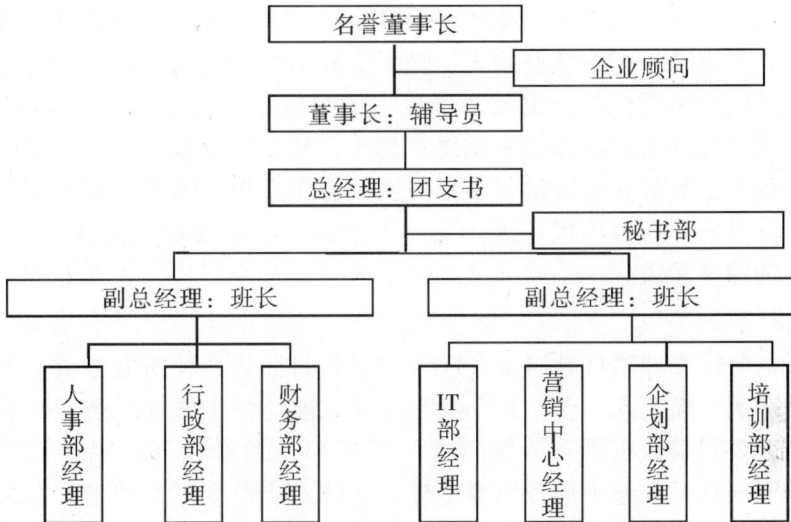

图 11-1 班级企业组织架构图

（2）按照企业管理模式、运作标准，制定各项规章制度。俗话说：无规矩不成方圆。要保障班级企业化管理模式切实有效地运行，制度建设就势在必行。

①根据企业各部门的岗位职责，结合班级的实际情况，制定了各部门岗位职责，让同学们根据自己的实际能力以及选择意愿竞聘上岗。通过岗位职责表，让每一位同学既能为自己制定工作目标，又能提升自己的竞争意识，做到岗位明确，责任到人，人人都是班级的主人。比如秘书部负责会议的组织、记录以及对工作开展情况的跟踪；行政部、财务部对接原来班级的生活部，负责内部行政后勤工作以及班费管理等工作的开展；企划部对接原来班级的宣传、组织委员的工作，负责主题活动、企业宣传等工作的开展。

②结合综合素质测评项目，在企业化班级管理中引入模拟薪资制度。针对班级的各项具体工作，初步制定一套与个人绩效挂钩的岗位目标考核制度。在企业化班级管理中实行打卡制，希望能强化他们遵守时间的观念。同时，也根据打卡制度及运营的实际情况，制定员工考勤管理制度、请假流程、会议记录表、员工考勤表等制度及相关表格，完善制度建设。

③实行试用期制度，完善考核制度建设，引入竞争机制。每位员工通过竞聘上岗，试用期为两个月，如在试用期内表现不符合岗位职责，及时进行岗位

调整。班级企业化管理模式的考核制度包括经理考核制度以及员工考核制度，每季度进行一次考核，对评选出的优秀经理以及优秀员工进行表彰，让所有学生在竞争中激励，在激励中发展。

（3）按照企业经营要求，组织开展课外活动。班级企业化管理的本质是以人为本，将学生看作全面发展的人，除了培养学生的职业习惯，也要将提高学生综合素质的个体目标与班级团队凝聚力的整体目标相统一。在实施过程中，通过体验式培训使他们在体验中反思、总结，最后学以致用，并养成良好的行为习惯；也能让他们在体验过程中增强团队合作意识，强化沟通意识，增强团队凝聚力；另外，通过积极开展丰富多彩的活动，如演讲比赛、技能比赛等，提高学生的综合素质。

5. 结语

班级企业化管理项目是结合高职人才培养目标的一种新型尝试，在时代迅速发展的今天，新观念、新信息、新思维模式能让学生更加了解现状、适应现状。富士康公司采取机器人劳作制度，原本38人操作的车间变得只需5人即可完成作业；马云的电子商务风靡全球，实体商店遭受巨大冲击。在机器渐渐取代人工的现状下，唯有学习新思维、改变旧模式，才能提升学生的综合能力。班级企业化管理项目的探索，将丰富和完善高职院校校企合作的人才培养模式，为学生管理工作提供新的思路。

（二）典型案例

案例：班级企业化管理模式——UAO 集团

为了提高学生的就业竞争力，针对市场营销专业学生的特点，以及他们以后的就业方向，我们在2013年以工商学院2013级营销与策划2班为实践对象开展了班级企业化管理模式。该班级共有42位同学，其中男生24人，女生18人。

在这个管理模式中，培养学生的职业习惯主要是从心态、目标、学习、时间以及行动管理5个方面进行培养与强化；学生职业能力主要是从计算机应用能力、外语交流能力、对环境的适应能力、语言表达能力、团队协作能力、心理承受能力、独立思考能力以及人际交往能力8个方面进行训练与提升。

1. UAO 集团的运营过程

（1）依据企业运营模式，搭建班级组织架构。根据班级原有的组织架构，与企业各职能职权部门相对接，制定出了班级"企业化"管理的组织架构。总经理（团支书）以及副总经理（班长）由董事长（辅导员）直接任命，其他职能职权部门通过双向竞聘上岗。公司进行分层管理，逐级监督考核。

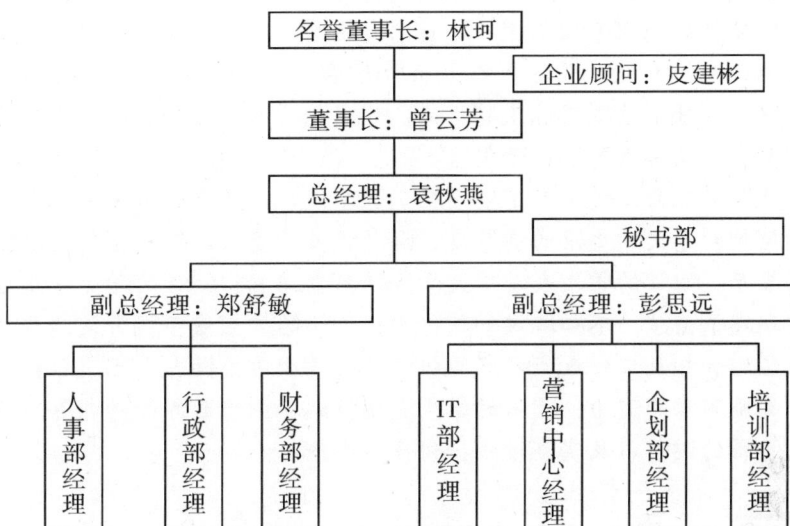

图 11-2　UAO 集团的组织架构图

（2）一手抓制度建设：明确岗位职责，确定奖惩机制。

①根据企业各部门的岗位职责，结合班级的实际情况，制定了各部门岗位职责，让同学们根据自己的实际能力以及选择意愿竞聘上岗。通过岗位职责表，让每一位同学既能为自己制定工作目标，又能提升自己的竞争意识，做到岗位明确，责任到人，人人都是班级的主人。比如秘书部负责会议的组织、记录以及对工作开展情况的跟踪；行政部、财务部对接原来班级的生活部，负责内部行政后勤工作以及班费管理等工作的开展；企划部对接原来班级的宣传、组织委员的工作，负责主题活动、企业宣传等工作的开展。根据岗位职责表，各部门负责人通过面试竞聘上岗。

②结合综合素质测评项目，在企业化班级管理中实行打卡上班（课），引入模拟薪资制度，制定了员工考勤管理制度、请假流程等制度。针对班级的各项具体工作，初步制定一套与个人绩效挂钩的岗位目标考核制度。通过各种措施及制度，培养他们的职业习惯。比如通过打卡上班（课），

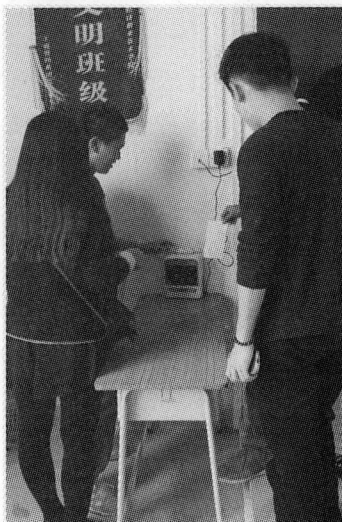

图 11-3　UAO 集团员工上班（课）打卡

培养他们的时间观念；将仪容仪表作为考核标准之一，强化他们的职业礼仪。

③实行试用期制度，完善考核制度建设，引入竞争机制。班级企业化管理模式的考核制度包括经理考核制度以及员工考核制度。每季度进行一次考核，评选出优秀经理以及优秀员工进行表彰，让所有学生在竞争中激励，在激励中发展。引入竞争机制，每位员工通过竞聘上岗，试用期为两个月，如在试用期内表现不符合岗位职责，及时进行岗位调整。

④与此同时，为了更深入了解学生们的需求，还开展了调查问卷，主要是针对现阶段他们对于大学生活的满意度、渴望提升的能力以及希望得到的指导几方面。数据显示：62%的学生表示对大学生活基本满意；65%的学生知道就业形势严峻，但现在很茫然，不知道该如何努力；30%的学生希望提升沟通能力；25%的学生希望增加相关工作或实习经验；17%的学生希望提升人际交往能力以及承受压力、克服困难的能力；60%的学生希望得到职业规划方面的指导。这些调查数据都为目标的调整以及实施过程提供了参考依据。

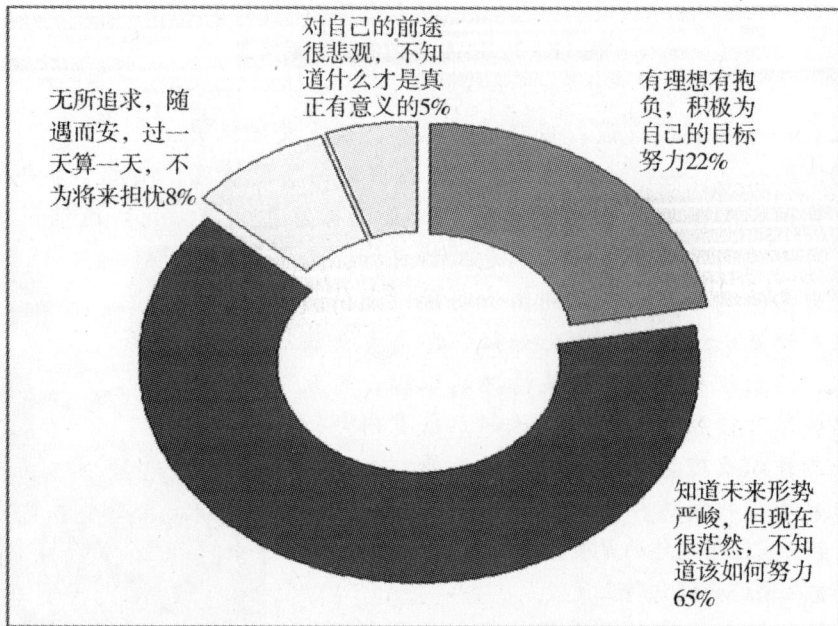

图11-4　员工调查问卷——自我类别认知情况

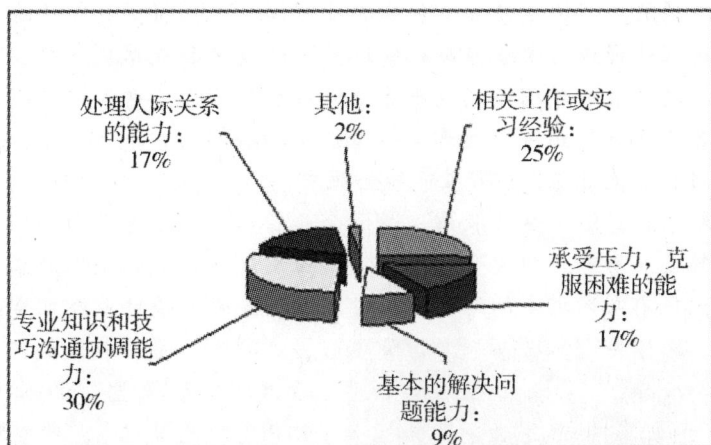

图 11 - 5 员工调查问卷——大学渴望拥有的能力

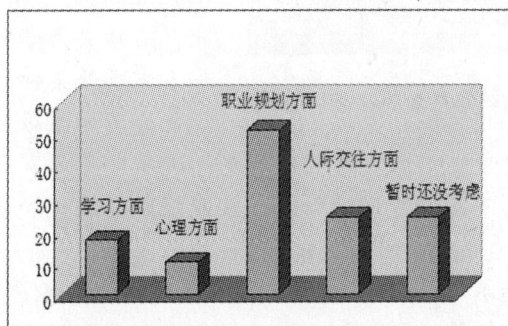

图 11 - 6 员工调查问卷——大学期间希望获得哪些指导

（3）一手抓文化建设：营造企业氛围，播种企业文化。

①布置教室，营造企业氛围：让理念上墙，让制度落地。在"班级企业化管理"模式下，班级披上了带有"企业"色彩的衣裳。我们把企业名称"冠"在班级名称上，在教室里贴上了企业的理念、目标、口号、管理制度、奖惩条例、员工绩效考核表、员工荣誉榜、企业宣传报等，班级的班服也成了企业工作服，学生座位的安排也力求企业情景化。通过这些外在的模拟，加深对学生企业意识的刺激，让企业化的班级更直观，学生也更能感知企业。

②进行素质拓展，强化团队精神。良好的团队精神和积极进取的人生态度，是现代人应有的基本素质。通过设计独特的富有思想性、挑战性和趣味性的素质拓展活动，可以培养学生积极进取的人生态度和团队合作精神，所以，素质拓展成为班级企业化管理的重要组成部分。班级企业化管理的本质是以人为本，将学

223

生看作全面发展的人，除了培养学生的职业习惯，也要将提高学生综合素质的个体目标与班级团队凝聚力的整体目标相统一。通过体验式培训，学生可以在体验中通过反思、总结最后学以致用，养成良好的行为习惯；也能让他们在体验过程中增强团队合作意识、强化沟通意识，增强团队凝聚力。

③"请进来，走出去"，深入感知企业文化。"请进来"，即邀请企业人力资源专家进行培训。通过与企业联系，邀请企业的领导、业务骨干到班级中，为学生讲解目前的就业形势，以及企业文化、企业制度，企业的用人需求和标准，让学生充分认识当前人才需求的形势，自身应该具备哪些条件以及在专业上学到更多、更新、更加先进的技术，为学校输出"保质保量"的人才起到积极作用。"走出去"，即参观企业，跟班实习。学生在校学习，对外面的世界可以说是"一知半解"，而班级模拟企业情境还不够直观、深刻。因此，必须安排学生实地参观，加深感知。在企业条件允许的情况下，让表

图11-7 UAO集团到旭日集团参观学习

现优秀的学生跟班实习，让学生切身体会工作的艰辛，改变好吃懒做的不良思想，认知自身素质（思想素质、文化素质、身体素质等）的不足并增强对知识、技能汲取的渴望和紧迫感。

2. 班级企业化管理模式的实施效果

（1）公司（班级）凝聚力通过素质拓展得到提高。素质拓展从1995年进入中国以来，在短短十几年时间迅速发展，备受推崇，逐渐被列入国家机关、外企和其他现代化企业的培训日程。企业管理者意识到员工素质、团队凝聚力决定其核心竞争力。同理，在实施班级企业化管理模式的过程中，引入素质拓展对于公司（班级）的团队凝聚力起着至关重要的作用。通过一些个人挑战以及团队合作的项目，公司（班级）员工在挑战过程中，不断自我激励，自我挑战，自我突破，在体验中增强团队成员的责任心以及合作意识，也能迅速拉近公司（班级）员工的距离。好的公司（班级）氛围也利于班级企业化模式的开展。

（2）公司（班级）成员的综合素质得到提升。班级企业化模式的开展，旨在提升公司（班级）成员的职业素养，培养职业习惯以及强化职业能力。在实施班级企业化模式的过程中，通过制度规范化及活动多样化，在合作与竞争的氛围下提升公司（班级）员工的综合能力。比如会议制度，由管理层组织召开各部门负责人会议，秘书部做好会议记录，听取各部门工作汇报并安排每周具体工作，以此锻炼组织能力、表达能力、应变能力以及总结能力；通过打卡制度，强

化时间观念，并执行薪酬制度，将
个人表现以及创造的价值通过数字
直观表现出来，既激发他们的竞争
意识，也激励他们的进取精神；通
过各部门举办活动，如演讲比赛、
简历制作大赛、计算机以及英语培
训、城市生存挑战赛等，既训练他
们的团队协作能力，也提高他们的
人际交往能力。

图 11-8 UAO 集团举办演讲比赛

（3）公司（班级）成员的整体能力得到提升。在实施班级企业化模式的一
年中，全班 42 位同学中有 20 位同学在校、院的学生组织中担任学生干部，如总
经理为校团委组织部副部长，副总经理为二级学院团总支、副书记、学生会副主
席等。他们的表现均得到了来自学校、学院各级领导以及老师的肯定。这也是实
施班级企业化管理模式最直观的效果。

（三）启示

（1）目标必须明确：实施班级企业化管理模式，前期的宣传动员非常重要，
能否让班级所有同学认可并且接受这个模式，是实施这个模式的关键点。在前期
宣传动员到位后，就必须根据这个模式，结合班级实际情况，确定短期、中期、
长期的目标。只有明确目标，才能围绕目标制定实施计划。

（2）在实施过程中不断进行文化渗透、理念渗透。企业（班级）文化氛围
的营造对于这个模式的实施起着非常重要的作用。这个模式的实施，必须在日常
的班级管理中不断强调团队目标、团队精神，有的放矢地举行各种各样的活动、
比赛等，以此提高以及强化学生的职业能力，并逐渐渗透企业文化，植入企业合
作精神、竞争精神以及进取精神。

（3）实施这个模式，必须辅导员管理，专业老师参与，双管齐下。班级企
业化模式的实施，辅导员是掌舵者，专业老师则是指南针，三者必须相辅相成，
共同参与。辅导员在管理上给予学生支持，专业老师则通过课堂、课外辅导给予
学生专业知识上的帮助，共同营造企业文化氛围。在实际操作中，辅导员和专业
老师大多缺乏企业经验，怎样才能让班级更贴近企业的管理模式，这需要让辅导
员、专业老师了解企业的文化制度，提升辅导员的管理水平和专业老师的专业
水平。

（4）班级企业化管理模式并不是完全照搬企业管理，而是模仿、借鉴企业
管理，这要求管理者既要了解企业又能结合教育，在班级管理和企业管理中取得

一个平衡点。

（5）在企业中，很多时候员工都对上级言听计从，而且他们工作大多数是为了获得生活报酬，而学生并不能从中获利，这给班级企业化管理带来了比较大的难度。

（6）教育中更多的是强调有教无类，尊重学生的个体差异性，而企业中更多的是注重结果，辞退不合格的员工，这在班级管理中并不可行。

二、活力班级 特色管理

（一）特色班级项目

古人云："蓬生麻中，不扶而直；白沙在涅，与之俱黑。"良好的班级文化对班级建设和学生个性都有重要的影响。特色班级建设一直是我院学生工作的重点，也是学院规划发展过程中的重要组成部分。2011 年，我院学生处在响应学院特色年建设的过程中，"特色班级"评选活动应运而生。陈优生院长在特色班级评比中提出的"五自"方针，即"自我管理、自觉工作、自发进取、自主创新、自动协调"，为我院今后特色班级建设评比指明了方向。

1. 项目概况

（1）项目名称：特色班级。

（2）项目目标：通过开展特色班级建设活动，充分调动全体班级成员共同参与，增强班级凝聚力，营造班级文化氛围，建立班级活动形式，创建班级管理制度，形成班级建设特色，创造出一个积极向上、健康和谐、科学民主的班集体。

2. 项目理念

全面贯彻党的教育方针，以科学发展观为统领，全面落实育人为本、德育为先的教育理念，结合我院"文化强校年"建设实际情况，进一步探索特色班级建设的管理机制、工作机制，推动我院人才培养机制的创新与实践，充分发挥思想政治教育工作在人才培养中的作用，全面提升人才培养质量。

3. 项目运作

（1）项目主体：该项目以学院院长为组长，主管学生工作的副院长为副组长，下设项目办公室，由学生处、团委及各系部具体开展项目。

（2）项目参加对象：全院各班级。

（3）项目内容：

① 创建班级管理制度。班级制度是班级建设的根本保证，班级制度的制定

要在学院指导下进行，要发扬民主，客观求实，集中全班同学的力量和智慧，要得到全班同学的理解和支持并坚决贯彻执行，使班级工作有章可循。班级制度包括：班级工作（活动）计划及总结制度、班级会议制度、班务记录制度、班级民主评议制度、班级汇报制度、上课与会议考勤制度、班级资产管理制度等。

②营造班级文化氛围。班风、班貌、学风都是特色班级建设的重要内涵。班级文化氛围对班级成员的品性起着潜移默化的作用，不仅能陶冶师生的情操，沟通师生的心灵，更能激发师生教与学的积极性。教师与学生需要齐心协力，共同探索，塑造出主题鲜明、健康向上的班级精神，并且融入校园文化精神之中。

③建立班级活动形式。班级活动形式多种多样，包括教育活动、教学活动、文娱活动等，既有常规项目，也有与时俱进的创新项目。针对学生的特点，辅导员要有计划地安排和设计，同时依靠学生的主动参与，积极开展多种形式的班级活动。学生在活动中逐步形成认同感、归属感和责任感；而良好的行为习惯和有效的约束机制又能不断影响其心理与行为，使其体会到班集体是团结的集体、温暖的集体、向上的集体。

④形成班级建设特色。班级建设特色就是在班级建设中所形成的具有独特性和优越性，"因班而宜""因师而宜""因学而宜"的班级文化。各班应围绕创班级品牌，在班级管理、班级活动设计、班级文化营造上努力凸显自己的特色。

4．项目评比要求

（1）建设方案切实可行。辅导员对特色班级建设高度重视，能结合系、专业、班级和学生的特点制订班级建设工作方案，有明确的建设目标、步骤、措施、实施细则等。实施过程全员积极参与，学校安排的创建特色班级工作和任务认真完成。

（2）班级制度健全，文化特色鲜明。班级制度是班级管理的基础，是班集体活动有效开展的重要保证，建立良好的班级文化是创建班级文化的核心内容。班级文化要有特色，比如班歌、班训、班徽、环境文化等，能凝练出自己的物质文化和精神文化。

（3）班级活动丰富多彩。要有结合我院"43334"治校方略，通过演讲比赛、体育活动、技能特长展示以及心理沟通、主题班会、模拟招聘会等活动，有效搭建班级成员全员参与、全方位锻炼和素质能力全面提升的平台，促进学生的全面成长。各项活动有计划、有措施、有阶段性工作小结和学期工作总结，有详尽完备的活动记录等工作资料存档。

（4）班风、学风优良。班级学生学习目标明确，学习态度端正；刻苦勤奋、成绩突出；课堂纪律良好，出勤率高。班风正、集体观念强。班级学生关心热爱集体、团结互助、积极进取、精神风貌好，能展示自己的学风特色。

（5）班级达到"五高、三低、一杜绝"的目标。"五高"即升本率高、上课出勤率高、获奖比率高、社会实践参与人数比例高、学风建设活动层次高；"三低"即学生不及格率低、考试违纪率低、旷课迟到早退率低；"一杜绝"即杜绝通宵上网和夜不归宿现象。

（6）辅导员工作富有成效。辅导员有较强的责任心和较高的业务能力，工作细致、深入，有方法；能关心、关注、关爱学生，在学生干部队伍建设、党团积极分子培养、学生思想政治教育以及管理育人、服务育人方面取得较好成绩。

（7）特色班级建设成效显著。通过特色班级建设，班集体及学生个人有显著进步，获得较多荣誉和奖励，能力、素质等有明显提升。特色班级建设在校园网等各种宣传媒介宣传及时、到位。

5. 项目效果

在每次特色班级评比过程中，我院申报的班级群策群力，辅导员和学生形成创建特色班级团队，积极出谋划策，在创建良好的班风、学风的同时，凸显本班特色。从项目的实践来看，"特色班级"评比精彩纷呈，成效显著，一批又一批开拓进取、锐意创新的班集体脱颖而出，崭露头角。"特色班级"评比活动，为促进我院班级文化建设、培养学生团队意识、增进同学之间友情构建了一个交流平台，也为弘扬我院"彰显特色文化、创建高职强校"的文化强校战略作出了积极探索。

在学习方面，创建"英语特色"的班级，项目实施后全班同学的英语等级通过率有明显的提升，实现了从38%到90%的飞跃。通过这种学习氛围的带动，本班级的专业考证通过率也逐年提高。

在学生能力提升方面，创建"班级企业化管理"的班级，以目标为导向和考核标准，通过职能分工将每位学生纳入目标管理体系当中，以提高学生就业竞争力。以各种活动为载体，提高学生的表达与交流能力、团队协作能力、心理承受能力，为顺利融入职场奠定基础。

（二）典型案例

案例1：就业梦、动漫魂——2013年特色班级比赛二等奖

1. 活动介绍

（1）指导思想。

在如今这个竞争激烈的时代，职业生涯规划开始成为就业争夺战中的一个重要利器。对于每一个人而言，职业生命是有限的，如果不进行有效地规划，势必会造成时间和精力的浪费。驻足观望，动漫产业铺天盖地、知识信息飞速发展、科技浪潮源源不绝、人才竞争日益激烈、形形色色人物竞相出场，不禁感叹，这世界变化好快。在机遇与挑战并存的未来社会里，2013级动漫1班的同学究竟该扮演怎样一个角色呢？

在竞争十分激烈的今天，如何从芸芸众生中脱颖而出，如何将自己的理想化为现实，如何让自己成为成功的宠儿？获得这些答案的前提是：你必须知道自己是谁、兴趣在哪里、目标是什么、为了目标你该做哪些努力。而一个人的成功与否，很大程度上取决于他能否有一个明确而详细的职业生涯规划，并且将这种职业规划运用到实践中去。有目标才能有动力，作为当代大学生，若是带着一脸茫然，踏入这个拥挤的社会怎能满足社会的需要，使自己占有一席之地？因此，2013级动漫1班将自己班级的特色设定为动漫就业规划型。有了规划，才不会那么没有目的地去追。

（2）活动背景。

动漫专业适应社会主义现代化建设需要，培养德、智、体、美全面发展的，具有较高的文化艺术修养及较强的影视动漫画设计、原创及制作能力，能适应动漫画艺术制作、影视、广告、出版物、网络媒体、多媒体软件制作、计算机游戏开发等领域内工作的高等应用性专业人才。动漫行业是文化产业的重要组成部分，是21世纪最具发展潜力的朝阳产业。截至2013年，在政府的重视与扶持下，全国动漫生产基地已有40余家，动漫游戏制作公司有9 000多家，但这还远远不能满足中国动漫市场2 000亿元的潜在市场需求，动画行业的人才需求量是非常大的。

用"路漫漫其修远兮，吾将上下而求索"这句话来形容当前中国动漫产业是恰如其分。换句话说，目前中国动漫规模小、产业分散、竞争力弱，还需要我们在动漫产业领域里百折不挠、不遗余力地去追求探索。所以动漫产业的发展不是一蹴而就的，而是需要长期积累发展的。但从需求角度来看，中国动漫产业未来的发展前景一片大好。在未来的10年里，动漫产业有望成为国民经济中一个重要力量。

《喜羊羊与灰太狼》系列动画一直被视为国产动漫行业近年来最为成功的典型。不仅其动画片在超过75个电视台播放过数轮，拍摄的五部"喜羊羊"动画电影也获得了超过6亿元的票房，同时该系列还创造出超过60亿元的衍生品市场。在商店，喜羊羊、灰太狼的玩偶、文具等成为很多小朋友的最爱。此外，地板、墙纸、糖果……喜羊羊和灰太狼的各种衍生产品已有上千种。

《知音漫客》坚持故事第一、爆笑优先、大众意识、生活原味的办刊方针，分为"锐、幻、萌、燃"四刊，致力于打造"新中国漫画"第一刊。刊魂为"年少有梦，青春有爱"。《知音漫客》以无法预料的速度在短短一年中迅速蹿红，并在期刊形式、漫画形式上不断创新，三年内成为中国漫画期刊的后起之秀！总结它的经验，就是找准了现阶段中国式的漫画——轻松、幽默、通俗易懂，讲生活、讲成长，处处洋溢着青春的温暖。《知音漫客》于2009年11月成功改版为周刊，是世界第一家全彩色连载漫画周刊，至此，中国动漫产业拥有了冲击世界漫坛的潜力。

随着人们的思想和审美观念的转变，夸张的卡通形象设计，给人们带来了强烈的视觉冲击效果，具有很强的影响力，对于品牌的推广以及产品的销售都非常有帮助。产品融入动漫元素，能够得到更好的宣传。另外，动漫形象设计对于企业文化的传播有着积极的作用，能够更容易使消费者留下深刻的印象，也能让消费者从内心里产生共鸣，进而对相关品牌有一定的认知度。

有人说动漫不是消费者的"刚需"，因为消费者购买的主要是产品而不是动漫。事实证明并非如此，人们已从物质需求迈向精神需求，动漫已成人为们的精神需求之一。因此，动漫与产品捆绑式的销售更能吸引消费者的眼光，掳获消费者的芳心。

对中国本土动漫产业深层问题的解决是一次突破性的探索，也让国人对中国原创动漫产业发展充满了期待。在巨大的市场需求下，中国动漫其实也正在寻找风靡市场的前进之路。因此，要推动产业发展，动漫衍生品设计及领域发展成了重中之重。只有不断推陈出新，创作富有中国特色的本土动漫作品，才能使中国动漫产业获得长远发展。

（3）活动意义。

大学生的学业是指在高等教育阶段进行以学习为主的一切活动，是广义的学习阶段，它不仅包括科学文化知识的学习，还包括思想、政治、道德、业务、组织管理能力、科研及创新能力等的学习。观念是行动的先导，要完成学业首先必须树立正确的学业观。所谓学业观就是对所学专业、课业的态度和认识，它在很大程度上影响着大学生们的学习、生活乃至人生前景。当代大学生在对待学业问题上存在着种种误区：或将学业含义理解过窄，或对学业生活预期过高，或学业角色定位不准，或职业期望值过高，以致学业不精甚至荒废学业。因此，动漫就业规划型的重要意义在于：

① 珍重自己的学业，就该"学得其所"，努力培养自己的专业兴趣，把自己的爱好同国家和社会发展的要求有机地统一起来，掌握专业知识、专业技能和相关能力，培养自己的专业素养。

② 在学习期间就应自觉地学好就业规划知识，培养就业技能，提升就业能力，以期在将来的从业竞争中立于不败之地。

③ 将自己现在的学业、将来的就业和未来的事业联系起来，在学习的过程

中，充分认识所学专业在国家建设和社会发展中的意义、作用和发展前景，立志献身其中，在工作中充分实现自己的人生价值。

④ 就业与学业存在着密切的关系，就业是学业的导向，学业决定了就业。以就业为学业的导向，有利于大学生学业目标的调整、学习方式的改变、学习外延的拓展以及综合素质的提高。与此同时，就业也构成了衡量学业成就的重要标志。想要就好业，必须具备强烈的事业心、广博精深的专业知识、较强的沟通协调能力、良好的心理素质、强健的体魄以及较强的创新精神，这些都应当在完成大学学业的过程中养成。

2. 活动开展过程

（1）活动准备阶段。

2013 年 9 月，结合班上同学对动漫专业的兴趣程度及动漫专业发展趋势，确定 2013 级动漫 1 班是"动漫就业规划型"特色班级。

（2）活动竞选阶段。

首先在系部经过三轮的筛选，突出重围，代表计算机系是参与学院特色班级评选。经过一番努力，在学院竞选中荣获二等奖的好成绩。

（3）活动后续开展情况。

图 11 - 9　2013 级动漫 1 班全班同学合影

① 根据调查分析，2013 级动漫 1 班进行分组学习，这样可以更好地利用学习成果，有利于让同学们对动漫有更进一步的了解。主要分为：

策划组：未来发展方向为动画的策划与投资赞助，以及周边营销等方面工作。

宣传组：未来主要从事前期与后期动画宣传，以及画面剪辑等方面工作。

取景组：未来主要从事动画取景摄影、电影拍摄等方面工作。

创作组：未来主要从事漫画家、插画家等绘画职业。

② 在大一第二学期，特色班级的指导老师带领同学们去动漫公司参观学习，真正接触动漫这个行业。可以尝试与企业合作，旨在提高同学们的专业水平，引

图 11-10 创作组作品

导同学们主动思考。

③ 可以在动漫班的范围内开展动漫知识竞赛。通过竞赛，进一步激发同学们了解并学习动漫的热情。

④ 积极鼓励各小组成员合力做出一个作品让其他小组甚至整个动漫班的同学来评价，可以采取让每位同学都站在台上讲述自己的作品或评价其他作品的方式。这样一来可以锻炼同学的表达能力，提升综合素质，促进全面发展；二来可以强化自己的技能，在创作的过程中得到成长。在这个过程中可以邀请班主任、专业老师，或者其他班级同学来一起学习。

⑤ 定期组织各小组成员进行学习，主要了解动漫发展历程，明确此过程需要做的、应该做的，明白如何能更好、更快发展自己。

⑥ 晚修期间到何羽老师工作室学习，有专业老师指导，能更好地提高专业水平。

3. 活动阶段性目标

近期目标：3DS MAX 中级工程师证通过率达到 80%；FLASH 通过率达到 80%；计算机等级通过率达到 90%。

长期目标：探索适合中国动漫产业发展的道路，打造中国特色动漫品牌。发展符合市场需求的动漫文化产业，完善中国动漫产业链，摸索出符合中国国情的动漫产业发展之路。

4. 活动总结

2013 级动漫 1 班都有一个共同的梦想——动漫梦。探索适合中国动漫发展的道路，为中国的动漫事业贡献自己的力量，把中国动漫文化产业做大做强。这不但需要同学们具有高度的责任感，包括对班集体负责，对自己的未来负责，还需要严格遵守学校各项规章制度，努力学习好专业本领。现在做的一切都是为了自己以后的发展，如果不愿回顾过去的自己，那未来是不是也不愿回顾现在的自己呢？我们要从对老师的依赖中解脱出来，逐步培养自主学习、善于学习的能力。

案例2：世界那么大，跟我走一走——2013年特色班级比赛二等奖

1. 活动介绍

近年来，惠州不断完善城市功能，加大对旅游产业的开发力度。旅游产业在惠州的城市发展中占据了很重要的地位。旅游专业培养面向市场，能满足现代旅游经济发展需要的高素质应用型人才。学生既要有旅游企业经营管理理论，又要有过硬的旅游业务实际操作能力，同时还要具备英语、计算机应用、汽车驾驶技能等知识。所以2013级旅游1班创办旅游体验型特色班级，目的在于培养职业发展意识，提高社会调查研究能力，不断提高实践能力，从而促进高校的教育教学改革。

我们班决定根据自己的文化知识和专业长处，发展和弘扬旅游文化，把班级打造成旅游体验特色班级。

（1）指导思想。

党的十八大指出，推动实现更高质量的就业，做好以高校毕业生为重点的青年就业工作，加强职业技能培训，提升劳动者就业创业能力，增强就业稳定性。为了增强学生职业发展意识和社会调查研究能力，不断提升学生的实践能力，逐步提升旅游班导游证通过率，促进学生就业，因此创建旅游体验特色班级。

（2）活动目的。

首先，将班级管理的主动权交给同学。在结合自身情况、经过民主讨论确定本班申报特色过程中，充分调动和发挥班主任以及学生的积极性、主动性。在创建"特色班级"的过程中激发班集体的凝聚力和创造力，并且通过"特色班级"的认定和表彰，帮助班集体树立牢固的自信心和集体荣誉感。最后，通过"特色班级"的榜样示范和激励作用达到带动学校整体管理优化的目的。

（3）活动意义。

创办旅游体验特色班级，有利于培养学生的职业发展意识和社会调查研究能力，不断提升其文化素质和就业竞争力，逐步建立就业工作对人才培养的反馈机制，促进旅游班的就业。

2. 活动开展过程

（1）申请特色班级前的各项准备。

①分析班级现状。我们班集体的42名成员，曾在开学初期一度受到冷漠情绪的影响而步入低谷。经过分析，我们认为出现这样的状况，除了受同学们情绪的影响外，更重要的是同学对旅游文化感到陌生，没有太多的体验。

②设立目标、开展活动。我们把班级建设的着重点放在了引进惠州旅游文化的特色建设上，通过对惠州旅游文化进行改编和借鉴，形成了我们自己的旅游体

验型特色，改变了同学们对本专业及自我学习的态度。努力实现以下几个目标：提高个人素质，开展礼仪培训；提升旅游技能，组织观看旅游视频、开展班级演讲比赛；增进班级凝聚力，开展特色主题班会；通过课堂及各种活动，锻炼自己的口才；参观惠州景区，体验惠州文化特色；参观海龟湾、平海古城旅游文化古遗址；挖掘大亚湾海域、有"东方夏威夷"之称的巽寮湾及本土寺庙旅游文化。

图11-11　旅游特色班级参观平海古城

在这几个月里，我们根据同学的接受能力和欣赏水平，审视、加工、改造和引进惠州丰富的旅游文化。这样不仅有利于同学们增强职业发展意识和提升社会调查研究能力，还能全面丰富同学们的文化素养。所以，我们在学风、班风、技能及各方面做出的努力，已逐步建立起一套人才方案，争取让每个同学从中受益，全员参与。在2013年年底，我们班经过重重筛选，成功申请成为惠州经济职业技术学院的旅游体验型特色班级。

（2）创建特色班级的各项活动。

通过对惠州旅游文化的学习和实践，我们班级完成了旅游特色建设，形成了用文化、参与性、体验模式的创建思路。针对班级现状，我们通过以专业知识、课外实践、模仿实习等方式来进行班级旅游文化建设。

①专业知识建设。一名合格的导游，必须具有较强的语言文字表达能力、人际沟通能力以及发现、分析和解决旅游管理实际问题的基本能力，具有一定理论知识功底。所以，除了通过上课前5分钟旅游文化演讲及专业知识学习外，我们班还利用早读晚修进行学习。坚持每星期至少记录一则关于旅游文化的新闻，周三早读朗读《全国导游基础》，晚修观看旅游视频，通过这些方式进行训练。

②课外实践建设。游览惠州各大景区，拓展实践，让学生熟悉旅游景区的运营体制、运转形式、管理办法及景点导游解说的技巧等。我们主要是通过策划惠州导游证考点的线路，策划组织外出游览。每次出游都是由各个小组组织策划，放假期间同学都会收集关于惠州各大景区的资料，然后将其做成汇报材料，通过现场解说进行PK，最后高分者将作为此次出游的小导游，带领大家一同领略惠州风光。

各小组平时也会做关于导游解说的练习，在准备好景点的资料后制作PPT，到本系各班级进行景点解说。除此之外，本学期还积极参加了学院组织的各项活动，并获得名次，其中包括王老吉营销技能大赛二等奖、英语晨读比赛二等奖等。

③模仿实训建设。组织学生进行模拟实训，主要是通过校内导游模仿实训室进行开展。在此过程中，我们一共进行了两次规模较大的模拟实训练习。

图 11 - 12　班级举办导游知识大赛

开学初，班级对罗浮山旅游进行线路设计，本次设计评选结果由工商管理系团总支书记及相关专业老师严格把关，选出两个小组于 5 月 19 日中国旅游节前去参观罗浮山。通过罗浮山之旅，我们进一步了解了惠州旅游业的发展，后来在广东省导游技能大赛中，我班陈炜烨同学荣获此次大赛的二等奖。

3. 活动成果

创建旅游体验特色班级过程

图 11 - 13　班级同学参加营销技能大赛锻炼口才

不仅激起了学生的学习兴趣，还带动 2013 级旅游 1 班在 2013 年和 2014 年取得了一系列荣誉。

（1）年度成绩。

班级成员总体素质得到一定的提高，参与学校各项活动更加积极活跃。其中，班级荣获工商管理系女子篮球赛冠军、校运动会跳高冠军、工商管理系首届雅居大赛冠军、校园英语晨读比赛二等奖、王老吉营销技能大赛二等奖、英语 B 级第一次通过率达到 50%，并在校园旅游大赛荣获各种奖项；陈炜晔同学在广东省旅游大赛取得二等奖等。

（2）以文化为导向创建旅游体验型特色班级。

在创建特色班级过程中，学生从被动到主动、从无知到熟悉，无论是在个人素质上还是在专业学习上都逐步得到提高。专业学习上，他们的服务技巧和服务意识逐步上升。总地来说，班级虽然取得了一些成绩，但也有不尽人意的地方，希望各位老师同学批评指正，让旅游体验型特色班级走得更远、更稳。

4. 活动总结

创建旅游体验特色班级，主要是为了充分调动和发挥班主任和学生的主观能动性，帮助班集体树立自信心和集体荣誉感，并用"特色班级"的榜样作用带动学校整体管理优化。旅游体验特色班级的创建也能增强学生的职业发展意识，提高社会调查研究能力，不断提升学生的实践能力，逐步增加旅游班导游证通过率，促进学生就业。

通过这个活动，班级整体达到以上效果。未来，希望特色班级能够延续下去，使学生具备现代商务会展旅游相关业务的学问和才能，具有从事会展筹划、会展营销和效劳的初步才能；使学生具备较全面扎实的景区管理学问，具有展开各种景区管理、规划设计的初步才能，从而真正帮助他们成长成才。

案例3：宿企合作工作室——2014年特色班级比赛一等奖

1. 班级介绍

班别：2013级应用2班。

班级成员：43位男生，2位女生。

辅导员：霍智德。

班级特色：宿企合作工作室。利用宿舍空间，成立工作室，将所做的项目与企业所需要的项目实行对接合作。

班魂："我们的成果，远远不止你想要的结果。"

2. 四个工作室兴起背景及创立情况

在刚步入惠经的那份激情燃烧下，我们积极向上，争取参加了各类大小活动、讲座、比赛，获得系领导们的认可，并荣获院系各类奖项。在时间的推移下，我们步入大二，激情也跟着慢慢冷却。没有自信、没有目标、没有方向，没了大一的懵懂、没有大三的紧迫，我们卡在一个尴尬的胡同里。我们大部分人迷茫、彷徨，一度认为选错专业。我们沉迷游戏，沉迷于男生女生那暧昧的关系中无法自拔，我们随波逐流，甚至自暴自弃……

图11-14 13应用2班特色班级全体合影

为什么会创立工作室呢？

也许是一次机缘……在一次小组实验中发现，互相讨论、互相学习的学习氛围能使大家感到充实、有成就感。一次，两次……在班长的带动下，我们有了各自的小组。由此，我们踏出了第一步，在讨论和分工中，我们搭建了属于班级自己的网站，创立了自己的工作室。

3. 工作室项目历程及影响力

（1）2014年10月10日在班级宿舍成立4个工作室。

（2）纵寒数据库工作室联合梦想城PS工作室成功构建登录系统。

图11-15 成立的四个工作室

（3）聚美印象静态网页工作室联合优逸JS工作室和梦想城PS工作室成功制作出属于班级自己的主网页和子网页，并实现网页功能的优化和动态效果。

图11-16 工作室联合成功构建的登录系统

图 11 - 17 工作室联合制作的班级主网页和子网页

（4）纵寒数据库工作室成功试行连接主网站。

自成立工作室，2013 级应用 2 班由大一的懵懂，蜕变成有梦想、有追求的班级。每一个人不管是在思想还是专业技术上，都得到极大的提升。虽然我们现在在专业技术上还不是很成熟，但是我们班级同学找到了共同的兴趣，并且能为之付出实际行动，做出成果。

我们班级通过工作室的组建，在机电信息学院产生极大的影响，我们班的两个女生分别在其宿舍成立了女生部的 PS 工作室，2014 级软件 1 班的师弟们也在宿舍成立了 Java 工作室。

4. 工作室未来规划

（1）近期目标。

① 对外，我们计划与惠州学院计算机科学系 cwrold 团队合作交流。

② 对内，我们争取与任课老师合作，做一些与时俱进、符合企业需求的项目。

（2）中期目标。

① 完善我们班级的毕业留言系统网站。

② 做一个属于 13 应用 2 班专属的班级管理特色软件，为同学们服务。

（3）长期目标。

成立一个甚至多个能在社会极具知名度的工作室。

5．工作室建设过程

2013 级应用 2 班特色班级建设过程分为三大部分：第一是建设序章，第二是目标达成情况，第三是额外收获成果。

（1）建设序章。

① 自 2013 级应用 2 班特色班级申报成功并荣获第一名后，在辅导员霍智德老师的带领和班长袁浩基同学的努力下，每周定期与工作室的主要成员召开专业座谈交流会，每两个月召开专业建设和成果分享班会，效果相当显著。

② 抓住与计算机相关的企业访校机会，让班级的同学都积极参与企业的各类讲座和培训，使同学们深化对专业知识的认识和了解，并且扩大同学们的知识面和把握市场需求发展态势。

（2）目标达成情况。

纵观 2013 级应用 2 班特色班级近、中、远期目标的实现情况，如今，近期目标已经完成，不但多次与惠州学院旭惠创新中心的师生

图 11 - 18　辅导员与工作室成员召开座谈交流会

进行交流合作，而且还在创新实验班的基础上与旭日集团进行深入的校企合作，目前已经初步完成了旭日集团所需要的售后管理系统项目。中期目标已经完成了一半，2013 级应用 2 班的毕业留言系统网站雏形和功能已经实现，但是班级管理软件还在研发当中。至于后期目标，宿舍中专业知识较为扎实的同学已经有创办自己工作室的初步想法，这还需要到学生实习时才能确定。

（3）额外收获成果。

①在张少鑫书记的大力支持和指导下，我们学工队伍结合 2013 级应用 2 班特色班级的核心想法，申报了民办高职院校学生宿舍学习新模式探究课题。目前老师和学生们正在努力研究此课题，希望能帮助学生了解和掌握当前就业形势，树立正确的就业理念，增强自信心，掌握就业技巧，规划就业创业的目标，从而提高就业水平。

②2013 级应用 2 班有 5 名同学暑假期间赴惠大"旭惠创新中心"参与首届

图 11 - 19　旭日集团赴创新实验班交流

图 11 - 20　工作室成员与惠州学院师生进行交流

图 11 - 21　同学参与首届科技夏令营活动

科技夏令营活动。这 5 位同学领悟到好的企业管理模式可以带到课堂中，可以充分利用项目教学、任务驱动教学切实培养专业技能，并注重知识的实用性及前瞻性，要用未来的知识去武装自己，提高就业竞争力。

③2013 级应用 2 班有两名学生表现突出，专业知识过硬，提前被旭日集团录用。

学习兴趣的自我培养要靠勇于提出问题的胆识，要靠广泛涉猎各种知识的能力，要靠主动参与探索并获取成功的体验。通过新模式的学习可以培养学生的专业兴趣。通过宿舍工作室做出来的项目，学生不断肯定自己的进步和成绩，增强了自信心，而在学习中不断得到应有的收获和荣誉，也提高了学生的学习热情与兴趣。建立"宿企合作"关系，增加学生的实习实训机会。让学生既能在校内学习相关的理论知识与文化知识，又能在学生宿舍完成企业所需的项目，这种学生宿舍学习新模式能有效地激发学生的专业技能。由于企业走在市场经济的最前沿，这种新模式能让学生掌握最新最实用的知识和技能，在参与项目的过程中，学生也能自主发现一些问题，并主动向老师寻找解决问题的办法，从而有效地把理论和实践结合起来，使学生意识到专业理论知识的重要性，厌学现象也就会大大减少。这种学生宿舍学习新模式可以帮助学生了解和掌握当前就业形势，树立正确的就业理念，增强自信心，掌握就业技巧，规划就业创业的目标，从而提高就业质量。

（三）启示

学校开展特色班级创建活动，从培养学生的自主意识出发，充分调动学生自主发展的能动性，发挥每个人的个性潜能，为学生设立各种班级管理岗位角色，促进学生在班级自主管理过程中自我管理、自主创新、自我发展、自我实现、共同进步。同时，特色成果可以让班级之间实现"五个共同"，即目标共同制定、资源共同建设、特色共同培育、成果共同享用、责任共同担当。

一个具有特色的班集体是一部立体的、多彩的、富有魅力的、无声的教科书，能潜移默化地对学生进行各方面的熏陶、塑造，具有极大的教育功能，使学生自觉约束自己的行为，在愉悦的氛围中获得感悟；创建"特色班级"的过程也激发了班集体的凝聚力和创造力。通过"特色班级"的认定和表彰，帮助班集体树立牢固的自信心和集体荣誉感；通过"特色班级"的榜样作用达到带动学校整体管理优化的目的。

特色班级在创建过程中内容丰富多彩，但管理是一个持久的过程，现虽取得了一定的成绩，但持续性特色还有待加强。

第十二章

宿舍管理

一、宿舍民主生活会

（一）宿舍民主生活会项目

国家教育部《关于切实加强高校学生住宿管理的通知》中指出："寝室是大学生日常生活与学习的重要场所，是对学生进行思想政治工作和素质教育的重要阵地。"[①] 宿舍是学生在校期间休息和生活的主要场所，也是学生间人际交往的重要场所。随着我院的发展，学生人数的逐年增加，学生生源的多元化，学生之间的矛盾、危机事件越来越多，宿舍管理成为学生工作的一项重头戏，传统的学生管理模式已经难以适应当前的实际情况，创新学生管理模式成为现今学生管理工作的必然性需求。另外，我院部分学生由入党积极分子转为预备党员后，积极性下降，不能很好地发挥党员的先锋模范作用和党支部的战斗堡垒作用。我院为增强学生管理工作，发挥学生党员的先锋模范作用，以"皮建彬工作室"为依托，在 2014 年上半年成立了"宿舍民主生活会"项目组，研究创新管理育人模式，并在 9 月份开始在全院范围内全面推行"宿舍民主生活会"制度。

1. "宿舍民主生活会"项目的前期调查分析

（1）我院学生宿舍矛盾案例汇总分析。

我院学生绝大部分来自广东省，其中又以粤东的潮汕地区和客家地区为主，各地区学生的语言、习俗、性格、生活习惯、饮食习惯等均有所差异。这些差异成为引发学生宿舍矛盾的主要原因。在对相关数据的统计中我们发现，2013—2014 学年度我院学生宿舍共发生各类大小矛盾 272 起，其中，因性格差异因素引

---

① 《教育部关于切实加强高校学生住宿管理的通知》（教社政号［2004］6 号），2004.

起的占 40%，因生活习惯差异引起的占 27%，因心理因素引起的占 18%，因其他因素引起的占 15%。这些宿舍矛盾问题大部分以调换宿舍为解决方式。引起我院学生宿舍矛盾的原因主要有以下几个方面：

①性格相容程度低，自我意识太强，自私自利，欠缺"换位思考"和同情心；自私，只关心自己的需求和利益。

案例：学生李某，独生女，家庭条件优越，性格暴躁，以自我为中心。李某看不起潮汕人，认为潮汕人会作假，卖东西都是拿假货来充高档产品。她曾经用尺子丈量阳台晾衣绳，用特殊标记将其分成宿舍人数的等分，一旦有舍友晾衣过"界"，即破口大骂，以至于与其他舍友关系一直不和。

事件：某日傍晚，李某因为晚上要参加社团活动，需要先洗澡，之后赶紧出去，但是宿舍已经有舍友 B 在等着洗澡，李某欲插队自己先洗，在没有任何沟通的情况下抢着进洗澡间，和舍友 B 引发争吵，对 B 破口大骂，继而对 B 大打出手，并摔坏宿舍财物，对劝架的其他舍友也是出言不逊。

②生活作风习惯差异大，主要表现为在卫生习惯、作息时间、生活态度等方面存在较多差异。

案例：学生高某，女生，学习成绩班级排名第一，学习刻苦，身材娇小，气质柔弱，性格坚强独立。由于总是独立学习，跟舍友相处时间较少，关系一般；爱好干净整洁的生活环境，作息时间非常有规律，休息时间相对舍友较早。

事件：舍友 B 和舍友 C 一起养了一只兔子，兔子多次在高某的鞋子里排泄粪便，引起高某不满。某天晚修，其他舍友均不在宿舍内，高某将宿舍里的调味油淋洒在兔子身上，舍友 B 和舍友 C 回到宿舍看到心爱兔子被淋脏，经证实是高某所为。舍友 B 愤怒之余，推搡高某，并向她扔兔子饲料，高某用椅子遮挡，舍友 C 去洗衣台盛水欲泼水于高某，高某见状，在慌乱之余拿起水果刀挥舞自卫，并用语言威胁 B 和 C，引起其他舍友惊慌，辅导员及时到场控制双方情绪。

③心灵沟通难。部分学生因受心理障碍或心理疾病的影响，造成自身的孤僻、自卑、冲动、脾气暴躁，甚至抑郁症等心理问题，而引发与舍友间的矛盾。

案例：学生张某，男生，学习成绩中等偏下，学习主动性不强，性格内向孤僻，沉默寡言。由于性格原因，跟同学的交流较少，不会主动找同学、朋友说话，故沉迷于网络游戏。

事件：某日晚上，张某在宿舍长时间玩游戏后，躺在床上自言自语近两个小时，宿舍同学劝其早点睡觉，他情绪一激动，突然起身冲进宿舍后阳台，用手掌击碎窗户玻璃，导致手掌受伤。

④其他因素，如学生干部工作、生活习俗等。

案例：周某是班级纪律委员，因舍友余某旷课时被她登记了名字，本来就相处得不算融洽，因为此事更是对她冷嘲热讽，进而发生语言冲突，之后余某联合宿舍其他成员集体排挤她。一开始只是对她不理不睬、冷嘲热讽，之后愈演愈烈，在她看书时把灯关掉，在她睡觉时大声唱歌，诬蔑她没搞卫生，在她要晒衣服时把衣架扔掉。

事件：某日，余某在阳台洗头时不小心被在旁边洗手盆洗手的周某溅到水，于是余某就在她洗澡时泼她冷水，而这样的情况持续好长一段时间后，周某因无法忍受向辅导员提出调换宿舍申请。

（2）学生宿舍间人际关系四个阶段的变化。

依据发展心理学的青少年发展原理，结合我院学生的特点和实际情况，我们发现我院学生宿舍人际关系一般呈现出四个阶段的变化，即：亲密期、平淡期、矛盾期、缓和期。亲密期主要是在新生报到军训后两个月里，学生之间从陌生人到相互认识的阶段，刚离开熟悉的亲朋好友，有着强烈的情感沟通需求，舍友便成为主要沟通对象，而且相互间了解不多，暂时也没有较为直接的利益冲突；在经历一段时间（一般为第一个学期末尾到第二个学期）的了解后，个人的缺点开始显现，利益竞争、冲突增多，进入矛盾期（多发生在大一第二学期，或大二的第一学期）；经过辅导员或者同学的介入调解、调换宿舍，以及学业压力的增大，学生之间的关注点改变，对问题的认识发生转变，不再计较各个矛盾问题，相互之间关系变为缓和。

2."宿舍民主生活会"的内涵

民主生活会主要指党员在支部、党小组以交流思想、开展批评与自我批评为主要形式的组织活动制度。"宿舍民主生活会"就是引用此种制度，将对象转换成宿舍的所有成员，将会场转换成宿舍，使大家在熟悉的环境里畅所欲言。在学生宿舍内部及宿舍间定期开展"宿舍民主生活会"，参加者为宿舍全体成员，组织者（辅导员、学生党员、预备党员、学生干部）事先提出要求和建议，结合学生个性特点及心理需求，引导在场同学发动朋辈影响作用，有目的地引导学生对共同问题发表看法，察觉矛盾点，逐步开展批评与自我批评。组织者在引导过程中起带头作用，以鼓励为主，要求有会议记录，以便师生查阅和总结。

3."宿舍民主生活会"的目标

如何使学生自觉遵守学校的宿舍管理制度，学会生活、学会处理人际关系，提升自理能力以及从根源上减少学生矛盾，是一个亟须解决的难题。"宿舍民主生活会"明确了"1234"的总体目标，即：一个目的（预防为主，从根源上减少学生矛盾），两个管理（制度管理、自我管理），三个提高（提高学生党员、预备党员、学生干部工作能力），四个学会（使学生学会学习、学会做人、学会做事、学会相处）。

4．"宿舍民主生活会"的开展模式和方式

（1）开展模式主要有"宿舍内民主生活会"和"宿舍间民主生活会"。

模式一：宿舍内民主生活会（The meeting inside the dormitory，简称 MID 模式）。

MID 模式为常规模式，在学生宿舍内部开展民主生活会，以组织者为主导，有目的地引导学生对共同问题发表看法，察觉矛盾点，逐步开展批评与自我批评，组织者在引导过程中要起带头作用，以鼓励为主。该模式的主要目的是预防学生宿舍矛盾的发生。其工作模式主要是让组织者（辅

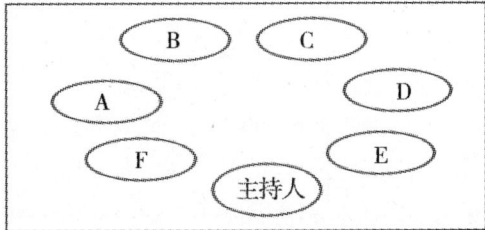

图 12 - 1　MID 模式示意图

导员、学生党员、预备党员、学生干部）作为主持人，进行圆桌会议，由班级日常事务聊起，辅导员要把握好话题的扩散范围，最后集中到宿舍问题来。

第一步：察觉宿舍矛盾。有目的地聊起同学共同关心的宿舍问题（如宿舍作息时间），引导同学发表对问题的看法。主持人要集中注意力，观察每个同学在谈论时的情绪变化，筛选出某些引起情感波动的关键问题，找到宿舍内存在的主要矛盾。

第二步：开展批评与自我批评。借鉴党员的"民主评议"方式，在宿舍内开展"批评与自我批评"。一是批评，针对宿舍里的不良生活习惯和学习作风等问题进行批评，比如说晚上玩游戏过晚、宿舍集体酗酒、吵闹影响他人等行为；二是自我批评，每个人都对自己进行自我批评，消除宿舍内部隐形矛盾。

第三步：总结鼓励。在宿舍开展批评和自我批评的过程中，主持人要做到慎言，尽量不打断同学的发言；而宿舍舍友之间发生情绪化进而争吵时，要进行必要的控制和情绪的抚慰工作，适当给出自己对问题的看法和意见。在民主生活会结束时要做到公平的总结性发言，以鼓励为主。

模式二：宿舍间民主生活会（The meeting between the dormitories，简称 MBD 模式）。

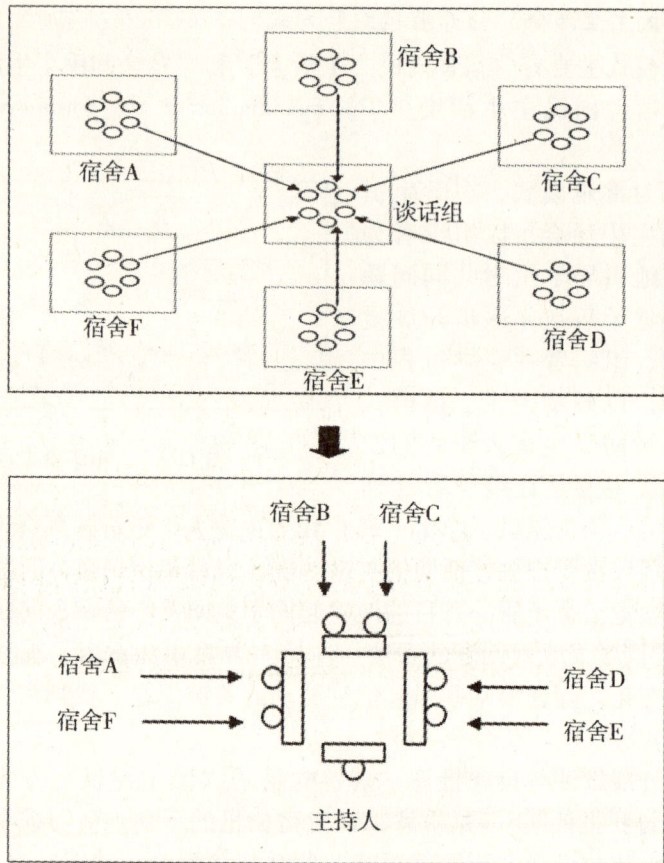

图 12 – 2　MBD 模式示意图

当 MID 模式的开展发生困难时，MBD 模式则应运而生。该模式是在 MID 模式的基础上，当矛盾已经显现或者发生，已不适合继续开展 MID 模式时，将来自不同宿舍的学生进行有效的重组，重组而成的每一个人员开展批评与自我批评后，引导在场学生发挥朋辈影响作用，站在局外人角度上，给予发生矛盾的学生开解与帮助。

对于组织者来说，MBD 模式的主持过程跟 MID 模式的主持过程是一致的，不同的有两点：一是开展这种模式之前要进行选择性的人员重组，选择有能力协助解决问题的同学；二是要引导在场同学，很好地发挥朋辈作用。

两个模式可交叉进行，两到三次的 MID 模式察觉矛盾后，开展 MBD 模式。

（2）开展的方式。

开展对象：我院大一大二的学生。

开展时间：各宿舍每两周召开一次，常规时间为 21：00～22：30。

开展地点：MID 模式——宿舍内，MBD 模式——宿舍内或宿舍外。

"宿舍民主生活会"的召开时间和地点可根据各宿舍存在或发生的矛盾问题实际情况灵活召开。

会议组织者：辅导员、学生党员、预备党员、学生干部。

记录方式：填写宿舍民主生活会记录表。

要求组织者填写宿舍民主生活会记录表，跟进解决学生在生活会中反映的实际问题和困难，并及时做好反馈，这也是开展该项目的另一重要作用。

"宿舍民主生活会"的议题：

每次根据实际情况确定议题，但是主要议题应包含以下几种：

①需要共同商议的议题，如建立宿舍常规、宿舍文化节等。

②共同感兴趣或需要面对的话题，如社团活动、专业知识学习、实习就业等。

③开展批评与自我批评，宿舍成员互相指出优缺点，并对缺点提

图 12-3 MID 模式开展宿舍民主生活会情况

出建议，跟踪、反馈，相互监督，预防宿舍内部隐形矛盾。

④解决宿舍内可能存在的矛盾及其他普遍性问题，也是"宿舍民主生活会"的重要内容。

5. 学生党员蹲点宿舍制度

在"宿舍民主生活会"的开展中，学生党员（含预备党员）是辅导员以外的主要组织者和参与者，对他们的考核和监督采用党员蹲点宿舍制度。党员蹲点宿舍制度是党员管理与教育的一个载体，是学生党建中重要的一环。

由于我院学生党员（含预备党员）人数的限制，实行一名学生党员入驻4～6间宿舍的办法，入驻党员组织召开"宿舍民主生活会"，参与和推动宿舍文化建设。每一位入驻党员要充分发挥自身的模范带头作用，积极投入宿舍的各项活动当中，帮助入驻宿舍学生养成良好的个人行为习惯。

党支部通过对党员蹲点宿舍的工作进行考核评估，把握预备党员在预备期的表现和正式党员在平常工作生活中的表现，这就为常规的预备党员转正工作和党员评议工作带来了便利。党员蹲点宿舍的任务除了上面所说的组织开展"宿舍民主生活会"外，还有着其他独特的优势，主要表现在：第一，能够更好地把党的理论、方针在宿舍中进行宣传，使得每一位同学都能对党的各项方针政策有所了

解，同时也能提升党员（预备党员）的党性修养；第二，通过党员在宿舍中的影响，有利于先进带中间分子和后进分子；第三，有利于维持学校正常的教学秩序和校园稳定。蹲点党员通过观察同学们日常学习生活习惯把握其思想动向，抓苗头、抓趋势，把一些小问题和小冲突消灭在萌芽中，能够更好地与"宿舍民主生活会"制度起到一个相辅相成的作用。特别是遇到突发情况时，譬如突然停水、停电、断网等，蹲点宿舍党员能够及时做好解释和安抚工作，引导同学们控制好情绪。

（二）典型案例

案例：宿舍民主生活会开展实例

背景：某宿舍共6人，由4位潮汕女孩和2位客家女孩组成，化名A、B、C、D、E、F（A、B、C、D为潮汕女孩，E和F为客家女孩）。A的性格大大咧咧，热情开朗，性格特点属于"自来熟"，比较依赖父母，没有宿舍生活经验，比较喜欢攀比，独立性差。B的性格属于好强型，自尊心强，不会轻易唠叨，对待不满多选择沉默。C的性格属于慢热型，刀子嘴，豆腐心，喜欢把不满的事情挂在嘴边，略有洁癖，独立性强。D的性格属于随和型，缺乏主见，随波逐流，疑心病重，戒备心理强，追求平淡的生活。E的性格属于撒娇型，喜欢讨好别人，吃不了苦，自己不愿做的事也会责怪别人做得不好。F的性格属小公主型，天真幼稚，无所追求，喜欢别人追随她，很容易情绪化。

事件：A、B、C、D在宿舍基本用家乡话交流，E和F则用客家话交流，分派化较明显。由于A、B、F同个班，C、D、E同个班，所以同个宿舍的生活作息时间并不同，因此宿舍小争执不时发生，宿舍氛围并不十分融洽。

开展模式：MID模式

时间：2015年6月5日晚上八点半

地点：宿舍内

主持人：辅导员

参加人：辅导员、A、B、C、D、E、F

过程：

主持人：大家好，光阴似箭啊，跟大家相处的时光已经不知不觉过去了一年。这一年里你们收获了多少，失去了多少，都已经过去了，开心也好失落也罢，生活本就这样，只有你过得舒服，心态调整好，你才有更多的动力去追随目标。今天大家聚在一起，我们以"如果我是你"为主题敞开心扉，畅聊过往，一起展望未来，目的就是为了大家更好的生活。

A：我先谢谢老师对我们的关心，也希望我们能够真诚的表态。

F：是啊，毕竟还有两年的时间一起相处，我更不想因为一些小事而闹得一直不愉快。

C：那就说咯。

A：我是比较大大咧咧，反正我知道我缺点很多，你们就说咯。

E：你老是打扫卫生马虎应付，而且不按时打扫。

A：在家卫生都是父母打扫，我还是适应不了自己打扫卫生的生活，反正我比较懒，这我是承认的。

D：话不是这么说，我在家也是很少做家务啊，可是现在不一样了，宿舍是大家一起的。

C：你觉得别人都按时打扫卫生，而且每次打扫都是很认真，你的位置大家每次都帮你打扫得很干净，而你用懒的借口来应付，每次都马虎打扫，你觉得好意思？

A：有些人呢，就还故意把宿舍搞得更脏，老是在桌子那里梳头发，头发又满天飞。

E：如果宿舍很脏，肯定会很难打扫，而且我们可以尽量在阳台梳头发啊，这样就不会搞得宿舍很多头发，打扫起来也方便啊，不要说了还不听。

C：唉，宿舍毕竟是大家一起生活的地方，如果你每次都这样的话，那我排在你后面打扫的，非常的辛苦，工作量大，我不说并不代表我不介意。

……

主持人：在一起生活肯定是避免不了摩擦的。你们想想区区十来平方米就要容下你们三年生活的身影，本来空间就不大，对比起家里舒服的大环境，心里肯定会有落差。如果不把卫生搞好，连看着都不舒服哪里住得舒服。你们站在彼此的角度想想，为什么有的人会不想打扫，有的人会故意弄脏，有的人却很努力地去干双份。如果你是她，一下子要接受自己独立的生活，要经历自己面对的生活，来不及习惯生活的责任，那么最想做的则是逃避。不是她自私，而是她还来不及习惯。对于故意弄脏宿舍一说，在第三者的角度则是把所有戒备都收起，袒露出最惬意、最真实的一面，不需要刻意去改变，她把这里当成了家，大家一起的生活多么惬意，其实本质上是件好事情，但是不好的习惯稍微一改，岂不是锦上添花，何乐而不为呢？对于把所有的不满都压在心里，大度点说是宽容，可是我们都知道压在心里的郁闷会有多难受，如果你想改变他人的话，行动是最好的证明没有错，可是对比行动，谈心改变来得更快些，为什么不走捷径呢？所以说，如果你是她，自然就会少了很多自我的理由。

A：的确，我是得学会自己长大，我知道我这样肯定是不好的，只是我害怕自己长大要负责，所以一直用自己很懒的借口来安慰自己。

　　E：其实你不懒啦，只是勤快得不明显而已哈哈！

　　C：唉，其实我一直没说，搞得自己不开心，你也不知道，所以我不善表达也有错。

　　F：说出来嘛，我们知道你最辛苦啦，你一直没说，我们也没有机会表达感恩，嘿嘿！

　　B：我吧，就是糊涂蛋咯，搞脏了还得加快打扫的频率，以后会注意。

　　D：终于承认你笨咯。

　　……

　　大家说开后，会议在融洽的氛围中继续开展。

　　案例总结分析：

　　矛盾产生并不可怕，可怕的是矛盾产生了，我们却不懂得处理，可以小事化了的就不应该演变成导火线。在宿舍民主生活会开展的过程中，让同学们在互换角色的身份下真正认识自己，正确面对矛盾分歧，人际关系的处理上，以鼓励主动沟通为主、批评为辅，处理方法上得"一碗水端平"才能避免矛盾升级，才能引导同学们学会理解和包容，促进宿舍感情，减少摩擦，融洽宿舍氛围，以更健康的身心去学习。

（三）启示

　　"宿舍民主生活会"项目作为我院学生管理项目化的一个重要内容，是我院创新学生管理育人模式而形成的新模式和方法，但也存在着工作难点，如：在开展的过程中对组织者提出了更高的要求，需要其具备较高的语言沟通能力、观察力和引导能力；男女性别差异，不同系不同专业学生心理需求存在差异性和动态性，个人性格的差异性等因素都会影响"宿舍民主生活会"的顺利进行；学生党员开展工作的考核方式和标准需要更加严谨。

　　虽然"宿舍民主生活会"在实际开展过程中存在着困难，但是自2014年3月开始试行、9月全院开展以来，该项目在学生宿舍管理工作中的作用和成效已经初步显现出来，主要体现在以下几个方面：

　　一是学生宿舍因矛盾问题申请调换宿舍的情况有了较大的改善。在全院实施"宿舍民主生活会"制度的一年时间内，全院共出现14个宿舍因为矛盾问题进行人员调整，较之前年调换宿舍近百个有了大幅的减少。

　　二是建立了沟通机制，为学生解决宿舍矛盾问题搭建了平台。"宿舍民主生活会"为学生提供了一个平等对话、用心沟通和交流的平台，倡导"文明自律、民主友爱、互相尊重、敢说善说"的寝室文明。在这个平台上，学生可以友好地提出自己的意见，并听取他人的建议，敢于指出问题并共同商议解决，在和谐融洽的氛围中形成一致的意见，有效地预防和解决宿舍中存在的矛盾。同时，学生的主动参与，也提升了自主解决问题和处理矛盾的能力。

三是宿舍成为我院又一重要的思想政治教育阵地。宿舍作为学生学习、生活和人际交往的主要场所，是大学生思想政治教育的基层单位，是除课堂以外的另一阵地，辅导员、学生党员把这一阵地作为课堂教育和班级教育的补充。《中共中央国务院关于进一步加强和改进大学生思想政治教育的意见》中指出："要高度重视大学生生活社区、学生公寓、网络虚拟群体等新兴大学生组织的思想政治教育工作。""宿舍民主生活会"的平台拓展了我院思想政治教育工作阵地，宿舍思想政治教育也成为我院学生思想政治教育的重要内容。

四是学生党员、学生干部队伍工作能力得到锻炼和提高。"坚持教育与自我教育相结合。既要充分发挥学校教师、党团组织的教育引导作用，又要充分地调动大学生的积极性和主动性，引导他们自我教育、自我管理、自我服务。"[1] 学生党员、学生干部组织开展"宿舍民主生活会"、实行学生党员蹲点宿舍制度，有效地调动学生骨干的工作积极性和主动性，发挥他们的朋辈作用、纽带和模范作用，同时锻炼学生党员、干部的工作能力，使他们成为学院学生工作的生力军。

二、宿舍自主管理

（一）宿舍自主管理项目

1. 项目背景

在影响大学生健康成长的因素中，除了遗传、家庭教育外，社会环境也是其中的重要因素。

社会环境因素主要指大学生在校园的日常学习、生活等各个方面中所塑造、强化并形成的个人行为模式所造成的直接影响。大学生在校园的日常学习和生活，是大学生价值观主要的塑造场所，是否热爱祖国、是否善于换位思考、是否勤劳勇敢等个人价值观将直接作用于大学生的职业生涯规划、职业发展、人际关系等多方面。

相关调查显示，学生有近 2/3 的时间是在宿舍中度过的，因此宿舍也成了学生的"第一社会、第二家庭、第三课堂"。学生宿舍是大学生矛盾的主要发生

---

① 《中共中央国务院关于进一步加强和改进大学生思想政治教育的意见》（中发〔2004〕16 号），2004.

地，也是高校危机事件的高发地，因此学生宿舍是每一所学校不可轻视的重点管理区域。

良好的宿舍环境对大学生的健康发展有很大的促进作用，但不良的宿舍环境会使人变得压抑、易怒、失眠、多疑，使人孤独、紧张和烦躁，甚至导致心理疾病。

随着我院在校生人数的不断增长，现行的宿舍管理模式已经不足以完全满足学生、学校、社会的需求，尤其是学生参与管理和主动解决自身问题的期待也越来越高。所以，加强和优化宿舍管理成了关系到大学生健康成长的重要因素，这也是我院学生宿舍自主管理项目研究的缘起。

2. 项目规划

（1）实施理念。

以三全育人（全方位育人、全员育人、全过程育人）为指导；追求三重服务境界（学生接受、学生满意、学生感动）；实现三个目的（创新学生公寓管理新模式、搭建学生公寓服务新平台、培养学生自主管理新能力）。

（2）实施目标。

宿舍的关灯和卫生情况不再需要辅导员进行跟踪而能自觉进行自我管理和约束；宿舍的问题能够以最便捷的渠道和学校相应部门进行沟通解决；有本栋宿舍楼的特色学生活动，丰富宿舍生活；促进学生性格完善，形成学生良好习惯，打造学生社交平台，创立学生特色生活区。

（3）实施方法。

我们项目所实施的方法，就是公寓的参与式管理。在高校中，就是要与高校育人目标相结合，以学生为本的管理思想为指导，营造民主参与管理的氛围，实现权利分享，搭建参与管理的各类平台；调动每个学生参与管理的积极性和创造性，培养学生的自尊心、责任心和主人翁意识，把管理要求作为学生的自我目标，提高管理效率，成为学校独特管理文化的一部分。

（4）实施对象分析。

我们的学生有以下几个特点：思想开放，敢于接受新事物，但导向缺失；善于思考但思想不成熟；个性张扬但内心脆弱；在理想性与功利性并存、自主性与依赖性并存、开放性与自我性交错的矛盾中，他们在毕业后极容易受到社会大环境的影响，形成重物质而轻精神、重智商而轻德育的社会价值观。

（5）实施难点。

了解学生存在的主要问题、关心的问题、需要解决的问题，以及学生参与管理的程度。

3．项目进程

（1）前期准备阶段。

① 了解住宿学生大致情况（问卷调查、学生访谈）；

② 确定项目小组成员和培训；

③ 确定初步实施方案和计划；

④ 成立学生宿舍自主管理委员会，完善宿舍管理制度（宿舍后勤报修制度、关灯卫生制度、文化活动制度、奖励制度）。

（2）项目执行阶段性工作。

成立项目小组，实施项目研究试行，选定试行的学生公寓，从学生的入住、维修维稳、卫生保持、消防安全、举办宿舍文化活动月，到组织成立公寓学生管理团队"自主管理委员会"、选招大三学生担任学生公寓指导员、设置初步组织管理架构、学生干部培训、宿舍管理工作制度、建立公寓微信公众平台、完善报修制度、公寓文化介绍、各类安全宣传上墙等细节工作，每一项工作都经过不断的尝试、执行、反馈、调整。

前期试行阶段：在老师的主要作用下，处理宿舍后勤维修，摸清所住学生大致情况，关注几个关键宿舍，尝试建立学生自我管理组织。

成立制度阶段：学生自主管理委员会成立，建立宿舍后勤报修制度、关灯卫生制度、文化活动制度，以及与三大制度相对应的奖励制度。

保障制度阶段：在各项制度上设置专门的老师监督实施，划清工作责任，实行过程监督、执行指导、多头协调，保障四大制度顺利、有效、长期地运行。

获取成果阶段：将试点的经验凝练积累，摸索运作规律、完善运作制度、总结运作经验、推广运作模式，将其打造成学生服务活动中心的重要研究服务项目。

阶段性结果：

① 做好学生的入住登记，组织宿舍卫生大扫除，初步解决卫生问题并做好环境卫生的保养和消防安全方面的措施。

② 举办"第一届宿舍文化活动月"；学生自主组织篮球趣味赛；组织成立公寓学生管理团队"自主管理委员会"。

③ 选招大三学生担任学生公寓指导员；设置初步组织管理架构。

④ 对宿舍自主管理委员会的干部进行培训，进行工作职责完善和改制，制定出了一套较为完善的宿舍管理制度，并在各个宿舍进行宣传教育。

⑤ 建立公寓微信公众平台，这个平台不仅是为大学生提供一个学习知识、维修报修的地方，还为公寓学生建立起一个相互交流、反馈意见的桥梁。

4．宿舍自主管理委员会

宿舍自主管理委员主要来自本栋宿舍的学生。他们参与学校学生宿舍日常管理，协助宿舍管理指导老师进行宿舍安全检查、后勤保修、文化活动的组织，充分发挥学生参与宿舍管理的职能；向指导老师反映学生宿舍最迫切需要解决的问题，依据宿舍管理模块进行部门设置，锻炼自身服务意识和心态。

（1）宿舍自主管理委员会组织架构。

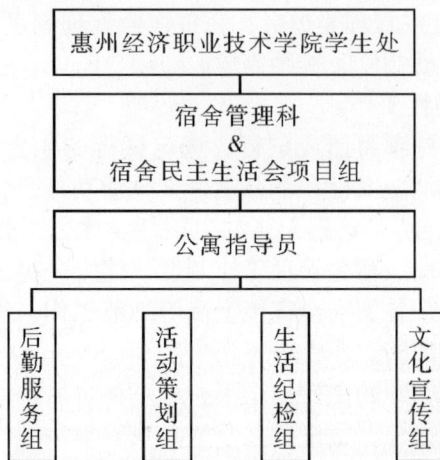

```
┌─────────────────────────────┐
│   惠州经济职业技术学院学生处    │
└─────────────────────────────┘
┌─────────────────────────────┐
│          宿舍管理科            │
│             &                │
│     宿舍民主生活会项目组        │
└─────────────────────────────┘
┌─────────────────────────────┐
│          公寓指导员            │
└─────────────────────────────┘
 ┌────┐  ┌────┐  ┌────┐  ┌────┐
 │后勤 │  │活动 │  │生活 │  │文化 │
 │服务 │  │策划 │  │纪检 │  │宣传 │
 │组   │  │组   │  │组   │  │组   │
 └────┘  └────┘  └────┘  └────┘
```

图 12 - 4　宿舍自主管理委员会组织架构图

（2）职责。

公寓/社区指导员：

① 对违规宿舍进行谈话；

② 考核卫生监督部门工作；

③ 对维修报备部门进行后续跟踪；

④ 考核宣传部门，监督公众号运营；

⑤ 指导和组织活动策划部门工作；

⑥ 处理临时突发情况，保障公寓安全工作；

⑦ 安排日常值班事务，做好学生上课期间的值班工作。

后勤服务组：

① 进行日常分时间段值班，做到非上课期间有人值班；

② 熟悉报备流程，做好报备的电子版工作和联系、跟踪工作；

③ 报备前、报备时、报备后有相应的工作流程规范；

④ 要在维修师傅和报修宿舍之间建立时间上的协调联系，尽量做到维修时宿舍有人在。

活动策划组：

① 每月进行一次公寓活动、游戏策划并实施；

② 做好活动过程中的安全隐患控制、意外突发情况处理等工作；

③ 组织宣传、鼓励同学参与；

④ 做好活动的善尾工作。

生活纪检组：

① 每晚 11 点进行宿舍卫生检查、关灯检查、吵闹控制、各宿舍人数的四项登记确认工作；

② 每晚工作完成之后进行汇总，将汇总结果向上级管理者进行汇报；

③ 每周进行一次宿舍安全隐患排查工作。

文化宣传组：

① 熟悉电脑操作、熟练运用各种宣传平台、具备文字编辑能力；

② 每天进行一次微信公众号的宣传编辑，对宿舍发生的小事大事进行宣传；

③ 每两周出一次宣传海报，对宿舍安全、卫生、纪律等方面进行教育宣传；

④ 每个月协助活动策划组做好活动的宣传。

（3）产生的作用和效果。

① 自主管理委员会在指导老师的帮助下，进行宿舍安全和卫生检查，督促脏乱差的宿舍进行卫生扫除；对乱拉电线和使用大功率电器等现象进行安全隐患的督查；定期检查消防水栓、消防器具，消防通道，如有问题将会上报宿舍管理或后勤处；保证同学们有一个干净、卫生、安全的宿舍生活环境。

② 创新后勤维修新方法，减少维修的报修层级，运用新媒体等学生喜闻乐见的方式，沟通后勤师傅进行维修，为同学提供报修服务。

（4）总结。

为了充分体现新学生参与宿舍管理的职能，在每个学期都会定期开展宿舍文化活动，由自主管理委员会进行活动的组织策划，经宿舍管理科指导老师的报备申请后，全程进行活动的组织。通过篮球、羽毛球等体育活动，结合宿舍"第三课堂"项目进行大学生宿舍文化的塑造，增加宿友彼此之间的友谊和感情，有利于大学生良好宿舍关系的建立，丰富大学生们的课余生活。

在做好宿舍生活区的值班过程中，还需要做好学生和学校后勤管理部门的桥梁枢纽，通过走访宿舍收集同学们对生活、学习的困惑和困难，向指导老师反映，及时排解困难，促进大学生人格、性格的健康发展。

（二）典型案例

案例1：我的宿舍我做主——明德之家

"明德之家"是我院的第21号学生公寓，它是一栋特别的宿舍楼，名字出自我院的校训"明德、博学、求真、致用"，旨在告诫本栋宿舍社区同学以明德之心，行德行之事。除了"大牌"的名字，它能吸引众多师生目光的原因，还在于它特别的管理方式——真正实现一栋由学生自主管理的大学宿舍楼。

"明德之家"的日常管理是由本栋的学生组织——自主管理委员会来管理的。委员会协助宿舍指导员开展日常工作，宿舍文化活动由其发起执行，宿舍内部矛盾由其协助解决。

日常工作中，自主管理委员会协助宿舍指导员管理宿舍社区。自主管理委员会设置了后勤维修组对接宿舍的维修工作，前期报修收集、中期协调上门维修时间、后期维修进度和效果的跟进和反馈；设置了宿舍考纪组进行宿舍的卫生责任区域划分、卫生值日安排，卫生检查评定；设置了活动策划组，策划学生社区的组织生活，丰富学生宿舍社区活动，主办宿舍文化活动，如宿舍雅居设计活动、宿舍之间的寄语墙（"舍友舍友我爱/恨你"活动）、篮球趣味赛、宿舍小运动会（宿舍间的拔河比赛、毽子比赛等），将本来由学生会主办的以个人为主要单位的活动，引进宿舍，以宿舍为单位来参与，增进宿舍之间的感情和凝聚力，创造和谐的宿舍氛围；设置了宿舍文化宣传组，开通宿舍社区交流群。

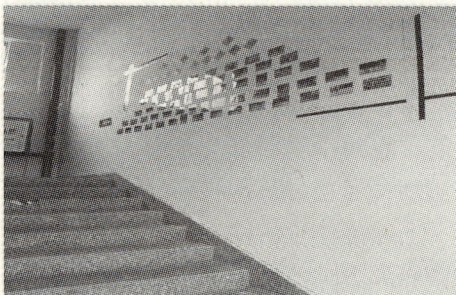

图12-5 明德之家宿舍文化墙

建立"宿舍民主生活会"的矛盾协调制度，将学生干部融进宿舍社区的自主管理系统中去，从朋辈的角度去看待学生宿舍问题，提供解决的方法和建议，加上有丰富经验的老师协助，通过"宿舍民主生活会"的对话机制和平台，让宿舍内的问题得以妥善解决。

每一位住在这里的学生，在入住之初都在自主管理委员会的协助下，办理好入住手续。自主管理委员会由老师作为技术指导和支持，由学生干部作为工作主体来进行宿舍管理事务的开展。从入住当天开始，自主管理委员会的第一步工作就是信息存档：宿舍的同学和相应的个人基本信息会做成档案留存记录，基本信息有学号、姓名、专业班级、宿舍号及床位号、籍贯、兴趣爱好、生日、既往病史、心理测量数据、个人联系方式以及家长联系方式、学生干部身份及任期等。建立宿舍信息档案（三年更新一次），建立宿舍信息档案的内容有宿舍号、宿舍人数，宿舍同学所在班级及其辅导员老师姓名和联系方式、宿舍长姓名以及联系方式、宿舍卫生关灯积分（每月更新一次）等。

建立自主管理委员会微信服务工作群，沟通本栋宿舍管理工作，建立对话机制。每天在群里发布最新的学校通知和精挑细选的微信文章。这些通知和文章包罗万象，无微不至地关怀着学生的健康成长。

每个月，宿舍生活区都会发起一项以宿舍为单位的学生团体活动，如宿舍雅居设计活动、宿舍之间的寄语墙（"舍友舍友我爱/恨你"活动）、篮球趣味赛（图12-6）、宿舍小运动会（宿舍间的拔河比赛、毽子比赛）等，这些活动的具体实施都由自主管理委员会准备和组织。不同系部的学生有不同的特点，不同宿舍区的学生所热衷的活动类型也完全不一样，他们从学生自己的需要中，找出最喜闻乐见的活动。以宿舍为单位参与进来，可以增进同学之间的关系，让宿舍更像家庭，让宿舍生活社区更像家的社区。

值得一提的是宿舍雅居设计大赛。雅居设计大赛是学生自主举办的、最受欢迎的活动之一。雅居设计活动让每一位同学从比赛一开始，就要一起思考宿舍的装饰特色和主题内容，如何体现和展示自己和舍友之间对于美的组合和追求是他们不断考虑的问题，后期需要做宿舍介绍的视频和PPT等来展示和比赛。宿舍里的感情就在这样一起活动和策划中得到巨大的提升，同时展示了不同宿舍之间的文化。

图12-6　明德之家宿舍文化活动周颁奖仪式

学生的晚归、关灯、卫生情况由自主管理委员会的委员轮值进行管理登记。每天晚上11点，自主管理委员会进行关灯和楼道卫生进行检查，第二天通过公寓相应的新媒体平台进行公示，登记宿舍积分增减，督促相应宿舍的同学关灯，搞好所负责区域卫生情况，如果个别情况恶劣的，报由系部备案等待处理。

宿舍发生矛盾是相当正常的，但是有了自主管理委员会，这些日常的矛盾将会在他们的帮助下进行解决。诚然，学生有自己的局限性，如心理健康问题、过激行为问题、盗窃行为问题等还是无法直接解决的，需要辅导员和公寓指导员进行协助解决，但绝大部分宿舍内部矛盾问题都可以得到妥善的处理——因为作为师哥师姐和学生干部，他们能够从学生的角度出发去思考宿舍内部的问题，很多老师都解决不了的问题，他们却能够非常妥善地解决。这是朋辈工作的强大作用，也是学生自主管理委员会自主管理最大的亮点。通过宿舍民主生活会解决宿舍内部矛盾，取得了较好的效果。

总而言之，学生通过这个团队自我管理是一种新的尝试，很多不完善的地方还得不断地修正，"明德之家"有这个活力和激情，因为它非常"年轻而富有活力"！

案例2：再见了，空中飞舞的垃圾——毕业生文明退宿离校

每年六月份，毕业生离校工作，尤其是毕业生宿舍管理工作是一个必须面对的难题。我院也经历过广大高职院校同样面对过的难题：部分毕业生宿舍存在聚众哄闹、酗酒、破坏公物、打架斗殴等较为严重的违纪行为；更有部分毕业生对毕业退宿手续不理解，将从宿舍整理出来的垃圾从楼上抛洒下来，不但影响校容，而且非常危险。如何降低高职毕业生离校前发生这些违纪行为的概率，引导学生安全、便捷、高效、文明离校，成了我院亟待解决的问题。

解决问题，调查先行。首先，一方面通过深入走访毕业生宿舍，倾听毕业生的烦恼和期望，另一方面通过与毕业生班主任谈话，了解毕业生面临的压力来源和主要关注点。其次，通过座谈采集我院有经验的生活老师、后勤人员的建议。经过调查分析，初步梳理出我院毕业生不文明离校的几大诱因：一是学业压力大，部分未能通过清考的学生将不能跟大家一起领取毕业证书，心里很失落；二是就业压力大，部分学生面临毕业即失业的困境，心情很压抑；三是角色转换时期心理调适的失衡，从毕业生到社会工作人员这个过渡期内，毕业生认为自己处于社会管不着，宿舍管理制度对于他来说也即将失效的阶段，一旦有一个特殊的宣泄窗口，情感就会喷薄而出。而最直接的诱因，在于我院宿舍管理条例中有这样的规定：毕业生办理退宿手续前，必须人员全部到位，将宿舍卫生清理干净，待生活老师清点检查后，如有损坏的物品照价理赔完毕，才能签章进入下一个毕业手续环节。空中飞舞的垃圾就在清理宿舍卫生这一阶段产生的。因为我院大三学生最后一学期都以校外实习为主，很多宿舍几乎一个学期都没有人打理，三四月份潮湿的"回南天"会让放在宿舍的部分物品发霉损坏，所以当毕业生回到宿舍，很多物品都已经损坏；此外，考虑交通因素和经济因素，很多低值物品毕业生都不带走，这就产生了大量的垃圾，而毕业生在办理繁杂的毕业手续、材料间隙，都有种"无心恋战"的感觉，希望退宿处理得越快越好，而退宿那天生活老师人手紧张，清点检查工作之余，无法监督到位，于是，一旦有人带头，公寓区就会出现"垃圾满天飞"的现象。

要使毕业生文明安全有序地离校，需要学院各部门相互协作，各司其职，方便学生有序地办理毕业离校手续。于是我院在学生处的统一调配下，采取了一系

列措施来确保毕业生的文明离校：

第一，我院在毕业生离校登记表的签章办理上为毕业生"减负"。简化离校手续申请表，减少行政部门签章环节，提高工作效率。

第二，提前3天开始毕业生宿舍财产的清点和赔偿工作。我院2015年的应届毕业生有3 400多人，相比2014年的1 900人几乎翻了一倍，而参与办理退宿的生活老师相比2014年相对减少。提前开始宿舍财产清偿工作，一是可以缓解集中办理的压力；二是通过摸底清点，提高办理效率；三是让毕业生了解需要清偿的宿舍损坏物品的价格，做到心里有数，处理起来更加迅速。

第三，优化细节，提高退宿效率。以往的退宿问题突出表现在两方面：一是退宿速度太慢，二是财产清点失误率大。原因主要在于办理退宿的生活老师人手不够，最紧张的时候，一位生活老师一天要负责办理将近40间宿舍的退宿。这意味着他们必须在一天之内清点检查至少2 800个零件，如果清点过程中发现有物品损坏，必须一一开列清单交给学生去办理赔偿手续，造成大部分学生在绝大多数时间里都处在等待的状态，导致不满情绪迅速蔓延，乱丢东西发泄情绪的情况也就相应增多，而部分责任心不强的老师会简单检查就草草了事，失误率也就居高不下。2015年的毕业退宿在2014年的经验基础上做了一系列优化。

一是加强人员配置，划分好"责任田"。30名生活老师全员上阵，将全院毕业生宿舍均分成30份，每人对应一份，这样就做到职责明确，有利于提高工作效率，先完成的老师可以主动帮助其他的老师，促进生活老师良性互动。

二是配套好退宿工具，提高工作效率。首先，宿管科给每位生活老师刻了一个姓名印章，签名的时候直接盖章，提高效率，也使生活老师的责任感增强，工作更加谨慎；其次，宿管科制作了登记表，将常见损坏物品列成表格，生活老师登记时就只需填写对应损坏物品数量，而不必再填写损坏物品名，减少了不必要的文字抄写工作；再次，将宿舍物品损坏赔偿价格复印多份，张贴到宿舍区，减少生活老师口头解释的工作，节省时间。

三是毕业生不需要将宿舍清理干净再退宿。毕业生只需带走个人所需物品，并将损坏物品清偿完毕，即可办理退宿手续，退宿后生活老师将宿舍门锁上，避免物品丢失，清洁工作由各院系安排志愿者进场清洁，形成良性循环。每位新生来的时候，师兄师姐整理好宿舍迎接；每位毕业生走的时候，师弟师妹帮忙整理好宿舍送别。

四是根据宿舍区的分布，与财务处沟通开设两个现场缴费服务点。毕业生缴费就近随来随缴，不需要跨区缴费，大大减少排队等候时间。

五是通过与班主任沟通，请班主任通过QQ群、微信将退宿相关的温馨提示发到毕业生手上，让毕业生清楚办理退宿的流程细节与注意事项，更好地配合退宿工作。

六是安排学生会宿保部开展毕业生宿舍"全家福"的活动。在毕业生离校实习前给每个毕业生宿舍拍摄一张全家福，并将这些全家福冲印出来，张贴在展板上。退宿当天在手续办理现场展示这些展板，并邀请毕业生签字、写祝福语留念。

通过院系各部门齐心协力的配合以及生活老师的辛勤付出，2015 年毕业生退宿离校工作取得了较好的效果，办理退宿的院系老师和学生满意度均大大提高，而对公寓管理来说，垃圾漫天飞舞的画面成了历史的一页。

（三）启示

宿舍自主管理项目是我院在宿舍管理上的新尝试，在前期的研究探索中取得了一定的效果，但是也存在着以下几点需要反思的地方：

一是对学生干部的培训力度不足，学生自管会干部负责宿舍内务检查、上门服务、维修登记管理等工作，培训力度的不足，致使无法妥善处理某些困难。

二是与学校其他部门工作上协调不到位。学生宿舍管理不单是项目小组的工作，需要后勤、系部等各部门的协调，如协调不及时，学生的宿舍管理工作就难以全面有效地开展。

三是资源缺乏、活动空间不足、学生文化活动开展场地有限。

接下来的项目工作，主要开展宿舍文化活动研究，通过调查问卷、与班主任沟通了解，对学生兴趣、爱好、性格、需求进行分析，归纳总结不同的宿舍文化活动，为学生创造舞台展示自我；传承引导，学生宿舍管理上老带新、传帮带；尝试开展"宿舍课堂"研究。

心理健康教育

一、项目化＋心理健康教育

（一）心理健康教育项目组

1. 背景

教育部《普通高等学校学生心理健康教育工作基本标准（试行）》（教思政厅〔2011〕1 号）中指出，高校应有健全的校、院（系）、班级三级心理健康教育工作网络，各级各部门应有明确的职责分工和协调机制，充分发挥二级院系在学生心理健康教育方面的主体作用，积极开展适合本院系学生特点的心理健康教育活动。广东省教育厅《广东省普通高校学生心理健康教育与心理咨询工作基本建设标准（试行）》文件中明确指出："学校一般应设置心理健康教育指导委员会、心理健康教育与心理咨询中心，院系设置二级心理辅导站，班级和宿舍设置心理健康委员。"因此，各高校根据文件指示逐步建立起二级心理辅导站，负责老师通常是各院系担任心理专项工作的辅导员老师。由于心理健康教育与心理咨询是一门专业性、挑战性、内隐性的活动，所以指导老师在工作中常常会遇到各种困难，使他们感到心有余而力不足。根据这种情况，我校在成立二级心理辅导站的同时，成立了心理健康教育项目组。心理健康教育项目组的工作模式为学生处统一指导，以心理健康教育与咨询中心为领导核心，各成员负责各院系心理工作，项目组配有心理学背景的专职指导老师，设有两名组长负责行政事务，基本架构为正组长一名，由学生处副处长兼任；副组长两名，协助组长开展事务管理；指导老师两名，一名负责学院心理健康教育的教学工作，一名负责总体培训指导各院系二级心理员工作，其他各院系二级心理辅导站的指导老师为组员。

2. 心理健康教育项目组的实施理念

心理教育项目组实施理念是"授人以渔"和"助人自助"。各院系二级心理辅导站的指导老师多数为非心理学专业，所以"授人以渔"是首要的，也是重中之重。"授人以渔"重在技能的培训，比如"如何识别心理障碍的学生""二级心理辅导站如何指导带班辅导员老师进行关注不同类型心理问题的学生""心理谈话技能培训""如何开展班级团体心理辅导"等，在"授人以渔"的基础上，鼓励各位指导老师"助人自助"，将其专业背景与心理学结合，深入发展心理专项工作，这样负责老师既有技术上的指导，又有个人发展方向，很好地激发了指导老师的工作热情。

3. 心理健康教育项目的工作模式

心理健康教育项目组的工作模式为学生处统一指导，以心理健康教育与中心为领导核心，各成员负责各院系心理工作，项目组配有心理学背景的指导老师，设有两名组长负责行政事务。为了发展项目组老师专项技能，提高工作效率，心理健康项目组根据工作内容分为 5 个子项目组：培训组、体验式团体心理辅导组、心理活动组、心理咨询组、行政事务组。

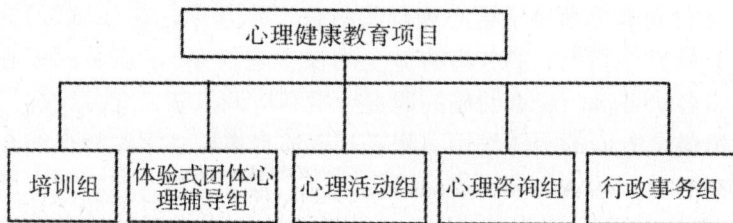

图 13 - 1　子项目框架图

培训组，主要负责教师和班级辅导员助理心理工作培训、心理委员培训、心理协会干事及会员培训。具体内容为：首先，由于教师与学生接触较多，尤其是带班辅导员老师，他们的一举一动、一言一行都被学生观察与模仿，而当今带班的辅导员老师的年龄多在 23 ~ 26 岁之间，多数为刚走出校园的大学生，与此而来的是诸多的心理矛盾和心理冲突，比如：角色转变带来的心理冲突、经验缺乏带来的工作困惑、学生突发事件带来的恐惧感和焦虑感、工作压力带来的身心疲劳感等，所以我们的老师更需要被关怀，更需要提供为他们量身定做的心理培训和心理辅导。教师心理培训的内容包含心理健康教育的基础知识、大学生身心发展特点及表现、日常重点关注学生的上报及处理、不同年级学生的问题表现、业务工作流程、突发心理事件的处理、大学生心理问题的识别与诊断、突发心理事

件的处理、谈话技能、危机干预的对象
及步骤、典型案例分析等。对新入职老
师开展的培训，侧重对其进行心理辅
导，缓解工作焦虑、恐惧等，使其更加
放松地投入工作。除此之外，还有相当
一部分辅导员老师处于上有老、下有小
的人生阶段，我们项目组针对此种情况
开展了家庭教育和亲子关系的培训，既
帮助辅导员老师轻松自如地教育孩子、
有效地处理家庭矛盾，以便解除后顾之
忧，使其增强归属感，也分解了辅导员
老师的压力来源，增强工作效率、开发
个人潜能，促进个人发展。其次，班级
辅导员助理、心理委员和心理协会是二
级心理辅导站与广大学生的重要链接，
是我校开展学生心理排查工作的重要来
源和重要途径，所以丰富他们的心理知
识、提高他们的心理素质，以及提高朋
辈心理辅导技能是必须要做的事情，这
样我们才能把危机消灭在萌芽状态，及
时发现、及时干预处理，为我校学生的
心理健康保驾护航。我校每学期开展3
次心理委员培训，并进行考核，考核合
格者颁发聘任证书。班级辅导员助理和
心理委员结合五级工作网络及时关注我
校学生的心理健康，各院系每周一报重
点关注学生以及日常特殊情况及时报到
咨询组，要做到"早发现、早处理、
宁可错报千个不能漏报一个"，把危机
降到最低点。

图 13-2　体验式心理素质拓展：信任背摔

图 13-3　人际交往团体心理辅导

图 13-4　心理剧比赛

　　体验式团体心理辅导组，主要负责
班级团体心理辅导和户外心理素质拓展活动，我校的心理素质拓展项目获得2015
年广东省片区比赛一等奖。
　　心理活动组，总体负责我校心理健康教育活动的策划、开展以及监督指导工

图 13 - 5　心理漫画比赛作品

图 13 - 6　心理美文比赛作品专刊

作。具体指导各院系开展心理活动，比如开展5·25大学生心理健康节、10·10世界精神卫生日心理健康知识宣传、新生心理讲座、班级心理主题班会、心理漫画比赛、心理剧比赛、心理健康知识竞赛、心理影院、心理演讲、心理美文比赛及心理美文专刊人编排、心理工作坊等活动。其中，心理漫画比赛获得 2014 年、2015 年广东省心理漫画比赛两个二等奖和四个三等奖的成绩，心理演讲比赛获得 2015 年广东省片区比赛二等奖一个和三等奖两个的成绩。

心理咨询组，负责全校教师和学生的心理咨询工作，重点关注学生的跟踪处理和家校联系，新生心理健康普查和访谈筛查工作。心理咨询组采用专兼职教师结合的方式，白天和晚上都有咨询师值班，共同为学生提供心理服务。

行政事务组，负责接待、新闻稿、物资供应、协调并组织人员开展活动，以及心理咨询中心日常事务管理、学生心理档案的建立等。

4. 五级心理网络监测、预警

大学生心理健康教育与预警的五级网络是促进大学生心理健康、及时发现危机、保障校园稳定的有力措施。五级网络实行责任层级化和责任到人的管理方法，这能够有效杜绝危机的发生，有效宣传心理健康教育知识，提高大学生心理健康意识。

```
┌─────────────────┐
│ 心理健康教育领导  │ ───────────▶         一级监测网络
│       小组        │
└─────────────────┘
         │
   ┌─────┼─────────────┐
┌──────┐ ┌──────────────┐ ┌──────────┐
│学生处 │ │心理健康教育与咨询│ │ 思政部   │ ───────▶  二级监测网络
│      │ │     中心      │ │          │
└──────┘ └──────────────┘ └──────────┘
              │
              ▼
┌─────────────────────────┐
│      二级学院/系部         │ ──────────▶        三级监测网络
└─────────────────────────┘
              │
┌─────────────────────────┐
│ 各系部心理健康教育专项辅导员 │
└─────────────────────────┘
              │
┌─────────────────────────┐
│        班级辅导员          │
└─────────────────────────┘
              │
              ▼
┌─────────────────────────┐
│          班级             │ ──────────▶        四级监测网络
└─────────────────────────┘
              │
┌─────────────────────────┐
│  辅导员助理、各班心理委员   │
└─────────────────────────┘
              │
              ▼
┌─────────────────────────┐
│          宿舍             │ ──────────▶        五级监测网络
└─────────────────────────┘
              │
┌─────────────────────────┐
│     各宿舍心理信息委员      │
└─────────────────────────┘
```

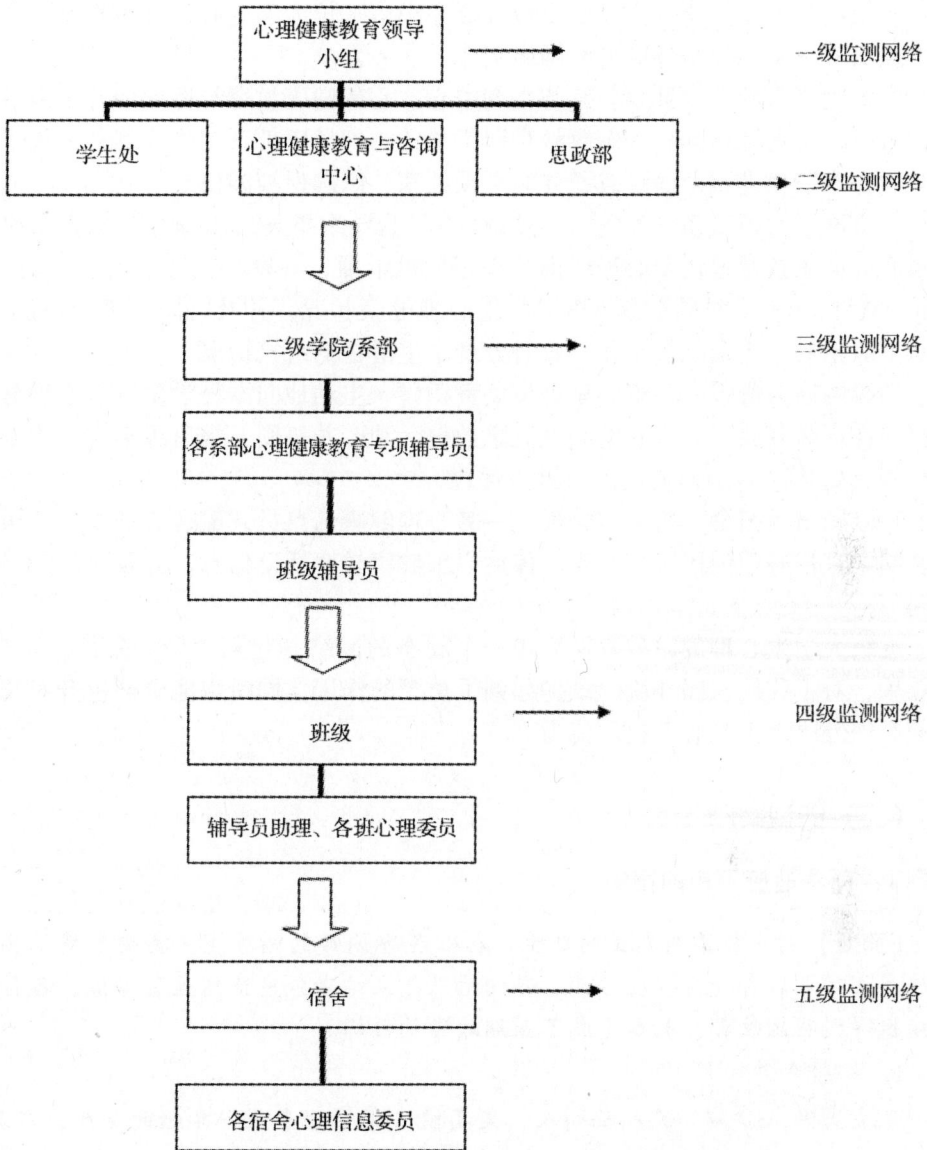

图 13 - 7　大学生心理健康五级心理监测、预警网络层级图

　　五级心理监测、预警网络，具体指在校大学生心理健康教育领导小组、心理健康教育与咨询中心、二级心理辅导站班级、宿舍。以五级心理网络为主导，每周对全校学生进行一次心理安全排查，形成心理动态报告，及时发现并解决学生中存在的各类心理问题。

一级网络为校大学生心理健康教育领导小组。校大学生心理健康教育工作领导小组负责统一领导全校的五级网络工作。

二级网络为校心理健康教育与咨询中心。心理健康教育与咨询中心由专兼职教师组成，负责制订除心理健康教育课程外的心理健康教育工作规划；每周对全校学生心理隐患进行全面排查及并时干预处理，以确保校园稳定。

三级网络为各院系（7个）。各二级心理辅导站指导班级辅导员负责做好本院系心理健康教育宣传及心理咨询、心理危机干预、心理测查等活动，每院1~2名，共计13人；每周汇总本院系学生心理健康状况，并及时向二级网络汇报，服从上级指导、协助配合工作，及时处理学生潜在的危机情况。

四级网络为班级。各班心理委员负责积极、主动地向本班学生宣传心理健康知识，在班级开展丰富多彩的心理健康教育活动，并每周上报班级学生心理健康情况表（每班两名心理委员，一男一女）。

五级网络为宿舍。每个宿舍设立一名心理健康信息员，配合心理委员积极向宿舍同学宣传心理健康教育知识，传达心理健康教育活动信息，并及时反馈异常情况。

五级大学生心理健康教育网络像一个动态的网络，起到"牵一发而动全身"的效果，对于我校校园环境的维护起到了重要的作用，同时也能全面提升我校学生的心理健康水平和心理抗压能力。

（二）典型案例

案例1：新生适应不良的案例

【摘要】对一位适应不良的新生，在心理咨询师的指导下，主要采用了合理情绪疗法对来访者进行心理咨询。咨询结果是来访者焦虑情绪显著降低，各种身心症状得到明显改善，基本完成了预期的咨询目标。

1. 一般资料

张某，男，19岁，广州梅州人，某高校工商管理专业一年级的学生，汉族，未婚，现住在四人学生宿舍，无宗教信仰。父亲在其读初中时候因病去世，母亲情绪一直不好，在打理父亲留下的生意，但是很力不从心，他是家中的独生子，很听妈妈话。生活规律，每天晚上八点半上床睡觉，早上六点半起床。高中走读，没有住校经历，人际关系良好。

2. 主诉与个人陈述

主诉：焦虑烦躁、易发脾气、郁闷伴失眠等一个多月。

个人陈述：入学一个多月了，上大学之前对大学很憧憬，想好好学习、掌握技能，很想早点帮妈妈做生意，但是进入大学一个多月后，发现所有的事情和自己想象的不一样：宿舍同学晚上一直打游戏至很晚，周末时甚至通宵都在打游戏，自己原本非常规律的生活被完全打破了，晚上总是失眠；对于舍友的行为他也只是心里不满，但是没有在行动上表现出来，入学至今一个多月没有睡过好觉，每天晚上躺在床上听着舍友敲击键盘的声音很难入睡；早上也会六点半准时醒来，白天上课没精神，总是不能集中注意力，有很多次听着听着就睡着了，醒来后很懊悔；头很痛，记忆力也没有以前好了，看书时会感觉脑袋晕晕的，好像转不动的机器一样；此外，舍友经常用电脑，产生的电费也要共同分摊，自己感觉这样很浪费，自己很少玩电脑，由于家庭经济都是妈妈在撑着，所以自己生活方面非常节省，分摊下来的电费对自己来说是一笔比较大的开支；在宿舍里，有个舍友在平时生活中也会把宿舍弄得很脏，比如，面包屑、用过的纸巾、废弃的瓶子等，都会扔到地上，自己平时比较讲卫生，看到这些心里会很不舒服，所以自己就经常在宿舍里打扫卫生，这样的行为舍友不但不感谢反而还会冷嘲热讽说自己假正经；此外，还有一个舍友每天晚上上厕所时穿着拖鞋会沉重地走来走去，关厕所门也会很大力气，这样就会吵醒自己，加重自己的失眠，有时候半夜醒来就一直睡不着，白天又很困，听课质量下降，在宿舍里学习的时候舍友也在打游戏或者大声吵闹，没办法学习。这样一个多月来，学习上没有什么收获，自己也非常痛苦，感觉对不起妈妈，也对不起自己，想到以后的工作更加没有希望。对于生活中的事情，害怕把事情闹大总是忍着，虽然高中有好友，但是离自己远，怕麻烦他们就没有告诉他们，现在刚进入大学又没有交到新的朋友。来访者感觉非常痛苦所以前来求助。

3. 个人成长史

童年身体健康，是家中的独生子，初中父亲因为肝癌去世，一直很听妈妈话。平时家里只有妈妈和自己两个人，所以很喜欢安静的生活方式，生活作息也很有规律。父亲生前经营生意，去世后由妈妈打理，虽然妈妈很累，但是妈妈也不会让自己插手生意上的事情，说等大学毕业后才正式让儿子接手生意上的事情。很听妈妈的话，自述是"妈咪 boy"，平时做事情很认真，喜欢安静，也很敏感。

4. 观察和资料收集

来访者独自来访，中等身材，帅气，衣着整洁，举止得体，但表情很沮丧，一直哭泣。

身体状况：平素体健，无重大躯体疾病，学校体检正常。头晕、头痛、注意力不集中、食欲下降、失眠等症状持续一个半月；没有服用任何药物；无家族精神病史。

精神状态：神志清醒，未见感知觉障碍，记忆力和智力未见异常，说话有条理，回答切题，思维清晰，语言流畅，表达清楚，语速稍快，无特殊兴趣、爱好，近期性格未出现较大变化。

社会功能：在学习时不能集中注意力，生活中也不知道怎样和宿舍人相处，班上同学交流也少，显示社会功能轻微受损。

心理测量：SDS 分数标准分为 56，SAS 分数为 59。

5. 评估与诊断

（1）评估：综合临床所收集资料，该来访者记忆力受到睡眠影响，其他知、情、意统一，并且主动求助，自知力完整，属于正常心理咨询范畴。求助者的不良情绪是由于环境适应不良引起的，未泛化。

（2）初步印象诊断：一般心理问题，伴随抑郁情绪和焦虑情绪。

来访者的问题主要有：

① 新环境适应不良；② 缺乏人际交往；③ 伴随抑郁情绪和焦虑情绪。

诊断依据：

① 来访者体验的不良情绪由近期的负性生活事件引起，被现实性因素所激发，具体原因是不适应环境；② 持续时间较短，一个多月；③ 不良情绪仅局限于最初事件，内容和对象未泛化；④ 人格无明显异常；⑤ 思维合乎逻辑，知、情、意统一；⑥ 能维持正常的学习、工作、生活和社会交往，显示社会功能良好。

根据以上依据，来访者的情况符合"一般心理问题"的诊断标准，可诊断为一般心理问题，焦虑情绪。

（3）鉴别诊断。

① 与精神性疾病相鉴别：根据区分正常精神活动与异常精神活动的三条原则：精神病患者的特点是患者的主客观不一致，知、情、意不协调，个性不稳定，多数患者会表现出幻觉、妄想、逻辑思维紊乱、行为异常等，对自身的精神疾病没有自知力，通常不会主动求医。而本案来访者的主客观一致、知情意协调统一、个性稳定，未见幻觉、妄想等精神病的症状，自知力完整，能主动求医，因此可以排除精神病。

② 与严重心理问题相鉴别：严重心理问题通常由较强烈的现实性刺激引起，反应强烈，对象或内容出现泛化，症状持续两个月以上，对社会功能造成严重影响。而本案来访者心理问题的始发事件和情绪反应并不过分强烈，对象及内容未泛化，持续时间短、社会功能良好，因此，可以排除严重心理问题。

③ 与焦虑性神经症相鉴别：焦虑性神经症是以焦虑为主要临床表现的神经症，一般表现为没有明确客观对象和具体内容的提心吊胆和恐惧不安，除此之

外，还伴有显著的自主神经症状、肌肉紧张和运动性不安等。本案来访者虽然也以焦虑为主要症状，但由于焦虑情绪有明确的客观对象和具体内容，且持续时间短，对象未泛化，并未严重影响社会功能，因此可以排除焦虑性神经症。

6. 病因分析

（1）生物学原因。

该来访者的问题中没有明显的生物学原因。

（2）社会原因。

存在负性生活事件：生活作息和生活习惯与周围同学不一致；之前没有住宿史；缺乏良好的人际交往技巧；没有充分利用社会支持系统；单亲家庭造成的压力较大。

（3）心理原因。

对于生活习惯上的不同，没有和舍友共同商讨解决；被焦虑情绪困扰，但未能调动积极的心理防御机制来应对挫折和压力，并缺乏有效的行为模式，自己不能解决问题。

7. 咨询目标与咨询方案

根据心理评估和诊断的结果，在向来访者详细地介绍了可采用的治疗方法，以及每种治疗方法的基本原理、治疗可能达到的预期效果和治疗所需要的时间后，与来访者共同探讨，最后就咨询目标、咨询方法、双方的责任权利义务、咨询的时间等问题达成共识，制订以下的咨询目标及咨询方案：

（1）咨询目标。

近期目标：

① 缓解来访者当前以焦虑、抑郁为主的不良情绪体验及由此引起的各种症状；

② 探讨良好的人际交往技巧和适合自己的生活模式，在改善宿舍环境的同时，调整自己的生活模式达到学习目的。

远期目标：

① 帮助来访者形成积极的自我观念，增强其社会适应能力；

② 提高应对生活中挫折和压力的能力，减少此类情绪困扰和行为障碍在以后生活中出现的倾向性；

③ 完善求助者的个性，以更好地适应现实生活。

（2）咨询方案。

①心理诊断阶段：咨询师与来访者建立良好的咨询关系，通过交谈，找出来访者情绪困扰和行为障碍的具体表现（C），以及诱发事件（A），并对两者之间的不合理信念（B）进行初步分析，明确来访者的心理问题是由于某些非理性信

念造成的；同时，通过向来访者介绍合理情绪疗法关于情绪的 ABC 理论，取得来访者的理解，并能接受这种理论及其对自己的问题的解释。

②领悟阶段：咨询师与来访者一起探讨不合理信念，并通过进一步解说和证明，帮助来访者分析这些不合理信念与其不良情绪及行为困扰的关系，使来访者在更的深层次上领悟到其情绪问题是由于现在持有的不合理信念造成的，鼓励来访者应该对他自己负责，即努力改变他的非理性想法与信念。

③修通阶段：咨询师运用包括与不合理信念辩论、合理情绪想象技术、家庭作业、自我奖惩等多种方法，使来访者修正或者放弃原有的非理性观念，并代之以合理的认知，从而使症状得以减轻或消除。

④再教育阶段：巩固前几个阶段治疗所取得的效果，帮助来访者进一步摆脱原有的不合理信念及思维方式，使新的信念得以强化，从而使来访者在咨询结束之后仍能用学到的东西应对生活中遇到的问题，以能更好地适应现实生活。

治疗原理：

支持疗法一般是咨询师合理地采用劝导、启发、鼓励、同情、支持、评理，说服、消除疑虑和提供保证等处理方法，帮助求助者认识问题、改善心境、提高信心，从而促进身心康复的过程。本案例用支持疗法帮助求助者改善焦虑的心理状态。

合理情绪疗法（Rational-Emotive Therapy，简称 RET）是美国著名心理学家埃利斯（A. Ellis）于 20 世纪 50 年代首创的一种心理治疗理论和方法，它在许多著作中也被译作"理性情绪疗法"。这种方法旨在通过纯理性分析和逻辑思辨的途径，改变求助者的非理性观念，以帮助解决情绪和行为上的问题。这种理论强调情绪的来源是个体的想法和观念，个体可以通过改变这些因素来改变情绪。该理论认为，使人们难过和痛苦的不是事件本身，而是对事情的不正确解释和评价。事情本身无所谓好坏，但当人们赋予它自己的偏好、欲望和评价时，便有可能产生各种无谓的烦恼和困扰。如果某个人有正确的观念，他就可能愉快地生活，否则，错误的思想及与现实不符的看法就容易使人产生情绪困扰。因此只有通过理性分析和逻辑思辨，改变造成求助者情绪困扰的不合理观念，并建立起合理的、正确的理性观念，才能帮助求助者克服自身的情绪问题，以合理的人生观来创造生活，并以此来维护心理健康，促进人格的发展。

本案例中，其心理问题是由对新的生活适应不良而引起，而引起适应不良的主要原因是来访者认为现实的情况不符合自己的期待，这样的期待是在来访者长期的生活中形成的。其中存在着认知偏差和不合理因素，比如"在宿舍里，来访者想认真学习，但是其他舍友在打游戏或者大声吵闹，这使他无法静心学习，这使他很烦躁"。本案例诊断为一般心理问题，伴随抑郁情绪和焦虑情绪，适合采用合理情绪疗法。

（3）双方的责任、权利和义务。

将书面打印的咨询双方的责任、权利和义务手册，交来访者一份，给予说明，并告知来访者若有任何疑问，可以随时提出。内容如下：

①来访者有责任向咨询师提供与心理问题有关的真实资料；积极主动地与咨询师一起探索解决问题的方法；完成双方商定的作业。有权利了解咨询师的受训背景和职业资格；了解咨询的具体方法、过程和原理；选择或更换合适的咨询师；提出转介或中止咨询。有义务遵守咨询机构的相关规定；遵守和执行商定好的咨询方案各方面的内容；尊重咨询师，遵守预约时间，如有特殊情况提前告知咨询师。

②咨询师有责任遵守职业道德，遵守国家有关的法律法规；帮助来访者解决心理问题；严格遵守保密原则，并说明保密例外。有权利了解与来访者心理问题有关的个人资料；选择合适的求助者；本着对求助者负责的态度，有权利提出转介或中止咨询。有义务向求助者介绍自己的受训背景，出示营业执照和职业资格等相关证件；遵守咨询机构的有关规定；遵守和执行商定好的咨询方案各方面的内容；尊重求助者，遵守预约时间，如有特殊情况提前告知来访者。

（4）咨询时间、次数和收费。

咨询时间：每周1次，每次50分钟。

收费标准：按学校有关规定，免费为学生提供心理咨询服务。

咨询次数：初定6次。

附加说明：如在咨询过程中，咨询师发现来访者有更深层次的问题，且该问题可能影响咨询具体目标的实现，可修改咨询目标。

8．具体咨询过程

（1）第一次咨询（2013年10月15日）。

任务：建立良好咨询关系，收集临床资料，通过与求助者交谈，诊断主要问题。

方法：倾听、鼓励、情感反应、无条件积极关注等。

过程：咨询师运用言语和非言语行为对求助者充分表现尊重、积极关注等态度，对求助者的困扰表示一定的同感，让求助者感受到被接纳、尊重和信任，与求助者建立良好的咨询关系。然后通过摄入性会谈搜集求助者大量的临床资料并形成评估和诊断。在找出求助者最希望解决的问题的基础上，和求助者共同协商制定咨询目标和方案。为了缓解焦虑的情绪，还进行了腹式呼吸的放松训练。放松训练后，求助者表示焦虑抑郁的情绪有所缓解，轻松了一些。

布置家庭作业：采用自我放松的方法，实行腹式呼吸，每次不少于5分钟，每天要达到20分钟，特别是在睡觉之前或者睡不着的时候进行放松。

（2）第二次咨询（2013 年 10 月 22 日）。

任务：加深咨询关系，介绍合理情绪疗法，并举例说明，引导来访者思考自己生活中的不合理信念，并尝试改变不合理信念。

过程：检查家庭作业，并向求助者解说合理情绪疗法，运用 ABC 理论进行分析，使求助者能够接受这种理论及其对自己的问题的解释。

咨询摘要：

咨询师：我们设想，假如你新到一个城市，在逛街的时候迷路了，你想向路人打听路要怎么走，你看到一个人坐在旁边的公交站的椅子上，你站在他的旁边对他说了你的请求后他无动于衷。这时候你会怎样想，感受怎样？

来访者：我当然很生气了，他怎么这么不友善，一点小忙都不愿意帮！

咨询师：在这时，旁边来了另外一个人，走到他的正对面，用手语比画着和他交流，他一下子变得活跃起来。当意识到他是个聋人时，你会怎么想，有怎样的感受呢？

来访者：（短暂沉默，不好意思笑了笑）呵呵，是聋人呀，那我肯定不会再生气了，他都听不到了，这不怪他，他那么可怜，这样我心里也不生气了，反而感觉自己不好意思，哈哈。

咨询师：那么你觉得是什么导致了你的情绪变化呢？

来访者：前后想法不一样吧，不知道事实之前我会以为他故意不理我，我很生气，后来知道了是聋人，所以我就不生气了。

咨询师：你很棒，这正是我要说的。情绪的产生并不是事情本身引起的，而是由于我们的想法、感受不同。所以，要解决你当前生活中的问题，也要从改变你对事情的看法入手。

布置作业：①尽可能多地找出生活中自己的不合理信念；②继续进行放松的练习。

（3）第三至五次咨询（每周二下午）。

任务：针对生活中的不合理信念，一一改正，主要针对生活中和室友的相处及自己生活模式的改变着手，采用合理情绪疗法，帮助求助者找到合理的信念，代之以合理的信念，并用新的行为模式表现出来。

过程：咨询师通过检查家庭作业，围绕求助者信念的非理性特征，通过积极主动的询问，与其不合理信念进行辩论，以修正和改变求助者不合理的信念。同时，通过启发引导，消除求助者自卑情绪，增强自信心，帮助求助者正确认识自己。

咨询摘要：

来访者：我回到宿舍一看到他们在打游戏，我立刻感到我身上的每个细胞都紧张起来，很想立刻逃离这个环境，但这是我的宿舍，我没有地方可以逃走。

咨询师：嗯，我理解你的感受，你能告诉我，当你看到他们在打游戏的时候，你是怎么想的？

来访者：我会想到这些讨厌的家伙，一点都不喜欢学习，还影响我无法好好学习，我实在受够了。

咨询师：嗯，你感受怎样？

来访者：我感到很气愤、愤怒，很生气。

咨询师：嗯嗯，我可以看得出来，你实在很抓狂，是吗？

来访者：嗯嗯，是的。

咨询师：那你会怎么表现出来？

来访者：我狠狠地把书包放在桌子上，实际上是扔在桌子上，使劲把凳子拉过来，坐在自己的书桌前。

咨询师：嗯嗯，我能理解你的感受。那么，舍友会觉察到你的表现吗？

来访者：肯定会的，他们会稍微静一静，但是过了不一会儿，又是很吵闹，又大声说话、敲电脑、唱歌，这样我怎么静心学习呢，真是讨厌死了。

咨询师：嗯嗯，他们在宿舍很吵闹，你无法静心学习，所以你很愤怒，是这样吗？

来访者：（撅起嘴）嗯，是的。

咨询师：用我们刚才谈到的合理情绪疗法，你能找出自己不合理的信念吗？

来访者：难道我不该怪他们吗？

咨询师：我提示一下，你想安静地好好学习是吗？

来访者：是的。

咨询师：你除了能在宿舍里学习外，还可以到其他地方学习吗？

来访者：（好像突然醒悟）老师，你是说让我去教室学习吗？教室都有人上课的。

咨询师：除了教室呢？

来访者：自修室，那里很不舒服的，空气很闷，人也少，没有学习氛围。

咨询师：除了自修室呢？

来访者：好像只剩下图书馆了，不过图书馆还可以，我去过一次，那里环境挺好的，也有同学在那里学习，中午如果困了，不想回宿舍，就可以在那里睡一会儿，嗯，这个办法不错。（说着还露出了满意的笑容）

咨询师：嗯，你现在感受怎样？

来访者：我感觉没那么生气了，吵闹是别人的事情，我可以不在他们吵闹的时候学习，或者不在宿舍学习，去图书馆学习，这样也不会影响到我和舍友之间的关系了。

咨询师：嗯，这是一举两得吧。那下次见面我们再一起分析，看看你生活中是不是还存在其他不合理的信念。

布置作业：思考同样面对生活中的事件时，自己的想法是否合理，怎样替代不合理的信念。

总结：通过三次咨询，澄清了来访者生活中不合理的信念，并共同寻找合理的信念取代不合理的信念，同时引导学生与舍友的交往技巧，提高人际质量。

(4) 第六次咨询（2013年11月19日）。

任务：结束咨询，鼓励来访者将学到的技术应用到生活中。

方法：会谈法。

过程：肯定来访者的进步，强化他的合理信念，并与来访者一起回顾整个咨询过程，评估咨询的疗效。鼓励来访者从新的角度去投入到生活，并且把学到的合理认知方式应用到以后的工作和生活中；在遇到重大问题时，能运用学到的方法进行自我调节，降低日后由同类原因引发心理问题的可能性，减少自我困扰的倾向性。

最后，咨询师与来访者在友好愉快的气氛中结束咨询。

9. 咨询效果的评估

来访者自我评估：经过咨询，我感觉放松了很多，能够正确看待周围的人和事情，也找到了适合自己的生活方式和学习方式。现在我在图书馆遇到了两个好朋友，非常惊喜他们的价值观和作息方式居然和我一样。哈哈，这使我更清晰的认识到，同学来自不同的地方，有不同的生活习惯，我们在包容别人的同时改变了自己，这样我们在人际关系上就会收获双赢的效果。现在我感觉很开心，大学是我实现梦想的地方，我会好好加油。

心理咨询师的评估：在咨询的过程中，来访者由第一次痛哭流涕到结束时的轻松愉快，变化是非常明显的。另外，通过回访和跟踪，发现来访者已经完全可以很好地处理生活中的事情，人际关系改善，积极参加校园活动。

10. 对本次咨询案例的总结

咨询师在本案例的咨询过程中，主要采用了支持疗法和合理情绪疗法，有效地缓解了来访者的焦虑情绪和抑郁情绪，并引导来访者通过建立合理认知方式主动应对各种压力和挫折。大学新生的适应不良和人际关系不和谐是心理健康教育的重点，也是心理咨询工作的重点，高校教育工作者也应该重视这些问题。此外，大学生价值观多元化，高校需要通过各种形式的活动和教育方式为学生提供服务，引导学生健康快乐度过大学生活。

案例 2：创伤后应激障碍的案例

【摘要】对一位因丧亲引起的创伤综合征的大学生来访者，主要采用了支持疗法、认知疗法、信件技术、沙盘疗法等，咨询后来访者的创伤综合征反应基本消失，各种身心症状得到明显改善，基本完成了预期的咨询目标。

1. 一般资料

来访者，是上海某高校一名 20 岁的历史专业女生，今年大二。来访者于 1993 年出生于南方的一个农村城镇，有两个哥哥；父母都是农民，勤劳、生活俭朴，文化水平都不高。虽然父母关系很好，但由于两人脾气都比较急躁，生活中常发生争吵。父亲脾气虽然急躁，但是平时幽默、乐观，母亲做事严谨、认真。两个哥哥初中毕业之后参加了工作，现都已经有了家室。父母对来访者疼爱有加，期望也高。一家人虽经济不富裕但关系和睦。

2. 主诉与个人陈述

主诉：不愿意和人交流，经常做噩梦，对前途悲观、失望等，此情况持续将近两个月。

个人陈述：2012 年入某高校，大一第二学期，来访者经常感到情绪低落，没胃口，经常趁宿舍没人时一个人大哭，晚上常有噩梦；非常不愿意与人交往，喜欢独处，如果独处时有人闯入则表现得很不高兴，甚至会有怒气；敏感，在宿舍里稍有不如意则会发脾气，虽然常克制，但是还是会与宿舍同学发生小冲突；脑子里经常出现一些可怕的场景，若看到与死亡有关的事件则泪流满面；认为专业学习没有价值，甚至想退学。在好友的鼓励下，来访者终于决定和我谈一谈，想要改变自己的状况。曾经去过医院，被诊断为创伤后应激障碍，并每周复诊一次，没有服用药物。

3. 个人成长史

大一上学期父亲意外车祸离世，母亲、兄妹三人都没能见到父亲的最后一面，来访者随着哥哥去火葬场火化父亲的遗体，回到老家与家人一起安葬了父亲的骨灰。来访者描述，自己非常自责，怪自己是一个不孝女，没来得及尽孝，父亲就不在了。若不是自己一直上学，父亲也许就不会太累，可能就不会这样；如果自己是学医的，及时赶到现场，也许能挽救父亲的生命，怪自己当时没有在父亲身边，没能见到他最后一面。来访者最近两个月以来一直做噩梦，梦中有许多关于葬礼的情节，还有父亲大发脾气，骂来访者没有给他缝好开了缝的裤子，总是大哭着从梦中醒来。来访者描述，最近总是想不起父亲的长相，看着父亲的照片也觉得很陌生；有时候想起这件事情，来访者总觉得这不是真的，这件事情肯定没有发生，或者父亲在和来访者开玩笑，过几天就会回来；并且父亲的遗体像

（与真人已经不太相像）和葬礼当天的情景不断地出现在来访者脑中，来访者每当想起这些就禁不住泪流满面。由于来访者努力学习的大部分动力是将来好好报答二老，现在父亲走了，母亲可以由两个哥哥抚养，使得来访者好好学习的信念，甚至活着的信念都几乎没有了，于是来访者不但想退学，而且总想着如何能见到父亲，或者用来访者的生命来换回父亲的生命。同时，一向开朗大方的来访者，最近两个月来特别不愿意与人交往，总想独处，若独处被别人打断了，就会特别愤怒，而且来访者自述脾气越来越暴躁，稍不如意就会生气、哭泣。此外，来访者不想让周围的同学知道自己家里发生的事情，后来好友发现异常，再三追问下才说出来。

　　来访者一直是家里的乖乖女，从小学习比两个哥哥好，父母两个人文化水平不高，但是对她要求严格，希望她以后能够有出息。父亲虽然是初中学历，但是性格进取而坚强，又加上乐观、幽默，于是来访者从小喜欢与父亲待在一起，每当来访者遇到困难或者心里不高兴，父亲总是用幽默的或者嘲笑的方式来开导来访者，比如：每当噩梦纠缠、夜里惊叫时，她总是想到父亲冲过来安慰，说世界上本没有鬼，都是自己吓自己，还说母亲睡觉像猪总是醒不来……所以来访者与父亲的关系一直都很好，但是两人之间却在是否继续攻读研究生上出现了分歧：国际贸易专业是否适合自己，父女两人为这个专业的就业前景发生了争执，当时来访者赌气说以后来访者赚钱了会把上学费用还给父亲，还要赖说她考学都是父母两个人"逼迫"的，现在好不容易考上了又不让上，是父母在耍赖……当时父亲被气得吹胡子瞪眼，但很无奈，当时争执的情景此时不断在来访者脑中闪现。

　　还有一件令来访者后悔的事情是开学之前，父亲与母亲因为一件小事发生了争吵，而当时来访者看到父亲理亏就站在母亲一边，说了父亲两句，父亲更加生气，而来访者却冲父亲做鬼脸。每当想起这些，来访者就后悔当初没有化解他们之间的争吵，缓和矛盾。

　　之后，无论在电视上、网上、书上，或者老师课堂上提到有关亲情、父亲或者鬼魂的话题时，来访者总是禁不住哭。有时候碍于他人，总是压抑着，不要哭出声音，有时候会憋得嗓子痛、胸口痛，最近每两三天来访者总要蒙在被子里大哭一场。

　　在家里，母亲同样也很痛苦，但是看着母亲一下子苍老，来访者也不知道如何是好，不敢在母亲面前提起父亲，两个人说话只要涉及父亲就避过不谈。来访者与两个哥哥的交流同样如此。同时家人外出，来访者总是很担心，如果打电话回家长时间没人接，来访者就很害怕家人会出什么事情。

　　来访者经常上网向心理学专业的大学同学谈自己的痛苦，已经持续了将近半年。

来访者在学校里，渐渐地不爱与人讲话，总喜欢独处，若是独处被人打断，就会生气，同时对声音尤其敏感，在宿舍里面若有人大声说话便会觉得很刺耳，或者因为夜里宿舍有人打呼噜而睡不着觉。生活中稍不如意便发怒、哭泣，于是常与宿舍同学发生小冲突。新学期刚开始，来访者意识到如果一直回避、独处，就会失去很多朋友，于是逼着自己用笑脸来面对同学，竞选学生会干部，试图调整情绪，但是无论来访者多么努力，仍旧会被自责、怒气、抑郁的情绪吞噬。面对生活，来访者变得敏感、脆弱、孤独、痛苦而无助。在好友的帮助下，来访者来求助心理辅导。

4. 观察和资料收集

来访者独自前来，身材偏胖，身体健康，面容憔悴，头发凌乱，神情犹豫而彷徨，认知正常。社会功能轻微受损。

5. 评估与诊断

（1）评估。

综合临床所收集资料，该来访者记忆力及智力正常，不良情绪控制在初始事件上，无泛化迹象，症状持续时间不足两个月，自知力完整，主动求医，无重大躯体疾病。

心理问题的关键点：丧亲后的各种症状反应。

结合临床症状评估：属于创伤后应激障碍，时间超过 3 个月，经历过创伤性事件，并且反复重现创伤性体验、持续的警觉性增高和对于创伤性事件相似或者有关情境的回避。

（2）初步印象。

诊断：个案经评估为创伤后应激障碍，且伴随有抑郁情绪。

诊断依据：

根据 CCMD 诊断标准：第一，来访者常常在脑中闪现首次见到父亲的遗体现场、葬礼现场，反复出现与父亲有关的噩梦，只要与死亡有关的任何信息都能使其出现触景生情的痛苦，比如只要在网上、报纸上、电视上、书上，或者课堂上听到关于车祸、父女关系、家庭、交通安全、鬼魂、天堂等的相关信息，都会使其想起父亲，每当这时来访者总控制不住地哭起来，有时候甚至会感到呼吸困难。第二，来访者平时很担心家里人出事，只要打电话没人接就会以为家里可能出事了，然后就焦急地不停拨电话号码，直到确保没事才放心；在宿舍里，来访者感到同学说话声音太大、走路声音太响而引起来访者不悦，晚上宿舍里有同学睡觉打呼噜，于是来访者经常为此而睡眠不好，而这些在上本科以前是从来没有出现过的。第三，来访者不愿意与同学、好友提起这件事情，在家里面对亲人时也极力回避谈论任何关于父亲的事情，不愿意与人交往，喜欢一个人静静地待着，不喜欢被人打扰，如果有人打断来访者的独处就会很生气，甚至愤怒。

此外，来访者在情绪上也出现了抑郁：情绪低落、思维缓慢、语言动作迟缓。来访者对生活没有价值感，无心上课，甚至想退学，感到生活无意义。原来感兴趣的事情现在提不起丝毫兴趣来做，并且还认为自己一无是处。

在突如其来的压力下，来访者采用"否认"事实即认为事情（父亲出车祸）不是真的，还用"选择性遗忘"的保护性方式，即忘记父亲的面孔，来使来访者不至于太过悲伤，从中可以看出来访者的心理承受能力相对来说还比较脆弱，不能真正地面对事实。同时，在咨询中，我发现来访者不时地用小孩子的方式来回答问题，甚至哭泣都是孩子式的、撒娇式的哭泣，即用退化的方式来处理问题。

此外，来访者虽然想到用自己的生命来换取父亲的生命，但是没有具体的实施方案和计划，没有自制力。在学校虽然与宿舍同学有小冲突，但是整体上与班级的人际关系较好，可以作为一个备用支持系统，其以前的大学好友是其重要的社会支持系统，有治疗的愿望。评估结果是危机中低度，来访者需要接受有计划的心理辅导。

（3）鉴别诊断。

①与精神分裂症的鉴别。精神分裂症联想散漫、妄想离奇、病程迁移，且不具有明显的反应性特征。应激相关障碍思维基本正常，具有随精神刺激出现而发生、随精神刺激消失而迅速消退或逐渐缓解等明显的反应性特征。

②与心境障碍的鉴别。心境障碍中的抑郁症有明显的精神运动型抑制、病情有昼重夕轻的节奏变化、病程迁延等特点；躁狂症有明显的思维奔逸、病程迁延等特点。应激相关障碍中的抑郁没有昼重夕轻的特点。

③与癔症的鉴别。癔症的起病也有精神刺激，但一般均为日常生活琐事，很少有强烈的心理社会刺激；癔症症状具有明显的夸张性，且症状可因暗示而发生、加重或减轻、消失。应激相关障碍的精神刺激多为强烈的灾难性或悲痛性事件，即使是日常生活琐事也必须持续存在相当长的时间；症状没有夸张性，且症状可随刺激的出现而发生，随刺激的消失而缓解。

6. 病因分析

①生物学原因：该来访者的问题中没有明显的生物学原因。

②社会原因：存在负性生活事件，包括父亲意外去世，成长过程一帆风顺、没有类似经历，父亲与来访者关系比母亲近，社会支持系统较弱。

③心理原因：人格不成熟，在家庭里被周围人宠爱，虽然已经20岁了，但是来访者在父亲面前还像个未成年的小女孩；认知上存在不合理信念：比如"父

亲去世了，生活就没有意义了"等糟糕至极的信念；被消极情绪困扰（常常哭泣），但由于未能调动积极的心理防御机制来应对突如其来的重大变化，并缺乏有效的行为模式，自己不能解决问题。

7. 咨询目标与咨询方案

根据心理评估和诊断的结果，在向来访者详细地介绍了与其问题相关的可采用的治疗方法，以及每种治疗方法的基本原理、治疗可能达到的预期效果和治疗所需要的时间后，与来访者共同探讨，最后就咨询目标、咨询方法、双方的责任权利义务、咨询的时间等问题达成共识，制定以下的咨询目标及咨询方案：

（1）咨询目标。

近期目标：

① 缓解来访者当前的创伤体验及由不良情绪体验引起的各种症状；

② 修正认知偏差，改变其观念中的非理性成分，学会现实、合理的思维方式，增强其对待未来的信心，客观地规划职业发展道路。

远期目标：

① 帮助来访者正确看待创伤事件；

② 形成正确的自我观念，增强其社会适应能力；

③ 提高人际交往技能和生涯规划能力；

④ 完善求助者的个性，以更好地适应现实生活。

（2）咨询方案。

治疗方法：

支持疗法：适当地解释来访者的一些心理现象，比如忘记父亲的长相、反复出现葬礼的情景、回避人群等现象出现的必然性，鼓励、指导来访者一步步恢复信心，以缓解精神症状，顺利度过心理上的难关。

认知疗法：帮助来访者发现自己的不合理认知，调整自身的认知，以改变认知—情感互动模式，使之更好地调整价值观，适应社会。

信件技术：宣泄来访者对父亲的情感，激发其由内心而来的对生活的希望和信心。

沙盘疗法：来访者在第三次来的时候不愿意说话，采用沙盘疗法呈现并梳理其内心冲突。

此外，鼓励其与周围的同学谈心，从而得到及时的情感疏泄，同时鼓励其参与新的社团，定期参加体育运动等。

① 心理诊断阶段：咨询师与来访者建立良好的咨询关系，通过交谈找出来访者情绪困扰和行为障碍的具体表现，解释合理情绪疗法、信件技术和沙盘疗法的原理。

② 领悟阶段：咨询师与来访者一起宣泄不良情绪、处理创伤，以及探讨不合理信念，并通过对理论的进一步解说和证明，帮助来访者分析这些不合理信念与其不良情绪及行为困扰的关系，使来访者在更深层次上领悟到其情绪问题是由于现在持有的不合理信念造成的，鼓励来访者对自己负责，努力改变其非理性想法与信念。

③ 修通阶段：咨询师运用包括共情、与不合理信念辩论、合理情绪想象技术、家庭作业、自我奖惩、沙盘治疗、信件技术等在内的多种方法，使来访者调整创伤反应，并且修正或者放弃原有的非理性信念，并代之以合理的认知，从而使症状得以减轻或消除。

④ 再教育阶段：巩固前几个阶段治疗所取得的效果，帮助来访者重建自我，并且进一步摆脱原有的不合理信念及思维方式，使新的信念得以强化，从而使来访者在咨询结束之后仍能用学到的东西应对生活中遇到的问题，更好地适应现实生活。

治疗原理：

沙盘疗法呈现为一种心理治疗的创造和象征形式，在所营造的"自由和保护的空间"气氛中，把沙子、水和沙具运用在富有创意的意象中，这是心理治疗的创造和象征模式。一个系列的各种沙盘意象，反映了来访者内心深处意识和无意识之间的沟通与对话，以及由此而激发的治愈过程、身心健康发展以及人格的发展与完善。

沙盘疗法是分析心理学理论同游戏以及其他心理咨询理论结合起来的一种心理临床疗法，通过创造的意象和场景来表达自己，直观显示内心世界，从而绕开咨询中的阻抗。基本上各种心理问题与心理障碍均可作为此方法的治疗范畴。作为国外一种成熟的心理治疗技术，箱庭疗法在我国已得到广泛应用，尤其是在中小学心理健康教育方面。

沙盘疗法可以作为正常人心理活动投射的体验。通过摆放沙箱内的沙具，塑造一个与他（她）内在状态相对应的心理世界，展现出一个人美妙的心灵花园。同时，它也是针对青少年心理健康教育的一种有效方法，能够在培养自信与人格、发展想象力和创造力等方面发挥积极的作用。

（3）双方的责任、权利和义务。

将书面打印的咨询双方的责任、权利和义务手册，交来访者一份，给予说明，并告知来访者若有任何疑问，可以随时提出。内容如下：

① 来访者有责任向咨询师提供与心理问题有关的真实资料；积极主动地与咨询师一起探索解决问题的方法；完成双方商定的作业。有权利了解咨询师的受训背景和职业资格；了解咨询的具体方法、过程和原理；选择或更换合适的咨询

师；提出转介或中止咨询。有义务遵守咨询机构的相关规定；遵守和执行商定好的咨询方案各方面的内容；尊重咨询师，遵守预约时间，如有特殊情况提前告知咨询师。

② 咨询师有责任遵守职业道德，遵守国家有关的法律法规；帮助来访者解决心理问题；严格遵守保密原则，并说明保密例外。有权利了解与来访者心理问题有关的个人资料；选择合适的求助者；本着对求助者负责的态度，有权利提出转介或中止咨询。有义务向求助者介绍自己的受训背景，出示营业执照和职业资格等相关证件；遵守咨询机构的有关规定；遵守和执行商定好的咨询方案各方面的内容；尊重求助者，遵守预约时间，如有特殊情况提前告知来访者。

（4）咨询时间、次数和收费。

咨询时间：每周1次，每次50分钟。

收费标准：按学校有关规定，免费为学生提供心理咨询服务。

咨询次数：初定10次。

附加说明：如在咨询过程中，咨询师发现来访者有更深层次的问题，且该问题可能影响咨询具体目标的实现，可修改咨询目标。

8. 咨询过程

（1）咨询阶段的划分。

① 建立咨询关系与心理诊断阶段；

② 领悟、修通、再教育阶段；

③ 巩固、评估、结束阶段。

说明：咨询过程的每一阶段均在上级心理咨询师的指导下进行。

（2）具体咨询过程。

① 第1~2次咨询：

任务：建立信任关系。理解来访者的处境和感受，解释选择性遗忘、痛苦、不愿与人交往等现象出现的必然性，缓解心理压力，给予支持和鼓励。全面搜集背景资料，了解症状的产生和维持原因；危机评估。

方法：支持疗法、无条件积极关注、倾听、共情、具体化等影响性技术。

过程：让来访者填写咨询登记表，询问一般情况，向其介绍咨询保密原则、心理咨询的性质、双方的权利与义务等。通过真诚、尊重、共情、积极关注等技术与来访者建立良好的咨询关系，获得来访者的信任，运用倾听技术，给来访者提供一个宣泄情绪的机会。咨询者的真诚和尊重使来访者感到自己被接纳，其紧张程度有所缓解，面部表情放松，接着以开放式提问为主、封闭式提问为辅，尽量全面、真实地收集来访者的基本资料。然后进一步使用提问、内容反应、情感反应等技术，澄清来访者的主要问题，并启发来访者进行自我探讨。帮助来访者树立治疗的信心，争取来访者的积极配合。最后，取得来访者的同意后确定采用沙盘疗法和合理情绪疗法治疗，和来访者一同确定了咨询的具体目标、时间和方法。因为有抑郁情绪，所以也做了危机评估，来访者有自杀念头，但是并没有实施的行为，所以危机评估为两颗星。此后对咨询进行总结。

② 第3~6次咨询：

任务：咨询师探讨来访者父亲意外去世后的各种反应，以及生活中的不适应，还有涉及的人际关系问题。首先通过"空椅子"、信件技术处理来访者的创伤反应。针对生活中的生活问题和人际关系问题，采用合理情绪疗法，帮助来访者分析这些不合理信念与其不良情绪的关系，使来访者在更深层次上领悟到其情绪问题是由于她现在所持有的不合理信念造成的。此外，运用沙盘技术，帮助来访者理清楚内心的动力发展，并重建自我。

方法："空椅子"技术、信件技术、沙盘疗法。

过程：第三次面谈中，来访者不知道应该从何处说起，并且表示不想说话。来访者和我之间的信任关系已经建立了，来访者不想继续说不是有意识抵触，可能在其潜意识中有许多冲突，使其无法开口。在咨询师的引导下，来访者同意做个沙盘。我告诉来访者："可以利用玩具和沙箱，随便做个什么，想怎么做都可以，不限时间。"第一次来访者用17分钟制作完毕，结果描述如下：

顺序：树，石山，长河，姑娘，农民，房子，桥，天使，车，门，鸡窝，彩石。

移动：农民先是站立，之后慢慢斜着倒下去放好；沙子从左到右被分成上下两部分，来访者并没有询问是否可以动沙子，而是直接动沙子，说明来访者在咨询师面前已经没有拘谨和顾虑；车子的方向不断调整，后来来访者说是因为车子撞了（父亲）头部，所以车子朝向父亲。

作品的中天使和小姑娘代表来访者，农民代表父亲，而鸡窝代表父亲对来访者的呵护，制作结束时来访者的感受是："我感觉再放任何东西都是多余的，如果再放，我就会承受不了来自沙盘充满感的压力。"来访者对作品的描述如下：

我深深地陷入丧父（农民）的痛苦中，我失去了父亲，失去了依靠，失去了呵护，失去了安逸的生活（房子）。我注视着父亲，看他倒下，无助而无奈，所有的理想与希望都随之散落。我在寻找通向另一个世界的通道，但是找不到，所以我很迷茫。我不想与人沟通，也许现实中有太多痛苦。车，这个血红的东西，令人讨厌的东西……但是我去不了另一个世界，我与父亲有隔阂，我怕，我究竟怕什么呢？怕我达不到父亲的要求，我是个不孝的人，没有给父亲做很多事情，我自责。我很想过去，去父亲那个世界，但是我能给他什么呢？我这样去他会骂我的，我一事无成。那么，我安排好一切，功成名就，这样他就不会骂我了，当然他希望我健康，他舍不得我受一点点痛，不忍心看我有太多压力。所以，现在想他，却是我最想干也是最不想干的事。我想父亲，他如果在我身边就好了。我缺乏与父亲的沟通，我没有与人真心沟通的能力，我怀疑自己对于任何人都缺乏真心相对的能力，我真的很小，心智不成熟。

作品总体是静态的，但是静中有动，车子和桥都表明已经发生的动和将要发生的动。桥连接了想象和现实，来访者想象将来某一天也可能通过桥去另外一个世界。来访者有明确的自我认识，但是其动力（绿色）在精神层面（沙盘上方）随着父亲的去世在现实生活中（沙盘下方）不存在了。门代表来访者人际交往的回避性，从描述中看出来访者也存在人际交往的困惑。但是其中还有一些不流畅，其间也有困惑，比如与人真心交往的困惑。来访者也认识到自己人格的不成熟，所以来访者的自我评估、自我认识、自我治愈能力是很强的。

此外，和来访者一起处理情绪，邀请来访者收集与父亲有关的照片和纪念物带到会谈中，疏泄压抑在心中的情绪。辅之以沙盘治疗。

与来访者探讨使用"空椅子"技术和信件技术，哪种方法更适用于来访者本人。

信件技术如下：

A. 给父亲写信、写诗，来与父亲"交流"，诉说其对父亲的思念、内疚、自责和痛苦的情绪。

B. 假如父亲在天国，会给来访者如何回信。

以此寄托来访者心中的思念之情，诉说来访者的委屈、痛苦、内疚和自责之情，通过父亲回信以激发其生活的信心。

③ 第7～10次：

任务：在前几次咨询的基础之上，来访者的情绪逐渐趋于平和，"最倒霉"的极端想法被消除。这三次咨询的任务主要是处理来访者生活中的问题、人际关系问题，以及生涯规划的问题，并且结束咨询。

方法：沙盘疗法、合理情绪疗法、支持疗法。

过程：通过谈话辅之以沙盘治疗发现其自责、内疚、最倒霉、最痛苦的不合理认知，共同探讨其不合理性，引发她思考和质疑解释人、事、物的消极方式和对各方面带来的影响。同时针对如何度过大学四年的生活，以及毕业后的打算做了生涯规划。之后在与来访者的愉快交谈中结束咨询。

9. 咨询效果的评估

来访者自我评估：通过和老师的咨询，我感觉自己轻松了很多，感觉生活充满了希望，我要活得更好来实现父亲的愿望。我现在有了好多好朋友，也能和妈妈一起面对父亲去世这个事情，现在的我是充满能量的，感谢老师。

咨询后期面谈评估：咨询结束时，来访者已经变成一个新的来访者，她不再做与父亲有关的噩梦，脑中也不再闪现与父亲有关的种种悲伤情节，睡眠质量很好。来访者在日常生活中接触到与死亡、鬼魂、车祸、父女关系的相关信息时，已经没有了往日的敏感，以及随之而来的哭泣，而是能够坦然地接受。同时来访者能与家人、同学谈论父亲，交流与死亡有关的话题等。在人际交往方面，来访者与室友的关系逐渐融洽，咨询结束时在宿舍里已经找到了一个知心好友，与其他同学之间的交往也逐渐多起来；来访者还积极参加了学校、班级组织的活动，比如参加了拉丁舞学习班、乒乓球协会等。在情绪上，来访者逐渐开朗起来，在面谈中来访者的话逐渐多起来，同时也常常伴有喜悦和开心，情绪趋于稳定。同时，在与来访者的交谈中，为其制定了生涯规划，现在的来访者对生活充满了希望和憧憬。

10. 对本次咨询案例的总结

这个个案的咨询过程持续将近一年，最终来访者可以接受发生的事情，重建生活价值和自信，并开始追求来访者的理想。在与来访者共同走过的岁月里，我见证了她心理的重生。来访者的经历和我非常相似，所以在咨询过程中，我非但不能负面移情，还要处理来访者以前没有解决的情结，所以整个咨询过程，走得艰难而踏实。这次咨询完善了两个人——来访者和我，相信在以后的岁月里，我们会比普通人更坚强，我们将毫不畏惧，直面生活。

在此，我想告诉来访者以及与他相似的朋友：人生总要经历生、老、病、死的生命流程，当生命中一直以来给我们支持、保护的人离开时，我们会感到惊愕、伤心、难过或者自责、内疚，甚至是无助或者绝望，这些都是很正常的，因为他们深爱我们、我们也深爱他们。人间因为有了爱、有了感情才变得如此美妙、充实，以及富含意义，也正因为有了感情，所以我们的体验才如此深刻。但是，当我们深深地体验到这些情感时，也不要被它吞噬而影响日常生活或者丧失正常生活的能力。一旦出现这种情况，那么在心理上我们就感冒了或者说偏离常态了，生理上的感冒是很正常的，心理感冒亦是如此，所以出现心理问题并不是可耻的、丢人的、不可告人的，只要正确对待，及时进行心理辅导、心理治疗，就能很快地恢复，生命才更有活力，生活才能更有意义。因此，生命历程中的我们一定要勇敢，无论生活中出现多大的坎坷、多苦的痛，我们也一定要接受它们，坚强地面对，做生活的勇者。

二、素质拓展＋心理健康教育项目组

（一）体验式心理健康教育项目

1．体验式团体心理辅导

（1）理论指导。

大学生处于人格从不成熟到成熟的过渡期，是"想、说、做"统一协调的完善期。体验式心理健康教育旨在团体情境下，结合特定意义的活动设计，开发学生的潜能，完善学生性格，包含体验式团体心理训练和心理素质拓展训练。

团体心理辅导是团体情景下进行的一种心理辅导形式，通过团体内人际交互作用，促使个体在交往中通过观察、学习、体验等，从而认识自己、探讨自己、接纳自我，积极地改善与他人的人际关系，学习新的态度与行为方式，以发展良好的适应能力的助人过程。体验式心理辅导就是通过创设一定的心理情境，开展极富启发意义的活动，来造成个体内心的认知冲突，唤醒学生内心深处潜意识存在的心理体验，然后在教师的指导下，团队成员共同交流，分享个体体验，提升认知的辅导方式。体验式团体心理辅导淡化理论知识的学习，而以每个成员的成长和发展为目标，为那些在现实生活中受到挫折、感到压抑的成员提供一种信任的、温暖的、支持的团体气氛。在这个理解和支持的气氛中，参与者愿意尝试各种选择性的行为，探索自己与他人相处的方式，学习有效的社会技巧。其特征在于人人参与，重在感悟。

（2）队伍及培训主题。

我校团体心理辅导的指导老师为心理健康项目组成员，以不同年级的特点而选择不同的团体心理辅导主题，对象为班级或特殊团体，以下为体验式团体心理辅导主题：

团体心理辅导主题汇总

	大一	大二	大三
主题	1. 新生适应：扬帆起航 2. 职业规划：我的大学 3. 自我认识主题：我是这样的人 4. 自信心训练：天生我才 5. 友谊及人际交往：生命中因你而精彩 6. 时间管理：激情每一天	1. 恋爱主题：学会爱 2. 情绪管理主题：与情绪为友 3. 性格培养：让优秀成为习惯 4. 挫折应对：生命中的必然 5. 学习能力提升：学会学习 6. 意志力、自制力培养：我的人生我做主	1. 友谊：原来你还在这里 2. 恋爱主题：爱的真谛 3. 职前培训：职场我来了 4. 情商培训：阳光心态，明媚人生 5. 感恩：感谢你陪我成长 6. 自我认识：看看自己的心房

2. 心理素质拓展训练

（1）理论指导。

心理素质拓展训练是一种以提高心理素质为主要目的，兼具体能和实践的综合素质教育，它以运动为依托，以培训为方式，以感悟为目的。它与传统的知识培训和技能培训相比，少了一些说教和灌输，多了一些运动中的体验和感悟。拓展训练能激发青少年学生个人潜能，培养乐观的心态和坚强的意志，提高沟通交流的主动性和技巧性，树立相互配合、相互支持的团队精神，极大地增强合作意识，从而达到提高学生心理素质的目的。因此，这种培训方式成为学生学习生活经验，社会教育体验，形成正确的人际、情感和社会性价值观等教育目标的一个重要途径，是青少年学生素质教育中不可缺少的一项。

心理素质拓展训练相对于以往简单、枯燥乏味的授课方式，更多强调学生的自我和合作的模式。学生在解决问题的过程中，自我思考，与他人交流合作，不仅增加了自信心，加强了交际能力，还能够对社会有更深一层的认识和了解。素质拓展训练力求充分发挥第二课堂的作用，最大限度地挖掘学生的潜力，激发学生的主观能动性。

（2）心理素质拓展训练的开展。

① 团队组建及培训。

以外语系左松林为主导，组建 4～5 人教练团队，并召集相关院系辅导员担任助教，搭建实践教学团队。

团队自建立以来，采取了"请进来"和"走出去"相结合的模式，主要开展了以下培训：

一是邀请惠州市奇艺拓展公司培训师进行系统培训；

二是参加广东岭南职业技术学院举办的联想团队管理研修班；

三是到访肇庆工商职业技术学院实地考察交流；

四是开展"城市生存"素质拓展项目；

五是直接参与企业素质拓展训练并担任助教。

② 内容设计及后勤保障。

一方面，心理素质拓展训练经过前期的学习和探索，制订融冰之旅、挑战九十秒、变形虫寻宝、信任背摔、穿越生死线等活动方案并实施开展；

另一方面，建设约1 000平方米实践教学场所，并建立完善的后勤保障体系，包括保险、餐饮、医疗等环节。

③ 阶段工作开展。

体验式实践教学子项目在项目团队的带领下，在我院学生中先后开展了11期的素质拓展培训，其中包括学院辅导员队伍培训、学院团委学生干部培训、财经学院学生干部队伍培训、机电系班干部队伍培训等素质拓展培训。通过培训，学生素质有了明显提高，表现更加优秀。

（二）典型案例

案例1：飞翔吧，雏鹰——素质拓展训练

主题：飞翔吧，雏鹰

对象：我院团委学生会的81名委员

目的：通过素质拓展训练，将院团委学生会熔炼成一个具有战斗力的集体。每一个委员树立起团队意识，加强团队的沟通和协作能力，增强委员的自信心和抗压能力。

时间：2014年3月15日7:30～18:00

地点：惠州经济学院（财经学校校区心理素质拓展训练场）

图13-9 学院辅导员队伍培训

指导教师及助理：左松林、何栋、林小惠、曾云芳、孔繁博、陈龙标、刘微笑、赖琦聪

器材：眼罩、背摔台、红领巾、水、储物箱、动力绳、背心、秒表、口哨

实施过程：

1. 准备

早上七点半，所有学员在万人广场集合，教练整队，迟到的学员先不允许进入队伍，整队完毕后，由按时到场的学员集体决定是否接纳迟到的学员。如果按时到场的学员表示接纳，每位按时到场的学员需付出 10 个深蹲的代价，以此暗示迟到学员：你的违规行为，会给你的集体带来麻烦。所有人到齐后，由助理教练带队步行前往财经学校校区心理素质拓展训练场，其余教练先行到达训练场做准备。学员到达后迅速简单整队，然后交给主教练。

2. 破冰——融冰之旅

活动目的：通过身体的低强度运动，逐渐将身体和精神状态热起来，进入团队融合状态。

活动过程：

（1）限时报数挑战。

图 13 - 10　限时报数挑战失败，集体接受奖励

主教练简单自我介绍后，进行的第一个挑战是限时报数。在教练不加引导的情况下，限时 1 分钟内，如果所有人清晰地报数完毕，即算挑战成功。第一遍一般都无法完成，此时注意观察有没有学员主动站出来指挥，如有，要注意在总结时候加以正向引导。集体挑战失败要适当加以"奖励"，激发士气。

（2）团队建设。

活动目的及过程如下：

① 魔术贴。

所有队员围成一个圆圈，然后等待教练的口令，开始向右边围绕圆圈内开始慢跑。当教练说"五"的时候，就要五个人贴在一起，当主持人说"七"的时候，就七个人贴一起，而落单的同学需要站在圆圈中间讲述为什么会有这样的情况发生，然后来一个小小的"奖励"。

② 前方有难，后方支援。

每组派出一个人站在几米外的地方作为打仗的人员，剩下的队员排队站在他们后面（对应的）作为后方支援的人，然后教练说前方打仗，后方支援，大家问支援什么，主持人随便说一样东西，如手表，后面的队员要搜集到一个手表快步跑到前方给那名队员，以完成最快的小组获胜。

效果：在"前方有难，后方支援"游戏环节，当队长有难的时候，队员都尽自己最大的努力去帮助队长解决困难。在热情高涨的气氛渲染下，在团队激励措施的鼓动下，学员们从最开始的不自然、放不开到慢慢变得活力四射、激情澎湃，个个摩拳擦掌，跃跃欲试！优秀的团队就这样在不知不觉中组建成功！

图 13-11　"魔术贴"活动

③ 团队文化建设与展示。

要求每个队选出队长 1 名，队秘（队副）1 名，队长、队副须当众承诺团队目标和决心。团队文化展示须包含队名、队歌、口号、队形、团队 Logo 五个部分，其中摆队形时候要求三位队员双脚必须离开地面。

效果：这次分组的形式让每一个学员都动了起来，脸上也洋溢着童年时的笑容。暂时忘记身份，忘

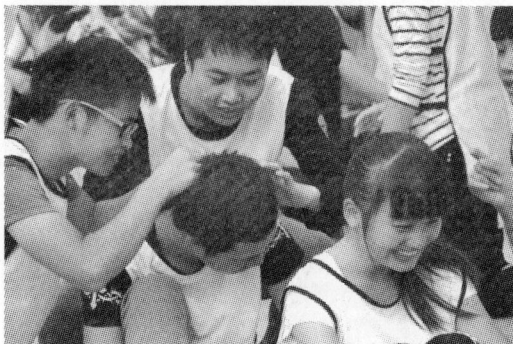

图 13-12　"前方有难，后方支援"活动

记性别，忘记年龄，抛开包袱、卸下压力，感到做一回真实的自己是那么的快乐！就这样，心灵上的坚冰慢慢融化了，心与心的距离也慢慢靠近了……队员们齐心协力，富有创意的组名加以团结一致的口号，配合富有创意的造型，充分展现出了当代大学生应有的良好精神风貌！

（3）主题体验活动。

活动目的及过程如下：

① 挑战 90 秒。

对很多工作岗位来说，时间和速度都是决定你能否成功的重要因素。挑战90 秒这个活动环节要求学员在团队默契合作的基础上，在最短时间内完成既定任务来取得胜利。根据规则，每个团队都要在 90 秒内将协作完成"移花接木""仰卧起坐""报数""动感节拍"四个小游戏，最先完成的队伍获胜。其中，"移花接木"如图 13-13 所示，要求每个队员在统一口令指挥下，将自己手中的水瓶抛给右手边的队友，同时接住左手边伙伴抛来的水瓶。每个团队为了能够争夺属于本队的荣誉，都在细心地计划着，团队的精神在这个项目开始体现出来。

图 13 – 13　"移花接木"活动

"移花接木"是团队获取胜利至关重要的一个环节。因为团队是刚建立起来的，彼此的默契不够，没有一个适中的传水高度，所有团队在这个环节都花费了大量的时间，所以"报数"还没有开始，时间已经耗尽。但在经过多次的练习和不断的改进方法后，四个团队都找到了自己团队的默契，在规定的时间内完成了任务。在破冰时一直处于落后的"大黄蜂"队，最后用 63 秒的成绩打败了其他队，成了这一项目的赢家。

图 13 – 14　"大黄蜂"队挑战失败接受奖励

什么是责任？作为团队的领头人，在团队没有达成目标时，就要接受相应的"奖励"。挑战 90 秒的奖励环节，素拓小组穿插引入了部分"领袖风采"的做法，让挑战失败的队长和队秘接受"10 个—20 个—40 个—60 个"依次递增的俯卧撑奖励，其中一个女队长助理，毫无怨言地接受了 130 个俯卧撑。这对一个女生来说可能是运动量的极限，其他队员都在她身上看到了坚持，看到了承担，看到了感动。做人何不是这样？小游戏反映出来的大道理每个人都懂，但不是每个人都能做到。学员们在这个项目里学会了与队友同甘苦、共患难。当队友在受罚时，其他人都通过自己的方式去支持、鼓励自己的队友。

在项目结束分享时，教练指出队长和队秘之所以要接受"奖励"，并不是因为他们的错，而是他们要为团队的失误担负起责任。对待每一件事，都应该把精力投入进去，在发现团队有漏洞的时候要学会调整自己的脚步，团队赢、才算赢！

② 变形虫寻宝。

变形虫寻宝这个项目的任务是要求每个团队在规定的时间内按照一定的规则，从起点出发到达终点，找到属于本队的宝物。项目难点在于除了"虫眼"外的所有人都必须用眼罩蒙上眼睛，而且不能发出声音，信息只能通过队员之间身体的接触逐个传递。戴上眼罩之后，每一位队员对黑暗都有一种恐惧，只有相信队友，相信自己，才能找到属于团队的宝物。

每一队都配上了两名观察员，由他们指引"虫眼"前进的方向以及将要跨过的障碍。因为除了虫眼，其他队员都看不到，所以"虫眼"起着至关重要的作用，如何将信息快速准确地传递到"虫头"，对"虫眼"来说是极大的挑战。在行进的过程当中，每个队伍都非常小心，所有的"虫头"都担心会因为自己的失误而让队员受伤。每个队员在前进过程中都非常忐忑，但是四个队都坚持完成了项目，其中有两个团队找到了属于自己的宝物。

图 13 – 15　　"变形虫寻宝"活动——前行

队伍中的每一个人，是整个团队能够不断前进、顺利到达目的地的中坚力量，虽然只负责指令的传达，但是有时候会因为不理解、不清楚、不情愿等因素而导致信息出现扭曲衰减变形，最后造成重大失误！走在队伍最前面的人是一线的员工，在前进的道路上会遇到无数的障碍，需要勇敢探索、当机立断，需要听从指挥，也需要反馈与调整……整个游戏寓意深刻，学员们都表示深受启发！

图 13 – 16　　"变形虫寻宝"活动——翻越障碍

有一位队员在感悟表中写道："通过活动，我们清楚地认识到一个优秀的团队离不开团队成员之间相互的支持与信任、对目标的高度关注、指令的有效执行……同时还需要拥有勇敢探索的精神、灵活应变的能力、听从指挥、善于倾听的习惯等！相信在现实工作中，我们每一位干部能够带领一支更具凝聚力、战斗力的优秀团队！"

在项目结束后，每个队的"虫头""虫身""虫眼"都做了分享。每一组的队员都给予了自己前面或后面队员极大的信任，深刻体会到了没有信任就没有团队的道理。

③信任背摔。

信任背摔这项目，要求学员从1.5米高的背摔台背对着地面倒下，其他队员按照保护队形接住他并安全放下。这是一个挑战自我以及团队合作的项目。如果下面没有过硬的防护措施，没有人愿意也没有人有勇气往下倒。只有在心理放松、姿势标准的情况下，倒下的人最安全，而接的人也最省力。有一位队员在感悟表中写道："当我们对同伴或者团队出现信任危机时，就会猜疑、无法真诚相对，然后动作就会变形、造成危险，我们的所做所为不仅得不到支持，还有可能损害到团队的利益，而且最终让自己受到损害。"队员的这些感悟，圆满体现了小组想要传达给学员的这些信息，这就是素质拓展的魅力之所在：学员自己悟出来的东西，才是他真正接收到的东西，才最深入人心，历久不忘。

图13-17　"信任背摔"活动

在信任背摔的接人环节，当台上的人问道"你们准备好了吗？"，台下所有组成"人床"的同伴异口同声地回答"我们准备好了"！这就是承诺，这种承诺给了台上的伙伴足够的力量，使他有勇气背对着倒下来。承诺体现了一种责任感，当学员喊出自己的承诺时，他们的心是在一起的，劲往一处使。这样的团队，是值得信任的团队。

信任背摔是拓展训练中最具典型意义的项目之一，目的是通过这个活动建立并强化彼此的信任关系。这个项目告诉我们，表面看起来很难的事，其实并没有想象中那么可怕。在生活、工作中遇到困难并不可怕，可怕的是我们失去解决困难的勇气和信心！当我们勇敢地跨出一小步，也许就能抓住属于自己的机会，实现人生一大步的跨越。有很多事靠个人的力量根本

图13-18　"信任背摔"——充电

无法完成，必须依靠集体的力量协同配合，这就是组建团队的意义和价值。一个团队成立时，一定要建立强有力的组织指挥体系，进行合理的分工和协作，才能保证团队工作有序地开展。团队，不是简单的一个群体，而是必须具备团结、信任与协作等要素。

④穿越封锁线。

在这个项目中，要求在不借助任何外界工具的条件下，所有人必须从线上跨过去。在穿越的过程中，除了队长，其他人不得发出任何声音，否则已经成功跨过去的人也要重新返回起始线。此项目难度非常大。这时候小团队变成了一个大团队，团队里每个人都是守望相助的队友。每一次齐心协力的团结合作，每一次

成功之后的热情相拥，每一次完成项目的坦诚分享，都会让彼此之间多一份了解，多一份亲切，多一份友情。

由大家选出的总队长在与教练谈判的那一刻，所有队员真正明白了，这不是一个玩过家家的游戏，而是一个摆在所有人面前的实实在在的考验。对总队长来说，站出来就必须为团队全体队员担负责任，站出来就要保障好团队每个成员的安全。这个活动给很多学员留下了很深的印象，在感悟表中，有一位学员写道：

图 13 – 19　"穿越生死线"活动——谈判现场

"这个活动给我的启示很深刻，在接到临时任务时，我们应该如何合理调配资源，如何利用最少的资源去完成我们的任务，更重要的是如何动员所有的队友都参与完成任务的队伍，而不是做滥竽充数的那一个。"

部分学员在这个环节，逐渐开始将素质拓展带给他们的体会，与自己在院团委学生会的工作相结合，进行深入的思考。一位学员在感悟表中写道："我们应该要明白的是，'方法总比困难多'这句话并不只是口号。在执行部长或老师布置的任务时，必定会遇到很多困难，很多时候都会因为找不到解决的办法而选择了放弃，其实根本原因在于没

图 13 – 20　"穿越生死线"活动——人梯跨越

有深入思考。人生的每一个阶段都会遇到很多问题，如果不去想办法解决这些困难，那么企业就很难再继续生存，个人也不能再持续发展。更重要的是我们不能依靠传统的、固定的模式去思考，企业要不断壮大，个人要不断发展，就一定要有创新性的思维，只有这样，企业才能长久不衰，个人发展才可以畅通无阻。"

（4）分享及应用延伸。

活动过程：所有队员围圈而坐，每个队员发表体会和感受，以及对以后生活的启发，指导老师和学生处长分别做总结，对培训学员寄予了厚望。相信在以

后的现实生活中，每一位学员都能在团队里找到自己的位置，善用自己的特长，在任何岗位都能发挥出自己的作用。

（5）活动效果。

一天的培训，将所有队员的心迅速地聚在了一起，参训队员一起感受成功的喜悦，一起承受失败的痛苦，一起反思，一起成长！一起忘记年龄、忘记身份、忘记性别，享受着放下自己展露真性情的快乐与洒脱！享受着新思想新观念新方法的交流与碰撞！享受着爱与责任带给我们心灵的触动与感动！享受着彼此之间的爱、支持与鼓励！享受着激情炙热的梦想带给我们的激动与希望！在这一天里，院团委学生会的学员们带着激情与希望，他们塑造了新的自己，对感恩、对鼓励、对团队有了自己更深一层的理解，如同雄鹰一样开始展翅翱翔！

活动达到了预期效果。一位学员在感悟表中写道："从今天所有的项目中可以看出大家的内心都很温暖，真善美的力量真的很大！其实每个人的内心都希望获得别人的尊重、欣赏与认可！只要我们多些赞美与包容，少些指责与挑剔，爱身边的每一个人，工作和生活都会变得更加美好！"

（6）活动启示。

一场优质的素质拓展活动，能让学员在短期内爆发出极大的正能量，对熔炼团队、提高凝聚力、营造良好的沟通氛围具有异常出色的效果。同时，也应当正确地认识到，后期的持续引导是非常重要的，否则热情就会慢慢消退。如何科学高效地进行持续的后期引导，是素质拓展小组面临的一个难题。

案例2：有缘千里来相会——新生适应团体心理辅导

大一新生从中学步入大学，是人生中的一次重大转折。学习、生活环境的巨大变化，加上身心处于一个迅速发展、易于失衡的阶段，一部分同学会产生心理上的不安和适应上的困难。因此，采取合理的方式，帮助同学认识、熟悉、适应变化了的环境，维护心理健康，是大学心理教育的重要课题。

新生常见的心理问题主要表现为孤独感、失落感、自卑感、恋旧感、挫折感、紧张压力以及自信心动摇等，针对这些情况，我们设计了新生适应团体辅导方案，希望能够帮助他们。

（1）活动名称：有缘千里来相会。

（2）活动目的：①熟悉环境，促进交往，建立归属感。②明确活动规范，了解活动原则、责任和义务。

（3）团体性质：发展性团体。

（4）团体对象：新生班级。

（5）团体规模：50人。

（6）活动开展形式：新生以班级为单位开展。

（7）团体活动次数及时间：共6次，每周一次。

（8）活动地点：心理咨询中心团体心理辅导室。

（9）指导教师：大学生心理健康教育项目组。

（10）团体设计方案：

	单元目的与内容
第一单元　有缘千里来相会	1. 建立归属感 2. 促进彼此交流 3. 明确承诺义务
第二单元　相亲相爱一家人	1. 团队协调与合作 2. 促进适应宿舍生活 3. 加强异性间交往
第三单元　亲近校园	1. 熟悉学校的环境 2. 增强学校归属感 3. 了解发展的资源 4. 增强团队的合作
第四单元　学海无涯	1. 明确学习动机 2. 了解高中与大学学习的不同 3. 找到适合个体的学习方法 4. 调控学习焦虑
第五单元　我的大学	1. 了解大学规律 2. 明确大学期望 3. 树立科学目标
第六单元　把根留住	1. 培训分享总结 2. 队员相互祝福 3. 处理未完成事件

三、启示

我校心理健康教育工作得到校领导的大力支持，校领导提出要"关注心理有障碍的学生"的理念，这启示我们要更加有效地解决学生心理问题，及时发现、及时处理，最大化保障学生身心安全。我校在硬件配备上配有沙盘室、放松室、团体心理辅导室和个体心理咨询室，并配有办公室和约谈室，软件建设也逐步跟进。我们的队伍建设逐步正规化，活动开展的内涵和外延都在逐步加深、加细，同时，校领导一再提倡我们"走出去"主动学习和取经，以及"请进来"专家培训，帮助教师队伍迅速成长起来。但是由于整体成长的时间尚短，在各方面均存在需要完善的地方，我们将会继续努力，把心理健康教育工作做得更加细致，比如：心理健康服务进宿舍、心理健康服务进教育园区、心理健康服务走进惠州等。

第十四章

社会服务

一、社工+志愿者服务项目

（一）社工的基本概念

首先，社工是指社会工作（social work）。社会工作，是以利他主义价值观为指导，以科学知识为基础，运用科学方法助人的职业化的服务活动。它帮助社会上的贫困者、老弱者、身心残障者和其他不幸者；预防和解决部分经济困难或生活方式不良而造成的社会问题；开展社区服务，完善社会功能，提高社会福利水平和社会生活素质，实现个人和社会的和谐一致，维护社会的稳定，促进社会的发展。在我国，社会工作不仅包括社会福利、社会保险和社会服务，还包括移风易俗等社会改造方面的工作。社会工作的主要领域包括儿童及青少年社会工作、老年社会工作、妇女社会工作、残疾人社会工作、矫正社会工作、优抚安置社会工作、社会救助社会工作、家庭社会工作、学校社会工作、社区社会工作、医务社会工作、企业社会工作以及促进就业、心理健康等。

其次，社工是指社会工作者（social worker）。社会工作者，是遵循助人自助的价值理念，运用个案、小组、社区、行政等专业方法，以帮助机构和他人发挥自身潜能，协调社会关系，预防和解决社会问题，促进社会公正为职业的专业工作者。

（二）志愿者的基本概念及当前我国志愿服务的发展状况

志愿者是指志愿贡献个人的时间及精力，在不为任何物质报酬的情况下，为改善社会服务、促进社会进步而提供服务的人。志愿工作具有志愿性、无偿性、公益性、组织性四大特征。

当前，我国志愿服务事业进入了稳定的发展阶段，越来越显示出其魅力和价值，志愿意识也越发深入人心，志愿服务在历次重大社会事件中都发挥了重要作用。例如2008年"五·一二"汶川大地震志愿服务工作、奥运会志愿服务工作、2010年上海世博会志愿服务工作、2010年广州亚运会志愿服务工作等。2008年奥运会后，中国民众对志愿服务的认可度和支持度有了明显提高，志愿主题网站不断涌现，针对志愿者的注册管理、培训激励、权益保障等相关政策也在不断制定与完善中，志愿服务走上了平稳、成熟的发展轨道。在这一阶段，各级政府部门、人民团体、企事业单位、社区、学校、非营利组织纷纷组建自己的志愿者队伍，积极参与各类志愿服务。据2011年年底共青团中央青年志愿者工作部的统计，全国经过规范注册的青年志愿者已达3 392万名，建立各类志愿服务站、服务基地17.5万个，他们活跃在扶贫开发、助老扶幼、社区建设、环境保护、大型活动、抢险救灾、海外服务等多个领域。

（三）社工＋志愿者工作模式的发展

随着中国改革开放走向深入，社会建设逐渐受到重视，社会工作与志愿服务的设计和服务领域重叠区域越来越广泛，发挥的作用也越来越突出，社工＋志愿者工作模式在不断的探索和完善当中（"社工"通指社会工作者，下同）。特别要提到的是在香港的社会服务中，各种社会工作机构、志愿服务团体、非营利性组织之间存在着既良性竞争又积极合作的状态。由于政府评价社会服务的效果，更加关注的是服务的资源综合与受益人群，而极少考虑部门、机构与社团利益。这样，不论是社工还是志愿者，为了做好服务项目都会主动寻求相关机构的合作，实现资源使用和服务效益的最大化。在借鉴香港"社工＋义工"联动的先进模式下，北京、上海、广州、杭州、大连等城市的志愿组织主动寻求社会工作机构的专业支持，通过项目合作实现资源共享。

（四）我校志愿服务工作的发展状况和社工＋志愿者项目的思路

我校志愿服务组织于2008年9月正式从校学生会的组织结构中独立出来，并更名为学生志愿服务队，于2011年9月更名为惠州经济职业技术学院青年志愿者联合会，2013年后更名为惠州经济职业技术学院青年志愿者协会并沿用至今，一直承担着全校性志愿服务工作。2010—2014年，我校各院系志愿服务组织相继成立，并形成了学校—院系两级志愿服务工作体系。2015年，根据学校志愿服务的发展状况，校团委成立了志愿服务指导中心，指导和协调全院志愿服务工作。

我校青年志愿者协会在校党委、学生处的正确领导下，在校团委的悉心指导下，扎实开展工作，声名鹊起。其中，协会在 2012—2014 年连续 3 年获得"惠州市志愿服务杰出集体"的荣誉称号，在 2013 年"善行 100·爱心包裹温暖行动"活动中获"优秀组织单位"称号，并以筹集善款126 700元的成绩在全国高职高专组名列第一。随后，在 2015 年又获广东省志愿服务铜奖。目前我校共有志愿者6 000多名，其中，五星级志愿者 6 名，四星级志愿者 36 名，三星级志愿者 102 名，二星级志愿者 169 名，一星级志愿者 328 名。

我校的社工＋志愿者项目，是在全社会大力发展社会工作和志愿服务工作的大背景下，根据我校学生工作的实际情况，结合高校辅导员的思想政治发展路线及工作要求，对高校特别是民办高职院校学生工作模式的一种新的尝试和探究。该项目旨在以学校为平台，以辅导员为主力军，把社工队伍建设和学生志愿服务指导两项工作有机结合起来，努力把我校学生管理工作和志愿服务工作提上一个新台阶。

（五）社工＋志愿者项目建设方案

1. 建设背景

深入贯彻党的十八大、十八届三中全会和习近平总书记系列重要讲话精神，落实中央《关于培育和践行社会主义核心价值观的意见》（中办发〔2013〕24号），深入持久、扎实细致地推进社会主义核心价值观培育践行工作长效化、常态化、科学化，是我国教育系统推进培育和践行社会主义核心价值观长效机制建设的重要工作。高举中国特色社会主义伟大旗帜，以邓小平理论、"三个代表"重要思想、科学发展观为指导，深入学习贯彻党的十八大精神和习近平同志系列讲话精神，坚持育人为本、德育为先，围绕立德树人的根本任务，把社会主义核心价值观纳入国民教育总体规划，贯穿于基础教育、高等教育、职业技术教育、成人教育各领域，落实到教育教学和管理服务各环节，覆盖到所有学校和受教育者，形成课堂教学、社会实践、校园文化多位一体的育人平台，不断完善中华优秀传统文化教育，形成爱学习、爱劳动、爱祖国活动的有效形式和长效机制，努力培养德智体美全面发展的社会主义建设者和接班人。深化主题社会实践和志愿公益活动，组建社会主义核心价值观"大学生讲师团"，结合大学生实习基地建设和农村（社区）基层党校建设，建立讲师团定点合作单位，构建覆盖广大农村、城镇的网络阵地，向基层群众宣讲社会主义核心价值观。深化暑期"三下乡"等社会实践活动，积极开展社会调查、文艺演出、公益服务等。组织学生利用节假日、纪念日及课余时间，走进学校周边社区和群众，长期开展扶贫济困、应急救援、环境保护等方面的志愿公益活动。

2. 项目意义

2014 年，我院成为"万人大学"，在这办学史上的重要节点，学生在校期间所凸显的青少年群体特征明显，学生的各种需求，特别是除专业学习以外的活动、服务需求越来越受到重视。青少年正处于生理、心理期上的不稳定发展阶段，存在诸多不确定性因素，急需找到自己在社会中的位置，需要外界对其的认可。学校作为学生在校期间最主要的环境因素，应该要有情绪支持，给青少年平等、信任，促使他们树立尊严和自信心；还要创造条件，培养兴趣，减轻学业压力，积极引导和鼓励自主活动与交际。因此，学院应该更好地营造"以生为本"的教学理念，了解和调研学生的生活、学习动态，积极引导学生阳光、活力、向上的心态，为青少年群体提供必要的专业性指导和服务工作。

3. 项目概况

（1）团队名称：惠州经济职业技术学院"社工＋志愿者"项目组。

（2）机构人员设置：设组长一名、副组长两名、干事若干。

（3）主要职责和范围："一个中心、两个板块、三个方向、四个平台"。

一个中心：青少年服务中心，开创以青年群体需求为主题，积极打造立足惠经院、辐射马安教育园区、带动惠州青少年服务发展，争创广东省青少年教育服务先进的学校＋社会组织模式。

两个板块：社工服务板块、志愿者服务板块。

三个方向：以了解青少年服务需求为调研方向、以解决青少年服务需求为实践方向、以创新青少年服务方式为目标方向。

四个平台：努力把中心打造成"社工＋志愿者"的培训与实践平台、青年人才艺展示的平台、青年人时尚流行文化的平台、青年人文化学习交流的平台。

4. 项目的发展阶段规划

第一阶段（2014—2015年）：组建惠州经济职业技术学院社工＋志愿者青少年服务中心，搭建服务中心的主要组织架构，做好现阶段学院学生的群体性服务需求调研，建立服务中心的工具书库。在惠经院范围内探索社工＋志愿者的工作实现模式，筹备惠州经济职业技术学院社工＋志愿者青少年服务中心社会组织注册工作。

第二阶段（2016—2017年）：通过学工队伍的建设和完善，服务中心配备有社工资质的专业人员；进一步完善"社工＋志愿者"工作模式，把青少年服务中心的工作辐射到惠阳高级中学高中部、惠高附属实验学校初中部和小学部；落实惠州经济职业技术学院社工＋志愿者青少年服务中心注册工作，争取力争成为惠州市青少年服务的典范。

第三阶段：（2018年以后）：以服务中心为主导，各二级学院、系成立分中心，按照"社工＋志愿者"的模式配备各分中心的人员、活动形式、服务范围进行推广，着力解决学生群体日常生活和学习中遇到的问题，同时争创大学孵化社会组织的典型。

二、典型案例

案例1：校社企合作典范——2013年"善行100·爱心包裹温暖行动"

"善行100·爱心包裹温暖行动"是由中国扶贫基金会联合电影频道、中国邮政共同发起的全民公益活动，活动倡导志愿筹款100小时、提供资源100小时、捐赠善款100元的慈善行动模式，汇聚力量，帮助更多的贫困地区孩子。在2013年10月26日—12月8日期间连续7个周末的"善行100·爱心包裹温暖行动"中，我校志愿者协会和各院系志愿服务组织精心组织，紧密部署，共出动志愿者400余人，累计志愿服务9 134小时，筹集善款126 700元，在全国120多所参与高校中排名十九，位列全国高职高专院校组第一名。其中包括我校志愿者协会在内的13支志愿者团队获"善行100·爱心团体"荣誉称号，李文杰同志获优秀指导老师称号，莫耿莹等9位同志分别获优秀组织者、优秀服务者称号，马晓佩等131名同学被授予星级志愿者称号。

本次活动是我校青年志愿者协会成立以后第一次承接全国性大型筹款式街头劝募活动，能取得如此骄人成绩，是我校志愿服务组织主动走出校园，走向社会，努力寻求社会资源的结果。在本次活动制订计划期间，协会的骨干成员就确立了以常规街头劝募形式为主，企业劝募为辅的劝募形式。

其中最为典型的是与锦江麦德龙自运有限公司惠州市惠城分公司的合作。据悉，锦江麦德龙自运有限公司总公司是一家世界500强企业，被称为"全球现代商对商批发业的领导者"。而锦江麦德龙自运有限公司惠州市惠城分公司是其在惠州的第一家批发商城，也是在中国的第60所分公司。锦江麦德龙自运有限公司惠州市惠城分公司位于惠州市惠城区惠州大道，占地7 000多平方米，提

图14-1 志愿者街头劝募

供超过15 000种商品，包括肉类、鱼类、乳制品、办公用品、厨房设备以及电子产品等。该公司采用现购自运管理模式为持有麦德龙会员卡的专业客户和商业客户服务，这就保证了该公司客户的潜在高端性。

我校志愿者们了解到该公司的情况后，马上锁定其为劝募目标，并通过实地

走访，与其建立关系，商讨合作事宜。由于该公司是跨国企业，有着良好的企业形象与社会责任感，公司管理层高度重视并迅速给予实质性支持，除提供商场免费摊位给志愿者进行劝募以外，还专门在公司内部发起了一次员工大募捐，募得资金共计40 991.2元，大大支持了我校的劝募工作。后来，我校在2013年"善行100·爱心包裹温暖行动"活动表彰大会上，赠予了锦江麦德龙自运有限公司惠州市惠城分公司"爱心企业"锦旗，以示感谢。

新闻报道之"爱心包裹　温暖你我"

2013年11月24日，爱心包裹已经开展到第四周了，青年志愿者协会的各队队员分别在惠城区各个邮局展开活动，他们怀着信心与希望向新的一天进行挑战。

图14-2　志愿者街头劝募

在前几周的劝募中，我们承受了无数路人冷漠的眼光，但在被不断地拒绝中，越挫越强。他们在失败中总结，他们在总结中成长。坚强的志愿者们并没有因失败而退缩，积极地向每一个路人宣传着爱心包裹活动，突然变得恶劣的天气也没打击到志愿者的恒心，克服重重困难，本周交通队劝募到共计1 000多元的爱心包裹，其他队伍也取得了优异的成绩。

这次爱心包裹活动，在风雨中成长的志愿者们会不断前进，继续为贫困山区的孩子传递爱的力量。

案例2：探索党员志愿服务新形式——2014年"善行100·快乐月捐季"活动

2014年的4月19日至6月1日期间，我校财经学院党总支结合自身实际，组织包括教师党员、学生党员、团学干部、志愿者在内的200余人在惠州市文昌邮政分局、龙丰邮政分局、河南岸邮政分局、下埔邮政分局、东平邮政分局5个邮政服务点开展"善行100·快乐月捐季"项目活动。截至6月1日活动结束，累计出动志愿者225人次，劝募爱心包裹73个，月捐短信880条，累计筹款139 300元，在全国所有参与学校中排名第14位，刷新了我校志愿者组织在该项目的排名，在广东省高校中排名第3名，比上期排名提高了5位。其中包括财经学院党总支、各学生党支部、团总支在内的7支志愿者团队荣获"爱心团体"荣誉称号，刘智航同志获优秀指导老师称号，李文杰等8位同志分别获优秀组织者、优秀服务者称号，陈淑玲等69名同学被授予星级志愿者称号。

财经学院党总支在校党委的领导下，在团市委、校团委的支持和帮助下，作为惠州地区唯一一个承办2014年上半年"善行100·快乐月捐季"的活动单位，精心组织、统筹安排、协调到位，保证了本次活动的顺利进行并取得了骄人的成绩，展现了财经学院乃至学校志愿服务的风采，树立了良好的社会形象。在活动过程中，惠州市常逢大雨甚至暴雨的恶劣天气，而志愿者们在保证安全的前提下，由始至终，努力坚持，表现出了肯吃亏、肯吃苦、愿奉献的精神，很好地践行了"互助、友爱、奉献、进步"的志愿者精神。志愿者们通过参与活动，增强了遇到挫折的抗压能力，增强了与陌生人沟通和表达的能力，增加了团队组织协调能力，增加了对公益慈善和社会的了解，宣传了公益理念，构建了学校社团与社会共同参与的公益平台。

图14-3　快乐月捐季活动志愿者街头劝募

与此同时，财经学院党总支、团总支把这次活动作为学生成长成才教育系列活动之一，希望通过鼓励广大师生，特别是党员、教师、学生干部参与到志愿服务活动中来，以行动促成长。志愿者们克服恶

图14-4　快乐月捐季活动志愿者
街头劝募

劣天气等外围环境的影响，及时调整活动的方案及策略，适时在全校范围内发动"善行100·快乐月捐季"的活动。通过此次爱心活动的开展，充分体现了我校学生对志愿服务的理解和支持，也折射出学生对爱心慈善事业的呵护。

附1："善行100·快乐月捐季"活动倡议书

惠州经济职业技术学院全体师生：

当我们坐在明亮的教室上课，当我们觉得天气炎热在宿舍享受空调，当我们学习之余在宿舍玩游戏、谈天说地的时候，我们有没有想过，我们只要愿意捐出吃一次麦当劳的钱，就可以帮助一位贫困地区的小朋友送上"六一节"礼物，圆他们的"彩色梦"呢？一个人的力量是单薄的，但是集体的力量是无穷的，把一个宿舍、一个团支部、一个党支部的爱心汇聚起来，就可以帮助到贫困地区的孩子们，你们愿意吗？

由财经学院党总支承办的"善行100·快乐月捐季"活动正在火热进行中，只要大家都捐出一点爱心，以宿舍、团支部、党支部为单位，100元就捐赠一个爱心包裹。爱心包裹是以基础文具和美术用品为主，通过一对一的捐助模式，捐赠人在捐款后可获得受益人名单，知道自己的钱帮助了谁，标准的包裹内容让捐赠人知道自己的钱发挥了什么作用。受益人在收到爱心包裹后也会给捐赠人写回音卡表示感谢。

乐善好施、扶贫帮困是中华民族的传统美德；相互帮助、患难扶持是社会倡导的时代新风。凡是在以宿舍、团支部、党支部名义参与捐赠活动的捐赠人均有机会获得"爱心宿舍""爱心团支部""爱心党支部"荣誉称号及证书。爱心包裹活动详情请大家点击 www.aixingbaoguo.org 或 shanxing100.fupin.org.cn 进行查阅。

我们期待您的爱心！我们期待您的参与！

财经学院党总支

2014 年 4 月

快乐月捐季活动开展计划

善行100·快乐月捐季（财经学院党总支）	
4月13日	宣传招募
4月15日	面试
4月16日	踩点（5个邮局点：河南岸、龙丰、东平、下埔、文昌）
4月17日	全体大型培训会
4月19日~20日	活动第一次开展（以骨干为主，其他志愿者自愿）
4月21日	举行小组分享会以及加强培训
4月22日	晚修时间在各系宣传二维码及短信月捐
4月23日	食堂门口摆摊进行短信月捐劝募以及二维码扫描
4月26日~27日	活动第二次开展（党支部）
4月30日	食堂门口摆摊进行短信月捐劝募以及二维码扫描
5月10日~11日	活动第三次开展（志愿者队、学生会）
5月14日	食堂门口摆摊进行短信月捐劝募以及二维码扫描
5月17日~18日	活动第四次开展（党支部）

（续上表）

善行100·快乐月捐季（财经学院党总支）	
5月20日~21日	食堂门口摆摊进行短信月捐劝募以及二维码扫描
5月24日~25日	活动第五次开展（志愿者队、学生会、党支部）

附2：财经学院建设学生党员志愿岗工作方案

搭建党员群众交流平台 发挥学生党员先进性

——惠州经济职业技术学院财经学院关于建设学生党员志愿岗的工作方案

为了更好地发挥财经学院学生党员的先锋模范作用，增强大学生的自律性和主动性，进一步提高大学生思想政治水平，充分调动学生党员参与支部活动和社会实践活动的积极性，提升学生党员的综合素质，根据上级党组织下发的党建相关文件精神，财经学院党总支特制订建立学生党员志愿岗的工作方案。

一、指导思想

以邓小平理论、"三个代表"重要思想、科学发展观为指导，贯彻落实党中央关于加强高校党组织的建设方针，创新党组织活动方式，借助实习单位党组织力量，通过组建财经学院学生党员志愿者服务队，动员财经学院党总支所有的学生党支部成员加入，使志愿服务与党建工作有机结合起来，进一步加强学生党员主动服务同学、服务学校、服务社会的党员思想教育管理及创新组织生活方式和载体，提高思想政治教育的针对性和实效性，促进党员学生全面成长成才。

二、组织机构

（一）成立领导小组

组长：王宏道

成员：陈钦平、刘智航、邝芸萱、各学生党支部书记

（二）成立专项志愿服务小组

组长：各党支部书记

副组长：各党支部党务秘书

三、具体措施

1. 成立专项学生党员志愿服务小组

为了更好地发挥财经学院各学生党支部的组织协调和带动作用，推动财经学院学生党员志愿者工作的深入开展，财经学院党总支解放思想，创新党建工作载体和党员活动方式，以志愿服务活动为基础，搭建学生党员志愿岗党建新平台，以切实增强学生党员的社会实践能力和社会责任感为目标。关心身边身体残疾、心理脆弱、学习后进的同学，关爱孤寡、空巢、残疾老人，践行"43334"校园新风尚，倡导文明出行、绿色出行的理念，牵手农民工子女等为专项内容的学生

党员志愿服务小组，通过实际行动，发挥党的先锋模范作用，以便更好锻炼学生党员，增强基层党组织的凝聚力与战斗力。

（1）成立阳光互助志愿服务小组。阳光互助志愿服务小组主要由有志于服务学校弱势学生群体，对象包括身体残疾学生、心理脆弱学生、学习后进学生等，目的是通过学生党员志愿者对其日常生活和学习的关心和辅导，提高这些学生的学习水平和生活水平。

（2）成立扶老爱心志愿服务小组。扶老爱心志愿服务小组，是通过招募有志于服务和开展关爱老年群体活动，自觉服务于孤寡、空巢、残疾老人的学生党员，并与东湖街道办进行结对，长期上门服务老年群体。

（3）成立"我爱惠经"志愿服务小组。"我爱惠经"志愿服务小组，主要是招募一些想为学校的文化建设、教学活动服务的党员志愿者，通过校园文化宣传、校园文化活动，积极践行学院提出的"43334"校园新风尚。

（4）成立天蓝志愿服务小组。天蓝志愿服务小组主要是由一些有志于服务市民文明出行、倡导绿色出行、环境保护等为主题的志愿活动的党员组成。通过"文明出行""文明乘车"等活动，展示我院学生党员积极参与社会管理、为社会服务的良好风貌。

（5）成立护苗志愿服务小组。护苗志愿服务小组主要是由有志于致力服务外来工子女的党员组成，主要开展"430""七彩课堂"等一系列以关爱外来务工人员子女为主题的活动。

2. 活动内容：

（1）志愿者的招募、培训。

（2）每个小组根据专项内容进行活动开展，但要求活动要切实履行党员为人民服务的精神，积极创新方法、创新手段、创新平台，发挥党员先锋模范作用，通过党建带团建，紧密联系群众。

（3）志愿服务活动成果展。

惠州经济职业技术学院财经学院党总支
2012 年 11 月 8 日

案例 3：服务地方，服务群众——科技馆志愿服务工作

惠州科技馆建设项目是惠州市委、市政府八大民心工程之一，由市财政全额拨款，总投资 1.8 亿元，是市委、市政府全面落实科学发展观，深入实施"科教兴国"和"人才强国"战略的具体表现，是惠州市综合经济实力与科技发展水平的重要标志，是惠州市最重要的公共科普设施。科技馆是面向社会公众尤其是青少年开展科技教育的专门场所，是科普工作的重要阵地，它对于普及科学知识、倡导科学方法、传播科学思想、弘扬科学精神、激发公众对科学技术的兴趣、增进公众对科学技术的理解、提高公众科学文化素质，都具有十分重要的意义。

"志愿者"代表了一种可贵的奉献精神，也是当今社会对大学生提出的一种新要求。充分发挥大学生青年志愿者队伍的有效功能，有利于培养学生奉献、友爱、互助、进步的志愿精神，有利于使学生充分实现其个人价值，有利于学生走出校园，"打破学校与社会之间的墙"，参与社会的发展和建设。通过志愿服务回报社会，培养全面发展的人，这是校园精神文明建设的重要方面，也是学生思想政治工作的有效渠道。

从 2014 年 5 月起，惠州经济职业技术学院青年志愿者坚持每个周末前往惠州科技馆进行志愿服务。上岗前，为了能够让志愿者尽快熟悉惠州科技馆志愿者岗位职责及工作流程，科技馆的主管领导还对志愿者们进行了完整的培训，包括惠州科技馆概况介绍、志愿者工作岗位及工作职责、团队协作、科技馆消防安全疏散须知、常设展厅参观学习五项内容，还讲解了场馆安全，包括紧急逃生通道和突发事件的处理等知识，还用新颖独特的方式教同学们如何辨识安全疏散箱内的物品、认识安全标识标牌、熟悉展馆内消防安全通道等。

每个服务日，志愿者们带着学校的厚望与信任，来到惠州科技馆，开展为期一天的志愿者服务。志愿者们以灿烂的微笑和耐心的服务为到馆的游客提供最真诚的服务。我们的志愿者在科技馆主要负责秩序管理、景观的讲解、参观设备的维护等，辅助科技馆工作人员的工作，其中有很多方面涉及与游客之间的沟通交流。在与游客的沟通中，同学们本着热心服务

图 14-5　惠州市科技馆志愿服务活动

的态度耐心地为他们讲解，解决困难。志愿者每天工作 8 小时，中午只有半小时的午饭时间，其他时候只能站着，没有地方坐，一天工作下来，腿站得酸了、麻了，但大家没有任何怨言，还是义无反顾地坚守着自己的岗位。志愿者们踏实的工作态度和务实的工作作风也给科技馆工作人员留下了良好的影响，得到了他们的赞扬。志愿者们大方得体的仪态吸引了来自各地游人的驻足，志愿者们周到的服务和耐心的讲解深受参观者的欢迎。参观后称赞我校志愿者们热情洋溢，使他们在参观中学到了不少科学知识。志愿者们捧着一颗相同的赤子之心，以"服务人民、奉献社会"的志愿者精神激励着自己，通过这次特殊的实践方式，以行动

诠释新时代"奉献、友爱、互助、进步"的志愿者精神。同时，我们的专项服务小组每周都会定期开展讨论会，一起回顾在场馆志愿服务中遇到的问题，提出相应的解决方案；并且在服务过程中对游客进行调研，比如对这项科普知识的熟悉程度、喜爱程度，对志愿者的讲解满意度，对哪一项科普知识最为关注，对志愿者介绍方式的意见或建议等，便于在今后的工作中臻于完善，真正做到在服务中学习，在服务中提升服务质量。

案例 4：青春情暖——汽车站志愿服务

惠州市汽车客运总站，是我市最繁忙的汽车客运站之一，是展示文明城市志愿服务风采的窗口之一。自 2013 年我院青年志愿者协会启动汽车客运站服务项目以来，志愿者们都把客运站当作自己的服务岗位，用自己的热情和微笑，赢得了旅客和客运站工作人员的高度赞扬，特别是在清明节、"五一"等节假日的客流高峰期，志愿者们周到热情的服务更是体现了我院志愿者们的青春风采，截至目前，共计出动志愿者 480 人次，服务旅客 6 万余人。汽车客运站志愿服务项目成为

图 14-6　惠州市汽车客运站志愿服务活动

我院青年志愿者服务项目的亮点。

案例 5：赛事赛会的经验——龙舟赛志愿服务活动

2015 中国龙舟公开赛（惠州站）暨第四届惠州国际龙舟邀请赛于 6 月 27 日、28 日两天在广东省惠州市惠城区滨江公园西枝江江面举行。两天共有来自全国各省 12 支队伍，以及澳大利亚、加拿大、俄罗斯、伊朗、马来西亚、香港、澳门和惠州市各县（区）的共 46 支龙舟队、1 300 多名运动员在惠州一展英姿。江面上一时龙舟竞渡，吸引了近万惠州市民到场观战。受惠州市文明局、惠州市志愿服务联合会委托，我校青

图 14-7　惠州市国际龙舟邀请赛志愿服务活动

年志愿者协会安排了50多名志愿者为此次赛事提供志愿服务，50多名志愿者两天为赛事共服务长达590小时，出色完成任务，受到各方好评，而这已经是我校志愿者连续4年参加惠州国际龙舟赛的志愿服务工作。

一年一度的惠州国际龙舟邀请赛已经成为惠州市培育体育品牌、提升惠州体育软实力的一项重要工作。自2012年以来，惠州市已连续举办三届，今年是第四次在惠州举办，同时还承办两届中国龙舟公开赛和一届广东省龙舟锦标赛，取得了圆满成功，也得到了群众的普遍好评。2015年6月初，惠州市文明局、惠志联委托我院为本次赛事安排志愿者提供志愿服务，为赛事做好服务的同时充分展现惠州志愿者风采，弘扬志愿服务精神。

接到委托后，我院青年志愿者协会于6月12日全面启动服务国际龙舟赛的相关志愿服务工作。通过实地考察以及往届经验，我院计划安排50多名志愿者为赛事服务，分为8个组别为本次赛事提供赛前、赛时、赛后的优质高效志愿服务，计划服务于酒店接待组、现场引导组、赛会翻译组、竞赛裁判组、龙头点睛组、交通引导组、后勤保障组、宣传协调组等8个组别。

6月13日，我院青年志愿者协会通过官方微博、微信以及学院团委微信等平台对外发出公开招募国际龙舟邀请赛志愿者。招募发出，得到惠州志愿服务团体以及各大高校的积极响应，截至17日，报名人数多达300名。

6月18日，我院志愿者参加由惠州市志愿服务联合会举办的龙舟赛志愿服务培训工作。培训分批分点、聘请专业人员进行讲解，培训内容以礼仪、应急、赛事须知等为主，培训结束后组织专业人员对参与培训的志愿者进行考评选拔，最终确定50名（以及10多名备选）志愿者，并于26日下午组织志愿者实地走场考察。

本次赛事分两天上午进行，27日上午进行国内公开赛的预赛，28日上午进行国际邀请赛以及决赛。27日早晨6点整，志愿者统一乘车出发，6点30分，准时抵达赛事现场。现场集中开会部署好工作后，志愿者按各自分工安排各就各位。那天，烈日炎炎，比赛现场温度高达35摄氏度，志愿者充分发挥志愿精神，奉献友爱。在烈日下，志愿者个个大汗淋漓，所有岗位半小时一轮换，协助龙舟赛安全有序地进行。

在现场，志愿者的身影随处可见，亦随叫随到，两天下来300名惠州志愿者共为赛事服务时间长达3 542小时，很好地展现了惠州志愿者的风采，用行动诠释了志愿服务精神。

"我是第一次来到中国惠州，从入住酒店到比赛现场都有志愿者协助我们，感觉很温暖，很贴心，非常好！"一位来自伊朗的男性运动员如此说。

"在我们运动员休息区有志愿者服务，在我们检录到下去赛道也是有志愿者引导，一遍又一遍地重复引导运动员，志愿者个个精神饱满，积极主动，很好展现了志愿者的风采，也成为我们文明城市的一道风景线。"来自惠州大亚湾女子队的运动员说。

除了服务赛事，志愿者还顺手做了许多温暖人心的好事。比赛现场人头涌动，比赛十分激烈，一名大意的市民廖先生因为太投入观看比赛一时竟忘记照看身边的孩子，回过神来发现孩子已经不见了，廖先生找到志愿者说"你们好，请帮帮我，我的孩子丢了"。惠志联的负责人立刻召集8位刚从工作岗位换下来的志愿者，分为4个小组，向4个方向出发寻找丢失儿童。5分钟后，对讲机内传来好消息——孩子找到了！

当志愿者将孩子带回到志愿者服务区时，廖先生终于舒展了眉头。不善言语的廖先生说："谢谢你们，你们是最值得信任的。"

案例6：发挥专业特色，回馈社会——志愿服务进社区

2014年4月2日，志愿者们前往惠州经济职业技术学院附属幼儿园，开展爱心义教活动。本次活动以"快乐学习，快乐成长"为主题。在园长和老师的安排下，6组小教师分别进入大中小班，给小朋友们上课。志愿者们走进教室就得到小朋友们热烈的欢迎，课堂的气氛十分活跃，笑声不断。上课期间，志愿者们首先让小朋友们学唱安全知识儿歌，然后教小朋友们在实际情况下如何运用，还给他们讲了些雷锋叔叔助人为乐的感人故事，通过观看短视频后提问举手回答的方式，教会小朋友们在生活里应该学会帮助有困难的人。

图14-8 幼儿园义教志愿服务活动

最后，在幼儿园的广场上，志愿者表演小组为幼儿园的小朋友们带来了精彩的户外表演——兔子舞，激起小朋友们极大的热情。在整个教学过程中，每一位志愿者都认真、耐心地投入到义教活动中，给小朋友们带去了精彩的一课。在临别之际，小朋友们都对志愿者十分不舍。

在爱心义教的活动中，志愿者们发扬关爱社会、回报社会的志愿精神，展现出经济学院大学生的风采，也让他们找寻到作为志愿者的快乐，体会到给予比接受更幸福的道理。

附：爱心义教策划书

一、活动背景及目的

为丰富同学们的课外生活，陶冶情操培养大学生生活实践能力和自主活动能力，提高同学们的社会责任感，青年志愿者协会开展了本次义教活动，进而支援本地教育，锻炼小教师参与社会活动的能力，帮助孩子们健康成长，让小教师身体力行回报社会，展现当代大学生的时代风采。

二、活动主题

奉献社会，爱心义教。

三、活动时间

2014 年 2 月。

四、活动地点

惠州经济职业技术学院附属幼儿园。

五、活动对象

全院学生及小朋友。

六、活动意义

大学生得到社会实践锻炼的机会，体现社会的关爱；让该校的学生感受到大学生的风采，一定程度上促进该校学生快乐地成长，有利于学校教育工作的开展；促进学校的发展，展现校园新风貌，为学校注入新血液、新活力，进一步推进社会主义教育事业。

七、活动流程

（一）前期宣传

1. 由宣传组准备宣传单（务必要有报名方法时间和联系方法），在各个系进行宣传，接收电话咨询和报名。

2. 图片展前利用横幅在校园内食堂位置醒目的进行宣传，横幅内容自行设计，有名称、标志和活动标语。

3. 图片展前利用宣传海报进行宣传，悬挂在学生各宿舍楼及传栏，位置醒目。

4. 活动期间在各学生社团、班级 QQ 群进行宣传，让学生及时了解图片展活动的情况。

5. 到各宿舍派发宣传单，动员学生的积极性，鼓励他们积极参与，详细介绍本次活动并答疑。

6. 根据附属幼儿园给定的名额初步确定报名人数。

7. 召开队伍会议，再次确定义教活动的相关事宜。

8. 物资筹备：购买文具、礼品；制作相关的宣传或纪念品。

9. 在义教活动前一天举行义教志愿者见面交流会，强调义教纪律和注意事项等，为义教做准备。

（二）对义教人员的要求及安排

1. 回校后义教和志愿者开会，对当天工作进行总结，交流心得体会。

2. 教学开展和对义教教师的要求。

（1）各义教老师在教学过程中，应当尽可能多地给孩子们展现外面的广阔世界，开拓学生眼界。

（2）活动后写一篇《义教日记》，并留档存底。

（三）活动后期

1. 通信组组长联系义教小教师，接收反馈建议和义教后感想。

2. 策划组组长联系义教学校，接收义教学校的反馈建议，进行整理总结，为下一次活动提供宝贵的经验。

3. 开展活动后总结，吸取经验和教训，找出亮点和成功之处，发现不足之处并改正。

4. 活动期间拍摄和记录下来的义教生活点点滴滴交由宣传组进行编辑和处理。

八、注意事项

（一）小提示

1. 所有参加支教的同学事先准备好一份详细的教学计划。

2. 参加本次支教活动的同学务必加强责任心，务必保证教学内容和质量，务必将参加教学活动的学生以及小教师自身的安全放在首要位置。

3. 在活动期间，参加者要注意自己的言行举止，不得喧哗。让自己投入人民教师的身份，同时克服由于资源缺乏而产生的各种各样突发事件。

4. 注意做好一切安全问题的预防，避免受伤场景。

5. 队员们要积极，主动调动活动气氛，避免活动生硬、沉闷。

（二）活动中应注意的问题与细节

1. 假如天气有变，一些课外活动应该改期，活动组应做出相应的应急方案。

2. 活动期间按时点名，义教老师应接受学校负责人的统一管理，不得私自离开，每人应带好通信录，手机保持开机状态。

3. 每天的教学结束后，教员应该分组讨论，不足之处，及时改正；优点继续发挥，及时总结经验以更好地完成我们的活动。

4. 将安全放在首位，全力避免任何可能的安全事件的发生。

5. 当遇到特殊情况，义教老师应当立即与总负责人联系，商讨最好的解决方法。

九、经费预算

（待定）

十、应急方案

1. 如果发生意外情况，各成员要共同协作，向队长及院长汇报。

2. 如果发生意外情况，比如天气不好等，考虑活动延长或改期。

青年志愿者协会

2014 年 2 月

案例 7：学院"社会实践活动"——寻渔歌文化之都

2015 年 8 月 3 日，我校服装与艺术系第一社会实践服务分队——"惠东渔歌"调研项目正式启动。本次活动由我校服装与艺术系团总支书记李文杰、辅导员高嵩老师带队，与广告设计与制作、动漫设计与制作等专业的同学共同参与实地勘察，深入了解非物质文化遗产惠东渔歌文化的起源和发展，并从中创作以渔歌文化为主题的创意产品。

据悉，惠东渔歌是广东省汉族民间艺术之一，是从宋朝开始由福建沿海传入惠东的浅海渔歌。"惠东渔歌"是"中国渔歌"中颇具特色的一种民间歌曲。它具有大海般的韵味和南方滨海文化的特色，是中华民族在历史文化长河中孕育出来的结晶，并于 2008 年成功列入国家级非物质文化遗产名录。"惠东渔歌"调研项目正是要发挥我院大学生志愿者的专业特

图 14-9　大学生"三下乡"志愿服务活动

长，充分利用暑假的时间，为惠东渔歌的发展献上自己的力量。他们正是要通过对惠东渔歌的充分了解，运用惠东渔歌的相关元素，设计并制作以渔歌文化为主题的系列文化创意产品，用以推广和宣传惠东渔歌这一国家级非物质文化遗产。

三、启示

经过 7 年的探索和实践，我院志愿服务工作从制度建设、人员配备、软硬件配套等方面形成了具有学院特色的工作体系。随着志愿者+社工模式理念的逐渐深入和发展，我院的志愿服务正朝着一个系统完善、人员专业、特色明显的方向不断向前。当然，也存在需要进一步优化的地方。

第一，拓展社工＋志愿者项目主题的广泛度，实现社区志愿服务的普遍化。我校应该通过志愿者指导中心引导、专业特色队伍主导，带动各院系志愿服务活跃化和一盘棋的工作模式，鼓励不同院系、不同专业、不同年级的老师和学生广泛参与志愿服务，促进社区＋志愿者服务主体的多元化，拓宽志愿者的年龄跨度，推行学生志愿服务制度，鼓励教职员工参与志愿服务，推动特色专业服务队发展，积极扶持院系志愿服务队的发展等途径，发展壮大志愿服务的队伍及其广泛性。

第二，提高参与的便利度，实现社区＋志愿者志愿服务的生活化。"就近就便参与志愿服务，院系志愿服务生活化、专业化"是我校志愿服务的亮点。为此，我校培植和推广"把志愿服务作为一种生活方式"的志愿文化理念，创新平台，初步探索社会公众参与的形式和载体，发展校内和社区志愿服务，建立阵地化服务基地等方面取得一定的成绩。

第三，提升公益项目的品牌度，实现社工＋志愿者服务的社会化。近年来，我校志愿者以社会需求为第一信号，不断拓宽志愿服务领域，打造了"爱心包裹""文明出行引导""阳光探访""服装义补""计算机义修"等品牌活动，有效组织志愿者参与和巩固公益项目的推行，取得了良好的社会效应。

第四，建立长效工作机制，实现社工＋志愿者服务事业化，着力解决校内扶持激励制度问题，增强社工＋志愿者服务事业发展的能动力；着力解决管理问题，增强社工＋志愿者服务事业发展的持久力；着力解决资源保障问题，增强社工＋志愿者服务事业发展的支持力。

参考文献

［1］黄永刚．高职院校实施产学合作教育的价值认识［J］．教育与职业，2001（9）．

［2］胡俊海，施险峰．浅谈高校学生党支部建在班级［J］．南通工学院学报（社会科学版），2004（4）．

［3］罗利建．人本教育［M］．北京：中国经济出版社，2004．

［4］杨眉．健康人格心理学［M］．北京：首都经济贸易大学出版社，2004．

［5］王道俊，郭文安．主体教育论［M］．北京：人民教育出版社，2005．

［6］肖云林．合作教育中的学生党建工作对策［J］．学校党建与思想教育，2007（12）．

［7］黄群赞，李飞．高职院校学生实习期党建工作探析［J］．浙江工商职业技术学院学报，2008（2）．

［8］林樟杰．高等学校思想政治工作新认知［M］．上海：上海教育出版社，2009．

［9］卢晓中．高等教育学［M］．广州：高等教育出版社，2009．

［10］朱健梅，桂富强．与时俱进　立德树人：四川省高校大学生思想政治教育创新发展论文集［C］．成都：西南交通大学出版社，2009．

［11］张惠贞．校企深度合作过程中的高职党建创新研究［J］．黄河水利职业技术学院学报，2011（1）．

［12］刘志新，潘秀丽．校企共建：民办高校学生党建工作新视阈［J］．辽宁行政学院学报，2011（1）．

［13］陈永力．高职教育人才培养模式改革对学生党建工作的挑战及对策研究［J］．科教文汇，2011（9）．

［14］黄曦．高职院校校企合作培养模式的实践与探索［J］．学校党建与思想教育，2011（5）．

［15］姚剑英．高校网络党建的现状调查与优化策略［J］．思想教育研究，2011（1）．

［16］邓泽民，张扬群. 现代四大职教模式［M］. 北京：中国铁道出版社，2011.

［17］吴静芳. 多元、体悟、协同：高校新生教育模式的构想［J］. 中国大学教学，2013（7）.

［18］王红芳，陈蓉琳. 高等职业教育的现状、改进措施及转变方向［J］. 教育与职业，2014（2）.

［19］杨伯峻译注. 论语［M］. 北京：中华书局，2006.

［20］杨伯峻译注. 孟子［M］. 北京：中华书局，2008.

［21］李觏. 李觏集［M］. 北京：中华书局，2011.

［22］胡平生等译注. 礼记［M］. 北京：中华书局，2007.

［23］郭彧译注. 周易［M］. 北京：中华书局，2006.

［24］何云庵. 大学生思想理论教育实效性研究［M］. 成都：四川大学出版社，2008.

［25］李长春. 全国加强改进大学生思想政治教育工作座谈会在京举行［N］. 人民日报，2010－05－31.

［26］周远清. 和谐文化建设与中国高等教育［J］. 中国高教研究，2007（3）.

［27］［美］英格尔斯. 人的现代化［M］. 成都：四川人民出版社，1985.

［28］谭好晗. 高职思想政治理论课教学水平提升路径探微［J］. 武汉交通职业学院学报，2015（3）.

［29］伍小玲，邱海燕. 职业院校思政教学改革关键在于思政教师素质的提高［J］. 科技资讯，2013（17）.

［30］钟洁生，柯燕云. 加强高职院校思政课教师工作实效性研究［J］. 长江师范学院学报，2012（8）.

［31］邓小平. 邓小平文选（第2卷）［M］. 北京：人民出版社，1993.

［32］樊富珉. 香港高校心理辅导及其对内地高校的启示［A］. 陈丽云. 华人文化与心理辅导［C］. 北京：民族出版社，2002.

［33］王书荃. 临床心理、健康心理与学校心理健康教育［M］. 兰州：甘肃人民出版社，2006.

［34］陈国明. 心理健康教育指导［M］. 宁波：宁波出版社，2002.

［35］李百珍. 中小学生心理健康教育［M］. 北京：科学普及出版社，2002.

［36］［美］E. R. 希尔加德等. 心理学导论（下册）［M］. 北京：北京大学出版社，1984.

［37］叶一舵. 现代学校心理健康教育研究［M］. 北京：开明出版社，2003.

［38］杨慎初，朱汉民，邓洪波. 岳麓书院史略［M］. 长沙：岳麓书社，1986.

［39］朱为鸿，李炳全. 大学文化视域的书院制理论建构［M］. 广州：高等教育出版社，2013.

［40］成晓军，杨凤，徐旭阳等. 东江文化概论［M］. 广州：暨南大学出版社，2012.

后　记

　　教育是民族振兴和社会进步的基石。党的十八大报告明确指出："把立德树人作为教育的根本任务。"2015 年 1 月，中共中央办公厅、国务院办公厅印发《关于进一步加强和改进新形势下高校宣传思想工作的意见》，再一次明确指出："以立德树人为根本任务，以深入推进中国特色社会主义理论体系进教材进课堂进头脑为主线，以提高教师队伍思想政治素质和育人能力为基础，以加强高校网络等阵地建设为重点，积极培育和践行社会主义核心价值观，不断坚定广大师生中国特色社会主义道路自信、理论自信、制度自信，培养德智体美全面发展的社会主义建设者和接班人。"作为高等教育重要组成部分的民办高校，如何在教育实践中落实立德树人这一根本任务，是所有民办高校教育工作者都要思考和践行的重大命题。

　　本书既是惠州经济职业技术学院近年开展立德树人工作的理论提升和实践总结，又是李引枝书记主持广东省教育体制专项资金项目"民办高校'一体五化'立德树人工作长效机制构建和实践"建设的重要研究成果。全书贯穿"以生为本"的理念，凝聚了学校广大思想政治教育工作者的智慧和汗水，充分体现了学校党建、学工和思政一盘棋育人工作要求。全书由陈优生院长、李引枝书记共同策划、统稿与审定，共十四章，分为上下编，上编由宋素琴、戴礼祥统稿，下编由皮建彬、游建雄、郑辉华统稿。其中，序和引言由陈优生院长撰写，第一章由戴礼祥执笔，第二章由王銮玉执笔，第三章由郭容花执笔，第四章由李洪梅执笔，第五章由叶丽霞执笔，第六章由宋素琴执笔，第七章由张书光执笔，第八章由李引枝书记执笔，第九章由皮建彬、游建雄执笔，第十章由李勇、郑辉华执笔，第十一章由林珂、邝志鹏执笔，第十二章由刘智航、廖启鑫、林小惠执笔，第十三章由吕秋霞、林小惠执笔，第十四章由李文杰、郑辉华执笔。由于编辑时间紧、任务重，本书的撰写还存在诸多不足之处，敬请领导、专家和读者们予以批评指正。

　　在本书付梓之际，我们衷心感谢广东省教育工委、省教育厅、省财政厅以及惠州市委、市政府领导对本课题研究给予的悉心指导与大力支持；衷心感谢惠州经济职业技术学院党政领导、党建团队、思政团队、学工团队全体成员以及全院师生的高度重视与积极参与，并向他们多年来为育人工作付出的心血和努力表示崇高的敬意！本书的出版还得到了暨南大学出版社的大力支持，在此一并表示感谢！

编　者

2015 年 12 月